击剑教练员岗位培训教材

国家体育总局科教司　审定

人民体育出版社

图书在版编目（CIP）数据

击剑教练员岗位培训教材 / 国家体育总局科教司审定. -- 北京：人民体育出版社，2018（2024.6重印）
ISBN 978-7-5009-5510-8

Ⅰ.①击… Ⅱ.①国… Ⅲ.①击剑—教练员—岗位培训—教材 Ⅳ.①G885.025

中国版本图书馆CIP数据核字(2018)第290441号

*

人 民 体 育 出 版 社 出 版 发 行
北京盛通印刷股份有限公司印刷
新 华 书 店 经 销

*

787×1092　16开本　24.5印张　515千字
2018年12月第1版　2024年6月第5次印刷

*

ISBN 978-7-5009-5510-8
定价：90.00元

社址：北京市东城区体育馆路8号（天坛公园东门）
电话：67151482（发行部）　　邮编：100061
传真：67151483　　　　　　　邮购：67118491
网址：www.psphpress.com

（购买本社图书，如遇有缺损页可与邮购部联系）

编委会

主　编：赵传杰

编　委：佟　伟　王　键　储石生　张　毅　费正伟
　　　　侯志刚　许　猛　张　斌　仲　满　李　娜
　　　　周龙峰　陈昌癸　刘　爽　徐丽娜

前 言
PREFACE

从世界到中国竞技体育的优势项目都可以证明，教练员的素质直接关系到体育运动人才的培养和竞技体育水平的提高。一名优秀的教练员可以培养出一批高水平的运动员；一批高水平的教练员可以保证运动项目的持续发展。没有金牌教练员就没有金牌运动员。竞技场上运动员的较量，实质上是教练员水平的竞争，是科技实力的竞争。尤其是随着时代的发展和高科技的介入，竞技体育水平的提高，对教练员提出了更高的要求。如果我们不注重学习和汲取新知识、接受新理念、采用新方法就难以适应时代的新要求。教练员只有不断创新，不断超越自我，努力掌握本项目国内外发展趋势、动态、先进技术和先进训练理论、方法，进行科学训练，才能与时俱进。

击剑运动项目近些年无论是在我国竞技体育、学校体育还是大众体育中，都得到了空前发展。北京和伦敦奥运会击剑成绩的取得，带动了我国击剑运动项目的整体发展。为进一步适应新时期我国竞技击剑水平的提高，编写了《击剑教练员岗位培训教材》一书。在参阅大量国际、国内有关运动训练理论文献和备战2008年、2012年、2016年奥运会科技服务实践的基础上，以系统的角度挖掘击剑运动过程中运动主体系统所呈现的训练、参赛、保障等理论与方法，并分析它们之间的内在联系，这将从理论层面上更系统、更科学地丰富我国击剑运动理论与方法，使人们对击剑训练、参赛、保障有一个更为清晰的、本质的、科学的认识。本书分为四篇，第一篇主要介绍击剑运动的起源及我国击剑运动项目的发展；第二篇主要介绍击剑专项特征及训练理论与方法；第三篇则主要介绍击剑运动员参赛的影响因素及竞技能力的参赛变异；第四篇侧重击剑训练、参赛的保障领域，涉及运动队管理、计算机在击剑中的应用、运动生理、运动心理、运动医学等相关学科。在编写过程中编者学习、参考、引用了国内不少学者编写的著作和论文，由于篇幅限制，编者难将这些专家学者及其所著的论文一一列出，谨致歉意，切望谅解。

本书在编写过程中得到了中国击剑协会有关领导的支持和鼎力相助。由于编者水平有限，书中难免有不妥之处，欢迎广大读者鉴赏、指正。

编委会

2018 年 6 月

目 录
CONTENTS

▲ 前　言 ··· 001

第一篇　击剑项目篇

▲ 第一章　击剑运动的起源 ··· 003
　第一节　古代击剑运动 ·· 003
　第二节　击剑运动的演变 ··· 005
　第三节　现代击剑运动 ·· 008

▲ 第二章　中国击剑运动的发展 ··· 011
　第一节　传入与兴起 ·· 011
　第二节　挫折与发展 ·· 011
　第三节　成长与突破 ·· 012

第二篇　击剑训练篇

▲ 第三章　击剑科学化训练总论 ··· 021
　第一节　运动训练科学化的含义与内容 ·· 021
　第二节　教练员胜任力特征 ·· 025
　第三节　运动员成长与培养影响因素 ··· 039

▲ 第四章　击剑运动项目专项特征 ·· 051
　第一节　花剑专项特征 ·· 051
　第二节　重剑专项特征 ·· 062

第三节　佩剑专项特征 ………………………………………………………… 079

▲ 第五章　击剑训练要求与方法 …………………………………………… 093
第一节　击剑运动训练要求 ……………………………………………………… 093
第二节　击剑教学的一般训练方法 ……………………………………………… 097
第三节　击剑技术能力及其训练 ………………………………………………… 109
第四节　击剑战术能力及其训练 ………………………………………………… 126
第五节　击剑训练的特殊形式"个别课" ……………………………………… 143
第六节　击剑专项体能及其训练方法 …………………………………………… 167

第三篇　击剑参赛篇

▲ 第六章　击剑竞技参赛特性与准则 ……………………………………… 195
第一节　击剑竞技参赛特性 ……………………………………………………… 195
第二节　击剑竞技参赛准则 ……………………………………………………… 198

▲ 第七章　击剑竞技参赛选手年龄特征 …………………………………… 201
第一节　世界击剑奥运选手年龄特征 …………………………………………… 201
第二节　我国击剑奥运选手年龄特征 …………………………………………… 204

▲ 第八章　击剑运动员程序化参赛 ………………………………………… 208
第一节　程序化参赛的基本内涵及作用 ………………………………………… 209
第二节　击剑运动员程序化参赛影响因素的评估与分析 ……………………… 211
第三节　击剑竞技程序化参赛的措施 …………………………………………… 219

▲ 第九章　击剑运动员竞技能力的参赛变异 ……………………………… 228
第一节　击剑竞技能力参赛变异分类 …………………………………………… 228
第二节　击剑竞技能力参赛变异应对原则 ……………………………………… 232
第三节　击剑竞技能力参赛变异应对要求 ……………………………………… 233
第四节　击剑竞技能力参赛变异应对方法 ……………………………………… 237

▲ 第十章　击剑教练员的临场指导 ………………………………………… 239
第一节　教练员临场指导概要与特征 …………………………………………… 239
第二节　教练员临场指导策略与方法 …………………………………………… 242
第三节　教练员临场指导能力及其培养 ………………………………………… 250

第四篇　击剑保障篇

▲ **第十一章　管理学在击剑队管理中的应用** ………………………………………… 257
　第一节　运动队管理的时代特征 …………………………………………………… 257
　第二节　竞技体育运动队的管理 …………………………………………………… 258
　第三节　击剑队管理现状与案例分析 ……………………………………………… 265

▲ **第十二章　计算机技术在击剑训练与比赛中的应用** ………………………………… 279
　第一节　计算机技术对击剑技战术分析的意义与任务 …………………………… 279
　第二节　计算机技术在击剑技战术分析中的方法 ………………………………… 286
　第三节　计算机技术在击剑技战术分析中的应用 ………………………………… 290

▲ **第十三章　运动生理学在击剑训练与比赛中的应用** ………………………………… 306
　第一节　击剑生理生化监控指标 …………………………………………………… 306
　第二节　击剑运动员的营养补充 …………………………………………………… 317
　第三节　生理生化及营养干预手段对训练课的监控与评价 ……………………… 321

▲ **第十四章　运动心理学在击剑训练与竞赛中的应用** ………………………………… 323
　第一节　心理技能训练概述 ………………………………………………………… 323
　第二节　训练中的心理技能训练 …………………………………………………… 326
　第三节　竞赛中的心理技能训练 …………………………………………………… 334

▲ **第十五章　运动医学在击剑训练与比赛中的应用** …………………………………… 348
　第一节　击剑训练与比赛的医务监督 ……………………………………………… 348
　第二节　击剑训练与比赛的损伤防治 ……………………………………………… 361

▲ **参考文献** ………………………………………………………………………………… 377

第一篇

击剑项目篇

第一章
击剑运动的起源

击剑是一项历史悠久的体育运动项目，早在1896年雅典举行的第1届现代奥运会上，击剑就被列为现代竞技运动项目。击剑运动属于技能类一对一的格斗项目。它是由双方运动员各手持特制钢剑、头戴面罩、身着击剑服，在专门的剑道上，按统一的规则，用刺（劈）的动作方法进行攻防格斗。

击剑是一项具有娱乐性的现代体育运动，它充满了骑士精神并留下了深刻的历史印记。击剑在当今之所以如此受欢迎，是因为它不仅能够给击剑者带来具有娱乐性和体育性的搏斗体验，还能带来一种精神层面上的升华。它能让击剑者对自己的身体有更好的认识，而且在这个过程中，还能让击剑者形成一种良好的精神状态，使其变得更沉着冷静、注意力更集中，使其能够更好地掌控自己，更好地遵守规则、尊重他人。除了娱乐和骑士精神，击剑也能够促进许多重要素质的发展，这对击剑者的生理和心理健康都起着重要的作用，对正处于茁壮成长阶段的儿童和青少年来说尤为重要。

击剑运动分为花剑、重剑和佩剑三个剑种，其中每个剑种又分为男子与女子两项。三种剑的构造不同，其有效部位和比赛规则也存在差异（比赛设男子和女子各剑种的个人和团体共12个单项）。

第一节　古代击剑运动

击剑运动的起源，要从击剑使用的器械——"剑"谈起。据史料记载，古代世界各民族对剑的发明和使用上有相似之处。剑最早是人们同野兽搏斗猎取食物所使用的工具。随着人类生产力的发展、私有制的建立和阶级的出现，剑的使用方式与用途也发生了改变，并逐渐发展成为作战的兵器。伴随着冶炼技术的出现和发展，剑也由最初的石制、骨制发展到青铜制、铁制，最后到钢制。最初，击剑是军队中训练士兵的重要手段，后来由于战争的发展和作战的需要，促进了古代击剑的普及与技术的提高（图1-1）。

图 1-1　古代击剑

击剑在古代的埃及、中国、希腊、罗马、阿拉伯等国家已十分盛行。在希腊的圣经中曾经提到过击剑,并且指出它有 32 种简单的使用原则。公元前 11 世纪,古希腊就出现了击剑课,并有专门的剑师授课(图 1-2)。

图 1-2　古代剑师授课

有关古老的击剑形式,在希腊、埃及等国家中的一些历史建筑和纪念碑上,都刻有其使用的浮雕塑像。公元前 1190 年前后,埃及国王拉美斯三世时期,在上埃及北部卢苏尔附近的一座马迪纳特哈布庙宇的建筑物上,雕刻着描述当时击剑的情景,两个人各自手持利剑,剑尖还用东西包扎着,另一只手臂上系着一个小盾牌,脸上还戴有假面具(系在头发上),耳朵上垫着东西,上衣穿得较宽大,脖子上系着宽厚的护颈,旁边还有一些着装整齐的人,像是地方官员或是评判员,四周还有很多观众(图 1-3)。浮雕上还刻有一段铭文,像是一位击剑手在炫耀地说:"请准备欣赏我英勇而无敌的技艺吧!"公元前 10 世纪,希腊著名诗人荷马在其写的史诗《伊利亚特》与《奥德赛》中曾有描述当时击剑情况的诗句:

第一章　击剑运动的起源

着盔甲，持利剑，
一对一，公众面前比武艺，
刺穿对手高贵身躯不迟疑。
透甲胄入肌肤，鲜血迸溅，
获胜利……

图1-3　古代击剑表演

古代的武器大且笨重，在军队作战时，士兵们头戴金属制的头盔，身着厚重的铠甲。作战技术以力量为主，进攻时用双手握剑，大多是砍头的动作，防守时采用下蹲和低头动作，或是向左右移动闪躲，有时加用角力手段。公元前200年盛行的角斗士比武，是当时最受上层人士欢迎的一种"娱乐"，但是比武的结果往往是轻者受伤，重者死亡，参加比武的多是统治阶级所豢养的一些角斗士，这种比武在历史上被称为击剑。

第二节　击剑运动的演变

14世纪末期，伴随着火药的发明和枪炮的诞生，剑逐渐在战场上失去了重要作用，于是便沿着健身和表演的方向发展，剑也变得越来越轻巧和便于操控，从此击剑便以娱乐和竞赛的形式保留下来，发展为今天的击剑运动。

中世纪时，欧洲各国对击剑非常重视，击剑被列为当时"骑士七艺"之一，"骑士七艺"即骑马、游泳、投枪、击剑、打猎、下棋和吟诗，它是一种以军事训练为主要内容的教育制度。

1474年两位西班牙教练员写了世上第一本击剑技术书籍，内容包括内外线击剑法、步法移动、闪躲技术和一些动作名词。后来多莱德制造了一种质量较高又较轻巧细长呈三棱形的剑，与现代的重剑相似，代替了欧洲传统笨重的剑（图1-4）。

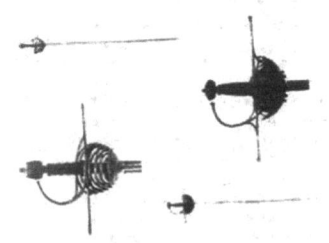

图1-4 重剑雏形

新型剑适合用剑尖刺击,防守时需要左手使用短剑(匕首)或披风,从而使击剑的攻防技术趋于完善。与此同时,为发展击剑艺术击剑师行会(或称学校、协会)在整个欧洲兴起。最早且最负盛名的是马克思布律和洛温欠格的斯特·马库斯协会,其总部设在法兰克福,并于1480年在纽伦堡得到罗马帝国皇帝授予的特许权。这些协会为发展击剑运动起到了积极的推动作用。

1509—1606年间意大利也出版了击剑书籍。有"击剑之父"称号的意大利人阿·马罗佐于1536年在西班牙人论述击剑技术的基础上进一步详细地写出了《击剑原理》,随后阿格里巴在1553年、吉冈蒂在1606年分别写了《击剑论》。在这些著作中论述了击剑技术最初的四个姿势,并使击剑技术进一步得到完善,初步形成了动作的规范。从此意大利人的击剑技术便处于领先地位,在欧洲影响很大。从这时起,击剑便作为一种格斗性艺术被确认下来。

击剑运动真正得到全面发展是在法国亨利三世和亨利四世时期。当时曾邀请了意大利的击剑师到法国宫廷中传授击剑技术,并在他们的影响下,法国人圣·迪迪埃和蒂波,综合了西班牙和意大利两国击剑派的击剑技术原理,于1573年、1628年分别写出了击剑理论专著,并以法国的习惯规定了击剑运动的常用术语,从此击剑运动也在法国得到发展。此外,法国人还首次提出了取消左手持匕首和披风的建议,但是当时并没有被重视和采纳,直到1610年,意大利人又提出这个建议后,匕首和披风才被取消。与此同时,意大利人还提出击剑运动时的实战姿势应变为身体侧向前方,左手佩戴宽口硬质型手套,以便在必要时做防守,用来夺取对方的武器。法国又于1633年出版了贝纳尔·连浬的书,书中论述的技术动作和战术方法与现代击剑十分相似,内容有敬礼、实战姿势、步法移动、弓步、交叉刺(劈)、直接防守、划圆防守及闪躲或低头等,同时讲述了这些技术的动作方法。

欧洲的一些国家盛行决斗,这是击剑得到蓬勃发展的重要原因。当人们不能圆满地解决生活中的争端时,往往就用击剑决斗的方式来收场,对决斗的胜负结果称为"神的裁决"。16世纪末17世纪初,法国决斗成灾。仅在1588—1608年这20年中,巴黎就有8000名绅士死于决斗。因此,在社会上引起了强烈反响,迫使法国国王路易十三世颁布了"不准决斗"的禁令,但决斗之风仍未能平息。

在这种情况下,为了满足人们对击剑的爱好与需要,又不至于出现伤害生命的现象，于是有人便设计出一种剑身较短并呈四棱形、剑尖用皮条包扎的新型剑。这种剑常在宫廷中演练，因此也被称为宫廷剑。它有别于军队中用于打仗的三棱形剑，在对刺练习中减少了流血和死亡，受到人们普遍欢迎，并得到广泛开展，逐渐形成了一种独立的新形式剑术系统——决斗剑，这便是现代花剑的雏形（图1-5）。

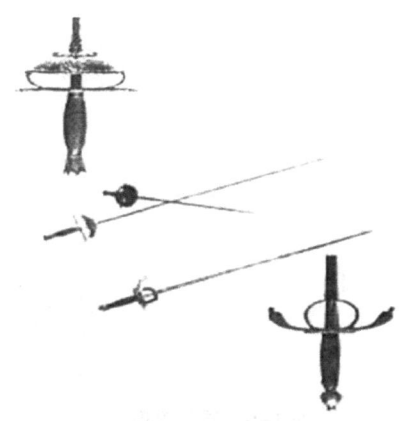

图1-5 花剑雏形

随着剑的改进和技术的发展，击剑者的着装样式也曾发生过戏剧性的演变。法国路易十四时期，法庭上正式规定击剑者的服装：男士要穿浮花织锦的外衣和斗篷，下穿马裤和长筒袜。贵妇练习击剑时，也要身穿丝绸和缎子制作的马甲或坎肩式上衣，头上都要有讲究的发型。这个时期在宫廷中的贵族们经常以玩赏剑术为娱乐活动，社会上则把身配一把剑并掌握一定的击剑技术视为一种时尚。

1776年法国著名击剑大师拉·布瓦西埃用金属丝制成面罩，面罩对脸部和眼睛起到了很好的保护作用，既安全又美观，从那时期起击剑就可以做连续的攻击和复杂的交锋动作。这一时期法国也成了竞赛性击剑运动的发展中心。面罩的问世是击剑运动发展史上的一个里程碑。

为了使击剑健康地向前发展，需要有一些规定来指导、控制。因此，当时法国著名击剑师让·路易、拉·布瓦西埃、拉·弗热尔、高维尔合编了有关击剑的规定，这就是最早的击剑规则。其中规定：有效的击中限制在胸部；禁止刺面部；防守还击动作需在对方第二次进攻之前刺中为有效等简单条文。这些条文也成为延续至今的击剑规则的雏形和原则，同时为确定花剑的有效部位奠定了基础。由于决斗之风在当时还没有完全被制止，热衷于决斗的击剑者们在习武厅练习时仍然用三棱形剑，但剑尖不锐利，交锋不限制部位，这就是一直延续至今的重剑形式。

面罩问世的同时，匈牙利人对波斯人、阿拉伯人及土耳其人早期骑兵所用的弯形短刀进行了改革，在剑柄上装配了一个月牙形的护手盘，以便在击剑格斗时保护手指，但由于这种剑比宫廷剑更为笨重，当时并没有受到欢迎。此后，意大利著名击剑大师朱赛普·拉达叶利在此基础上将这种剑做了进一步的改进，使其能在击剑运动和决斗中使用。后来又有一名意大利人在匈牙利创办的击剑学校中对此进行了改革，他根据骑兵作战的特点，规定出有效击中部位为腰带以上，从此又形成了一种新的佩剑技术系统，这便是现代佩剑的前身（图1-6）。因此在击剑运动中就有了三种独特形式的击剑技术系统。

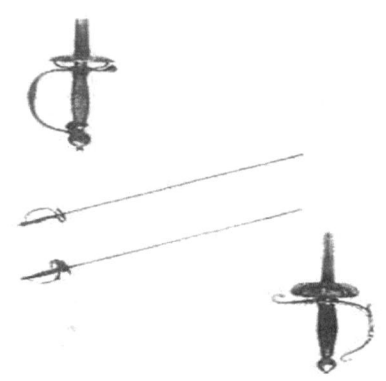

图1-6　佩剑雏形

19世纪初，在法国击剑权威拉夫热尔的倡议下，将花、重、佩这三种不同式样的剑的重量加以减轻，同时对一些技术原理及战术意义进行深入研究，使法国的击剑运动形成了独特的风格。由于当时击剑运动在西欧的一些国家中早已盛行，并且经常进行国际间的比赛，因此，击剑运动逐渐成为国际性的体育竞赛项目。

第三节　现代击剑运动

顾拜旦及众多先驱者在19世纪末创立的现代奥林匹克运动至今已度过一个多世纪。在此历史进程中，击剑运动同现代奥运一起，在不断满足社会需要的进程中，以"更快、更高、更强"的奥林匹克精神为指导，朝气蓬勃地走向自己的未来。

现代击剑运动是奥运会的传统项目。1896年在雅典举行的第1届现代奥林匹克运动会上就设有男子花剑、佩剑的比赛。1900年在巴黎举行的第2届奥运会上增加了男子重剑的比赛。1924年在巴黎举行的第8届奥运会上又增加了女子花剑比赛。1996年在亚特兰大举行的第26届奥运会上女子重剑被列为正式比赛项目。2004年在雅典举行的奥运会上女子佩剑也被列为了正式的比赛项目。

现代击剑运动发展经历曲折。1912年在斯德哥尔摩举行的第5届奥运会上，由于重剑比赛时剑的长度没有统一，法国队拒绝参赛。意大利队也因比赛规则的争议而退出比赛。为了使击剑运动更加完善和健康地发展，需要有国际组织来统一比赛的规则。因此，1913年11月29日在法国巴黎第一次举行了由9个国家代表参加的国际会议，并在会上成立了"国际击剑联合会",其职能是组织和管理击剑运动竞赛等各项工作。1914年6月在巴黎通过了《击剑竞赛规则》,并于同年编辑成册,1919年正式出版,从而使击剑运动竞赛趋于公平和合理。1930年之前的击剑比赛由于是人工裁判,误判较多。1931年重剑比赛开始采用电动裁判器。1955年电动花剑裁判器也用于比赛。1989年佩剑比赛开始采用电动裁判器。电动裁判器的发明也是现代击剑运动史上的一个里程碑。它使击剑比赛更加公平,同时也推动着击剑运动的技术向新的高度发展。现代击剑运动从被列入奥运项目至今,总体优势始终集中在欧洲。其中法国、意大利、俄罗斯、德国、匈牙利等剑联强国在不同的时期、不同的年代领导着世界击剑运动发展的潮流。

花剑运动是最早进入奥运会的击剑项目之一。随着国际交往的增多,特别是电动花剑的问世,其技术动作和战术打法得到迅速的发展。20世纪50年代末,法国和意大利优势明显。前者的打法沉着冷静,有的放矢以技巧取胜;后者敢于紧逼接近,擅长接触剑控制对手,采取果断行动。20世纪60年代初,苏联异军突起,注重身体素质,善抓时机强攻及在此基础上打第二意图战术,出奇制胜。20世纪70年代末和80年代初,联邦德国后来者居上,其打法随意,最先使用甩剑刺、点刺和大角度刺,给人以耳目一新的感觉。20世纪90年代古巴开始崛起,速度极快,爆发力极大,以频繁的攻防转换、极强的交锋能力著称。近年来中、日、韩、美的崛起对欧洲老牌击剑强国发起了强有力的冲击,在世界大赛上屡屡有上佳表现。目前,花剑比赛已是群雄逐鹿、竞争激烈。

重剑运动自进入奥运会以来,多年来打法单一,发展缓慢。但从20世纪70年代开始进入一个崭新的发展时期。当时以身高2米的瑞典选手麦德林为代表,凭借身高臂长的优势,以伺机甩剑反攻的打法独霸剑坛。20世纪80年代进入以匈牙利、联邦德国、苏联、法国、意大利为代表的多元化发展时代,涌现出众多的明星,呈现出争奇斗艳的局面。匈牙利的凯斯利以怪著称,善于诱骗,擅长各种反攻。另一位矮个子高手恰尔,擅长运用多变的步伐,诱使高个子误入圈套,打下蹲反攻刺手臂下侧这一绝招。联邦德国的朴许和鲍尔曼以寻求主动交锋为主。朴许练就一套漂亮实用的甩剑结合压剑刺脚或第二防还击刺脚的绝招。鲍尔曼则以快速接近引诱对手抢攻后,再用对抗防反下线或刺脚闻名。苏联的迪斯科进攻凶狠锐不可当,使对手难以喘息的打法使其成为最典型的进攻型速决战的代表。法国的里布和昂格里姿势优美,手法细腻,讲究攻守结合。意大利的马佐尼观察细致,善于紧逼,技术全面,战术狡诈,连续交锋能力极强。20世纪90年代趋向在攻防技术全面发展的基础上,突出特长和绝招。俄罗斯的克罗科波夫和德国的史密特是这个时代的核心人物。克罗科波夫控剑能力极强,能攻善守,攻击点上下落差大、面广且变化多,往往使对手顾此失彼、不知所措,其防守体系也难有破绽,令对手无懈可击。史密特手上功夫极好,善于随机捕捉对手的弱点并采取对策,善于利用步伐的变化给对手造成错觉,使其落入圈套,最后给对手致命一击。

　　佩剑也是最早进入奥运会的击剑项目之一，纵观其发展共经历了三次重大变革。20世纪50年代匈牙利统治佩剑时全面地研究了进攻的时机。认识到在比赛中不应消极等待对手的错误才进攻，而应积极接近对手，捕捉有利的进攻时机展开进攻，从而取得突破，速度更快，更具威胁。相形之下的防守显得很脆弱，很难抵挡凌厉的进攻。比赛中运动员均将进攻视为最有效的得分手段，为避免陷入被动防守，双方都力争先发制人。这样佩剑比赛就成为一场简单的"对攻战"，"互中"频繁发生，比赛单调，观赏性降低。为了纠正这种"攻强守弱"的偏差现象，"轮换优先裁判权"的新规定应运而生，这就是佩剑的第一次变革。由于新规则的限制，必须寻求更有效的防御体系，当时苏联的佩剑在这一方面率先取得成就。比赛中充分利用场地加强步法移动，以增大实战距离来延长进攻者接近的过程，并在观察判断的基础上组织和选择防守战术。对没有把握的交锋就用"警告线"的规则退出场地来缓和，或采用"击剑线"等迂回战术。这些防守战术的成功实施，增加了进攻者的难度，但也使比赛消极松散。为克服这些弊端，佩剑便出现了第二次变革：将场地从28米改为18米又改为现在的14米，直到最后取消"警告线"。这次变革通过二十多年的实践也未达到预期的效果，比赛仍显得枯燥无味。因此，国际剑联的有关专家经过反复研究，终于意识到以往佩剑规则的修改并未从根本上改变攻强守弱的现象，也未有效地促进攻防对抗能力的提高。究其原因在于攻防步伐的不平衡。只有限制"交叉步"与"冲刺"等快速接近的进攻步伐，才能增加进攻的难度，使攻防双方进退距离相应均衡，这样便有利于攻防对抗能力的提升。于是从1994年起在佩剑比赛中禁止使用"交叉步"和"冲刺"进攻及"互中"不计分，从而彻底摆脱了长期以来攻强守弱、攻防失调的现象，使佩剑的打法进入第三次变革，进一步推动了佩剑运动向前发展。目前，击剑运动进入了一个相对稳定的发展阶段，同时，高水平的竞技运动与大众的娱乐健身两者均衡发展也成为击剑运动追求的新目标，从而使这一古老的奥运项目焕发青春，更具魅力。

第二章
中国击剑运动的发展

第一节 传入与兴起

中国现代击剑运动是由贾玉瑞留日带回的。贾玉瑞最早在日本东京青年会学习击剑技术，1944年回国，在北京大学利用业余时间教学生击剑，这是我国最早的击剑运动。新中国诞生后，击剑运动正式在我国起步和发展。1952年中国体育代表团访问苏联和匈牙利，得到一些赠送的器材，贾玉瑞利用这些器材在北京师范大学教学。经过一段时间的训练，1953年11月在天津举行第1届全国民族形式体育表演及竞赛大会上，北京师范大学学生进行了击剑表演并介绍比赛方法。从此现代击剑在少数大城市和体育学院开展。1955年苏联专家赫鲁晓娃女士在北京体育学院（现北京体育大学）开设了击剑专修课。在她执教的两年中，共培养了三十多名学员，这批人毕业回到各省市，成为开展新中国击剑运动的骨干。为了进一步发展击剑，国家体委于1958年、1959年分别在北京体育学院、武汉体育学院举办了击剑教练培训班。1959年，在第10届全运会上击剑被列为表演项目；1965年，在第2届全运会上被正式列为比赛项目。此外，几乎每年都举行全国和地区性锦标赛、表演赛等。

第二节 挫折与发展

在中国击剑运动发展道路上，经历了两次重大挫折。一是1959年以后的三年严重困难加上中苏关系恶化使得省市击剑队大部分解散。二是众所周知的十年浩劫，从1966年到1973年，击剑运动停滞了8年。这对我国击剑事业造成严重损失，使我国击剑本来起步较晚、基础较差的状况与国外的差距更大了。尽管如此，"文革"前的14年，击剑运动在我国从无到有、从小到大、从极少数人到全国十几个省市和解放军及大专院校，有了剑种较为齐全从事系统训练的运动队伍，无论是从参加这项运动的普及人数上，还是从运动技术水平上都有了很大的发展。特别是在人才培养上，产生了一批懂专业的教练员队伍。这为后来我国击剑冲出亚洲、走向世界奠定了基础。

在1973年恢复击剑运动的时候，各方面水平都比较低，队伍人数不多、运动年龄差距悬殊、水平参差不齐、场地设备器材陈旧，特别是停滞了8年，与外面断绝交往，对击剑技术的发展及竞赛规则知之甚少。1974年5月，在摩纳哥蒙特卡洛举行的国际剑联第55届代表大会上，通过了中国加入国际剑联的决定，从此为我国击剑走出家门、迈向世界铺平了道路。随着我国与世界交往增多，我国与亚洲和世界击剑水平的差距逐渐缩小。1974年我国首次派队参加在伊朗举行的第7届亚运会。由于我国击剑恢复时间较短，虽然只有8个国家和地区参加，有些剑种报名不足20人，我队仍与金、银牌无缘，最好成绩是佩、重剑团体第3名，个人第5名。1975年9月第3届全运会击剑比赛在北京举行，比赛的规模和人数大大超过了前两届，共有16个省市的180名运动员参加。这届全运会总体水平不高，但为我国击剑后来冲出亚洲、走向世界，打下了良好的基础。

第三节　成长与突破

中国击剑运动虽然开始于20世纪40年代，但真正有计划有规模地开展击剑运动还应从20世纪70年代算起，至今也不过四十多年的时间。与欧洲击剑运动的百年历史相比，中国还处于中级阶段，缺乏对击剑规律的更深刻认识和理解，还在必然王国中徘徊。这也是中国不能成为世界击剑强国的真正原因所在。但同时我们也应看到，中国击剑运动的发展从无到有，由浅入深，从知之甚少到知之较多，再到学习吸收国外先进技术，创立自己的风格，走了一条不同于其他击剑先进国家的发展道路，在较短时间内使个别剑种跨入了世界先进行列。

一、基本经验

（一）博采众长，不拘一格

我国击剑运动在发展初期，为了向先进国家学习技术，于1959年邀请匈牙利国家击剑队访华，1964年邀请苏联国家青年队来访。他们的到来对于我国击剑界开阔眼界、学习世界先进技术、提高运动技术水平起到了非常重要的作用。当时这两支队伍拥有多名世界冠军，为世界一流水平，他们技术动作规范、细腻，比赛经验丰富。教练员们还就有关"击剑运动员选材""击剑技战术训练""如何制订训练计划"等专题进行了讲学。这些对我国后来击剑技术风格的形成和发展，产生了深刻的影响，从而逐渐摆脱了盲目状态，使我国击剑运动在训练方法、手段上积累了宝贵经验。20世纪70年代至80年代，我国又多次邀请俄罗斯、意大利、法国、德国、匈牙利等国家的专家、教练员来华讲学，同时派出运动队到击剑强国去学习、比赛。在这一时期我国击剑界对击剑规律有了初步的认识和理解，基本掌握了击剑训练方法、手段，特别是对个别课的操作有了更深的认识，创立了自己的风格，涌现出以栾菊杰为代表的世界级选手，创造了中国击剑的辉煌。

（二）勇于探索，开拓创新

进入20世纪90年代，以栾菊杰为代表的一代老运动员的退役和以叶冲、肖爱华为代表的新生力量的崛起，标志着中国击剑运动进入了新的时期。在这期间中国击剑运动在管理制度、训练方法等方面进行了不断改进与完善，在这过程中积累了一些值得参考的经验，集中起来主要有以下五点。

1. 长期进行系统的强化集中训练

坚持以长期集中为主的国家队训练体制，保证了系统训练，减少了干扰因素。以长期国家队为主的训练形式，在总体上得到了绝大多数单位的支持和肯定。各地不仅抽出优秀的教练员和运动员到国家队训练，还有一些单位主动提出输送运动员到国家队代训，使他们得到良好训练气氛的熏陶，并能与强手交流。强手相对集中，教练人才和科技力量及财力、物力方面的重点投入，使国家队的体制不断完善，为"三从一大"原则和"两严"方针的贯彻实施提供了条件。

2. 初步把握训练规律

击剑运动必须掌握好攻、防的全面技术，重点是积极主动，以攻为主。这一训练主导思想的确立，促进了我国击剑技术的进步。教练员们还逐步摸索出击剑对抗过程中的一些规律，并形成了易记易读的制胜要诀，如"快速、准确、巧妙、距离、时机"等。训练中强调在全面掌握技术的基础上，突出个人特长的针对性训练方法。

3. 以小周期训练法进行训练

我国击剑项目的主要国际赛事，是奥运会、亚运会和世界锦标赛。每年还有多次世界杯系列赛。国内除锦标赛、冠军赛外，还增加了调赛、A级赛和杯赛等辅助性比赛。因此，击剑队实行了以国际、国内大赛为阶段的小周期训练法，平时训练主要针对世界大赛。教练员和运动员大的训练方向清楚，小的目标明确，比赛时以实战状况检验阶段训练的效果，从中发现不足，确定下一阶段要解决的主要问题。

4. 采用公开课教学形式，提高训练质量

公开课通常是请击剑协会有关业务处领导、体育学院教授、成绩良好的地方队的高级教练员等专家组成临时考评组，由国家队各剑种主教练拟出公开课教案，并现场

就每堂公开课所要解决的问题进行演练、讲解，课后由考评组进行分析、评价。公开课既是训练运动员，更是考核教练员。通过公开课，对教练员所设计的训练方案及操作方法进行分析解剖，提出问题和改进建议。同时，教练员们还可以了解其他剑种教练员的新思想、好手段，彼此互相学习、借鉴，经验共享。考评组专家们的意见更有利于启发教练员的思路，形成研究气氛，助先进剑种更进一步，促后进剑种迎头赶上。

5. 以积分制作为选拔标准

自从制定了以各类不同性质的比赛成绩折分计算积分的选拔标准以后，击剑项目不再因每次出访组队的人选问题困惑。国家队和省、市队普遍认同现行的积分方法，并不断用积分位置来衡量自己的进步程度，调动了大家刻苦训练、踊跃参赛、顽强拼搏的积极性，增加了选拔队员的科学性，减少了人为因素。

（三）更新观念、提高认识

1997年底国家体育总局项目管理中心体制改革后，给击剑项目的发展提供了新的契机。在1997年至2017年近二十年的时间里，中国击剑队取得了辉煌的成绩，并实现了历史性突破。在继承与发扬过去成功经验的基础上，对击剑项目发展规律进行了不断的认识、研究、提高，并达成了共识，取得了宝贵的经验，集中起来主要有以下几点。

1. 明确思想，提高认识

训练指导思想是对项目训练规律的科学认识和总结，对指导训练有极其重要的作用。训练中指导思想不明确就没有方向，没有重点。过去我们曾提出过训练指导思想，但不够完整和系统，尤其是没有得到广泛的重视和思想认识上的统一，对训练规律的认识是零乱而肤浅的，以至于由于对训练认识上的模糊，使我国击剑运动水平在很长一段时间内出现了滑坡和停滞。1997年后针对训练指导思想组织进行了反复的研究和论证后，逐步提出了"积极主动，以我为主；全面发展，特长突出；强化体能，作风顽强"的指导思想。指导思想的进一步明确和完善，对项目的发展起到了积极的作用。从1999年到2008年十年间的世锦赛和奥运会上中国击剑队取得的辉煌成绩就足以证明这一点。认识水平的提高，也带来训练水平的整体提高。过去曾对项目认识有偏颇，认为击剑是一个技能主导类项目，所以体能与心理能力等训练一度被忽略，训练的量化指标与控制没被充分重视。在明确指导思想后，体能与心理能力等训练得到了充分的重视，训练各项指标的量化与控制得到了加强。在参加重大比赛时，运动员不但没有出现抽筋现象，而且精神面貌也得到明显的改善，比赛时显得比以往更加自信。

2. 加强管理，规范行事

这一时期注重加强击剑项目的整体规划，确定发展方向，明确任务目标，建章立制，规范管理，几年来先后出台了诸如积分办法，竞赛管理办法，裁判员管理办法，运动员管理办法，教练员、运动员、裁判员注册管理办法，器材的管理使用办法等，进一步规范了项目的管理，也规范了行政职能。按章办事，按程序办事，公开、公正地办事，使击剑项目的发展基本健康有序，净化了击剑界的风气，在奥运会与世界重大赛事选拔上，基本按公开、公正、公平的原则制定选拔办法并选拔，得到了大家的理解和支持。各种管理办法和条例的制定，使击剑逐步走向依法办事、依法行政的道路，努力创造公平、公正的工作环境，收到了良好的效果。

3. 确定重点，以点带面

努力突出重点，集中优势，选择突破口，并以此带动其他剑种，是中国击剑的一条成功经验。根据各剑种不同时期的发展实际情况，将不同剑种列为重点剑种，集中有限的人力、物力、财力给予重点投入和保障。特别是在出访次数和人次上都加大了力度，确保重点剑种参加国际比赛的机会，使运动员得到充分的锻炼，在世锦赛和奥运会上取得辉煌的成就。

4. 抓好核心，做好示范

抓国家队的管理就抓住了项目的龙头、核心。国家队建立完整的内部管理制度，对教练员和运动员的训练、比赛，以及平时生活上提出了明确的要求，严格国家队管理，起到了对各省市击剑队的示范作用。首先，抓国家队的团结问题，国家队的教练员、运动员都来自不同的省、市，在训练和比赛中不免带有地方色彩，如果队内不团结就会影响训练效果和比赛成绩。针对这一问题，中心领导对国家队进行了大胆的教育和整改，并取得了良好的效果，使国家队达到了空前的团结。其次，抓训练作风、比赛作风问题。击剑是一个技能主导类格斗对抗性项目，技战术固然重要，但战斗作风、士气和斗志同样重要，往往在关键时刻可弥补技战术的不足，这在过去的比赛中给我们留下了经验。通过作风建设，我国剑手在奥运会赛场上表现的高昂斗志、奋勇拼杀的精神、大无畏的气概，都给观众留下了深刻印象，受到了广泛好评。这告诉我们，培养一名运动员不但要在技术上精益求精，更重要的是培养他们自强不息的民族精神和勇敢顽强的战斗作风。最后，抓教练员的学习研讨。教练员经常出国，了解国际上的信息和动态，因此要求教练员在抓好国家队训练的同时，认真总结经验，做好创新手段上的带头人，对自身训练的经验与体会要及时总结，并利用全国比赛和各种会议进行交流，启发大家思考，带动全国击剑运动整体训练水平的提高。

5. 培养人才，提高能力

多年来击剑协会对教练员、运动员、裁判员队伍的建设常抓不懈。在国家队组成和训练中，还兼顾二线队伍的建设，注重队伍年龄的衔接，二线青年选手则采取集中和分散相结合方式，加大后备人才的培养力度。同时还多次派年轻教练员赴国外参加培训，提高教练员的业务能力，以此来适应击剑运动发展的需要。裁判员队伍借助2008年北京奥运会得到了空前的壮大和提升，多名裁判员参加了国内外的裁判培训。目前我国已有50多名国际级裁判，100多名国家级裁判，裁判队伍更加年轻化，每年都有多名裁判员参加国际比赛的执法工作，竞赛骨干及重点裁判员已进入到奥运会、世锦赛、世青赛技术委员会行列。努力提高裁判员的综合素质和能力，加强对竞赛裁判队伍的规范与管理，努力创造公平、公正的竞赛环境，使裁判队伍发生了质的变化，为项目的可持续发展奠定了基础。

6. 扩大交往，积极合作

积极地走出去，请进来，扩大与世界先进水平的交流与交往，是中国近二十年来击剑水平整体提高的一个重要因素。中国击剑协会与国际剑联及各会员国保持着良好的合作关系。各剑种每年平均参加十多次国际比赛，同时邀请高水平外教来华指导，邀请外国运动员与我国运动员共同训练。2006年我国首次聘请法国人鲍埃尔来华执教，带领男女佩剑队参加了北京奥运会并取得了很好的成绩，作为一名世界知名教练员，鲍埃尔从训练方案的制订、参赛计划的安排、击剑文化的传播等方面带给了我们全新的认识，值得我们国内的教练员及击剑从业人员学习和借鉴。

7. 改变方式，提高质量

经过多年努力，我国已基本形成了适合我国国情的竞赛体系，各项制度日趋规范并基本与国际接轨，使竞赛真正起到了杠杆作用，促进了运动训练，同时平衡了地区发展。在此基础上，努力探索新的竞赛办法，改变竞赛经费使用办法。对重点项目采取特殊的竞赛规程，增加比赛轮次、场次和剑数，为参赛选手提供更多的锻炼机会。从1998年第一次承办男女花剑世界杯以来，我国目前还承办了女子佩剑、女子重剑世界杯大奖赛，为国内更多的选手提供了参加高水平赛事的机会。随着国家的发展，我国成功地举办了奥运会、亚运会、大学生运动会等击剑比赛，使我国击剑爱好者有机会目睹了世界击剑最高水平的比赛。另外自1998年开始，一些比赛的重要场次从击剑馆走出去，走到商场、大学校园中去，这不但对运动员提出更高的要求，同时也宣传了击剑运动，对击剑运动的普及起到了很好的推动作用。

二、取得成绩

衡量我国击剑运动在世界上所处的位置，主要依据奥运会和世界锦标赛的比赛成绩。女子花剑曾是我国优势剑种，曾获得过奥运会个人冠军、亚军，世界锦标赛团体第3名的成绩；女子重剑是近年来我国优势剑种，曾获得过世界锦标赛个人冠亚军、团体冠亚季军及奥运会团体冠亚军和季军的成绩；女子佩剑项目一直是我国传统优势剑种，曾获得过世界锦标赛个人冠亚军、团体亚军及奥运会团体亚军、个人亚军的成绩；我国男子花剑在世界大赛上无论团体还是个人始终处于前3名水平，在奥运会和世界锦标赛中取得多个亚军和季军，但一直与冠军无缘，直到2010年才取得第一个世界团体冠军，并在2011年蝉联团体冠军，于2012年伦敦奥运会上获得个人冠军；男子重剑则一直处于徘徊状态，其原因是多方面的，但在2004年和2006年取得了奥运会个人亚军和世锦赛个人冠军的骄人战绩；男子佩剑在世锦赛从没有进过前3名，只有在2008年奥运会上取得了个人冠军。表2-1为我国击剑健儿从1984年到2018年在奥运会和世锦赛中所获得奖牌统计。

表2-1 中国击剑队1984—2018年奥运会、世锦赛奖牌统计表

项目	奥运会			世锦赛		
	金牌	银牌	铜牌	金牌	银牌	铜牌
男花个人	1	—	—	—	4	4
男佩个人	1	—	—	—	—	—
男重个人	—	1	—	1	—	—
女花个人	1	1	—	—	—	1
女佩个人	—	1	—	1	2	1
女重个人	—	—	2	1	2	2
男花团体	—	2	—	2	3	2
男佩团体	—	—	—	—	—	—
男重团体	—	—	—	—	—	—
女花团体	—	—	—	—	—	2
女佩团体	—	1	—	—	1	1
女重团体	1	1	1	2	4	2
合 计	4	7	3	7	16	15

（统计来自国际击剑联合会网站）

第二篇

击剑训练篇

第三章

击剑科学化训练总论

科学训练，首先是相对于"非科学训练"而言的。非科学训练包括反科学训练和伪科学训练。反科学训练是指虽运用正常体育手段，但违背体育的规律，达不到训练效果，甚至给运动员造成危害的训练。反科学训练往往是无意识进行的，它产生于偏见或错误的经验。伪科学训练是指采用非正常体育手段的训练（如使用违禁药物等），它虽可以取得一定的运动成绩，但所造成的伦理问题、法律问题是十分严重的，因为它见效快，又披着"科学训练"的外衣，因此，具有巨大的欺骗性。科学训练，其次是相对"经验训练"而言的。狭义的科学训练常常是指训练过程中应具备创新、定量化、去证伪、克重复等科学研究的特征。科学研究的这些特征是对经验的一种否定。然而，事实上在运动训练领域"经验"是不可否定的，在经验中包含了教练员的知识积累和智慧。实证化的训练和经验的训练在很长一段时间里要并存下去，甚至经验还要占据统治地位。由于训练科学还是一门新兴科学，当今的训练科学化也只是一个探索过程，还仅仅是一种理想的境界而已。训练科学化的本质是不断加大训练过程的智慧投入，提高其对运动项目特性与规律的认识与把握，了解教练员在竞技体育中的地位和作用及对运动员成长与培养的影响因素。

第一节 运动训练科学化的含义与内容

运动训练科学化是指运用科学理论、方法及先进技术组织实施并有效地控制运动训练全过程，进而实现理想目标的动态进程。

运动训练科学化的内容包括：科学选材、科学诊断、理想的训练目标及目标模型、科学的训练计划、有效地组织与控制训练活动、科学地组织竞赛、训练信息化、高效能的恢复与营养系统、良好的训练环境和高效率的训练管理等（图3-1）。

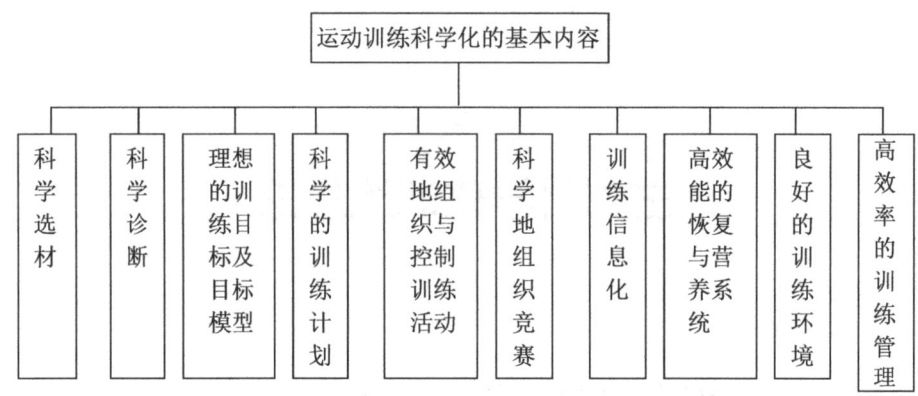

图 3-1　运动训练科学化的基本内容

（引自田麦久，武福全.运动训练科学化探索［M］.北京：人民体育出版社，1988：8-14.）

一、科学选材

运动员选材是运动训练系统中重要的组成部分。世界竞技体育强国都十分重视对运动员选材的科学研究。选材应在科学诊断和科学预测的基础上进行，通常采用多因素分析法进行最优化选择，以那些与专项关系最为密切、遗传率又较高的指标为主要条件，建立运动员选材的定量化模式，并进一步发展用于运动员选材的计算机软件。运动员选材分为初选、专选和精选三个阶段，其中初选最为关键。

二、科学诊断

诊断是训练活动的出发点。科学的诊断能为目标的建立和训练计划的制订提供重要的依据。其中对运动员竞技能力的诊断包括运动员的形态、机能、素质、心理、运动技术、战术能力等多方面的诊断。各种诊断单靠教练员的经验和运动员的自我感受是远远不够的，需要运用现代科学技术提供的先进仪器和设备进行科学诊断。

三、理想的训练目标及其模型的建立

在进行科学诊断和科学预测的基础上，需要为运动员建立理想的训练目标及目标模型。训练目标应该是通过艰苦的努力可以达到的，过高或过低都不利于目标的实现。目标的建立在很大程度上带有预测的性质，因此要运用科学预测的知识和方法，以求得预测的成功。通过目标结构模型的建立，把一个整体目标分解为若干个更为具体的子目标，引导教练员和运动员通过一个个子目标的实现达到实现总体目标的最终目的。

四、科学地制订训练计划

训练计划是对未来的训练活动预先做出的理论设计,描绘了运动员以现实状态向目标状态实现状态转移的通路。

现代训练内容体系已由过去的身体素质、技术、战术三大训练内容,扩大为包括智力训练、心理训练和作风训练在内的六大训练内容。现代训练已由"体力为主型"转为"体力与智力结合型",形成了实现体力、智力、心理和技能等综合训练内容体系。

同时,训练的计划性和系统性应该一致。首先,训练计划一定要切合实际,实事求是。只有实事求是的计划才能保证质量的完成。其次,要定期地开展评教、评学活动。通过评教、评学活动,对训练工作进行总结,在肯定成绩的同时找差距。

五、有效地组织和控制训练活动

科学的训练计划必须通过有效地组织实施才能产生具体的成果。训练过程的组织和控制能否成功则取决于教练员的训练水平和指导艺术。

训练中的控制过程实际上就是一个纠正偏差、改正错误的过程,它包括获取反馈信息、对照"监督检查模型"进行对比分析等,使训练得以朝着预定的方向进行。

六、科学地组织竞赛

竞赛是训练结果的检验,成功地参加比赛是训练的直接目标。同时,在许多情况下,比赛又常常被作为一种重要的训练手段。现代训练的一个重要特点是比赛次数明显增加。它不仅有利于提高运动员对激烈比赛的适应能力,丰富比赛经验,而且从实战出发,也是进行科学化训练的一个重要手段,是整个训练的一个有机组成部分。

七、训练信息化

信息化是当代运动训练科学化的一个重要特征。科学化训练还要求教练员积极、认真、主动、及时地收集、整理、研究、利用国内外先进的技战术、先进的科学训练手段和最新的运动成绩;了解世界最高水平,主要竞争对手的技战术打法、运用特点、发展趋势等信息;掌握击剑运动的脉搏,哪些是新出现的常用技战术,哪些是已被淘汰的技战术。这些都应在训练中加以注意。

八、高效能的恢复与营养系统

恢复是运动训练不可分割的一部分，恢复与负荷有着同等重要的作用。没有负荷就没有疲劳，也就没有训练；没有恢复，也就没有提高。在当前激烈的竞赛中，精神和心理的治疗与恢复应被给予高度的重视。这是实现运动训练科学化的一个重要方面。

九、良好的训练比赛环境

运动训练系统经常受到来自周围环境的各种因素的影响。它包括社会环境、生活环境、生态环境及比赛环境。运动训练科学化的实现，不仅要考虑到运动训练自身的客观规律，还要解决好周围环境对运动训练比赛系统的影响。

环境的影响有两个方面，一是消极的"干扰"，二是积极的"促进"。训练科学化的一个重要内容就是通过各种途径，消除各种干扰因素的不良影响，充分发挥及利用积极因素的良好影响。现代训练中的"模拟训练""针对性训练"等就是一些具体的方法。

排除环境因素的不良影响，很大程度上取决于运动员本身在训练和比赛中自我控制的能力。应通过训练，提高运动员在复杂的环境中控制技战术的能力及控制思想、作风、道德的能力。

十、高效率的训练管理

运动训练的科学管理是运动训练科学化的组织保证。其内容包括运动训练人才管理、组织管理、经费管理和训练竞赛的管理。

运动队的科学化训练是提高运动技术水平和运动成绩的基本途径，科学化训练应放到运动队经常性管理工作的中心位置上。提高训练质量和创新训练方法是科学化训练的核心所在。击剑是体力与智力相结合的运动项目，基础理论知识十分重要。只有牢牢地掌握它，才能运用自如地创造出更多的新技术、新教法。因此，掌握好基础理论和专项理论知识是十分重要的。

有创新则兴，无创新则衰。创新是运动员在比赛中出奇制胜的法宝，是事物发展的动力。如何转变观念，大胆创新，敢于自我否认，是我们在思想领域亟待解决的问题。为此，我们要用现代科学技术方法论的思想来指导训练。技战术训练的方法和手段是固有的，但方法的运用、手段的组合是可以改变的，科学的训练方法手段具有科学性并会带来较大训练结果的差异性。应在传统训练方法和手段的基础上，注重研究，创新出适应我国运动员的有效方法和手段组合。

第二节　教练员胜任力特征

教练员是发展体育事业，特别是发展竞技体育的关键人才，他们在运动场上起主导作用。教练员的素质状况直接关系到运动员运动技术水平的高低，竞技体育关键在于优化师资队伍，也只有拥有一支高素质高水准的教练员队伍，才有可能造就出在奥运会上摘金夺银的国际一流的运动员群体。胜任力反映的是教练员对运动训练和比赛规律认识、掌握与运用的认知能力，是智力在运动训练工作中的具体体现。

一、教练员基本能力

（一）掌握知识

对于任何一种职业来说，都有扎实的专业知识的要求，教练员职业也是如此，这是对教练员最基本的要求。教练员要掌握训练学、生理学、心理学、教育学等基础理论知识，以及在训练实践的运用中升华而成的实践知识。并且教练员所拥有的知识要随着科学的发展、竞技体育的发展而不断发展。因此，教练员的知识要具有综合性、实践性、发展性等特点。纵观竞技体育发展的趋势，科学训练高度分化与高度综合化的趋势非常明显。这种趋势对教练员提出了更高的要求。从适应科学训练高度分化的角度看，要求教练员专业化纵向知识要有一定的深度；从适应科学训练高度综合化的角度看，要求教练员横向知识要有相当的宽度。

知识的获取是指教练员对自身知识不满足，希望获得更多更丰富的知识，积极主动地通过各种可实现途径获取新知识，不仅限于本专业知识，而是广泛了解各类知识，愿意接受和运用各种新的知识和思想。教练员只有使自己的知识领域更加广博，才能拓宽自己在训练过程中的思路，才能最大限度地发挥创造性。教练员的实践知识一方面来自在训练过程中的亲身实践的经验总结，另一方面来自汲取他人在训练实践中所创造出的新思想、新观点、新经验等。运动训练的实践证明，以运动训练的实践为核心，不断从现代科学知识中汲取营养积累知识，是最有效的知识储备。同时，这样能够使教练员的知识体系不断深化，思路和眼界不断开阔，能够更有效地指导训练工作。

（二）创新训练

人类社会和科学技术都是在改革、创新中发展的。当代竞技体育运动技术的不断提高，是靠教练员的不断创新训练，才能屡创新高。通过对大量创新案例的调查表明，我国多数体育创新成果来源于教练员。在一些科技发达的国家，教练员主动地将各种先进科技渗透糅合或改造应用到各自的运动技术训练之中，大大地提高了教练员创新训练的成分，提高了科学训练的含量，从而迅速提高了运动员的成绩。如果教练员缺乏创新意识，不能及时主动摄取各种新信息，而是沿袭别人的训练方法体系，或运用陈旧的理论知识等，就不能有效且持续地发掘运动员的潜力。运动员的运动技术水平将会永远落后于形势发展，从而导致运动员在比赛中缺乏竞争力。

创新不是重复前人的工作，而是一种具有独特内容的开创性工作，是"道前人所未道，做前人所未做"。体育中的创新是指将一种创造能力与体育知识、运动实践相结合，用于发现、分析、解决体育运动发展中的新问题，并取得体育创新成果。包括理论观念的创新，技战术的创新，训练方法手段的创新，训练器材设备、测试仪器，以及营养药物等多方面的创新发展。其中训练方法和训练手段是直接影响训练效果的主要因素，教练员之间的竞争往往体现在训练方法和手段等方面的竞争。全面、先进、科学高效的训练方法与手段，才能有效地塑造具有强大竞争力的运动员。新颖高效的管理方法能使管理充分发挥出最佳效益，促进训练和比赛。

（三）团队合作

团队合作是指将人们组织在一起，对工作任务进行合理的分配，充分授权，对团队成员的工作绩效和能力发展进行管理和指导，并为完成一个共同的目标而努力。个人的力量是有限的，一个教练员不可能仅靠个人的力量培养出优秀的运动员。取得优异的运动成绩，需要运动队这个团队的力量集体来完成。

运动队的整个团队成员包括管理者、教练员、运动员、保障团队等。他们的一切工作都是围绕训练、管理和比赛的顺利开展来进行的，并且每一个环节都对训练和比赛起着不可或缺的作用。教练员与运动员、教练员与教练员、教练员与整个运动队的工作人员之间，甚至是运动队与运动队之间的合作都体现着团队的力量。因此，教练员的团队合作具体表现为在工作中不忘记自己是团队的一员，将运动队的各个工作人员视为重要的合作伙伴，广泛听取团队成员的意见和建议，清楚个人的力量是有限的，渴望通过团队的力量来完成任务，必要时与外界相关组织形成一定的团队合作，与同事、队员、家长建立友谊，与同事分享相关训练信息和新资源，充分激发运动员，建立融洽的气氛，促进团队凝聚力。

（四）有效沟通

袁伟民在《我的执教之道》中谈到，"与运动员之间感情是基础，理解是桥梁，尽可能要求，尽可能尊重，创造一个平等相处的气氛"。可见教练员与运动员之间的关系及相互的信任和理解，是使运动训练和比赛获得良好效果的重要因素。教练员与运动员关系融洽，则训练效果好，运动员对训练和比赛容易产生积极的心理效应。良好的教练员与运动员之间的关系对于运动员的个人性格成长和运动水平提升，都有非常重要的作用。

由于教练员与运动员在运动队这个组织系统中所处的角色不同，客观上就存在着某种"心理距离"，而这种心理距离又造成队内复杂微妙的关系。教练员与运动员保持适度的心理距离，能使情动于中，催人奋发，产生一种驱动感；能使人自我约束、自我调节，产生一种自控感；能使人宁静、潜能释放，共生一种松弛感。教练员与运动员的沟通交流能够使双方保持适度的心理距离，达到相互理解、信任、尊重和支持，增强团队凝聚力，在此基础上，教练员和运动员相互的信息反馈，有利于训练的进行。

进行有效的心理沟通，是指双方在心理及行为上的彼此协调一致，双方的观点、态度、情感、行为和谐融洽，有着最大限度地宽容对方的倾向。这时消极对立情绪较少，矛盾冲突较少。反之，双方之间缺乏认识与情感的统一性，心理间距较大，往往互相指责、妒忌、怀恨、猜疑、歧视或抱怨，接触中会产生越来越多的矛盾冲突。教练员只有在热爱队员的前提下，研究运动员的心理需要，理解满足运动员的合理要求，不仅能使双方的心理得以沟通，而且能更好地促进训练质量的提高。

（五）树立权威

教练员对运动员具有较大的权威和影响，教练员的权威体系包括合法性权威、报酬性权威、强制性权威、专家性权威和典范性权威。合法性权威是组织给予教练员的权力，作为教练员应该拥有对运动员的管理等方面的权威，运动员应该服从；报酬性权威是指教练员要求运动员执行的合理行为，运动员必须执行，如果不执行，教练员会对其在报酬上的权利给予剥夺；强制性权威同样是组织赋予教练员的权威，教练员在训练和比赛中是组织的代表，教练员的要求就是组织的要求，运动员必须无条件执行；专家性权威是教练员在运动技术、训练等方面有过人之处，体现出在该领域的威望，运动员都很信服；典范性权威是教练员在与运动员相处过程中体现出强大的人格魅力，其行为直接影响运动员。教练员的权威一经形成，将会对运动训练的成效和运动员的成长产生积极的作用和影响。教练员要合理运用自己的权利，不同情况下发挥不同的权威，要善于运用自己的"专家权"和"典范权"，通过自己在专项运动上的专业权威和发挥人格魅力，来影响运动员和身边的人，使他们能够真正地信服，愿意一起工作并听从安排，而不是经常使用组织赋予的"合法权""报酬权""强制权"，这样运动员的服从只是出于被迫，不能做到心服口服，会使训练和管理的效果大打折扣。

（六）关注细节

细节决定成败，在运动训练中也是如此。所谓"细中见精、小中见大"就是要从细节入手。回顾历史，体育界成功的、值得推崇的事情都是从小事、从细节开始，如乒乓球队针对比赛中可能遇到的问题，总结了一百多个怎么办。细节就是执行力，就是关注每个环节训练、比赛中要考虑每个环节、每个因素的情况。如训练中运动员为什么精力不集中，是疲劳、家庭，还是……美国有位著名游泳教练员在评价我国教练员时指出，"你们国家送教练员学习别人东西初衷是对的，但你们的教练员来看训练，一次后就不来了。后来我了解到的原因是，我们做的他们也懂、也会，但你们的教练员没有人来问运动员的技术现状、机能状态"。归根到底就是我们的教练员关注更多的是表面现象，不关注细节。

许多体育项目在技战术、训练方法等方面都已经达到了一个比较成熟的阶段，如今高水平运动员之间的技战术水平也达到了一定的高度，水平非常接近。要在此基础上进一步提高，在竞赛中获胜，就要从细节入手，做到精益求精。细节的问题，其实就是一种态度，一种刨根问底、解决问题的精神，在实践中，教练员要做到，运动员也要做到。

（七）敏锐洞察

洞察力就是以批判的眼光，准确地认识事物复杂多变的内外相互关系的能力，并对事件提出关键问题及解决方法。观察力是形成洞察能力的基础，它是知觉、语言、思维相结合的智力活动过程在长期观察、分析的基础上，在实践中发展起来，并上升为洞察力。一名教练员的洞察力，是对训练和竞赛环境具有足够的适应能力的体现。他可在短时间内及时发现问题，抓住实质，并迅速提出正确的解决方法，尽可能快地适应训练要求和应对比赛。教练员要能洞察队员及其身体状况、心理状况、训练状况等，洞察训练，洞察比赛等。通过这一过程，教练员能够对运动员的思想、情绪、目的、愿望、能力和个性等正确分析，能够通过运动员的表现发现他们的潜力，能够通过运动员细微的表情或动作行为判断出他的训练或比赛状态，能够从他人的行为中理解其潜在的意义和信息，预见他人未能意识到的机会，做出准备、主动捕捉。因此，具有敏锐洞察力的教练员，就具备了获得卓有成效的训练效果和优异比赛成绩的机会。

（八）解决问题

这里的解决问题包括解决问题的方式方法、策略和效果等。发现和解决问题的能力是教练员的核心能力之一，解决问题不单指遇到问题能将其解决的基本能力，更是指能够积极、敏锐地发现问题，解决问题讲究方式、方法和策略，不千篇一律。事前做好各方面问题的预测和考虑，当发现可能出现问题时积极采取解决措施，并考虑问题出现的原因，防止下次出现；抓住关键问题和问题的实质，从根本上解决问题；解决问题所用方法切实可行，符合所出现问题的对象和特点，有成效；分解任务，简化问题，按重要性区分完成的优先次序；以不同的角度和思维方式寻找多种解决问题的方案。

(九)分析思考

善于总结,勤于思考,在总结中前进,在思考中进步。一个成功的、常常进步的教练员总会思考得比别人多。教练员在训练过程中,在队伍管理过程中,会遇到很多的问题,思考解决问题的过程就是进步过程。相反,如果一个教练员仅仅满足于获得经验而不对经验进行深入的思考,那么即使有20年的教学训练经验,也只能是一年工作的20次重复。因此,教练员要善于从经验反思中汲取教益,否则就不会有提高,只停留在一个较低的水平上。教练员教学训练效能的提高,更为重要的是实践知识。这类知识的形成,因其特有的个性化、情境化、开放性和探索性特征,要求教练员通过自我实践的反思和训练才能得到确认,仅靠他人的给予是不可能获得的。一个成功的教练员总是主动地创造和反思。对平时的训练和比赛经常观察思考,主动发现问题,善于琢磨,摸索更好的训练方法和解决问题的方法,并善于从同类事物或与运动项目相关的事物中分析比较规律,融会贯通,灵活地应用于运动训练。

二、把握运动训练的一般规律与特殊规律

运动训练过程中存在着一般性规律,无论哪个项目,都必须服从这些规律。从这个意义上讲,击剑教练员掌握一定的训练学理论是必要的。同时,各剑种还有自己的特殊规律,遵循、利用这些特殊规律是非常重要的。规律在很多情况下表现为趋势。

(一)个体化趋势

这在击剑单兵作战项目中表现得特别明显。这种趋势由运动训练的固有特点所规定。从理论研究角度看,由追求运动员群体各种数值的算数平均值转而更加注重优秀运动员个体的典型分析。从运动训练实践来看,区别对待原则已被视为一切训练活动的基础,必须贯彻到训练的每一个环节。

深入、细致、全面地了解运动员的个性及其动态变化情况,是贯彻区别对待原则的前提。运动员个性从以下几方面表现出来(图3-2)。

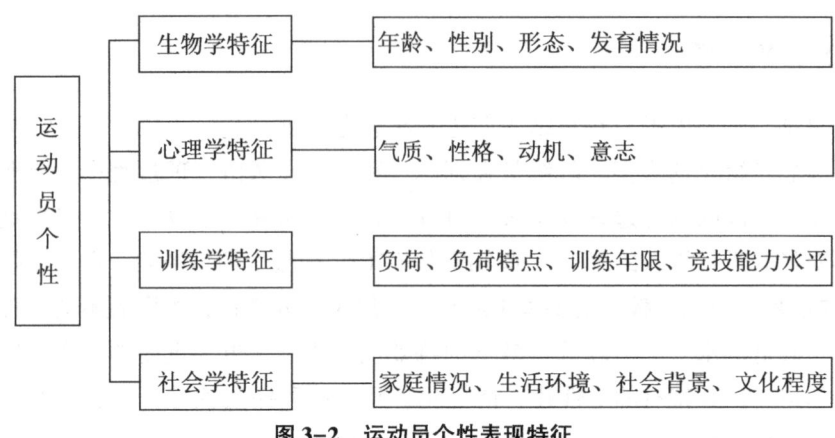

图 3-2 运动员个性表现特征

（二）重视训练与赛后的恢复

传统训练理论认为，负荷是训练的主要组成部分。而现代训练理论则认为，恢复与负荷具有同等重要的地位，没有负荷则没有训练；没有疲劳，就没有恢复、也就同样没有训练。因此，为了保证运动员的恢复，教练员可做以下三方面的工作。

①合理安排运动负荷。这是教练员可进行的主要工作，也是保证合理负荷，避免过度疲劳的训练学意义上的恢复手段。

②协助医务监督人员运用医学心理学手段进行恢复。

③加强管理，运动员的恢复与其合理的日常作息习惯密切相关。在这个方面，教练员的科学管理起着很大作用。

（三）处理好科学训练与训练经验的关系

科学训练并不是对训练经验的否定，相反，训练经验是不可轻视的。在长期训练实践中积累起来的经验，本身就具有不同程度的科学性。在经验这座宝库里蕴藏着不可估量的价值。因而，绝不能因强调科学训练而否定训练经验。实践证明，并非训练竞赛过程中的所有环节都能自觉运用科学原理和方法进行控制。靠经验进行调控，在相当长的历史时期内，仍是不可缺少的。例如，比赛双方心理活动的判别、临场指挥的技巧、技战术训练的负荷安排等都需要经验的积累。实践经验不足，往往会给训练比赛带来众多困难。同样，理论知识较丰富的硕士生、博士生，对于带队训练也会感到无所适从。

教练员应当重视、珍惜、借鉴自己和别人的成功经验，并对其进行科学的总结，力争使其上升为理论，成为指导训练比赛的指南。

（四）把握好训练系统性

训练系统性是指在训练全过程中，训练内容的选择和安排，运动负荷的安排，以及方法手段的采用，都应根据其内在联系，循序渐进地逐步提高，并不间断地进行。训练经济性是指用尽可能少的投入，达到特定的训练目标。当运动员具备一定的实力后，教练员需抓住机会、创造条件，及时地让运动员"冒尖"。有时，一个机会的抓住与否，将会影响运动员的一生。在促使运动员"冒尖"的过程中，教练员需注意以下几点。

①敢于承担风险。运动员往往要经历无数次失败才能成才。这些失败又往往会给教练员的各个方面带来影响，此时要敢于承担责任，敢冒风险。

②实施"保护性"训练。在高峰线上下的运动员最易产生急躁情绪，此时，教练员应十分慎重，对运动员实施"保护性"训练，力戒因急于求成而导致的伤病。

③及时突破"高原"。所谓"高原"现象，是指运动员的竞技能力和运动成绩达到一定水平后，产生的停滞不前的状况。此时，应找准产生"高原"的确切原因，选择好突破口，精心调配训练措施，力求早日突破"高原"。

④善于把握机遇。当某种偶然性的出现利于某个运动员或运动队时，我们便称这个运动员或运动队获得了机遇。能否捕获和有效利用这种机遇，是能否获得良好比赛成绩的一个重要方面。在特定条件下，在高水平且实力相当的比赛中，一次机遇的成功利用与否，往往可能成为决定比赛胜负的关键，也可能成为运动员"冒尖"的契机。

竞技运动中的机遇，具有突发性、易逝性与不可重复性的特点。这种机遇大致可分为直接型和间接型两种。直接型是指机遇的出现对运动员或运动队获取优异运动成绩有直接影响。此类机遇，往往出现在一场具体的比赛中。间接型是指机遇的出现对运动员或运动队获取优异运动成绩有间接影响。这种机遇既可出现在一次运动会上（如甲乙两队的胜负意外地决定了丙队的名次），还可出现在运动会前（如某运动员或运动队由于各种原因突然不参加比赛，为其他运动员或运动队获得优异名次提供了有利机会）及比赛的分组情况等。

把握机遇，可分为认识机遇和利用机遇两个环节。认识机遇，需要敏锐的洞察力、辩证的思维、敏捷的判断和果断的决策，此外，尤其需要丰富的专项运动经验。利用机遇，最根本的是具备较强的竞技能力。没有一定的实力做后盾，是谈不上利用机遇的。

三、科学制订与实施训练计划

训练计划是对未来的训练过程预先做出的理论设计，是运动训练过程中的重要决策之一。制订与实施训练计划，是教练员最主要的日常工作，也是教练员必须掌握的基本功。

（一）制订训练计划的主要依据

训练目标的建立可以激发训练主体的责任感和进取精神，是制订训练计划的主要依据，也是评定训练效果的主要标准。

训练目标的建立由运动成绩指标、竞技能力指标和阶段序列指标构成。后者实际上是前两者在训练不同阶段的具体化。训练目标的建立需要考虑以下因素（图3-3）。

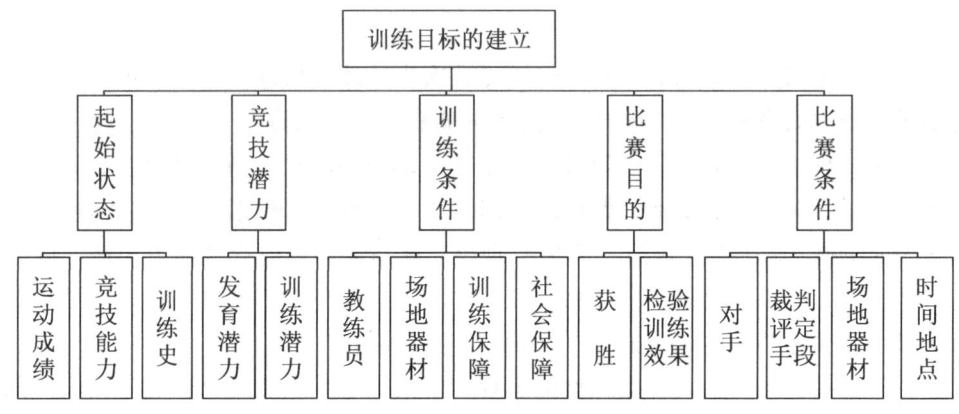

图3-3 训练目标的建立

1. 起始状态

运动员的起始状态是运动训练过程的出发点，是其状态转移的基础。为实现运动员的状态转移而制订的训练计划必须符合运动员的现实状态，必须是运动员可接受的，又是足以导致运动竞技能力产生明显变化的。

2. 竞技潜力

竞技潜力是指运动员进一步提高竞技能力的现实可能性。它表现在遗传效应、发育早熟和晚熟各个方面。遗传效应会表现出更高的先天性竞技能力，早熟的少年其竞技能力的进一步提高会受到局限，而晚熟的少年可能较晚才表现出更高的竞技潜力。制订指标时应结合其运动史进行综合分析，使制订的指标客观真实。

3. 训练条件

同一个运动员在不同训练条件下的结果会有明显的差异。教练员和科研人员的业务水平及事业心对训练成效有时甚至起着决定性作用。稳定的社会环境、有力的社会支持也是训练取得成功的基本条件。

4. 比赛目的

比赛是以争取优胜为直接目的。同时，通过比赛可以检验训练效果，总结经验，促进运动水平的提高。比赛目的是运动员、教练员主体在进行实践活动之前有意识地设计的预期结果。只要对比赛有所期望，都是比赛目的的表现。这种意义上的比赛目的因主体需求、实践条件的不同而具有多样性、广泛性和不稳定性。

5. 比赛条件

比赛条件对运动员可能获得什么样的成绩同样有着重要影响。我国运动员参加一些在欧、美地区举办的比赛时，由于地理气候条件的差别，特别是时差、饮食的不适应会对运动成绩有所影响；在世界锦标赛、奥运会上，往往集中了世界高水平选手，制订指标要考虑这一因素；击剑裁判员的思想水平和业务能力有时会导致不应该有的结果。

（二）训练计划的设计

1. 训练计划设计的概念

根据运动训练设计的内涵和运动训练实际操作的需要，运动训练设计是指系统研究、规划运动训练过程的所有内容和方法。它是运动训练的系统设计，其中运动训练计划设计是指在运动训练之前根据训练目标和训练任务的要求对训练预先拟订的步骤、形式、内容和方法，以及对训练目标、训练任务和训练计划进行的论证和评价。

2. 训练计划设计的层次

（1）以系统训练为中心的宏观层次设计

这是比较大、比较综合和比较复杂的运动训练系统设计，如全程性多年训练计划、区间性多年训练计划、全年训练计划、大周期训练计划、中周期训练计划的设计等。设计的主要内容有：运动员起始状态诊断、确定训练任务及指标、训练目标科学预测、划分训练阶段、拟定阶段任务、安排比赛序列、规划负荷变化的趋势、阶段衔接方法、选择训练方法与手段、确定负荷量度方法、负荷量度的科学控制、拟订恢复方法等。

（2）以小周期训练为中心的中观层次设计

在训练实践中，小周期计划设计是十分重要的，设计的重点是：小周期类型、周期间的衔接与过渡、训练任务、训练负荷的结构特点、赛前诱导周和比赛周的训练计划等。小周期计划是训练计划的基本构成单位，它从中观上决定着训练的累积效果，因此教练员普遍比较重视小周期计划的制订。

（3）以训练课为中心的微观层次设计

训练课计划、训练内容、训练方法等的设计都属于微观层次设计。设计的主要内容有：拟定训练内容和负荷性质、训练内容排列顺序、训练方法手段、负荷大小等。训练课计划是小周期计划的基本构成单位，它是保证训练质量的重要实施环节。

3. 训练计划设计的主要特征

(1) 设计的层次化和系统化

运动训练计划设计应由宏观到中观再到微观，层层递进，层次分明；且要考虑纵向和横向训练计划的内在联系，使其环环相连，紧密衔接。纵向训练计划能反映由大到小、由抽象到具体的层次关系，以及训练内容、负荷特点、训练方法手段的系统性。横向训练计划能反映年度间、大周期间、中周期间、小周期间、课计划间、训练内容、负荷特点、训练方法手段的衔接性和互补性。

(2) 训练目的明确

运动训练计划的设计是建立在对训练状态正确诊断、深入分析现实训练状态、找出必须解决问题的基础上制订的。运动员训练的起始状态，不仅是确定训练目标的基础，也是训练计划设计的基础。通过对训练状态的诊断、分析、评价，明确未来训练的方向和目的。

(3) 训练目标适宜

运动训练目标过高或过低都是不适宜的，偏离专项和现实状态的训练目标也是不适宜的。为此，在对训练目标进行科学预测时必须考虑专项特点、竞技能力的现实状态、竞技潜力、现有的训练条件、未来比赛目的和比赛条件。一个好的训练计划，对训练目标的达成度应当具有预见性，同时应当能够通过目标控制训练内容及其比例。一个好的训练目标设置，应当具有操作性和观察性，并且能够携带子目标群和训练内容群，以保证总目标的达成。

(4) 确保训练设计的方向

训练计划、训练负荷、训练内容和训练方法手段的设计都是带有方向性的设计，不能偏离训练目标。这是实施训练计划及保证训练操作运行轨迹、运行方式、训练重点和训练作用的前提。

(5) 考虑训练设计的要素

从宏观上来讲，训练设计的要素主要包括训练的周期类型、训练的时间跨度、阶段训练负荷特点、比赛时间地点和主要比赛任务。从微观上来讲，训练设计的要素主要包括负荷性质、负荷结构特点、负荷大小、课间歇、组间歇和次间歇等。

(6) 论证和评价

由于训练过程非常复杂，训练计划设计方案必须在训练前被论证，并且在训练实践中不断评价、做适当的调整和变更，以达到最优的训练效果，实现训练目标。

4. 训练计划设计的基本步骤

（1）运动员训练状态诊断

以运动员为本，从运动员训练的实际需要出发，分析运动员现实训练状态，摸清运动员的训练情况，准确地找出主要训练问题、关键训练问题，以便对症下药，开出训练处方。针对性训练，不仅指针对专项特点的训练，还要针对运动员个体现实状态进行训练。

（2）运动员训练目标确定

目标的制定需要进行客观的分析，确定的训练目标必须是运动员经努力可达成的，而不是凭空想象的。只有经过科学预测，建立在客观分析基础之上的目标，才是明确的、可为之奋斗的目标。

（3）训练内容分析

训练内容的分析主要包括性质特点、训练内容与专项的关系及各种训练内容的比例、多少等。教练员必须能够分辨出训练内容的性质特点，知道训练内容与专项的关系。应当强调的是，训练内容的选择与设计，应能保证训练目标的实现。

（4）训练计划制订

拟订训练计划的方法主要有3种：①正拟订。即按照日期顺序设计，多用于多年训练计划、全年训练计划和开始阶段训练计划的设计等。②倒拟订。即从比赛日开始，倒着排序设计，多用于比赛期训练计划、赛前训练计划和补充性大周期训练计划的设计等。③扩散拟订。即从某一个时段向两侧排序设计。采用这种设计方法，选择好时段至关重要。时段的选择既要考虑运动员的生物节奏特点，又要考虑运动员所需要的训练节奏特点，还要考虑训练时间跨度、负荷容纳量、消耗与恢复的特点、发展竞技能力与赛前恢复所需时间等。

（5）训练负荷的结构、特点、形式、内容的设计

训练负荷设计属于中观层次设计内容，是一个承上启下的训练计划，它关系到训练的作用方向，直接影响到训练效果。负荷结构设计不仅要考虑构成因素、训练阶段的结构特点及变化等，还要考虑小周期类型、负荷的主要性质和大小等，要根据运动员特点、专项特点、训练阶段、时间长短、训练任务、训练水平、训练状态、疲劳程度等来拟定。负荷形式设计要考虑增加、保持、减少训练负荷因素的途径方法等。当今高水平运动员的负荷形式都是多途径、多方法的。负荷内容应始终围绕训练目标和任务来设计，主要包括性质、负荷比例、施加某一负荷内容的时机等。

（6）训练方法手段的设计

严格来说，训练方法手段的设计不属于运动训练计划设计的范畴，所以在这里不

作详细论述。但是它又与运动训练计划设计有着十分密切的联系。训练方法手段的设计属于微观层次设计内容，应非常具体，且针对性很强。它往往是负荷内容、负荷形式、负荷特点和负荷结构的具体体现。为了实现训练目标，采用的训练方法是多样的、综合的，设计的训练手段是配套的。动用训练手段是有序的，手段间应当具有衔接、过渡、转化功能；同时，应当看到任一训练方法手段都有其功能优势和功能不足，应当扬长避短，优势互补。

四、全面掌握和合理运用训练方法

运动训练方法是教练员、运动员为完成训练任务、达到训练目的所采用的所有途径和办法。运动训练方法在运动训练过程中具有极其重要的意义，它是完成训练任务、达到训练目的的必不可少的"桥梁"。训练是否成功，训练效果是否显著，在很大程度上取决于训练方法的先进程度和运用的正确程度。运动训练方法的创新，往往会给运动训练带来巨大影响，从而促进运动水平得到长足的提高。

选择训练方法，需遵循下列一般性要求。

（一）针对性

训练的不同阶段所要达到的目的和所要解决的任务是不同的。因此，选择训练方法应具有较强的"针对性"，即要"有的放矢"。此外，选择训练方法还要考虑运动员的年龄、性别、竞技能力水平、剑种特点、场地器材及气候条件等。

（二）综合性

现代训练方法正从单一性向综合性过渡。其主要表现为以下两个方面：一方面为完成某一训练任务，往往采用多种训练方法进行综合训练；另一方面，训练方法本身就具有综合性，即采用一种训练方法可同时解决几项训练任务，无疑这对提高训练经济性很有帮助，是训练方法发展的方向。

（三）组合性

每个项目都有自己常用的训练方法。这些方法在解决一般性问题时，是行之有效的。近年来，又涌现出一些特殊训练方法，如板块训练法、特长训练法及一些特殊的选材、恢复方法等。此外，教练员亦可创造出独特的训练方法。衡量教练员水平高低的一个重要标志，就是其掌握方法的全面程度和运用的合理程度。其中如何有针对性地、高效地将现有方法进行"组合"，以解决训练问题，是最为关键的环节。

【案例1】 奥运会冠军仲满在 **2007** 年世界杯大奖赛波兰站与马德里站的赛间训练安排

时间	训练内容安排		训练负荷	备注
	上午	下午		
5月19—20日	比赛	比赛	量大、强度大	实战：中等强度，量以不累为原则，以体会、熟练自己技战术打法为主，实战对手以国外队员为主
5月21日	出发	休息、比赛总结		
5月22日	一般体能、基本技术80分钟	个别课20分钟	量中、强度中	
5月23日	个别课（技战术指导）20分钟	实战5场（以国外对手为主）	量小、强度中	
5月24日	个别课（技战术指导）20分钟	实战5场（国外对手）	量小、强度小	
5月25—27日	比赛	比赛	量大、强度大	

【案例2】 国家击剑队男子花剑 **2008** 年奥运会最后阶段训练计划

执行教练：王海滨　　时间：6月22日—8月12日

阶段划分	专项体能提高阶段		技术强化阶段				赛前和赛中阶段
周数	1周	2周	3周	4周	5周	6周	
日期 月/日	6/22—6/26	6/27—7/5	7/6—7/10	7/11—7/17	7/18—7/24	7/25—8/2	7周 8/3—8/12 个人赛赛前一周，将队员身体状态调节到最兴奋与精力最旺盛时期
训练课/次	10	11	12	12	11	10	
训练课/时	28	30	26	28	30	32	
个别课次/人	4	3	4	4	4	3	
体能训练/课	5	4	4	3	3	2	
电动剑时数	5	5	6	4	5	6	

续表

阶段划分	专项体能提高阶段	技术强化阶段	赛前和赛中阶段
	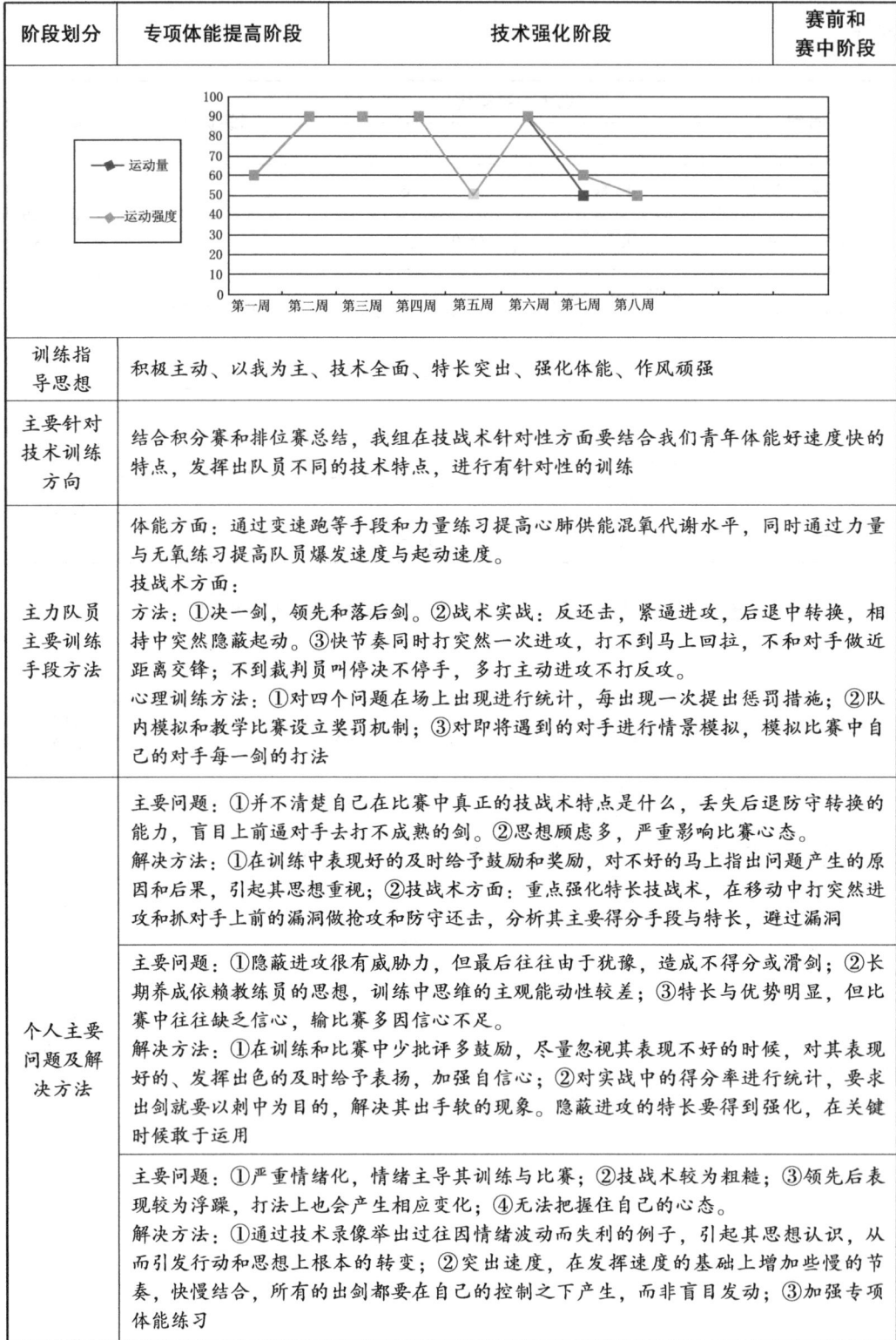		
训练指导思想	积极主动、以我为主、技术全面、特长突出、强化体能、作风顽强		
主要针对技术训练方向	结合积分赛和排位赛总结，我组在技战术针对性方面要结合我们青年体能好速度快的特点，发挥出队员不同的技术特点，进行有针对性的训练		
主力队员主要训练手段方法	体能方面：通过变速跑等手段和力量练习提高心肺供能混氧代谢水平，同时通过力量与无氧练习提高队员爆发速度与起动速度。 技战术方面： 方法：①决一剑，领先和落后剑。②战术实战：反还击，紧逼进攻，后退中转换，相持中突然隐蔽起动。③快节奏同时打突然一次进攻，打不到马上回拉，不和对手做近距离交锋；不到裁判员叫停决不停手，多打主动进攻不打反攻。 心理训练方法：①对四个问题在场上出现进行统计，每出现一次提出惩罚措施；②队内模拟和教学比赛设立奖罚机制；③对即将遇到的对手进行情景模拟，模拟比赛中自己的对手每一剑的打法		
个人主要问题及解决方法	主要问题：①并不清楚自己在比赛中真正的技战术特点是什么，丢失后退防守转换的能力，盲目上前逼对手去打不成熟的剑。②思想顾虑多，严重影响比赛心态。 解决方法：①在训练中表现好的及时给予鼓励和奖励，对不好的马上指出问题产生的原因和后果，引起其思想重视；②技战术方面：重点强化特长技战术，在移动中打突然进攻和抓对手上前的漏洞做抢攻和防守还击，分析其主要得分手段与特长，避过漏洞		
	主要问题：①隐蔽进攻很有威胁力，但最后往往由于犹豫，造成不得分或滑剑；②长期养成依赖教练员的思想，训练中思维的主观能动性较差；③特长与优势明显，但比赛中往往缺乏信心，输比赛多因信心不足。 解决方法：①在训练和比赛中少批评多鼓励，尽量忽视其表现不好的时候，对其表现好的、发挥出色的及时给予表扬，加强自信心；②对实战中的得分率进行统计，要求出剑就要以刺中为目的，解决其出手软的现象。隐蔽进攻的特长要得到强化，在关键时候敢于运用		
	主要问题：①严重情绪化，情绪主导其训练与比赛；②技战术较为粗糙；③领先后表现较为浮躁，打法上也会产生相应变化；④无法把握住自己的心态。 解决方法：①通过技术录像举出过往因情绪波动而失利的例子，引起其思想认识，从而引发行动和思想上根本的转变；②突出速度，在发挥速度的基础上增加些慢的节奏，快慢结合，所有的出剑都要在自己的控制之下产生，而非盲目发动；③加强专项体能练习		

续表

阶段划分	专项体能提高阶段	技术强化阶段	赛前和赛中阶段
个人主要问题及解决方法	主要问题：①基本功不扎实，关键时候敢打但总是会暴露出技战术问题；②两次交锋或两次动作的连续性差。 解决方法：①通过实战解决两次动作不连续的技战术问题；②对其表现好的场次及时给予表扬鼓励，提出敢于承担最后一场的责任与重任；③对关键剑在处理在训练中提出相应措施，要求其有应对措施		

第三节 运动员成长与培养影响因素

影响运动员成长与培养的因素是复杂的，其构成系统具有有限性、动态性和随机性特点。优秀运动员的成长过程有很多共性特征，对运动员的培养也有一定的规律可循。一个项目要保持水平不断提高，必须遵循项目自身的发展规律和人才成长规律。击剑运动员的成长规律只能从优秀击剑运动员的足迹中去寻找。我国奥运击剑选手是击剑界的宝贵财富，为中国击剑事业做出了丰功伟绩。他们是如何成长起来的？他们的成长遵循什么样的规律？有哪些因素影响他们的成长？了解和掌握其成长规律，有助于加速培养和造就高素质的击剑运动人才，对我国以后培养优秀击剑运动员具有较大的实践指导意义。

一、击剑运动员成长与培养的社会学因素

运动员是社会的个体，他们的成长过程必然受到社会的政治、经济、文化、教育、家庭、伦理道德等诸多人文社会学因素的影响。主要表现为：①训练体制决定了运动员的成长途径。我国现有的三级培养模式，虽然显现出很多弊端，但仍是当今我国培养运动员的主要渠道。②家庭因素是运动员成才的坚强后盾，很多例子都表明家庭在运动员成才过程中起着非常大的作用。③人际关系是社会心理的重要组成部分，人生活在社会中，必然形成人与人之间的关系，而谈到运动员与教练员的人际关系的好坏，可影响运动员的情绪状态，如果在他们之间出现矛盾，对运动员的训练质量及其管理效果影响极大。从某种意义上说，在其他因素基本相同的情况下，教练员与运动员人际关系的好坏，成为制约运动成绩的重要因素。④社会文化和观念意识对运动员的成才起着潜移默化的作用。同时，社会广泛参与击剑运动的心理态势，形成这种群众参与击剑运动的氛围，也会对运动员的成才构成影响。

人才的成功与发展，离不开自身素质和社会环境两个条件。前者决定其创造能力的大小，后者决定其创造能力发挥到什么程度。影响运动员成才的因素有内在因素和

外在因素。也就是说，任何一个人成才都离不开主观因素和客观因素。

（一）击剑奥运选手家庭背景

国外的一些研究表明，参与体育的项目、爱好、特点与阶级相关，不同社会阶层的人往往参与不同的体育运动项目。那么，我国击剑奥运选手的家庭背景又是怎样的呢？从我国奥运选手的调查表明，40%的击剑奥运选手来自知识分子和干部家庭，50%来自工人家庭，其余10%来自农民家庭。而父母的文化程度显示，60%为中、小学文化程度，40%为高中、大学文化程度。父母身高高于180厘米和165厘米的各占50%。从上述奥运选手的家庭背景来看，具有显著特征的是90%的奥运选手来自城市。这主要是由击剑运动的特点和击剑项目开展的特殊性所决定的。击剑运动的特点要求运动员要具有良好的反应、灵活、观察、判断等能力，同时由于击剑器材的复杂性、多样性加之费用高等因素，导致击剑项目的开展主要集中在城市。城市的孩子相对于农村的孩子具有知识面广、灵活性高、悟性强等素质，是击剑教练员们的首选对象。

（二）训练体制与人际关系

击剑训练体制决定了我国击剑运动员的成长途径，现今的"体校—青年专业队—专业体工队"的击剑人才三级培养模式，仍是我国目前培养击剑优秀运动员的主要渠道。

人际关系是社会心理的重要组成部分，人生活在社会中，必然形成人与人之间的关系，每一个人必然要和别人发生联系。人际交往是人际关系的基础，是人际关系的存在方式。人际关系是通过人与人之间的交往表现出来的。人际关系的本质是一种情感的社会交流。日常生活中人们重要的各种人际关系，都能够满足人们的各种需要，对个人生活具有重要意义，而每个人的人际关系状况都对其人生产生重要的影响。而运动员与教练员人际关系的好坏，可影响到运动员的情绪状态，如果在他们之间出现矛盾，对运动员的训练质量及其管理效果影响极大。从某种意义上说，在其他因素基本相同的情况下，教练员与运动员人际关系的好坏，成为制约运动成绩的重要因素。

（三）社会文化与观念意识

社会文化和观念意识对运动员的成才起着潜移默化的作用，如运动员的社会地位，运动员未来前途的预测，群众参与击剑运动的意识等。优秀击剑运动员的成长，同样会受到社会群体的观念意识和思想倾向的影响。观念意识的倾向性必然会形成一种社会意识流，成为影响人才成长的一种潜能。其中，运动员的社会地位，运动员未来的前途、成才率的大小，是影响运动员成长与成才的主流意识。

二、击剑运动员成长与培养的运动训练学因素

击剑运动员的成长一般要经过选材,以及长时间的系统训练和比赛,只有坚持到最后才有机会成为优秀运动员。在这个过程中,科学选材是非常重要的一步。运动员选材是整个竞技体育体系中的重要组成部分。科学选材是竞技体育科学化的起始。"选好苗子意味着训练成功了一半",这句话形象地说明了科学选材的重要性。运动员的科学选材是通过科学诊断和科学预测,采用多因素分析进行优化的选择来发现和挑选具有较高竞技体育天赋的优秀后备人才参加训练。挑选出来的后备人才并不能自然而然地成为今后的优秀运动员或冠军选手,而是需要经过长期的、系统的、科学的训练,才能逐步提高其体能、智力和技战术水平,并表现出今后继续发展的潜力,最后才有可能成为优秀运动员。

训练活动对运动员竞技能力的影响,必须通过人体系统、器官对运动负荷的渐进的、长期的生物适应来予以实现。构成击剑运动员综合竞技能力的各个方面,无论是体能、技能、战术能力、运动智能,还是心理能力,都需要经过长时间的训练才能得到明显的改善和提高。因此多年的、系统的、科学训练是击剑运动员成长与培养的必经之路。

不同的运动项目均有其自身的特点。根据运动理论中的项群理论,按运动能力分类,击剑运动属于技能类、对抗类的同场对抗项目;按运动项目的动作结构分类,击剑运动属多元动作结构,变异组合项目。前者主要表现为运动员在对抗条件下,发挥自己的运动技术水平,后者要求技术动作随比赛情况的变化而变化,动作复杂多变,固定和不固定相结合。这些特点表明击剑运动不是以体能作为主导因素的运动项目,与技能类表现性项目相比,其技术运用的复杂性也显而易见。比较而言,击剑运动员需要较长的、连续的、不间断的成长时间。

(一)击剑奥运选手界点年龄特征

成才时间则遵循运动训练规律和专项的需要,不间断地系统地组织实施多年科学的训练,逐步提高运动员的竞技能力,以达到高度的运动竞技水平。

在调查的我国60名击剑奥运选手中,38名男子及22名女子奥运选手平均于14.4 ± 2.2岁和12.7 ± 1.7岁开始参加业余训练,平均于16.9 ± 1.6岁和15.8 ± 1.4岁开始专业训练,经过3年左右的专业化训练,平均于19.3 ± 1.6岁和18.5 ± 1.9岁开始入选国家队,接受高层次强化训练4.5年后,即平均为23.9 ± 2.2岁和22.9 ± 2.7岁时首次参赛奥运会。

从男女各阶段界点年龄比较来看,除首次参加奥运会年龄外,奥运选手成才过程各阶段界点年龄表现出显著的可靠性差异(表3-1)。女子进入业余体校的年龄($12.7\pm$

1.7岁）比男子（14.4±2.2岁）小1.7岁。这与男女少年生长发育的性别差异有关。由于女孩的青春期早于男孩两年开始，所以女子各指标的年增长率的高峰年龄也比男子早两年，通常为10~12岁，而男子则为12~14岁。

表3-1 我国击剑奥运选手成才过程各阶段的界点年龄　　　单位：岁

阶段界点	男	女
参加业余训练	14.4±2.2	12.7±1.7
参加地方队训练	16.9±1.6	15.8±1.4
进入国家队训练	19.3±1.6	18.5±1.9
首次参加奥运会	23.9±2.2	22.9±2.7

在调查的60名奥运选手中，退役的奥运选手有36名，占总数的60%。通过对他们的统计结果表明，我国男女各22名和14名退役奥运选手平均于27.6±2.6岁和26.5±2.4岁开始离开国家队，平均于30.7±2.9岁和29.2±2.9岁退役。

（二）击剑奥运选手阶段年限长度特征

成才时间的阶段性，则指击剑运动的规律和竞赛特点构成了对年龄的要求，在击剑运动员的全过程多年训练过程中，表现出明显的阶段性（包括生物年龄和训练年龄），并构成了击剑运动员年龄的阶段特征。要正确地确定个体的运动成绩天赋，通过短时间的某些一次性程序（观察、测试）是不可能的。其原因：第一，竞技天赋是极为复杂的个体特性（生物-物理的和个性-心理的）的综合，其中许多特性的成熟和表现不是同时的，而是异时的，取决于年龄和竞技活动的年限；第二，运动成绩的个体可能性和实现这些可能性的个性定向是动态的，而且随着个体发育的自然特点，也在社会生活条件的作用下发生着变化。由此，对个体竞技天赋的诊断过程，以及据此进行的竞技定项，必须不是某一次性的"措施"，而是按阶段可重复进行的过程。

比较各阶段年限长度可以看出，奥运前训练阶段所需时间略长于业余训练阶段和地方训练阶段。表明击剑运动员发展专项技能的训练到表现出比较好的成绩，直到本人的竞技巅峰这一段时间，需要更为专门化的条件和高水平的训练氛围，这一阶段也是最后观察、测试竞技天赋和运动成绩的主要阶段，而只有在国家队中才更具备相应的条件和高水平的训练氛围，这就使奥运选手在国家队奥运前阶段必须经历相应较长的专项训练时间和高水平的竞赛，才有可能达到竞技水平的高峰成为奥运选手。

从表3-2可以看出，我国男女各38名及22名奥运选手从开始参加业余训练到首次参赛奥运，即成为一名奥运选手，平均各用了9.5年及10.2年时间。简单地说，培养一名奥运选手需要10年左右的历程。

表3-2 我国击剑奥运选手男、女成才过程各阶段年限比较   单位：岁

阶段名称	男	女
	$n=38$	$n=22$
业余训练阶段	2.5±1.8	3.1±1.8
地方队训练阶段	2.4±1.2	2.7±1.6
国家队奥运前阶段	4.6±2.1	4.4±2.5
Σ	9.5	10.2

从退役的奥运选手统计结果来看，男、女运动员整个运动年限平均时间为16年左右。如果我们把进入国家队到首次参加奥运会这一阶段叫作首次好成绩出现阶段，首次参加奥运会到离开国家队这一阶段叫作最佳成绩出现阶段，离开国家队到退役这一阶段叫作保持成绩稳定阶段，可以看出这三个阶段的年限分别为4.5年、3.6年、2.9年。由此可见，从初步表现出好成绩入选国家队至达到运动高峰到结束运动生涯，要走过一段漫长而艰难的路程。

三、击剑运动员成长与培养的遗传学因素

所谓"遗传"，通俗地说就是父母将其各种性状传给自己的子女。取得优异的运动成绩主要依靠运动员的运动才能，没有天赋的运动员，不可能取得最佳运动成绩。运动才能是取得优异运动成绩十分重要的前提。在幼年时，遗传因素影响最为明显，随年龄增长，如不发展就会逐步减退。如将这些先天的特征用于运动实践，就会逐渐居于优势，最终表现出最佳的运动才能和运动成绩。这说明，先天遗传因素处于优越条件的儿童少年成才率最高。

遗传因素对人体产生影响的程度为遗传度，一般用百分号表示，如果性状变异完全取决于或绝大部分取决于遗传因素，环境因素未起或很少起作用，则遗传度较大。相反，若性状变异完全或大部分由环境因素影响造成，就不会有或很少有家族倾向，遗传度就较小。人体主要形态指标，如各种长度、宽度、围度、体重等均是由遗传决定的。神经类型是才能形成和发展的重要生理基础，在一定程度上，神经类型能反映人的某些天赋"气质"和生理品质。也就是说，才能的形成发展与神经类型有着内在的联系，是运动实力能否转化为竞技成绩的重要因素。身体素质是指人体在运动中所表现出来的力量、速度、耐力、灵敏及柔韧等机能能力。这里的身体素质与训练学中的有所区别，是通过先天的遗传所获得的。良好的身体素质是掌握运动技能、提高运动成绩的基础，决定了一个人运动能力的高低和运动成绩是否优异，它的水平与运动能力和运动成绩紧密相关，对运动员运动寿命有直接的影响。身体素质不仅受后天环境、营养、训练水平等因素的影响，更受先天的遗传影响。由此可见，人体在形态、

机能、素质等方面的指标主要受先天因素，即遗传因素的影响。所以，击剑运动员的选材要充分考虑到遗传因素，这是以后成才的关键环节。

竞技能力是指运动员能有效地参加训练和比赛所具备的本领，是体能、技术、技能、战术、智能和心理能力的有机综合。它决定着运动员对训练的承受力及在比赛中表现出来的运动成绩。竞技能力有先天遗传性和后天获得性两种。运动员夺取优异成绩靠的是竞技能力。竞技能力中，一部分因素是能通过训练予以明显改善、提高的，即可训练性；另一部分重要因素是遗传决定的先天性。先天性竞技能力高，被选定从事适合于发挥这种能力的项目，经过科学训练，使这种好的先天性条件得以充分利用、发挥和发展，就容易取得好成绩。

体育竞赛成功的背后是科学技术的较量，这已成为一个永恒的定律，只是在不同阶段科学研究的内容有所不同。在体育水平还比较低时，决定体育比赛成败的因素主要是训练手段和方法的科学性及运动员的意志。如今，随着科学技术的迅猛发展，各国训练手段和方法日趋先进，成绩差异越来越少。相比之下，个人先天条件在提高运动成绩方面的重要性逐渐被人们所认识。

（一）击剑运动员身高、体重特征

不同的运动项目决定运动成绩的因素各不相同，甚至在同一项目中由于位置的不同要求也有所不同。身体形态是个人先天性条件的一个重要组成部分，身体形态与最好成绩的取得具有密切的关系，是科学选材的一个重要方面，这已成为一个不争的事实。不同的运动项目要求不同的体形特征与之相适应，从而为最好成绩的取得提供保障。从击剑运动员的外在表现看，要体型匀称、四肢修长、健壮有力、体力充沛，要有优秀的反应移动、协调灵活、爆发力等专项能力。身高、体重是反映人体骨骼、肌肉的发育程度，以及肥胖程度的指标。通过对我国奥运男、女选手与世界优秀男、女选手各指标的比较结果，可以看出我国奥运男、女选手在身高、体重和克托莱指数上，与世界优秀男、女选手水平接近，无显著差异（表3-3、表3-4）。

表3-3 我国击剑奥运男选手与世界优秀选手身高、体重比较一览表

指标	我国奥运选手（$n=38$）	世界优秀选手（$n=24$）
身高（厘米）	183.8±4.9	185.2±5.1
体重（千克）	74.3±1.3	75.8±1.3
克托莱指数（体重/身高×1000）	403.9±39.9	409.6±35.3

（引自赵传杰. 击剑运动项目特征 [M]. 上海：复旦大学出版社，2014.）

表 3-4　我国击剑奥运女选手与世界优秀选手身高、体重比较一览表

指标	我国奥运选手（$n=22$）	世界优秀选手（$n=18$）
身高（厘米）	174.6±4.3	175.8±5.5
体重（千克）	64.6±3.7	66.3±3.7
克托莱指数（体重/身高×1000）	370.2±17.6	377.4±18.2

（引自赵传杰. 击剑运动项目特征［M］. 上海：复旦大学出版社，2014.）

（二）左利手现象特征

利手亦称惯用手。在竞技体育的比赛中，常可以看到某些项目左手运动员比较多，比赛成绩也好，此现象被称为左利手运动优势现象。左利手运动优势只是相对地集中在某些竞技项目之中。一般认为，在击剑、羽毛球、乒乓球、拳击、网球等项目中左利手的优势比较明显。据专家研究发现，左利手在知觉、空间感和把握全局的能力上都更强一些，并且在各种动作上也更敏捷些。这种现象在击剑比赛中所表现出来的运动优势，多年来一直被研究者所关注。根据法国医学专家居·阿兹马哈博士的研究发现，击剑运动中左利手运动员的优势显得更加突出，而且在比赛成绩排名中，名次越高，左利手运动员占有的比率就越大。通过对我国奥运选手和2004年奥运会击剑选手及获得奥运会个人、团体前三名运动员的持剑臂统计，可以看出获奖牌的左利手运动员占有的比例明显高于一般奥运选手的比例（表3-5、表3-6）。从总人口中左利手与右利手对比来看，一种粗略的估计是左利手者占全世界人口的10%。参与体育的绝对人数远远少于右利手者，能达到高水平者的比例已经是很高的了。

表 3-5　我国击剑奥运选手持剑手臂分布一览表

	奥运选手（$n=60$）	获奥运前三名选手（$n=11$）
持剑臂（左）	24	8
百分比（%）	40	72.7

（引自赵传杰. 击剑运动项目特征［M］. 上海：复旦大学出版社，2014）

表 3-6　2004 年奥运会击剑选手持剑手臂分布一览表

	奥运选手（$n=200$）	获奥运前三名选手（$n=54$）
持剑臂（左）	54	17
百分比（%）	27	31.5

（引自赵传杰. 击剑运动项目特征［M］. 上海：复旦大学出版社，2014.）

关于左利手运动的优势现象，众多科学家从运动学特征、生理学、心理学机制等方面都进行了广泛的研究和论证，并提出了众多观点，其中被人们所接受和广泛运用

的是：①左利手的特质也许源于大脑结构。人的大脑由大脑纵裂分成左、右两个大脑半球，其奇妙之处在于两半球分工不同。左半球支配右半身的活动，具有处理语言，进行抽象思维、逻辑推理、数字运算及分析等功能；右半球则支配左半身的活动，主持节奏、想象、总体形象、空间概念、音乐等。大脑两半球经胼胝体，即连接两半球的横向神经纤维相连。胼胝体负责大脑两半球之间的神经信息传导。左利手的大脑特点是，他们的胼胝体更发达。②左利手具有更强的空间认识和形象思维能力。人们肢体运动的偏向，自然会刺激相应半球的大脑，从而对人的各种能力也产生了明显的影响。由于左利手多用左肢，右半脑接受的刺激相对多一些，使左利手带有右脑思维的倾向。所以相对而言，左利手的知觉、空间感和把握全局的能力都可能更强一些。③左利手更敏捷。由于左利手专长于用感知空间和知觉功能的右脑指挥左手，使左利手的运动方式更易于发挥视觉、空间感知功能，出手快、准、狠。从神经传输的速度看，由"看"到"动"，右利手走的是"大脑右半球—大脑左半球—右手"的路线，而左利手的路线是"大脑右半球—左手"。可见在神经传输的过程中，左利手走了一条捷径。大脑通过中枢神经传递信息到身体的左侧比传递到右侧快15‰秒，这使左利手的动作更敏捷。

四、击剑运动员成长与培养的非智力因素

人才的成功与发展，都离不开自身素质和社会环境两个条件。前者决定其创造能力之大小，后者决定其创造能力发挥到什么程度。影响运动员成才的因素有内在因素和外在因素。也就是说，任何一个人的成才都离不开主观因素和客观因素。

成为击剑奥运选手，除了聪颖和勤奋等因素外，其更重要的因素靠的是什么呢？有关研究表明，在现代竞技体育中成绩的优劣、比赛的胜败，不仅取决于运动员的身体形态、生理机能和技战术水平，也取决于运动员的心理状态与心理调整。也就是说，运动员的成绩既取决于运动员体能和技能的优劣，也取决于运动员的智力因素和非智力因素的发展水平。非智力因素在运动员成长过程中所起到的重要作用毋庸置疑。非智力因素是相对智力因素而言的，是智力因素以外的一切心理因素的总称。非智力因素主要由动机、兴趣、情感、意志、性格五种基本心理因素组成。智力因素直接参与对客观事物认识的具体操作，是人类活动的执行操作系统，而非智力因素是人类活动的动力调节系统。

优秀运动员的培养是一项复杂的系统工程，既要讲究运用科学严谨的训练方法和手段，同时又要看到运动员的智力因素和非智力因素所起的作用。其中非智力因素的情感智力是优秀运动员必备的素质。对奥运会冠军等明星的综合研究结果表明，他们都有很高的情感智力：自信、乐观、坚强、情绪稳定、自控力和进取心强，能长期专注于单调的甚至苦不堪言的训练，不怕挫折与失败，百折不挠、孜孜不倦地追求事业

的成功。美国心理学家戈尔曼认为,传统意义上的智力在成功上只起到20%的作用,而情感智力则发挥出更大的作用,并认为情感智力是决定事业成功的个性特征,人的成才在很大程度上取决于情感智力。从对我国奥运选手的调查分析中也说明了情感智力在奥运选手成才过程中的重要作用,具体表现如下。

(一)自信心与责任心

自信心是指一个人对自己力量的确信,深信自己一定能实现自己所追求的目标。运动员的自信心是指相信自己的实力,深信一定能完成训练中的各项任务并达到自己的竞赛目标。竞技体育中运动员自信心的水平,决定了运动员对运动项目的选择和参与到某项运动中的主观能动性的水平,还决定了其对待不利条件的态度。

责任心是指运动员对其所属群体的共同活动(如训练和比赛)、行为规范及他所承担的训练任务的自觉态度。一名运动员在竞技体育舞台上要想取得优异的运动成绩,必须具有自信心、竞争意识和成就动机等。但是,仅有这些而没有责任心作保证,那他还是难以取得成功的。对训练和比赛有强烈责任心的运动员,无论对己、对人、对事都要恪守一定的道德规范,采取自觉的态度与积极的行动,对待训练和比赛一丝不苟,努力完成计划,争取比赛的胜利。

自信心和责任心是一名击剑运动员成为奥运选手必备的品格和素质,而且对他们的一生也会起到非常重要的作用。顽强、不屈不挠的拼搏精神,是作为成功者必备的精神气质之一,勇于吃苦,敢于拼搏,是所有优秀运动员的共同特征。在非智力因素同样重要的体育运动过程中,它内化为运动员的意志品质,外化在刻苦训练的行动中。"每一个人都有一定的气质、特征。那些有责任心和事业心的人无论做什么都极为出色。他们具有对事业彻底的献身精神;对未来的胜利充满自信心;对困难挫折毫不畏惧的气概。"这一表现不仅在喜欢自己职业的运动员身上有所体现,即使不是很喜欢自己职业的运动员要进入体育精英阶层也必须做到这一点。我国40%的奥运选手承认,他们所从事的击剑运动,并非他们最喜欢的,至少不是最理想的。另有61.7%的奥运选手承认,在从事击剑运动的过程中曾有过放弃的想法(表3-7)。

表3-7 奥运选手对击剑运动的态度程度 ($n=60$)

调查项目	从事击剑运动是否是最喜欢的职业		在从事击剑运动的过程中是否有过放弃的想法	
态度程度	是	不是	有	没有
态度结果	60%	40%	61.7%	38.3%

(引自赵传杰. 击剑运动项目特征 [M]. 上海:复旦大学出版社,2014.)

那么这些选手能够在自己不太理想的领域和曾有过放弃的想法下成为奥运选手,除了聪颖和勤奋,靠的还有什么呢?如表3-8所示,有56.7%的奥运选手认为,"既然选择就要干好,不管喜欢不喜欢,不管遇到什么挫折和困难,都必须面对,都没有理由草草应付,都必须尽心尽力,坚持到底,不轻易放弃,那是对事业负责,也是对自己负责"。"既然选择就要干好",凝聚了奥运选手不甘平庸的理念。正是这种"在其位,谋其政,成其事"的敬业精神和坚忍的意志,使其成为击剑领域的精英。人们常常无法改变自己在工作和生活中的位置,但完全可以改变自身对所处位置的态度和方式,自然会发现许多的乐趣,因此拥有骄傲的人生。

表 3-8 成为击剑奥运选手的非智力因素($n=60$)

调查项目	运气机遇较好	我是最优秀的	既然选择就要干好	其他
人　数	8	13	34	5
百分比(%)	13.3	21.7	56.7	8.3

(引自赵传杰. 击剑运动项目特征 [M]. 上海:复旦大学出版社,2014.)

敬业精神、使命感和事业成就是正比关系。竞技体育的最高目标是创造最好成绩,夺取最好名次,传播友谊。如果运动员没有敬业精神、使命感,身体素质和其他条件再好,也无济于事。竞技体育发展至今,各项运动已达到的水平,已经不是常人的先天条件和一些客观条件简单相加所能达到的。有好的先天条件,加上科学手段,经过系统的训练,才可能转化为最强的能力、高超的技艺、超群的成绩。而这个过程是一个艰苦的相对长的过程,对主体的自觉性要求很高。有崇高的理想、强烈的敬业精神和使命感的人,在艰难的征途中,克服诸多困难与险阻,才有可能登上竞技体育的高峰。

(二)自我调节

自我调节是指根据训练或比赛的环境变化等情况,在正确的自我认识和自我评价基础上,进一步发挥自己的长处,及时地对不利于自己达到目的的因素,如情绪、行为等进行调整与控制。做到当行则行,当止则止,以利于取得良好的训练效果和优异的比赛成绩。

运动员在训练和比赛中常伴有丰富的情感:兴奋、激动、紧张、自信或愤怒、焦虑、害怕等,如果不加以调节,就会影响训练和比赛的效果。因此,情绪调节能力是衡量运动员情感智力高低的试金石。击剑运动是一项对运动员情绪调节能力要求极高的项目,这主要是由击剑运动本身的特点所决定的。运动员的情绪调节能力跟其运动技术水平的发挥成正比关系,越是高水平的运动员,情绪调节能力越占主导地位,且往往是制胜的关键。奥运选手通过对情绪重要性的认识,学习并掌握了情绪的调解、转移、控制等方法,善于用理智去调节自己的各种情绪,将消极情绪转化为积极情绪,提高自我控制能力,从而表现出在困难面前不退缩、失败面前不气馁、挫折面前不灰心、成绩面前不骄傲，以健康、积极而稳定的情绪投入到训练和比赛当中。同时，也表现出良好的道德和思想修养水平，始终摆正自己的位置，确立自己的定位，明确肩负着神圣的使命和社会责任，为击剑运动水平的提高贡献自己的青春年华。

我国击剑运动员叶冲的自我调节与自制能力之好，在中国击剑界首屈一指。他遇强不惊，在干扰面前仍不为所动，以我为主。2000年3月，世界男子花剑大奖赛在广东省江门市举行，世界强手云集江门。叶冲在小组循环赛上过早地遭遇了世界排名第一的剑客、世锦赛男花个人三连冠得主——乌克兰名将格鲁比茨基。两强相遇，鹿死谁手？赛前，格鲁比茨基双手合十，祈求上帝保佑。叶冲则镇定自若，不露声色。当双方战成4∶4平，叶冲退到端线准备发起进攻时，格鲁比茨基故意挑起事端：先是拽一拽叶冲身后的连接线，接着又用剑乱刺叶冲的胸部和头盔，仿佛在试试剑头的压力。这是此人的惯用伎俩，意图戏弄、骚扰对手。叶冲不但没有被激怒而失去理智，反而不为所动，冷眼面对对手的无礼挑衅，他沉着应战，终于拿下了决胜的一剑，顺利进入了半决赛。半决赛中，叶冲与世界排名第三的古巴选手格利戈里狭路相逢。这位选手异常活跃，在场上不停地大喊大叫、手舞足蹈，同样是一位以出怪相来分散对手注意力的选手。好个叶冲，泰山崩于前而色不变，犹如狂风吹不倒的大树，稳稳屹立在剑道的另一端。这下格利戈里倒似乎被叶冲给镇住了，最后几剑中漏洞百出，被叶冲抓住机会，连取几分，取得了决赛权。

（三）坚强毅力

毅力是指运动员长期不懈地保持充沛体力，坚忍顽强、不屈不挠地去克服困难，排除干扰，坚持完成训练和比赛任务的一种意志品质。

在训练过程中，奥运选手不仅有着高涨的训练热情，还要有克服各种困难，坚持到底的意志。由于竞技体育是一种不断向人类自身极限挑战的运动，这一特点决定了运动员的训练是一个艰巨、长期、枯燥的过程。奥运选手在训练和比赛中不可能一帆风顺，总会遇到各种各样的困难和挑战，有时要承受常人难以忍受的痛苦。例如，我国著名击剑运动员栾菊杰，在1978年世界青年击剑锦标赛女子花剑个人赛与苏联扎加列娃的比赛中，由于剑条折断，断剑刺进了栾菊杰左臂内侧肌肉。在持剑手臂严重受伤的情况下，栾菊杰坚持比赛，奋力拼搏，战胜强手，最终夺得亚军。栾菊杰表现出的不屈不挠的精神、坚忍顽强的毅力，令人赞叹不已，赢得了国内外同行的敬佩。栾菊杰的表现和成绩不仅在击剑界，而且在整个中国体育界引起轰动，国家体委做出"关于体育战线学习栾菊杰同志的决定"，号召体育战线的全体同志向栾菊杰同志学习。由此可见，毅力对奥运选手训练和比赛有着巨大的作用，也是奥运选手应具备的重要心理素质之一。

（四）自我激励

奥运选手在长期艰苦训练的过程中，要面对许多挑战，在成才道路上始终要依靠情感智力的作用，不断地自我激励，发挥勇于进取的精神。失败时要敢于直面挫折和痛苦并重新拼搏，在自我激励中发现自己的优点、长处，挖掘自己的激情，从而树立起自信、乐观、豁达、远见的情绪，发挥自己的主观能动性和创造性，不断激励自己努力向前进取。成功时要坦然地对待自己的喜悦之情，不骄傲，不轻浮，更不松懈，并以这次成功作为新的起点，继续激励自己，朝新的目标努力。

（五）自我实现

奥运选手的成长需要持之以恒、不断进取，通过不断自我实现去达到一个个子目标，最终达到总目标。具有自我实现的强大动力是奥运选手高情感智力表现的一个方面，他能够充分认识现实中的自我，正确树立理想中的自我，充分发挥自己的能力，将现实中的自我向理想中的自我进行重叠实现，继而树立更高的理想"自我"，从而表现出把艰苦、单调和枯燥的运动训练作为无悔的选择，专心致志、锲而不舍。同时树立正确的人生观、世界观等，并通过各种方法与途径增强吃苦耐劳、自强不息、勇往直前的精神。奥运选手通过体验自我实现后的成功喜悦，继而努力实现新目标，不断自我实现，超越自我。

第四章
击剑运动项目专项特征

在整个竞技体育中，由于各个项目的比赛形式有很大的不同，因此，对创造优异成绩的要求也存在很大的差异。即使是同在击剑项目中，花、佩、重剑种之间也有很大的区别。就此角度而言，竞技体育中似乎没有一个统一的项目规律可循，而是各有各的标准，而且也正因为如此才可以称其为项目特性。实际上，我们所说的认识和掌握项目规律，就是要求教练员摸清自己本专项所固有的特点和在训练过程中必须遵循的客观规律，掌控这个项目的总体训练方向，从而避免或者少走弯路。但是，世界上任何事物都不是孤立存在的，相互之间总是有着千丝万缕的联系，所以尽管各剑种之间在很多方面都存在不同程度的差别，甚至个性鲜明，极具独立性，但如果从决定击剑规律和特性的构成因素角度来看，它们又有许多相似之处，只是在各个构成因素的具体内容上有所不同。因此，我们可以从相似的角度去研究探讨对各个剑种成绩水平都具有影响作用的特性与规律。

第一节 花剑专项特征

花剑是一种长剑，由剑柄、剑身和护手盘组成，用于击剑运动。花剑总重应低于500克，全长不超过110厘米。剑身为钢制，长度不超过90厘米，横截面为长方形。它的弯曲度是规定好的，因此，限定了它的硬度和软度。剑柄长度不得超过20厘米，以保证更好地握在手里。花剑拥有特别的历史，它的出现可以追溯到16世纪，最初用来训练和学习技巧。

一、花剑发展的历程回顾

竞技体育总是以最终的结果来评价成功和失败，虽然奥运会提倡重在参与，但是在比赛场上追求更快、更高、更强，对运动员和教练员来说是更为现实的问题。比赛就是要力争战胜对手，所以需要不断研究比赛中的制胜因素。首先来回顾一下20世纪70年代至今的四十多年来，那些在世界赛场上站上颁奖台的运动员们，看看他们成功的背后能够给我们提供哪些有益的启示。

从表4-1中我们可以看到,在世界花剑的历史上,主要是意大利、俄罗斯、德国和法国等国家分享了大部分的世界锦标赛和奥运会的金牌,其他国家可能在某些时段出现一个顶尖选手或者一批优秀运动员并取得了很好的成绩,如20世纪90年代的古巴男子花剑和乌克兰男子花剑选手格鲁比范基,都曾风光一时,但是在整体上很难撼动意、俄、德、法等国在花剑项目上的统治地位。

表4-1　近四十年世界花剑金牌统计表

排名	国家	1971—1980			1981—1990			1991—2000			2001—2010			合计
		个人	团体	合计	个人	团体	合计	个人	团体	合计	个人	团体	合计	
1	意大利	3	—	3	5	6	11	7	8	15	12	8	20	49
2	苏联	9	11	20	5	7	12							32
3	法国	4	4	8	1		1	1	3	4	1	4	5	18
4	联邦德国	1	2	3	7	6	13							16
5	德国							3	4	7	5	1	6	13
6	俄罗斯							1	1	2	2	3	5	7
7	波兰	1	2	3				1	1			2	2	6
8	罗马尼亚	—	—			1		3	1	4				5
9	匈牙利	2	1	3	—	1	1	—	—	—	—	—	—	4
10	古巴			0				1	2	3				3
11	乌克兰	—	—					3		3	—	—	—	3
12	韩国	—	—					1		1		1	1	2
13	中国	—	—	—	1		1	—	—	—		1	1	2
合计		20	20	40	20	20	40	20	20	40	20	20	40	160

中国男花在老三剑客时代,依靠鲜明的个人技战术打法和强大的团队实力,取得了较好的比赛成绩,多次获得奖牌,但是因为种种外界客观因素未能最终登顶。2004年雅典奥运会后,中国男花的表现更为突出,夺取奖牌的人数和次数均有大幅度提升,厚积薄发,最终在2010年世界锦标赛上夺得男花团体冠军,2011年又蝉联男花团体冠军。更具有划时代意义的是我国选手雷声在2012年伦敦奥运会上夺得男花个人冠军。相比中国男花的强势,中国女花目前任重道远,虽然中国女花属于中国击剑的领跑者,在20世纪由栾菊杰打破了欧洲人的垄断,在世界大赛上多次获得奖牌,并在1984年洛杉矶奥运会上夺得金牌,王会凤在1992年巴塞罗那奥运会上也夺得个人银牌,但在进入21世纪后的十多年中,中国女花在世界大赛的奖牌榜上还是空白,比起韩国女花在世界大赛中的1金2银3铜的成绩,中国女花目前确实应该急起直追了。

那么这些花剑强国究竟有什么独到之处呢？是他们都依仗着同一种先进的技战术打法，还是他们掌握了别人不知道的制胜因素呢？让我们回顾一下他们在历史上的表现。

花剑的基本技术是教练员和运动员通过大量的实践总结出来的相对合理而规范的技术，每个有一定训练年限的运动员在正常情况下都可以完成，从个别课中也很难看出基本技术水平的高低，但是通过在比赛场上不同时机、不同距离、不同速度、不同节奏的灵活组合运用，就会带有各自的个性风格并形成不同的流派打法，具体描述如下。

法国：推崇的是技术细腻，动作规范，像教科书一样的古典风格。典型代表如1978年世界锦标赛男花个人冠军弗拉芒；1990年世界锦标赛和1992年巴塞罗那奥运会男花个人冠军菲利普·翁内；1979年世界锦标赛和1980年莫斯科奥运会男花个人亚军巴斯卡拉。他们在对抗强度极大的比赛中能始终保持像上个别课一样的优美规范的技术动作且不会变形走样，表现出击剑运动的特有美感，确实令人叹服。

意大利：与意大利民族个性豪放、性格暴烈、富于冒险精神相吻合的积极进取的比赛风格。典型代表如1986年世界锦标赛男花个人冠军博莱拉；1988年汉城奥运会男花个人冠军切利奥尼；1992年巴塞罗那奥运会女花个人冠军特利里尼。意大利历史上当然也不乏技术细腻、天赋超人的奇才，男子在近几年表现突出，如2009年世界锦标赛男花个人、团体双料冠军，多次年终世界排名第一的巴尔蒂尼；女子有获得世界冠军如探囊取物般的韦扎利，除了一大串世界锦标赛和世界杯赛冠军外，竟然蝉联了2000年、2004年、2008年三届奥运会的女子花剑个人冠军。

德国：讲求实效的自由派，不讲究动作规范，只求简练实效。德国人的基本技术虽然历来被讲究传统规范的法国人所不屑，但是打法硬朗的德国人在历史上也同样占有不可忽视的地位。典型代表如1984年洛杉矶奥运会男花个人亚军贝尔，由于身高约2米，在近战中他会采用教科书上寻找不到的技术动作，如抬起手臂绕过自己的脖子后面来击中对手；已经四次获得世界锦标赛男花个人冠军的乔皮奇；2008年北京奥运会夺得男花个人冠军的克林布林克，都属于自成一派的自由战士。在男花这个领域，也许你不会欣赏德国人的技术，但是永远也不要忽视德国人的存在。

苏联：风格融合了法国、意大利和德国的先进技术，在历史上涌现出了很多极为优秀的花剑选手。典型代表如被誉为"击剑艺术家"的罗曼科夫，他获得了1974年、1977年、1979年、1982年、1983年五次世界锦标赛男花个人冠军，他所具备的全面的基本技术和变幻莫测的战术运用，使击剑比赛充满了特有的欣赏性，得到了同时代所有运动员的一致推崇。

从四十年来的世界锦标赛和奥运会金牌、奖牌统计表及主要技术流派的分析可以看出，击剑比赛的技战术运用并不存在一个完美的固定模式。条条大路通罗马，只要在击剑规则允许的范围内，只要你找到了最适合自身条件的合理的技术、战术打法，就可以在比赛场上战胜对手。

花剑技术的发展与击剑器材的研发和击剑规则的不断修改有着密不可分的联系。在普通剑时代，花剑的攻击和防守行动均较为简单，因为是否击中对手需凭借主裁判和四名角裁判的肉眼观察来做出判断，只有将剑明显刺中对手的有效部位并产生弓形方为有效击中，所以普通剑的花剑技术与后来的电动花剑的技术相比可以说是一点也不"花"，而是表现出与重剑技术极为接近的朴实风格。击剑规则中从开始制定沿用的一条是：花剑的正确进攻是运动员伸出手臂，剑尖连续威胁对方的有效部位。可以说这条规则的制定带有明显的普通剑的时代特征，虽然现代电动花剑技术的发展早已使这条规则显得十分不切实际，但是运动员和裁判员仍然依据自身对花剑优先裁判权的理解进行比赛，并在不断的适应和磨合中走到了今天。

花剑的技术动作虽然与重剑技术动作极为接近，但是在规则上与重剑相比却有着极为不同的规定，最重要的差别就是：在双方运动员相互击中的情况下，规定运动员只有在获得优先裁判权的一方得分。而重剑是否得分的依据就是看是否先于对手50至40毫秒击中对手。由于在花剑中引入了优先裁判权的概念，所以对花剑产生交锋后的胜负判断也较为复杂，是否能够获得优先裁判权，与速度、力量、耐力、灵敏这些身体素质并没有最直接的因果关系。举例来说，一个运动员的被动反攻，即使速度再快、力量大到能把剑刺断也是没有意义的，因为是对手先发动进攻并击中了有效部位；一个运动员发动的主动进攻既快又准还狠再加上猛，但是可能被对手的一个轻巧的半路截击而将优先裁判权拱手相让。所以花剑比赛的核心是围绕着争夺优先裁判权进行的，谁能够在交锋中争夺到更多的优先裁判权，谁就掌握了比赛的主动权和控制权，想依靠对手的失误采用被动反攻或延续进攻的行动虽然可能在局部得益，但从整体来看必然导致失败。

二、当今花剑的比赛特征

从2010年世界锦标赛男、女花剑前三名比赛的部分场次技术统计中可以看出当今花剑比赛的技战术运用特征（表4-2、表4-3）。

表4-2　2010年世锦赛男、女花剑前三名比赛得分情况统计

赛事	主动得分类				被动得分类	
	主动进攻	防守还击	反还击	及时反攻	被动反攻	延续进攻
男花半决赛	12	7	7		2	1
男花决赛	13	5	3		4	1
女花半决赛	15	4	2	1	3	2
女花半决赛	16	4			4	1

续表

赛事	主动得分类				被动得分类	
	主动进攻	防守还击	反还击	及时反攻	被动反攻	延续进攻
女花决赛	13	6	2	2	2	1
总计	69	26	14	3	15	6
比例（%）	51.88	19.55	10.53	2.26	11.28	4.51

（依储石生，2010）

表4-3 2010年世锦赛男女花剑前三名比赛交锋情况统计

赛事	主动得分剑数	被动得分剑数	简单交锋	复杂交锋	比赛局数
男花半决赛	26	3	21	8	2
男花决赛	21	5	20	6	2
女花半决赛	22	5	23	4	3
女花半决赛	20	5	24	1	3
女花决赛	23	3	23	3	3
总计	112	21	111	22	13
比例（%）	84.21	15.79	83.46	16.54	

（依储石生，2010）

当今花剑比赛的技战术特征表现为如下。

①男子花剑的比赛交锋比女子更为积极进取一些，在两局内解决战斗的比例较高，女子往往会到第三局才分出胜负。裁判器参数修改后对运动员花剑技战术造成很大影响，以致大量发生的无意作战的场次明显减少。

②产生击中的实质性交锋绝大多数是简单交锋（在一个回合中分出胜负的比例高达83.46%）。虽然在实质性交锋之前的准备行动有很多试探、武器接触、步伐调节等，但是进入到中距离的决定性攻击技术往往是快速、简练、实用的技术动作，好处是准确性高、自身漏洞少，双方比拼的是对攻击时机的捕捉能力和交锋实力。

③高水平运动员的主动得分能力较强，主动进攻、防守还击、反还击、及时反攻这些有主动权的得分占总得分的84.21%，依靠对方失误得分（被动反攻、延续进攻）的比例只有15.79%。这一点也是符合花剑比赛特点的，主动得分能力是随着运动员综合实力的提升逐步上升的。

花剑技术从普通剑到电动花剑，是一个摸索、适应、创新、发展到基本稳定的过程。在普通剑时代，基本没有交叉刺和甩剑刺，进攻基本以直刺、转移刺、击打刺、击打转移刺为主。进入电动花剑时代，是否击中对手已经不是由裁判员的肉眼来判断，而是由裁判器根据运动员剑头上的弹簧被500克以上的外力压下后产生的电路切断和接通的不同状态来决定。在这种情况下，运动员无须考虑是否需要在击中对手身体后让剑在对手身上停留以产生弓形，给裁判员以明显的产生击中的视觉印象，运动员这时所需要考虑的是如何让剑尖更快地到达对手的有效部位并能达到超过500克的压力。在不断尝试和摸索中，以肘关节为轴心，手臂和剑身为半径的运行方式的交叉刺和甩剑刺应运而生，由于在交叉刺和甩剑刺这种动作中，剑尖的运行速度大大超过了直刺、转移刺这种以纵向运行方式表现出来的技术动作的速度，运动员充分利用了以弹簧钢为材质的剑条的弹性，攻击部位也从正面的胸部、腹部扩展到肩部、背部、腰部等普通剑技术难以完成攻击动作的有效部位。由于攻击动作速度快、攻击点变化多，使花剑的防守变得相对困难了，比赛中双方都是力争主动，努力给对手施加足够的压力，简单进攻和复杂进攻的配合使得攻击的成功率大为提高，频繁的交锋使得比赛节奏十分紧凑，比赛中经常出现充满想象力且令人匪夷所思的高难度动作，只能借助于裁判器信号才能判断是否产生了有效的击中。当然，击剑是不存在"一招鲜，吃遍天"的，任何动作都有相应的手段来制约，在场上比的不是谁会的动作多，而是谁的动作用得好。击剑基本技术发展至今系统已相当成熟，不太可能在基本技术方面突然出现一种别人无法掌握或者包打天下一招制敌的独门绝技，动作大家都会做，比的就是在强对抗下有效完成动作的能力。击剑如此，任何直接对抗的运动项目都是如此。

由于电动花剑技术的发展已经到了与传统的普通花剑技术相距甚远的地步，夸张一些说，某些选手已经只会甩，不会刺了。而且运动员的技术动作和裁判员的交锋分析与击剑规则条款所要求的根本无法统一。最主要的矛盾就是电动花剑攻击技术已经演变成类似鞭打的动作，剑尖运行的轨迹不但不可能"连续威胁对方有效部位"，实际上在完成交叉甩剑过程中，剑尖的走向可以说是指天、指地、指左、指右甚至已经指后了，这种多变的攻击技术使防守方难以应对，效果极佳，实际上已经使传统的普通花剑技术落伍了。比赛中花剑的交锋也变得十分频繁激烈，有着较强的观赏性。

为了使击剑规则能够与运动员的实战技术统一起来，国际剑联长期以来努力试图通过裁判员在临场判决中对交叉甩剑这种技术加以限制，但是效果甚微。国际剑联以法国传统派为首的领导者终于决定采取一个器材方面的重大改革，试图使花剑技术尽可能地重新恢复或接近到传统花剑的技术轨道上来，雅典奥运会之后，2004年10月开始，花剑裁判器的参数中的敏感度由1至5毫秒改为13至15毫秒，互中时间由700至800毫秒改为275至325毫秒，裁判器花剑参数的修改，直接导致的结果是：在实行新规则的开始阶段，大批优秀运动员的主要得分手段被抑制，原先的快速交叉甩剑的进攻很难亮灯了，主动进攻一方频频被对手的简单反攻击中而失分，原先实力占优的运动员经常输给不起眼的二流选手。其中受新规则影响最大的要数意大利和德国这种以主动压迫式攻击为主要打法的运动员，如德国男花选手韦伯塞尔，一下从一线高手沦落为平庸选手。从新规则中获益的一批选手则属于以时机和技巧为主的灵巧型选手。中、日、韩三国的花剑选手在新规则实行后，比赛成绩呈大面积的稳定上升趋势，已经可以与欧洲选手分庭抗礼了。意大利、德国为了抗议国际剑联的这次重大规则改动，进行了顽强的抗争，他们联合数个国家，不惜伤害击剑运动的形象和声誉，采用在电视实况转播大奖赛决赛时故意消极比赛的手段，试图给国际剑联施加压力，达到取消改动的目的，但是这次集体抗争行动在国际剑联紧急实行对消极比赛给予黑牌处罚的强力反击下宣告失败。

由此可见，击剑技术的发展和进步，与击剑器材和击剑规则的制定和修改密不可分，必须及时适应，找到相应的对策，走在对手的前面，这样才能获得更高的获胜概率。中国乒乓球队在国际乒联无休止地改动器材和竞赛规则来试图压制中国的不利情况下，总是能够快速地找到应对的良策，使自己立于不败之地，给我们树立了良好的学习榜样。

三、花剑比赛制胜因素的探索

击剑比赛中的获胜因素有很多，花剑和重剑、佩剑相比，有共同之处，也有自身的剑种特点。花剑运动员也许在身高、力量方面不如重剑运动员，也许在快速移动的绝对速度方面不如佩剑运动员，但是优秀的花剑运动员也有他们共同的制胜之道，也就是重要的制胜因素，主要包括以下几点。

（一）综合因素

1. 时机因素

简称一个字："巧"。花剑比赛当然需要速度、力量、灵敏、耐力这些基本身体素质作为基础，但是决定比赛胜负的更重要的因素是双方运动员智力的较量，这也是那些身体条件并不出色的运动员的立身之本。身高、力量、速度比外形毫不起眼的韦扎利、巴尔蒂尼有明显优势的运动员比比皆是，但却在和他们的对抗中屡屡败下阵来就充分证明了这一点。花剑是强调优先裁判权的剑种，运动员所采取的击剑行动是否合理，体现运动员时机感是否出色。通俗地说，就是什么时候应该发动进攻，什么时候应该武器防守，什么时候应该采用反攻抑制对手的复杂进攻等，都应该是运动员通过对场上形势做出分析判断后采取的有意识的行动，而不是臆想、猜测或本能式的反应行动。如果上场不管三七二十一，提着剑就往上冲，自以为这样就体现了"以攻为主、以我为主、积极主动"，其结果可能遭到早有准备的对手迎头痛击。打仗讲究的是出其不意、攻其不备，击剑的进攻时机的选择也是如此，应该选择对手对你的进攻最缺乏准备的时机发动快速的决定性进攻。那么运动员的时机感从何而来呢？首先当然是天赋，在同样的训练环境中，天赋较高的运动员会很快地找到合理的时机并采取制胜行动，而某些身体素质出众但击剑意识较差的运动员却往往有劲无处使，总是无功而返。

当然，教练员如果只是消极等待天才运动员的突然降临，也就失去了研究击剑训练和比赛制胜因素和规律的意义。通过后天的正确引导和训练，教练员可以挖掘出运动员潜在的能力，使运动员在时机感方面得到提高。

2. 心理因素

这是迈上最高台阶的最后一步也是最难掌控的一步，不知道有多少天赋优异且通过刻苦训练并具备了良好技战术能力和无数比赛经验的运动员倒在了这最接近成功的最后一个台阶之上。由于它存在于运动员的思想内部，所以更显得难以掌控。2008 年北京奥运会女子佩剑团体决赛，中国队在开局和中局大比分领先的情况下被对手翻盘，最终痛失金牌，心理状态失控是导致失败的决定性因素。由于比赛场上运动员的行动是由运动员自身做出的决定来体现的，外界的因素已经很难起到作用，当运动员在外界和自身的巨大压力下心理崩溃的时候，纵使像鲍埃尔这样的世界级教头也显得无能为力。

3. 距离因素

对双方运动员之间距离的准确判断能力对击剑运动员来说是十分重要的。差之毫厘，失之千里。运动员也许选择了一个很好的发动进攻的时机，动作的速度也很快，但是在动作完成时剑尖却离对手的有效部位仅差一厘米，结果功亏一篑，反而给对手留下了反击的时机。反过来说，是对手的良好距离感破坏了你的主动优势并使你落入了被动的状态。

（二）主导因素

1. 交锋能力

现代的花剑技术早已远离"一锤子买卖"的搏命式打法，指望三下五除二就击垮对手并结束战斗是不现实的。每次交锋的产生，运动员总是从远距离开始准备行动，然后一方或双方主动接近距离，进入可以产生有效击中的中近距离，随后产生进攻、防守还击、反还击、近战中的抽剑刺等快速交锋行为，一旦产生击中，这次交锋即告结束；如果在交锋中未发生击中，一方或双方可选择从中距离后撤至相对安全的远距离，寻找下一次交锋的发动时机并采取相应的准备行动。能否在中近距离的武器交锋中占得上风，是体现一名花剑运动员的技术实力的最直接表现。没有武器交锋这个实力，就不能掌控场上的局面，只能跟着对手的节奏走。对手发动进攻，你防不住；勉强防开了对手的进攻，又难以还击击中对手，因为对手有反还击的后续手段；当你觉得要靠主动进攻来扭转被动局面时，你的进攻肯定是匆忙的，也谈不上耐心细致的观察判断和时机选择了。相反，武器交锋能力占上风的运动员在场上就会显得从容不迫，进可攻，退可守，兵来将挡，水来土掩，一切尽在掌控之中，胜利的天平必然倾向有实力的一方。

2. 控制剑尖的能力

简称一个字："准"。时机好，距离合适，又掌握了主动权，但是剑尖控制能力不行，不能有效地击中对手的有效部位，就像足球场上面对空门却放了冲天炮一样。花剑的有效部位小，攻击要求以刺为主，在激烈的交锋过程中能够保持对剑尖的精确控制能力，是体现花剑运动员技术实力的一个重要指标。

3. 战术因素

简称一个字："变"。每个运动员比赛开始时一般总是围绕着一两套自己最擅长的基本战术来进行的，也就是自己进攻时最拿手什么就打什么，对手进攻时，自己什么防守最可靠就打什么。运动员在场上的对手不是一个按照事先编制好的程序机械执行指令的机器人，对手必然会想方设法给你制造各种麻烦和障碍，不会让你舒舒服服按部就班地执行你的战术。你的某一个特长动作再娴熟，也必然有另一招可以对它抑制和化解。如果在临场比赛中缺乏变化意识和能力，也许开局在对手还不熟悉或适应战术打法的时候你可能占有上风，但随着对手技战术和场上形势的变化，到中局以后你就会感到越来越不顺手，逐渐落入下风并遭到失败。

四、花剑未来发展趋势

（一）未来竞争格局

击剑作为欧洲的传统优势项目，针对击剑训练竞赛的理论研究系统性和深入性、击剑人口所占有的优势、高水平教练员的素养、大量的高级别比赛等有利因素，使欧洲会继续保持一定的整体优势。亚洲选手由于整体训练水平和比赛水平的提高及得益于击剑规则修改后有利于技巧型选手的技战术发挥，将进一步动摇欧洲的优势，有望取得更好的成绩。

（二）技战术发展趋势

击剑项目的本质就是对抗格斗，花剑在经过一段时间对新规则改动造成的动荡后的摸索、适应和实践，又逐步恢复到交锋频繁、快速、多变、对抗激烈的比赛状态。发展趋势就是谁在对抗中的能力更强，谁就能取得更好的比赛成绩，能力不是指某一项具体指标的能力，而是指各项指标的综合能力。

(三) 未来规则的变化

击剑项目是欧洲的传统体育项目，从历史渊源看，往往被王宫贵族和骑士所练习和擅长，故有"贵族项目"之称。从1896年第1届奥运会开始，击剑就被列为正式比赛项目。但是与其他很多群众基础雄厚的体育项目相比，击剑始终是一个小众体育项目，也会受到国际奥委会对奥运会压缩规模、减少项目的举措的困扰。为了改变这种状况，国际剑联每年都会在保持基本框架不动的情况下对击剑规则进行修订，力图扩大击剑项目的影响，击剑规则很多条款的修改是为了使击剑的比赛更精彩、更具备观赏性，以此来推动击剑运动的不断发展壮大，如简化击剑比赛的组织编排；让比赛在红、黄、蓝、绿四色的彩色剑道上进行；在佩剑和花剑比赛中引入了无线装置；运动员的比赛服后背印有姓名和国籍，使用透明面罩等；而一些处罚条款的不断修改和录像回放系统的引入，使比赛更为公平；马拉金刚剑和保护服采用防弹服材质的要求使运动员的人身安全更有保障。未来的规则仍然会朝着这个方向不断修改变化，这也是击剑规则不断修改的原因和动力。

(四) 选材和训练方法的变化

击剑项目的选材有其特殊性，很多专项的内在指标必须通过一段时间的专项训练才能逐渐显示出来，如时机感、距离感、剑感等，只能依靠教练员自己的执教经验，通过观察运动员在击剑训练过程中的各方面表现后作出判断并给予综合评价。从目前的科技发展水平看，在可以预见到的未来是无法对一个原始材料做出是否具备击剑天赋的测试和评价的。当然，随着现代科技的进步，还是有一些测试手段和方法可以协助教练员进行击剑运动的选材工作，如运动员的简单反应速度和复杂反应速度、肌肉类型、神经系统类型、身体的恢复能力等，教练员有必要在科研人员的协助下借助相关仪器进行测量，以帮助自己对运动员的发展前景做出更准确的判断。

击剑的训练方法也必须在原有的基础上不断创新发展。当然专项训练的手段已经相当成熟，如个别课、个人练习、双人练习、条件实战、教学比赛等。随着时代的发展，有越来越多的新的训练方法和手段介入击剑训练，如身体训练中的核心力量训练、运动员受伤后的有针对性的康复训练、各种生理生化指标的监控、录像回放系统结合技术分析等。这些在以往的传统训练方法中比较缺乏或者闻所未闻的概念和手段方法，都将帮助提高运动员的训练水平，以达到奥运夺冠的最终目的。

五、我国花剑未来发展的对策和建议

(一) 技战术方面

击剑运动是个人性对抗项目，带有鲜明的个人色彩，所以技战术方面应该在掌握全面基本技术的基础上，根据每个运动员的具体个性和身体条件，教练员帮助运动员找到最适合自己的技战术打法。总结归纳起来就是：因人而异，扬长避短。既有最拿手的特长得分手段，也有全面扎实的基本技术。按照"水桶效应"的理论，一个水桶最多能装多少水是由最短的一块木板决定的，如果一名运动员某一方面存在明显的漏洞和缺陷，是不可能达到最高水平的，因为对手必然会采用针对性战术来攻击你的弱点。中国运动员与欧洲运动员相比，在身高、力量方面存在天生的劣势，但是在身体的灵巧性和思维的敏捷性方面有着自己的优势和特点，中国击剑近年来的进步和发展也验证了我们在花剑方面的训练理念和手段方法是基本正确的，应该沿着这条正确的道路继续前进。

（二）训练方面

随着训练理念的不断更新，应该将运动员通过训练达到最高竞技运动水平的过程视为一个系统工程，国家队或高水平运动队在条件允许的情况下要建设一支以主教练为主导的复合型团队，这个团队应包括主教练、体能教练、科研人员、心理医师、医疗康复医师、后勤保障人员、管理干部等。

（三）教练员方面

教练员应该与时俱进，抛弃击剑界长久以来师傅带徒弟的刻板模式，对外界的信息要保持足够的敏锐度，吸收其他剑种包括其他运动项目的各种新的训练方法和手段，通过思考和鉴别后为我所用，教练员要不断地学习、研究项目规律和训练方法，勇于开拓创新，开创新思路、新方法，不断地提高运动员的训练水平和比赛水平。教练员要正确处理好与运动员的各种关系，给运动员足够的思维和行动空间。教练员再聪明，为运动员的方方面面想得再具体全面，也无法代替运动员在临场的观察、判断及执行。教练员在运动员心目中的威信不是靠外部的强制来树立的，而是靠带领运动员不断地进步提高中自然而然地建立起来的。如果说在运动员初级阶段教练员说"你不要问为什么，只要按我说的做就行了"是可行的，但是在运动员中高级阶段，教练员必须深化对项目规律的认识，针对运动员的各自特点和条件，实行不同的训练方法和手段。教练员之间要打破老死不相往来的陈旧陋习，相互之间多交流、多探讨，以达到相互借鉴、相互学习、取长补短、共同提高的目的。教练员和运动员必须相互尊重，通过不断的深入沟通达成共识，再在实践中不断摸索、总结、提高，只有这样才能使训练和比赛顺利进行。

（四）选材方面

花剑运动员的选材是否成功，是决定运动员最终能否达到较高竞技水平的前提条件。各个级别的教练员在选材时要特别注意对运动员的长远发展前景有一个尽可能准确的评价和判断，对青少年选材最容易犯的错误就是急功近利，应先看身高，再测各项基本身体素质，还要看是否是左手等容易通过量化数据指标作出评价判断。当然那些发育较早、身体素质突出的青少年运动员通过一定时间的初级训练是较为容易见到成效的。但是随着训练年限的增长，对花剑运动员思维方面的要求将越来越高，那些缺乏击剑天赋和思维深度的运动员必然会遭遇发展中的瓶颈，即使自身再刻苦努力，也很难达到较高的层次。因此，我们应该采取的对策是：循序渐进，首先培养花剑运动员对击剑的兴趣，不要过分地追求暂时的比赛成绩，那些外部身体条件并不出色但是具备击剑天赋的运动员会在训练和比赛中逐渐显示出强力的后劲并最终脱颖而出。当然，既有击剑天赋又具备良好的外部条件的选手是最理想的选材对象，但是天才总是可遇而不可求的，作为教练员必须要有足够的思想准备。中高级的教练员可以通过比赛观察、判断、了解运动员的技战术运用能力，要将重点放在运动员是否具备良好的心理素质方面，这是决定这名运动员是否能达到最高层次的关键所在。如果在一场生死战前需要在两名运动员之间做出抉择，应该选择在技战术某些方面不够全面，但心理素质过硬、在最关键的比赛和处理关键剑时能够稳定发挥，敢于搏杀的运动员，而放弃虽然在各个方面都很优秀但是在关键时刻总是容易因心理波动而导致发挥失常的运动员。

（五）竞赛方面

比赛是检验训练水平的形式，是促进训练水平提高的强力杠杆。从青少年比赛到成年组比赛，从小型比赛到国际大赛，从比赛规程的制定到比赛的组织实施，应该统筹考虑，统一安排。低水平的业余比赛可以促进青少年运动员更好地体会击剑的快乐，不宜过分强调金牌。青少年比赛年龄审核方面要严厉打击弄虚作假的行为，以促进选材工作的正常进行。随着中国击剑水平的提高和国家对竞技体育的大力支持，中国击剑运动员参加国外的高水平比赛的次数已经可以保证。在这种情况下，高水平运动员在参加国际国内比赛的次数和参赛级别方面要有所取舍，并不是所有比赛都要参加。运动员的竞技水平不可能始终处于一个水平，要努力将运动员的最佳竞技状态调整到在最重要的比赛中出现，这需要教练员、运动员和管理工作者共同努力，根据每个运动员的具体情况做出最合理的抉择。

第二节 重剑专项特征

重剑是击剑器械之一，它的起源可追溯到19世纪末的重剑决斗。重剑重量不超过770克，全长不超过110厘米。剑身为钢制，横截面为三棱形，长度不超过90厘米。护手盘呈圆形，长度与深度都比花剑要长。剑柄长度不超过20厘米，以保证更好地握在手里。如花剑一样，重剑也是一种长剑，要用剑尖来击中对手。但与花剑不同的是，在比赛中没有优先权的相关规定，先击中对方者即可得分。重剑是击剑器械中最重的一种。

一、重剑发展的历程回顾

（一）重剑规则的重大修改

长期以来，击剑竞赛规则中重剑篇技术性环节的修改较少，因为重剑规则这方面内容篇幅本就不多，没有花剑、佩剑关于"击中的有效性和优先权"章节及"一系列交锋的准则"等诸多限定限制条款。回顾20世纪80年代至今，重剑规则的修改主要集中在比赛场地、时间、赛制和剑数等方面。

1. 比赛场地

重剑场地长度由18米改为14米（通用场地长度），1989年删除"警告线及取消"内容，改为警告区，双脚退出端线即判对手得分。

2. 比赛时间

小组循环赛、团体赛每场比赛时间由最初6分钟/场，到1989年改为4分钟/场，再到2002年改为3分钟/场。淘汰赛由最初10分钟/场改为目前3分钟×3局。

3. 比赛赛制

个人赛由多轮循环赛加双败淘汰赛改为单轮循环赛加直接淘汰赛；团体赛由4人16场（5剑/场）改3人9场（总计45剑）。国内从1995年开始实行3人制团体赛。

4. 比赛剑数

重剑淘汰赛剑数从1990年由10剑（女重8剑）改为3局（5剑/局）2胜制，1994年开始实行3局15剑至今。1995年重剑取消双败，改为比赛双方增加1分钟决出胜负（决一剑）。

5. 比赛消极处罚增设

该条款执行始于2002年（葡萄牙世界锦标赛），规则规定运动员消极比赛时，裁判员可以回收剩余时间，打满最后1分钟决出胜负。2007年后取消黑牌处罚，明确消极比赛的定义和详细处理条款。

以上修改及增加（处罚消极比赛）的条款，虽然没有直接导致重剑的技战术发生重大改变，但可以肯定的是，这些修改在不同时期从多个侧面对重剑的发展，对比赛对抗强度、竞争难度的增加，对技战术、距离、时机、心理等制胜因素提出更高要求。

（二）重剑规则决定专项特征

重剑技术部分规则条款，决定了重剑技战术运用自由及更受限的辩证关系与特征；不同技术风格来自对规则的不同理解，但是殊途同归；重剑技战术本身存在大量的相互制约特性，比赛限制和反限制的对抗错综复杂，简单中包含着复杂，使重剑比赛看上去既一目了然又难以预料。

1. 重剑的自由与受限

（1）重剑技术运用更自由

在规则的技术层面上，重剑项目在三个剑种中限制最少。重剑规则的技术部分规定，有效击中既没有优先权限制，也没有部位限制。不论技术动作正确与否，形态上是主动还是被动，类别上是进攻还是防御，击中都能得分，而且同时击中还可以各得1分。

限制少就是自由度大。重剑进攻可以根据需要自主选择，采取不同技术，如直接、对抗、转移刺，或者压剑、甩剑、交叉刺等；攻击躯干或手、脚等不同目标；使用弓步、冲刺接延续刺、补剑刺等不同方法。防守还击、反攻等防御技术可以随时运用，防御在重剑比赛中运用比较普遍，尤其反攻使用及得分超过其他剑种。反攻技术从形态上可分为后退反攻、上步反攻、侧身反攻、下蹲反攻等。总之，重剑运动员可以相对自由地选择运用各种技术动作。

重剑刺点多，从上到下，由近至远，攻击纵深大、范围广。而刺点多的特性又导致技术、战术、时机、距离、节奏的多样化，如腿、脚只有重剑比赛才将其作为可攻击点，由此产生刺脚技术；刺脚技术可在进攻时使用，也可在防御时使用，重剑有反攻和防守还击刺脚战术；在不同距离、不同节奏中，真假攻击脚所引出的对手应对方式，为第二意图的战术变化创造出不同的时机等。由各种技战术手段相连接的进攻接进攻、进攻接防御的众多战术组合数不胜数。从以攻为主到以防反为主，打法上各显其能，不拘一格，对规则的理解、技术风格、流派不尽相同，颇具百家争鸣的局面。在诸多方面，重剑规则决定了重剑项目所拥有的广泛自由度。

（2）重剑技术运用更受限制

规则还规定，重剑有效击中只能以裁判器显示信号为准。比赛中双方运动员只有在40~50毫秒的时间内完成相互击中时，裁判器两侧才同时显示信号，即互中，双方得分。若先后刺中的时间差超过50毫秒则显示先击中一侧的信号，单方得分。极其短暂的时间限定，使有效击中受到最精确、严格的限制，也促使运动员在决定性交锋动作中，力求先于对手击中（有效部位），表现出竞速特性。

因为裁判器击中时间严格限定，不论攻防只看谁的击中更快，重剑还受到来自各种技术自由运用的更多限制。一方可以自由选用任何技术，另一方同样可以自由选择、使用大量的对抗性技术加以反限制。所有进攻技术都受制于各种防御技术，同样所有防御技术也都受制于各种进攻技术，任何技术都有"天敌"，被某一种或某几种技术所限制、所破解。简单举例，复杂转移进攻可以针对防守而取胜，但容易被简单抢攻、反攻所击败（简单刺比复杂转移更快）；简单抢攻、反攻分别容易受到简单防守和对抗剑进攻控制（简单刺容易被控制）；而简单防守又容易被复杂转移或交叉甩剑进攻破解（简单防守只对简单进攻有效）。这是重剑技术运用之间的动作相互制约规律，所有技术既有效又无效，没有攻无不克，也没有无懈可击，动作之间相生相克、相互制约，呈现高密度特点。

2. 重剑的技术风格殊途同归

因为规则中优先权的有与无，以及击中时间限定的长与短，与花、佩剑各种风格对比，重剑不同技术风格区别比较明显，有些甚至泾渭分明。法国、俄罗斯男重自20世纪80年代以来，各有8人次获世锦赛或奥运会个人冠军，并列世界男重剑坛首位，是两支世界强队，也是两种不同风格的典型代表。

法国、俄罗斯所代表的两种风格，对规则各有理解，技术上产生不同理念，形成不同特点，各有千秋。法国式（多数选手使用直柄剑）追求的是剑尽可能变长，剑路尽可能缩短，主张剑走直线，较少或不做横向动作，以较短距离，用较少时间，在竞速中获得优势。俄罗斯式则截然不同，他们以接触武器为主，通过击打、压或格挡、挂甩等接触剑的方法，封闭、破坏对方剑路，先控制再完成攻击，在力度与变化上更强、更丰富。我们尝试这样对比理解：法式追求直接快；俄式追求间接快。法式注重点线结合，直截了当地攻击；俄式注重空间控制，多方位攻击。法式决定性交锋主要选择简单，强调动作位置；俄式稍显复杂，强调动作变化。法式动作结构属于先发制人；俄式属于后发制人。无论怎样理解，这两种比较典型的技术风格在打法上都形成辩证关系，在重剑长期发展过程中，产生巨大影响，它们相互对立而存在，相互制约而完善。非常类似早期乒乓球的快攻与弧圈，速度与旋转互为矛盾，既竞争又促进。

毋庸置疑，两种风格都符合重剑规则、规律，都能以我为主，达到先于对手击中的目的而获胜。虽然风格迥异，剑路不同，但殊途同归。

3. 重剑的限制与反限制错综复杂

重剑比赛双方，限制与反限制的交锋、对抗是全方位、多层次的，具有针对性、复杂性、综合性三个特点。

（1）针对性

重剑交锋情况千差万别，选手风格打法各异，特点特长有别，重剑技术动作之间相生相克，都有被某一或某几种技术所限制的特征。因此，交锋时运动员既要以我为主，又要因人而异，具体情况具体分析。根据场上形势和需要，针对临场对手的不同技战术行动，迅速分析考虑最佳对策，选择确定相应的反制措施，选准针对性技术，及时调整战术目的和行动，随机应变，在重剑比赛中显得尤为重要。

（2）复杂性

重剑比赛的得分动作并不复杂，有时甚至很简单。但是这种简单包含复杂，得分的决定性交锋动作是针对性选择的结果，判断和决策及行动过程是复杂的。简单组成复杂，单一进攻、防守、抢攻或反攻是简单战术，攻防组合、抢反变化是复杂战术；简单来自复杂，简单得分动作的时机是由复杂的挑引，依靠前后移动，真假攻防种种配合，将对手思路和行动引向某种状态所创造出来的。从宏观角度看，技术风格、动作相互制约，既以我为主又因人而异，诸如此类都反映或含有复杂性。

（3）综合性

交锋时对抗因素环节多，手上技术需要与脚下步法配合，相应步法配合的好坏决定交锋胜负。手上与脚下技术因素在交锋中比较直观，还有些因素外在表现不明显，同样影响交锋胜负结果，如心理、战术、距离、时机等因素。诸多因素互相配合，互相影响，本方和对方的选择变化，控制与反控制交织在一起，同场对抗的运动员都受到规则和对手的制约。面对多方面因素交错的复杂局面，如何取舍应对，进或退、攻或防、简与繁、快与慢，需要统筹兼顾，既斗智又斗勇。因此，重剑比赛运动员必须具有较强的综合竞争能力。

综上所述，重剑交锋攻击时极少像佩剑那样追攻，防御时不会像花剑那样主要靠防守还击限制进攻。重剑交锋移动频繁，快慢相间，打法多样，攻防多变，外表与内在的竞争激烈，偶然与必然的结果难料，有必要对重剑制胜因素及内在联系做进一步分析与探讨。

二、当今重剑比赛的特征

（一）技术运用特征

高水平比赛运用哪类技术比较多，比较有效，每次比赛可能有所不同，北京奥运会男重个人前8名比赛的运动员有效交锋得分技术运用统计结果（表4-4）显示，攻防技术运用基本平衡，符合矛盾一般规律，进攻成功率高，证明技术是矛盾的主要方面。

表 4-4 北京奥运会男重个人前 8 名交锋得分技术统计

分类/项		进攻类		防御类			其他		合计
		弓步	冲刺	防守还击	反攻	抢攻	互中	抽剑刺等	
使用剑数		74	32	50	41	17	26		
		106		108			26		240
成功剑数		36	20	25	15	12	52	8	
		56		52			60		168
使用率(%)	类	49.5		50.5					
	项	69.8	30.2	46.3	38.0	15.7			
成功率(%)	类	52.8		48.1					
	项	48.6	62.5	50.0	36.6	70.6			
合计(%)		51.9		48.1					100

注：使用剑数包括成功剑数和失败剑数。为求数据相对准确，互中项单列。 （依佟伟，2010）

表 4-4 数据反映出，前 8 名运动员进攻与防御两类技术使用剑数基本相同，使用率分别是 49.5%和 50.5%，差额很小，攻防技术使用基本处于平衡状态。攻防数据在成功率上面差别加大，本类对比，进攻类成功率高出防御类成功率 4.7 个百分点，合计对比高 3.8%，说明进攻在两类得分技术中有效性更高，应侧重加强。单项技术以冲刺、抢攻成功率为最高，说明主动进攻与积极防御都是重要得分手段。本次比赛互中 26 次（计 52 剑），得分较多，已与防御类成功剑数持平，对此重剑特有计分规则和得分特点的现象，应予以重视。

（二）战术运用特征

1. 基本战术特征

北京奥运会上优秀运动员普遍以我为主，凭借个人擅长的、以技术风格为特征的系列技战术与对手较量。法国选手让内战胜多名对手进入决赛，最主要得益于其鲜明的、自成一体和一以贯之的基本战术。法国技战术风格打法独特，令人印象深刻，其他风格的运动员也是同样，都是将以我所练、以我所长、以我为主纳入交锋和克敌制胜的基本战术。

2. 针对性战术特征

北京奥运会男重个人冠军亚利奥尔（意大利）临场战术灵活，针对性变化表现突出，半决赛以 15∶12 战胜阿巴约（西班牙），决赛以 15∶9 战胜让内（法国），两场比赛都是运用针对性战术的经典战例。意大利选手擅长甩刺，半决赛几乎整场都在运用，转移甩、挂剑甩得分七剑；决赛则完全不同，甩刺运用明显减少，决定性交锋改为以简单刺为主，八剑直冲直抢得分。根据场上不同情况，对西班牙对手防守较多时运用甩刺、对法国对手转移刺为主时采用直刺两种不同战术，分而制之，表现出极高的技战术素养和针对性变化能力。

3. 全面性战术特征

无论是基本战术还是针对性战术，都要以全面为基础，任何行之有效的战术都离不开其他因素的密切配合。在高水平重剑比赛中，场上战术最后阶段的决定性交锋行动，只有以技术、心理、距离和时机条件为保证，在各方面协同配合的基础上，才能确保顺利实施。所有战术准备和实施就像是一项系统工程，都基本具有这种全面性特征。

4. 特殊战术特征

特定形势需要特定战术，是重剑比赛对重剑选手的特殊要求。因为在比赛一开始就在距离较远的开始线上打战术、在比分落后且时间即将用尽时使用类似佩剑较长距离追攻的战术、优先权在对方或己方不同的决一剑（或决一分钟）战术，都是重剑选手比赛中可能面对的特殊战术难题。决策瞬间形成，行动果断打出，在旗鼓相当的关键场次竞争时，特殊战术行动更具偶然性，有可能一击制胜，也可能一着不慎，满盘皆输。

（三）得失分部位特征

虽然重剑规则规定全身都是有效部位，但是在北京奥运会男重个人前 8 名比赛中，从得分剑数据（表 4-5）可以看出参赛选手对攻击目标的倾向性选择，击中部位上体现重剑特点。

表 4-5　北京奥运会男重个人前 8 名得分部位统计表

得分部位	躯干		上肢		下肢		合计
	胸	腹	手	臂	脚	腿	
得分数	76	25	16	36	7	1	
	101		52		8		161
得分百分比（%）	47.2	15.5	9.9	22.4	4.3	0.6	99.9
	62.7		32.3		5.0		100

注：其他栏内数据是罚分剑、录像画面部位缺失剑，未计入合计数据。

（依佟伟，2010）

从表 4-5 看出，击中各部位得分剑数相差悬殊，其中击中躯干部位 101 剑，占合计得分数的 62.7%，而头部数据为零，表明上述部位二选一时，选手全都选择攻击对手面积较大的躯干。如果把击中胸、手、臂等偏上部位数据相加，得分数是128，约占总数的80%，说明攻击偏上线目标是这届奥运会个人前8名运动员的首选。攻击腿脚得8分，这些具有重剑特色的下线进攻增加了线路变化，给防御带来困难。刺手刺脚得分比分别是9.9%和4.3%，数值虽较小，可是均高于头部，而且手脚目标面积更小于头部，对此可理解为按照实战姿势位置，对方持剑手和前脚是距离最近的攻击点，攻击手脚目标相比攻击头部所用时间更少，可以更快击中而有竞速优点。关于攻击手脚，结合攻击其他部位，可以有不同纵深和更多点线及动作上的战术变化，有时机增多，对手防御难度增加，心理压力加大的优点，这些优点及作用在统计数据中无法直接表明。

（四）得分时间特征

奥运会男重比赛有效交锋用时长短不一，长到耗时四五十秒才得一分，短到一秒钟就能得分（表4-6）。

表4-6 北京奥运会男重个人前8名有效击中用时统计表

时间段（秒）	1	1~10	10~20	20~30	30~40	40~50	50以上
击中剑数	4	52	47	39	11	14	5

（依佟伟，2010）

如表4-6所示，有4剑击中得分仅用1秒，从击中用时长短上反映出重剑比赛有快慢相间的交锋特点。以时间段从短到长顺序来看，所对应的击中剑数多少呈反向排列，在1~10秒较短时间段内完成一次有效击中剑数最多。

由表4-7可知，每局首剑击中发生在20秒之内有6次，占7场比赛（缺黄区1/4决赛）共21局首剑击中总数的近1/3，6次首剑最快得分记录，5次集中在北京奥运会冠军意大利选手参赛的场次里。另外，在统计过程中发现，表4-6数据的1秒击中的4剑中，有3剑发生在意大利选手身上，这些都表明运动员水平越高，交锋越积极，时机也就越多。

表4-7 北京奥运会男重个人前8名首剑/局击中用时统计表

单位：秒

分类		决赛（意-法）	第3/4名（西-匈）	1/2决赛（意-西）	1/2决赛（法-匈）	1/4决赛（意-荷）	1/4决赛（法-韩）	1/4决赛（匈-波）
首剑用时	第一局	10	34	42	25	9	35	42
	第二局	10	27	18	48	22	11	30
	第三局		37	26	32	12	46	22
	决一剑		56					

（依佟伟，2010）

（五）得失分空间特征

北京奥运会个人冠军意大利选手和亚军法国选手的打法习惯有所不同，步法配合方式分别属于紧逼交锋和保持与变化距离相结合两种类型，他们在场地利用上有相同之处，也有不同特点。在进入前 8 名后各自的 3 场比赛中，与对手在场地各个区域对抗都有得失分记录（图 4-1），说明有效交锋是全方位的。

<警告后区	后><场	><	前><场	警告前区>
（意大利） 9	27		28	13
（法　国） 17	22		22	3

图 4-1　北京奥运会男重个人决赛得失分区域示意图

（依佟伟，2010）

两位选手除了得分范围较大外，还有两个特点：一是两名运动员最多有效交锋区域都在场地的前场和后场，在场地两端的前、后警告相对较少，应该是双方在比赛开始后就比较注重空间争夺，不愿轻易放弃场地的原因造成的。二是两人在前、后警告区交锋和场地利用差别较大，意大利运动员前警告区有效交锋多，后警告区少；法国运动员则前少后多。两人在前警告区有效交锋相差 10 剑，后警告区相差 8 剑，这种差异可能与意大利选手擅长挂剑甩刺，手上控制剑、交锋能力更强，而法国选手直柄剑风格打法，更多强调时机和距离密切配合有较大关系。充分利用场地，紧逼积极交锋或主动调节距离寻机交锋都是正确选择，两人双双进入奥运会个人决赛已经证明这一点。

三、重剑比赛制胜因素的探索

重剑是命中类对抗性项目，同单纯比脑力的棋类和没有直接对抗的体能类项目比较起来，要复杂得多。它不仅需要较高的智能，在场上与对手斗智斗勇，还需要有充沛的专项体能，给全天持续比赛以良好的专项基础保障，更需要熟练地掌握用剑技巧和具有很高的战术素养。可以说，重剑比赛的相关因素多、对抗环节多，各制胜因素直接或间接的配合作用大，既联系密切又相互影响。

（一）综合因素

通过前面所描述的专项特征和比赛特征统计分析，充分表明重剑选手在比赛中受到来自规则、自身和对手的多种限制。运动员在狭长的场地上，一对一与对手同场竞技，以击中对手为目的，总是千方百计地争取在各方面控制对手，抑制对手得分技术充分发挥，诱使对手战术意图提前暴露，或者转移对手的注意力，破坏对手的距离感，迅速捕捉并积极创造有利时机，始终将比赛的主动权掌握在自己手中。

田麦久教授在《项群训练理论》里提出，"技术与战术能力是格斗项目运动员竞技能力的主导因素，是制胜的武器，对提高运动成绩起着决定性的作用"。技战术是重剑比赛过程中的最主要内容，对阵双方竞争的集中表现形式，心理、时机、距离等其他因素主要通过技战术表现它们的作用。虽然在某个节点上，这些因素作用会互相转化，但是在重剑制胜综合因素中，时机、心理、距离因素大体上处于配合地位。

1. 时机因素

时机就是机会，属于时间范畴，在重剑比赛中是指因为对手的错误而出现的有利于攻击、刺中对手的瞬间时间段。重剑刺中对手的时机点极其短暂，这是因为规则所规定的裁判器重剑击中信号显示被严格限制。因为重剑有效面积大，攻击点多，步法移动频繁，技战术运用丰富，而且刺中就得分，重剑规则和特点为选手提供了更多攻击、刺中对手的机会。所以，在比赛场上重剑运动员总是可以捕捉到或创造出不同时机。

重剑时机多种多样，按性质可分为动作时机和心理时机；按部位可分为手上时机和脚下时机；按技战术可分为动作失误时机、技战术使用习惯时机和动作相互制约规律时机。重剑运动员对时机的类型、范围、特点、规律了解越广泛，认识越深刻，掌握越熟练，比赛时发现及获得机会就越多，获胜概率也越大。

在时机竞争中，核心与焦点是力求增加对手的错误，减少自己的失误；探出对手的意向，隐藏自己的意图；摸透对手特点习惯的规律，模糊自己快慢远近的变化；控制对手的剑路、思路，创造自己所需的动作、距离、心理条件。总而言之，运用各种手段，尽可能地降低对手的时机数量，扩大自己的时机范围，为决定性交锋提供更多保证。

2. 心理因素

重剑赛场上的情况和以往经验影响着运动员的临场思维。对手赫赫有名或默默无名、以往胜负战绩、当前比赛形势、剩余时间多与少、前场端线或后场端线、应对某种风格打法难易程度等，都可能引起选手们心理波动，甚至出现心理状态问题，影响运动员技战术的正确选择与发挥。

重剑比赛中曾有运动员开始大比分领先最终反而输掉比赛的情况，外在表现为领先后战术处理不当。实际上，有些失利在很大程度上是由心理问题所导致的。问题始于领先后"要赢了"之类的念头，容易造成自身有利条件的本质转换，原本在注意力高度集中时，技战术行动仅比对手快一点，距离时机变化等环节好一点的状态，转变成各方面都比对手慢半拍，继而失去比赛的控制权，处于一种急躁状态，心理上的一念之差导致比赛满盘皆输。

简要地说，重剑运动员大部分的心理问题是态度问题，态度决定一切。积极的心态产生进取的思想和果断的行动，比赛有信心，交锋主动，敢于运用所掌握的技战术动作，甚至会不经意间打出未曾练过的新手段、新方法；消极的心态导致保守的思想和犹豫的行动，比赛没有信心，交锋被动，运用技战术瞻前顾后，应有的技战术水平不能充分发挥。

重剑运动员赛前、赛中会积极调整自己的心理状态，如经常要求自己保持"平常心""重视过程，不重视结果"，表达的是追求一种将注意力焦点集中到技战术使用上而不是进前八或拿冠军等目标上的合适心态，显然有助于比赛获胜。

对于大赛和小赛应尽量同等对待，不自卑不自大，运用自己的特长，将自己最好的技战术动作表现出来；领先或落后尽量同等对待，不放松不急躁，最终获胜与反败为胜都需要继续得分或争取更多得分。要有各方面胜人一筹的志气，追求在技战术上压制对手，在时机上抑制对手，在距离上限制对手，在心理上控制对手（误导对方的战术思维，破坏对手的动作反应，转移对方的注意力焦点等）；要有百折不挠、永不退缩的意志，技不如人就多研究些胜负的原因，攻防的规律，进退快慢的道理，输也要输个明白。复杂多变的重剑比赛需要选手保持这些积极良好的心理状态。

3. 距离因素

距离感、距离保持与变化的好坏，是反映重剑运动员竞技水平高低的另一条标准。距离的保持或变化通过不同的脚下技术——步法及步法移动来完成，保持或变化距离是不同战术行动的需要。为完成战术行动，步法移动要满足相持阶段和决定性进攻及防御的不同需求，要避免步法产生明显的运用规律，隐藏步法移动真实意图及行动方向，破坏对方的距离感，诱使对方步法和距离产生某种错误判断，为己方决定性攻击创造良好距离条件。

"一个优秀运动员与对手的距离总是近得可以刺到对方，又远得叫对方刺不到"，这是匈牙利击剑权威拉兹洛·杜诺雷尼有关距离因素的直白而富有哲理的见解，是一种理想状态，是距离因素在重剑竞技中所能表现的最高境界。毫无疑问，谁在距离方面能够调动控制对手，谁就能获得有效交锋的先机。

时机、心理、距离因素在比赛时掌握的好坏，控制与反控制能力的大小，与技战术行动配合水平高低，直接影响交锋、战局和最终结果。局部因素制约整体水平，从这个意义上讲，包括主导因素在内的总和因素就像木桶理论的一条条木板，哪条短都会导致竞技能力的降低，使比赛难以取得优异成绩。

（二）主导因素

1. 重剑技术因素

重剑规则决定了重剑刺点、攻击纵深、线路的多样化，形成了重剑技术和技术风格的多元化。众多种类的重剑技术不仅为变幻莫测的重剑战术提供了丰富的手段，也使原本存在头脑之中的心理因素、属于瞬间时间概念的时机因素、相对的无法量化的距离因素都变得清晰可见。没有技术作为载体，其他因素也就无从谈起，技术在重剑比赛各制胜因素中与战术共同起着决定性作用。

重剑比赛技术因素，就是运动员使用包括操纵手中的剑来完成的移动、刺出、刺中目标点的各种动作。重剑技术动作繁多，方式方法要求各有不同。有攻防进退之分，有风格特点之异，有种类掌握多寡、熟练程度高低之别，有速度、力度、幅度的规范，有运用剑身弹性（甩剑刺）的技巧，有量变到质变的熟练规律，有简单或复杂的运用特征。技术因素总的要求是：预兆小、刺出快、剑尖准、爆发力强、重心平稳、移动迅速、手段丰富、配合协调、进退自如、攻防兼备。

特长技术是指个人绝招，表现为某些动作环节的技巧性更强，实用性更高。"技术风格"对技术有所取舍，规范有所不同，是深刻理解重剑规则、规律的完整体现，能充分满足战术打法的基本需求。理论上讲，越多的技术手段可以提供越丰富的战术变化，但是，拥有突出的个人特长，同时具有鲜明技术风格的技战术体系才是优秀重剑运动员真正的需求。

2. 重剑战术因素

技术越多，所能排列组合出的战术就越多，重剑技术繁多，战术数不胜数。从总体上分，重剑战术体系包括基本战术、针对性战术和特殊战术。基本战术是个体战术，以我为主，相对稳定，但人与人之间有所不同；针对性战术并不固定，根据不同形势和不同对手而选择决策，带有随机应变的特点；特殊战术是每个人都可能遇到的特殊局面所采取的特殊应对方法，但特殊局面对选手来说，出现频率没有规律。在战术表现方面，如果运动员比赛时只有基本战术而没有针对性战术是不够灵活，战术应变能力差的表现；只有针对性战术而没有基本战术，或者基本战术不清晰则说明战术素养不高，战术准备不足；缺少特殊战术方法手段，则说明战术系统不全面、有缺陷，比赛的偶然性加大，获胜概率更小。

重剑选手的战术能力除了受技术水平限制，还取决于战术意识的强弱，形成并实施战术行动始于选手们的战术意识，战术意识是深入观察对手细节、正确估计自己、准确"阅读比赛"、精确判断时机与距离、迅速分析利弊因素，甚至能预测将要发生的变化等综合分析归纳能力。良好的战术意识使优秀重剑选手临场能透过现象看本质，去伪存真，发现对手假动作后面的真正战术目的，并能提前准备、迅速选择、针对行动。能化繁为简，在复杂条件里打出有效的简单变化，也能强加于人，迫使对手被动应对以完成第二意图。每个新情况的出现，都能立刻加以利用。

战术意识与时机感、距离感和剑感一样，很大程度上是先天的才能，但是这种能力通过训练竞赛可以不断加强。具有丰富战术想象力的重剑运动员可以随时随地根据场上交锋情况，及时调整更有利、更有效的方法。没有这种意识和想象力的选手，即使拥有规范的技术、出色的身材，交锋起来也总是"棋差一招"，始终被对手调动控制，不可能成为优胜者。

（三）各因素之间的本质联系

1. 技术与战术的关系

众所周知，技术是战术的手段，战术是运用技术的方法，二者联系非常密切。基本技术、特长技术、技术风格共同反映并构成战术因素，战术因素对技术因素提出更高要求并促进其发展。另外，比赛中技术完全被赋予战术意义，技术与战术如影相随，常被看作是同一概念相提并论，统称为技战术，内在联系的密切程度在这一点上也可见一斑。

技术是战术的基础，直刺是基础技术，是连重剑初学者都会使用的最简单动作。可是在最高级别赛事——北京奥运会男重个人冠亚军决赛里，金牌获得者意大利选手竟然运用简单的直刺冲刺和直刺抢攻战术击中（包括互中）对手8剑。就技术与战术的关系而言，最简单的技术也能成为最有效的战术。同时，重剑很多复杂局面、复杂因素、复杂战术都是由一个个简单技术构成的，所以，在技战术的准备与较量中，要重视基础，具备化复杂为简单的能力，因为有时候最基本的动作也是最主要的得分手段。

重剑选手如果技术全面，战术选择变化则多，如果全面兼有特长，战术行动成效则大。特长与其他技术合理搭配，形成特长技战术系统，特长效果更明显，也更有生命力，可充分发挥其作用。反之，缺少战术组合，会使绝招失灵，交锋失利，比赛失败。

当今，高水平选手的优势不只表现在突出特长上，已经发展为特长技战术系统（如意大利选手甩攻甩防甩反与直刺组合）。重剑技术动作都有结构上或使用上的局限，特长也不例外，都会受到其他动作制约。特长技术必须有另外的反制技术加以战术性配合，组成以特长技术为核心的技战术系统，变已知为未知，使对方无法掌握特长使用规律，达到技战术行动的最佳效果。

截然不同的重剑技术风格，虽然因为对重剑规则、交锋规律解读不同，产生不同的理念和技术规范，但是，它们都有一整套各具特色的攻防技术系列，不仅为各自带有鲜明风格烙印的战术提供技术动作基础保证，而且使重剑战术更加丰富多彩，战术较量更加复杂难料。重剑战术中没有优先权限制的攻与防已经矛盾重重，加入技术风格因素使重剑战术更加复杂多变。反过来，战术上激烈对抗又对重剑运动员的战术应对、变化能力提出更高的要求，包括技术能力，也包括各种技术风格。

2. 技战术与距离的关系

距离是由步法移动决定的，而步法属于重剑技术脚下部分，技战术与距离关系紧密无间。重剑运动员不论在训练还是在比赛中，都重视步法移动能力和手脚配合问题，追求步法平稳连贯协调，并且迅速自如地跨越各种不同的距离。

重剑完整的技战术行动包括挑引和决定性交锋两部分。挑引时，上步较小（即"浅"）；决定性交锋时，步法深度大，而且因攻防区分有进退变化。"浅"是配合侦察试探，为制订战术方案提出根据；深是决定性攻击，力保得分。"浅"与深、进与退在交锋中经常交替发生和改变，距离变化必须准确合理，手脚必须高度协调一致。

距离与时间速度互为条件，在相同运动员速度不变的情况下，距离与时间成正比，双方相距越远，完成动作所需时间越长。显然，重剑选手选择进攻时，不会在较远的距离上发动，一是由于攻击用时长，与裁判器时间限定不符，较难首先击中对手；二是对手有较长时间调整距离，选择防御限制手段。防御对手进攻时对距离条件要求恰恰相反。虽然重剑交锋距离没有量化标准，但是，优秀重剑选手都能根据规则规律，凭借经验和距离感觉，准确判断自己与对手之间的各种距离。

重剑选手在赛场上所面临的距离因素是矛盾和辩证的，距离的远与近处于频繁的动态变化之中，距离的竞争对抗扑朔迷离，非常激烈。交锋双方都在力求进攻时尽可能接近对手，防御时尽可能拉远，距离竞争的关键点和核心是"近或远"。双方根据各自技战术需求保持或变化距离，都在为制订、完成战术方案千方百计地寻求有利的距离条件。

3. 技战术与时机的关系

重剑比赛从开始到结束，得分时机时刻存在。但是重剑时机具有不确定性，过分谨慎会失掉一些时机，而敢于进攻机会就多得多。把握时机有时需要勇敢甚至是冒险精神，即使技战术水平明显低于对手，也能"乱棒打死老师傅"，这种时机数量少于高水平对手但却获胜的偶然情况在重剑比赛中时有发生。

重剑时机是相对的，选手在交锋中捕捉到的良好时机，并不能百分之百保证击中得分，因为从交锋成功率角度来看，时机只是成功可能性较高的好机会。从针对某个决定性交锋动作来看，如对手运用大的弓步转移进攻，而己方采用防守还击相对不易。对于进攻深度加上转移进攻，采用简单抢攻较有利，因为通过简单抢攻既破坏了对手的距离又快于对手的动作。所以这种情景是抢攻的时机而不是防守的时机，如果针对性选择有误，不仅丧失得分良机，还会倒送一剑。

在高水平对抗中，选手技战术明显犯错的机会较少。所以，时机的获得主要靠自己去创造，利用各种假动作、距离节奏变化、重剑动作相互制约规律，引诱或迫使对方做出你所需要的应答动作，牵制调动对手，变未知为已知；或简化局面，封一面打另一面，控制对手的思路与剑路，变复杂为简单等。有时还需要灵感和战术素养，才能发现不是时机的时机与所要捕捉、创造完全不同的藏在深层的机会，并且能立刻加以利用。以1999年世锦赛赵刚与瑞典对手交锋为例，赵刚在一次大弓步刺脚进攻几乎命中，还原实战姿势之后，没有丝毫停顿，马上一个假刺脚接6防成功。有些选手可能会考虑再次攻脚，如果真是那样，得分时机将会送给对手，因为瑞典选手躲过一劫后，也意识到并迅速准备好抢攻战术，等待赵刚的再次攻脚。这一攻脚战术变化的时机，来自丰富的战术想象力，属于随机应变，并非是一开始就刻意创造的。

4. 技战术与心理的关系

技战术因素与心理因素的联系是相互的，"物质决定精神，精神反作用于物质"。具有高水平技战术能力，自信心则强。具有较强自信心，即使是关键性比赛场次，也能充分保证技战术水平的发挥。在北京奥运会重剑半决赛和决赛时，意大利选手对阵西班牙和法国选手，分别采用清晰甩剑攻防和直抢战术，虽然因甩刺造成手下被刺而丢分3剑，仍然敢甩敢用。直抢战术也没有因为有时失利而被放弃，而是执行得更坚决。很明显，这是因为意大利选手对个人能力和临场战术有自信，所以才能继续果断贯彻，直至胜利。"艺高人胆大，胆大艺更高"，技战术与心理积极的相互影响和作用，在大赛中得到完整的诠释。

"态度决定一切"说明积极思维对于重剑选手有较大的现实意义，因为心理活动取向会限制选手的思考和技战术上的选择，稍不注意就会滑到消极看待问题上，给技战术行动带来消极的影响。重剑规则没有优先权限制，在交锋方式上全凭运动员自主决定，积极的理解是运动员可以更自由地发挥自己的聪明才智，采取各种手段迷惑调动控制对手，从而获得机会；消极的理解可能使有些重剑选手产生防御同样得分，没必要冒险进攻的误读，造成比赛被动。对待距离远不利进攻、距离近不利防御的矛盾，积极者会解决矛盾而不是回避矛盾，主动调节距离，不让对手先抓到距离近的那个瞬间，创造更多攻防有利时机；消极者则可能是不靠近，免得防范不利，远不利于攻那就等距离近的时机（遇到高手时则很难等到），不知不觉间放弃和丧失一半得分机会，无形中自我限制和降低了技战术能力水平。

技战术因素是重剑比赛制胜的主导因素，技战术因素与其他因素密切联系、互相影响，共同作用于每个交锋过程，属于一个整体。所以，重剑比赛获胜者应该是各个环节都能处理好，各个因素配合默契，而失败者可能是在某一部分出现了问题。优秀重剑运动员首先要具备娴熟的有风格特点的技术、丰富的战术意图和强烈的进取心态，主动调整距离，利用和创造各种有利时机，从而提高交锋时技战术行动的有效性。其次要在各方面更有效地控制对手，争取比赛获胜。最后还应进一步理解各制胜因素的原理、方法，准确掌握普遍的和特殊的规律，以及相互间直接或间接的影响与作用。只有知其然并且知其所以然，才能在训练实践和比赛竞技中有的放矢，更快成熟、成才，才能充分体现以我为主，做到致人而不致于人，成为重剑赛场上真正的致人者。

四、重剑未来发展趋势

（一）未来竞争格局

1. 两类风格打法对立存在

20世纪80年代至今，法国男重以8人次获世锦赛或奥运会个人冠军、27人次获前3名的成绩，居世界男重剑坛首位；俄罗斯男重以8人次获世锦赛或奥运会个人冠军、16人次获前3名，列第2位。法国男重成绩显赫，风格独树一帜，为此，我国曾多次邀请法国专家来华讲学。法式重剑鼓励简洁、简练地刺出与刺中，反对防守的技术风格，给我国重剑界留下清晰和深刻的印象。科洛波科夫（俄罗斯）是三十年来世界男子重剑最优秀运动员，他将接触武器（剑）技术风格发挥得淋漓尽致，曾5次在世锦赛或奥运会个人赛中获得冠军，另有10次获得前3名，均占俄罗斯队同期同类成绩的62.5%。北京奥运会男重个人决赛战胜法国对手，获得冠军的亚利奥尔（意大利）虽然与科洛波科夫控制对手的剑的方式不同，以甩刺和挂剑甩刺为主，但也属于接触武器（剑）技术风格。以法国为代表的传统技术风格和接触武器技术风格之间相互对立、对抗还将继续，进入21世纪以来，虽然法国获前3名9人次，仍领先俄罗斯居于首位，但冠军数（1∶2∶4）落后意大利和俄罗斯，法国风格已受到更多的挑战。

2. 新世纪男重格局变化

德国男重自20世纪70年代崛起并保持强势二十余年（5人次获得世锦赛奥运会个人冠军、11人次获得前3名），进入21世纪后个人成绩大幅下滑，在10年时间里，世锦赛或奥运会个人比赛仅1人次（2001年法国世锦赛）获得第3名。意大利男重个人成绩21世纪有质的飞跃，2人次获得冠军（其中包括2008年北京奥运会金牌），4人次获得前3名，改写了自20世纪70年代以来世锦赛或奥运会无冠军的纪录。

如今世界男重水平日趋接近，顶级赛事竞争愈趋激烈。荣获世锦赛、奥运会个人冠军的国家数增多，由20世纪90年代的3个（德国、俄罗斯、法国）增加为21世纪的6个（意、俄、瑞士、法、中、匈），进入世锦赛或奥运会个人比赛前3名的国家数量也由12国增加到15国。其中中国男重著名选手王磊跻身于世界最高水平之列，获得了2004年雅典奥运会的亚军和2006年意大利世锦赛的冠军。

另外，21世纪首个10年已无人蝉联世锦赛（奥运会）个人冠军，而20世纪自70年代以来，各个年代均有蝉联纪录：20世纪70年代，埃德林（73/74）、阿里克赛布什（75/76）；20世纪80年代，布瓦塞（84/85）；20世纪90年代，科洛波科夫（93/94）。

（二）技战术发展趋势

北京奥运会男重比赛更加积极，竞争更加激烈。具体表现在两个方面：其一，攻防界限有些模糊，攻中有防、防中有攻。在北京奥运会男重比赛中，多次出现双方在一次弓步攻防后原地连接若干次防守反还击或延续刺得分现象，甚至在一次包括延续动作的冲刺进攻中，也有直接冲刺未中（对手6防接反攻）两次快速衔接第6防守反还击延续冲刺得分情况，一次有效得分多次交锋动作瞬间一气呵成，还包括类似向前防守还击的直刺接圆6交叉甩剑冲刺得分，都反映出重剑高水平选手动作连贯、技术娴熟、连续交锋能力及攻击性强，也反映了比赛对重剑选手所需技术动作的难度要求增加。

其二，防御手段界限模糊，防中有反、抢中有防。意大利运动员亚利奥尔有甩刺特长，不仅进攻运用各种甩刺，而且防御也以甩刺为主，结合甩刺的防守还击和反攻融为一体，亦防亦反，难以分清是防还是反。防御不仅有结合甩刺的后退甩防（甩反），还有向前的上步或弓步直接抢攻和类似截击的挂剑抢攻。防御动作增多，防反抢形成的防御纵深、作用扩大，防御战术多变且更加积极，防御的攻击性、主动性大大增强。

五、我国重剑未来发展的对策和建议

（一）技战术方面

重剑应更全面地认识主动权。重剑规则里没有优先权，不等于重剑比赛没有主动权限制，恰恰相反，主动权的争夺时刻存在，因为重剑的主动权就是能够按照自己意图交锋的各种有利局面。在重剑比赛中，交锋双方对主动权的争夺同样激烈，只是与花剑、佩剑被裁判直接执行的主动权（优先权）不同，重剑的主动权是内在的、隐性的。所以，首先要加深理解主动权的内涵和意义，更充分地利用重剑规则所给予的比较自由的选择权力，转变对后发制人不够全面的认识，进一步加强主动意识，进一步明确技战术目标。主动权的获得，需要积极的态度和行动。寻求控制场上形势，致人而不致于人，将比赛纳入自己的掌控之中，需要具备技术、战术、心理、距离、时机等多方面能力，对重剑比赛获胜有至关重要影响和作用的这些相关因素需要不断地深入探索，不断地加以强化。

（二）训练方面

随着参赛经验的增加和邀请多位国外专家来华讲学，我国重剑对各种技术风格已有较深的认识。外国专家来华讲学期间，不同的重剑专家总能找到他们更喜欢或更容易上手的一些中国重剑选手，说明重剑运动员中已有明显的与专家要求比较相符的个人技术风格。其实，早在20世纪60年代，我国重剑就有"直臂"与"屈臂"打法之争，回过头来看，当时中国重剑已经具有传统和接触武器技术风格的雏形。"重剑花打"是对20世纪70年代崛起的以阿历克塞布什为代表的联邦德国重剑风格的形象概括，贝克教练有一套与传统截然不同的重剑观念、规范和方式方法，令人耳目一新，他们以优异的成绩证明了他们包括甩手刺脚在内的接触武器技术风格更有攻击性，逐渐被世界重剑普遍认可并推动了这种风格的不断完善。20世纪80年代后陆续出现了多名俄罗斯优秀重剑选手和一批其他国家选手（包括北京奥运会冠军意大利选手在内），他们以更加主动的交锋，使这种风格趋于完善，使重剑比赛彻底摆脱沉闷局面，场面越来越精彩，竞争越来越激烈。精彩与激烈的另一面是更传统的法国技术风格。近三十年来，世锦赛和奥运会法国男重个人金牌、奖牌数居首，而且更可贵的是他们几乎以一国之力在与世界男重抗衡，充分说明这一传统风格依然具有极强的生命力和现实意义。

不同的技术风格建立在不同的理念、规范之上，有完整的技战术要求及动作组合、变化的特点，不但有鲜明的特殊性，而且有广泛的适应性，都有一整套能应对各种对手的技战术系统。从整体上看，技术风格所表现出来的不仅仅是特色，而是对规则解读后阐释的理念和经验；是技术取舍，取之所需而舍其繁多的结果（重剑自由，动作繁多，技术全面不应该是面面俱到），是整套技术规范，是训练主要内容；是以我为主的比赛原则，是以系列技战术对抗结构、组合为基础，给予合理运用的方法手段，是基本战术体系。

针对我国选手各种技术风格，应该不断丰富完善，要在产生主要作用的具体环节上多分析研究、实践，做更多更细的工作，精益求精，把"积极主动，以我为主"落到实处，把提高技战术水平落到实处。

第三节　佩剑专项特征

佩剑是一种长剑，起源于骑兵部队。佩剑原是一种锋利的武器，不是为了刺敌人，而是为了"砍"对方。佩剑是三种击剑器械中最轻的一种，它的总重量不得超过500克，总长度不得超过105厘米。剑身钢制，横截面近似长方形，剑身弯曲度小于4厘米。佩剑的护手盘平整且光滑，呈月牙盘的外凸形状，护手的上部用球饰装饰。非电子的佩剑上，剑尖为圆形，形成一个按钮。匈牙利人在18世纪末将佩剑引入欧洲，随后意大利人发明了更轻的佩剑,并在决斗时使用。如花式剑一样,佩剑起初也是一种以攻击敌人为主要任务的"传统"武器。直到1985年,攻击和攻击点被裁判团裁定,裁判团由一位主席和四位评审组成。有时在训练场也会有裁判团出现。此后,电子佩剑使触碰变得量化,被比赛采用并被广泛接受。1989年起电子佩剑开始在世界联赛中使用。女子佩剑于1999年进入了世界锦标赛,于2004年第一次进入了奥运会。

一、佩剑发展的历程回顾

(一)重大变革

1. 第一次变革

20世纪50年代匈牙利佩剑统治时期,人们全面地研究了佩剑的进攻时机,并从理论和实践中取得了新的认识。比赛中不再像以前那样等待对手出错时才进攻,而是在接近对手的过程中不断地寻找有利的进攻时机。与此同时,普遍地加强了体能训练,运动员的身体素质得到全面提高。在专项能力上,进一步加大了训练的量和强度,提高了技术训练质量。通过以上改进,佩剑的进攻能力取得突破性进展,进攻的速度变得更快、更猛烈、更具威胁性,相形之下防守显得十分脆弱,很难抵挡得住凌厉的进攻,于是教练员和运动员无论从战略指导思想上,还是具体的战术应用上,都把进攻视作最有效的手段。比赛中运动员为了避免陷入防守的被动局面,双方都力争主动、先发制人,这样佩剑比赛就成为一场简单的"对攻战",互中频繁发生。为了纠正"攻强守弱"的偏差现象,"轮换优先裁判权"的新规则应运而生。

2. 第二次变革

由于"新规则"的限制,寻求一个能够提高防御体系效能的有效方法成为教练员和运动员亟待解决的主要问题。苏联佩剑率先在这方面取得了成就,防守成功率高于其他国家,因而在这段时期取得较好的成绩。

在探索和加强提高防御能力的过程中,通过采用增大实战距离(超远距离)及利用场地加强步法移动的方式来延长进攻者接近的距离和时间,并在加强观察判断的基础上,组织和选择防守战术,对没有把握的交锋,就利用"警告线"的规则来缓和局势,或采用各种迂回战术来降低场上的透明度。

这一时期发展和丰富了各种防守战术。如增强了"击剑线"的攻击性,中途拦截击打武器夺取优先裁判权,利用距离和节奏的变化造成对手判断上的错误,在移动中突然抢攻,或利用各种假动作做掩护,配合假进攻、假抢攻变防守,假防守变真防守等。这些防守战术给进攻者增加困难,使整个防御系统得到加强。

但这段时间的防御,仍偏重于利用场地加强移动来增加进攻对手接近的困难,以退出场地缓和局势的现象较多，消极打法多于正面积极交锋，使比赛显得松散、不紧凑、不激烈、不精彩。为了克服这些弊端，规则又做了多次修改，场地从长24米改为18米，后又改为14米，最后取消"警告线"。

3. 第三次变革

通过二十多年的训练、比赛实践，并未达到预期的效果，于是专家们开始进行反思，并意识到以往对佩剑比赛规则的修改，并没有抓住事物的本质，未能从根本上改变攻强守弱的失调现象，也未能达到促进攻防能力提高的目的，于是专家们改变了旧的思维方式，认识到造成佩剑比赛中出现攻强守弱、攻防失调的根本原因，即攻防步法的不平衡。因此，只有限制某些进攻步法，以增加进攻的难度，使攻防双方在攻防进退相当均衡的条件下进行比赛，才更有利于促进武器的交锋和攻防对抗能力的提高，从而摆脱长期以来攻防失调的偏差现象，进一步推动佩剑运动的发展。

经过对各种比赛攻防步法的观察、分析、比较，发现"交叉步"与"冲刺"从身体重心移位的幅度和速度方面均大大地增加了防御一方与进攻一方"保持距离"的难度，使得防守的成功率不高，因此"交叉步"与"冲刺"是造成攻防进退不均衡、"互中"多的直接原因，从而导致了攻强守弱、攻防失调的结果。于是国际剑联修改了规则，从1994年起在佩剑比赛中禁止使用"交叉步"与"冲刺"进攻，"互中"不计分，由此佩剑技战术打法进入了第三次变革阶段。

（二）主要流派

1. 意大利派

素有佩剑鼻祖美誉之称的意大利派，在16世纪首先对击剑技术进行了规范总结，使其在佩剑技术上、理论上处于世界领先地位。结合意大利人热情、豪放的民族性格特点，形成了技术严谨，打法积极、主动、快速、凶狠，攻势凌厉的意大利派风格。其主要特点表现在攻防的活动范围大，能充分利用场地，从超远距离快速接近对手而发动进攻，造成一种快速、凶狠的进攻态势，判断能力也很强。长期以来，意大利派不断培养、涌现出许多世界一流选手，享誉世界剑坛。其代表人物有马林、斯尔卡佐等，近十几年来一直活跃在世界剑坛，在世界锦标赛、世界杯赛、奥运会等大赛中不断取得优异成绩。

2. 匈牙利派

匈牙利早期学习了意大利的技术，对匈牙利派技术的形成和发展产生了深远的影响，意大利专家伊达罗·桑坦列在匈牙利工作了50年，使匈牙利佩剑技术发展有了革命性的转折。匈牙利摒弃了陈旧的技术，发展成以前臂为轴心的技术并将其推广到全世界，统治世界剑坛。匈牙利派以动作规范、技术细腻、精巧的风格特点，长期高居世界主流派的显赫地位，在打法上以智慧取胜，在时机感、距离感和判断预计能力方面高人一筹，在变幻莫测、激烈对抗的比赛中，总能找到最合适、最有利的时机，领先击中对手，形成了匈牙利派的独特风格。20世纪五六十年代涌现了科瓦契、卡尔巴蒂等世界超级明星，他们曾多次获得世界冠军、奥运会冠军，近代出现了超级顶尖选手沙博等。

3. 俄罗斯（苏联）派

20世纪50年代，苏联认真学习了匈牙利先进的佩剑技术，在技术上、训练方法上进行了重大改革，并在选材、训练、科研、理论、体制等方面逐步形成苏联学派的完整体系。苏联十分重视身体全面发展，有最先进的身体训练方法，在训练上主张从青少年时期就开始技战术相结合。在打法上能攻善守，特别在防守能力上领先世界各国。20世纪50年代后期，著名运动员雷利斯率先跻身世界剑坛成为苏联第一个世界冠军。从那时起苏联逐步成为世界上实力最为雄厚的佩剑队伍，培养出许多世界冠军和奥运会冠军。近代具有代表性的人物基里连科，曾先后获得包括世界锦标赛、世界杯赛、奥运会个人及团体比赛的8枚金牌，成为当今世界最有成就的运动员之一。

4. 法国派

1982年法国剑协邀请了匈牙利心理学博士塞佩齐出任法国佩剑教练，使法国的佩剑经历了一场革命性的变革，改变了法国佩剑传统的训练节奏，加强了技战术训练，形成了意志品质好、步法轻快灵活、善于隐蔽自己意图、战术灵活多变的特点。这一变革打破了法国佩剑80年来的沉寂，培养出拉莫尔这样的世界级明星，他曾经获得两届奥运会冠军和世界锦标赛、世界杯赛冠军。

二、当今佩剑的比赛特征

（一）佩剑项目的特性

一直以来，在普遍层面上，对于佩剑比赛的概念和印象都基本围绕着积极、快速、勇猛、力量、粗犷等这些词汇来描述和概括，似乎其中制胜的"技术因素"并不处在极为重要的地位，或者在理不清缘由的情况下予以回避。但实际上这是对佩剑项目从本质上的极大误解。深刻剖析佩剑项目在竞技方式上的特殊性，以及各个因素之间的内在联系，可能更有利于我们对佩剑的项目特性有个更加透彻和理性的认识（图4-2）。

第四章　击剑运动项目专项特征

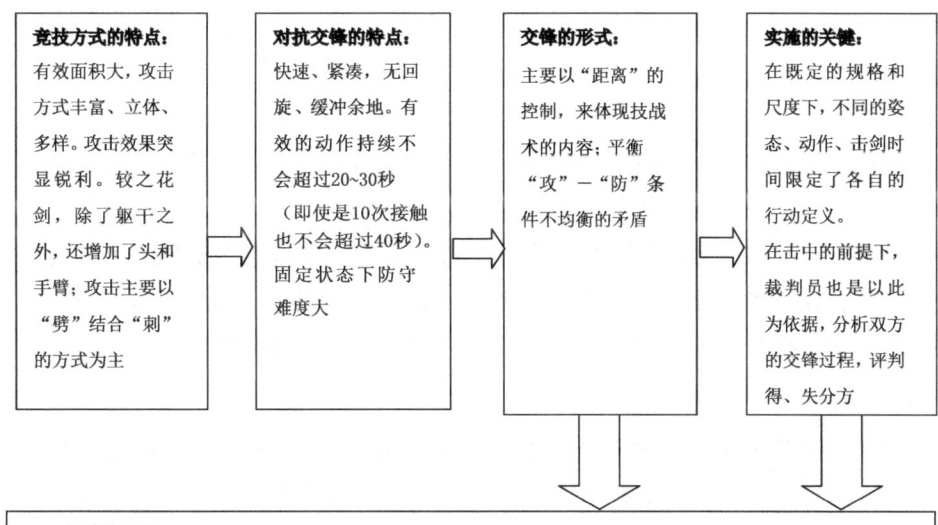

图 4-2　佩剑项目在竞技方式上的特殊性

佩剑的裁决，是在电动裁判器的辅助之下，主要通过双方交锋的过程分析来进行的。

这种分析的依据主要有三个方面：一是姿态；二是动作；三是击剑时间。在既定的规格和尺度下，不同的姿态、动作、击剑时间限定了不同的行动定义。运动员实施行动的过程，实际上就是表达意图的过程。因此，佩剑对于技术动作实效性（结果）的评价首先要建立在技术动作合理性、经济性（过程）的基础之上。

（二）主要得分手段

佩剑交锋的裁决，是在电动裁判器的辅助之下，主要通过双方交锋的过程分析来进行。这种分析主要依据姿态、动作和击剑时间。佩剑不同于重剑的直接和不拘一格，它的行动交锋有着既定规格、形式；又不同于花剑动作的简练和直观明了，它的攻防动作更加丰富、立体、难以掌控。佩剑比赛技术的运用、战术的实施，主要围绕着对攻开始，并通过对攻进行攻、防、反的变化。

1. 移动形式得分

击剑比赛是在规定的剑道上原地或前后移动进行的交锋，而前后移动的步法又有严格的规定，如佩剑比赛中向前禁止一切后脚超越前脚的交叉步，向后移动时不能背向对手，只能面向对手后退移动。这一特殊的规定在保护运动员安全的同时也限制了移动的速度和方向。

佩剑单场比赛移动距离在 400 米以上，每天比赛的移动距离将在 4000 米以上。击剑比赛的特征就是在 14 米长的剑道上来回往返，双方运动员不断地转换方向，通过脚下距离的调动和手上交锋动作的配合，来达到得分目的。由此可见，佩剑比赛的特征之一就是脚步前后移动与方向转换。通过对 2016 年里约奥运会男女佩剑个人直接淘汰赛进行统计，我们将移动得分形式归纳于单一运动方向和变化运动方向这两种形式，主要分析运动员在单一运动方向的交锋能力，以及变化方向的动作转换能力。

（1）单一方向技术动作得分

由表 4-8 可见，男子佩剑与女子佩剑在单一方向得分中，都是单一的向前得分，而单一的向后得分为零。这主要是由佩剑的交锋特点所决定的，一是直接后退总是慢于向前；二是直接后退没有距离伸缩的调整；三是直接后退缺少节奏变化的保障；四是直接后退会使你没有时间思考和行动。因此，直接的后退易造成被动挨打的局面。在高水平的比赛中假设一名运动员当裁判喊"开始"口令后就直接后退，那么他将失去得分。

表 4-8 单一方向男女技术动作得分表

剑种		单一方向（前）			单一方向（后）		
		进攻	防守	延续	防守	抢攻	反攻
男子佩剑	得分	83	15	2	—	—	—
	百分比	83%	15%	2%	—	—	—
女子佩剑	得分	71	7	1	—	—	—
	百分比	89.9%	8.9%	1.2%	—	—	—

（依仲满，2017）

从单一向前得分来看，无论男女进攻得分比例均远高于其他的技术动作得分。究其原因，主要是在当今佩剑比赛中单纯的后退利用剑的防守是比较困难的。佩剑速度快，剑的弹性大，只利用剑防守比较困难。因此，利用距离前后及节奏的变化进行防守可弥补单一后退防守的不足，更能达到防守的目的。利用武器来防守多在快速对攻中使用，而动作多为第 4 和第 5 防守。从比赛过程看，世界优秀选手在向前得分中主要是在对攻中的准备行动之上进攻，如果是拉开则更多采用慢速变换节奏的紧逼进攻。

通过单一方向的技术动作得分比例来看，男子进攻得分比例为 83%，女子则达到了 89.9%，女子约高于男子 7%。在防守得分方面男子为 15%，女子为 8.9%，男子约高于女子 6%。延续进攻得分无论是男女所占比例均较小对比赛胜负起不到决定性作用。在进攻得分中无论男女主要体现在对攻中获得主动权的进攻得分，包括先于对手的起动、准备行动之上的进攻、对攻中的跟进进攻、对攻当中的对抗进攻（在女子中更突出）等。从统计数据和比赛观察来看，在对攻中的向前防守运用和得分能力上男子要明显高于女子。

(2) 转换方向技术动作得分

由表4-9可见，从转换方向的技术动作得分来看，男子得分手段较丰富，在攻、防、反的技术运用上相对平衡，而女子的得分手段上更多地集中在进攻方面，在其他技术得分能力上相对较弱。从深层次来考虑，造成这方面差异的原因主要是佩剑的实战距离远，进攻过程长，在接近对手的过程中既可以进攻对手，又可能随时遭到对手的攻击，因此，要求步法频繁移动和攻防的快速转换。由于女选手生理和体能上的制约，导致其佩剑技术中手法的立体化和动态中交锋的特点与男选手有差异。

表4-9 转换方向男、女技术动作得分表

剑种		转换方向（前）			转换方向（后）		
		进攻	防守	延续	防守	抢攻	反攻
男子佩剑	得分	11	3	2	13	10	6
	百分比	24.4%	6.7%	4.4%	28.9%	22.2%	13.3%
		35.5%			64.5%		
女子佩剑	得分	36	3	—	17	8	10
	百分比	48.6%	4.1%	—	23%	10.8%	13.5%
		52.7%			47.3%		

（依仲满，2017）

通过男、女技术动作得分比例来看，在攻后转换方向（前）的得分中，主要以进攻技术动作得分为主，其中女子进攻得分高达48.6%，远高于男子进攻得分的24.4%。在攻后转换方向（后）的得分中，主要得分手段不突出，相对其他技术动作得分，男子抢攻得分高出女子11.4%。

2. 移动区域得分

击剑是个攻防转换的格斗项目，是双方运动员在规定的场地内前后移动进行的，这种移动受场地制约，受规则制约。一个占有场地优势的运动员，就能进退自由，处于相对主动的地位，而一个失去场地优势的运动员，就会受到空间的压迫，出现"无路可走"的局面，处于相对被动的地位。因此，在当今佩剑比赛中双方运动员都力争中场，尽力占领场地的优势，缩小对手的活动范围，不轻易把有限的阵地让给对手，从而争取场地上的主动。利用场地战术是一种有目的、有计划地通过占领场地来争取比赛胜利的空间意识。区域战术也是当今高水平佩剑运动员常常采用的技战术之一。

（1）单一方向区域得分

由表4-10可见，男子佩剑与女子佩剑在单一方向的区域得分中，同样都是单一的向前得分，而单一的向后得分为零。从区域得分的统计数据来看，得分主要集中在区域三，也就是中场的开始区域。佩剑比赛双方运动员为了争夺中场的区域往往都从对攻开始，并通过对攻的变化而获得主动权上的得分。

表4-10 单一方向男、女区域得分表

剑种		单一方向（前）					单一方向（后）				
		区域一	区域二	区域三	区域四	区域五	区域一	区域二	区域三	区域四	区域五
男子佩剑	得分	—	—	81	15	4	—	—	—	—	—
	百分比	—	—	81%	15%	4%	—	—	—	—	—
女子佩剑	得分	—	—	70	6	3	—	—	—	—	—
	百分比	—	—	88.6%	7.6%	3.8%	—	—	—	—	—

（依仲满，2017）

通过区域得分比例来看，区域三中男子得分比例为81%，女子为88.6%，女子比男子高7.6%；在区域四中男子得分比例为15%，女子为7.6%，男子比女子高7.4%；在区域五中男子得分比例为4%，女子为3.8%，男子比女子高0.2%。由此可知，男子运动员得分的区域更深更广，特别是向前的攻击能力表现更强，同时也反映出男子选手在步法运用上的实效性更强。

（2）转换方向区域得分

从表4-11的区域得分统计来看，转换向前男、女佩剑得分区域主要集中在场地二、三、四、五区域，而转换向后男、女佩剑得分区域主要集中在场地一、二、三区域。

表4-11 转换方向区域男、女得分表

剑种		转换方向（前）					转换方向（后）				
		区域一	区域二	区域三	区域四	区域五	区域一	区域二	区域三	区域四	区域五
男子佩剑	得分	—	2	5	6	3	3	8	18	—	—
	百分比	—	4.4%	11.1%	13.3%	6.7%	6.7%	17.8%	40%	—	—
		35.5%					64.5%				
女子佩剑	得分	—	3	20	10	6	8	11	16	—	—
	百分比	—	4.1%	27%	13.5%	8.1%	10.8%	14.9%	21.6%	—	—
		52.7%					47.3%				

（依仲满，2017）

通过区域得分比例来看,男、女在转换方向的区域得分比例上有很大差异,主要体现在区域三上,在转换向前得分上女子比男子高15.9%,而在转换向后得分上男子比女子高18.4%。这表明男子运动员在对攻战术的变化上比女子运动员更丰富一些。

(三) 得分效果

1. 主动得分与被动得分

依据佩剑的交锋特点和比赛规则将得分的技战术运用分为主动得分和被动得分。主动得分是指享有主动权下的得分,而被动得分是指在被动情况下靠对手的失误而获得的得分。由表4-12可见,男、女主动得分能力都比较强,分别达到94.5%和92.8%的高比例。由此可见,当今佩剑比赛得分手段主要是以进攻为主,没有强有力的攻击能力和主动进攻的意识在佩剑比赛中是不可能取胜的。

表4-12 男、女主动得分与被动得分

剑种		主动得分			被动得分			合计
		进攻	防守	抢攻	反攻	延续	补剑	
男子佩剑	得分	96	31	10	6	2	—	145
	百分比	66.2%	21.4%	6.9%	4.1%	1.4%	—	
		94.5%			5.5%			
女子佩剑	得分	107	27	8	10	1	—	153
	百分比	69.9%	17.6%	5.2%	6.5%	0.7%	—	
		92.8%			7.2%			

(依仲满, 2017)

从比赛来看男、女佩剑选手的主动攻击意识非常强,主动出击、主动干扰,动作衔接在比赛中得到很好的体现。在向前紧逼时常利用步法节奏的变化控制对手,使对手完全处于被动情况下再发起进攻。在防御上也非常的主动,通过距离的关闭,配合防、抢、顶、卡、封、扰等手段,使对手落入圈套,从而进行有效的防御。当然,假动作后的衔接动作应该自然而流畅,如假对攻接后拉跟进和后退避开对方的一次攻击后的跟进等。所以佩剑比赛的核心是围绕争夺优先裁判权来进行的,谁能够在交锋中争夺到更多的优先裁判权,谁就掌握了比赛的主动权和控制权。想依靠对手的失误采用被动反攻或延续进攻的行动虽然可能在局部得益,但从整体来看必然导致失败。

通过男、女主动和被动的得分比例来看,各项技术运用的得分相差不大。男子在防守、抢攻主动得分上分别比女子高3.8%、1.7%。女子在主动进攻得分上比男子高3.7%。从男、女进攻得分手段看,主要是通过三种方式,一是对攻中的抢先进攻;二是对攻变化后的跟进进攻；三是对攻变化后的转换进攻。从男、女防守得分手段来看，极少有单一的后退防守得分，主要是通过对攻变化引诱对方出手后的后拉时间差防守得分，防守动作主要是向前的第四、第二防守和向后的第三防守。在抢攻方面更多的是在一次进攻后，由于对手急着转换追打而造成重心失衡、收手等情景下的抢攻得分。

2. 得分成功率与技术使用率

由表4-13可见，在男、女得分成功率中，男子成功率达到了50%以上的为进攻和抢攻两项，而女子成功率达到了50%以上的只有进攻。再看技术的使用率情况，男、女达到50%以上使用率的只有进攻技术。虽然男子抢攻成功率高达71.4%，但技术的使用率仅有4.8%。

表4-13 男女得分成功率与使用成功率

剑种	指标	进攻		防守		抢攻		反攻		延续		总数
		得分	失分	得分	失分	得分	失分	得分	失分	得分	失分	
男子佩剑	剑数	96	76	31	44	10	4	6	21	2	0	290
	合计	172		75		14		27		2		
	成功率	55.8%		41.3%		71.4%		22.2%		100%		
	使用率	59.3%		25.9%		4.8%		9.3%		0.7%		
女子佩剑	剑数	107	67	27	50	8	14	10	18	1	4	306
	合计	174		77		22		28		5		
	成功率	61.5%		35.1%		36.4%		35.7%		20%		
	使用率	56.8%		25.2%		7.2%		9.2%		1.6%		

（依仲满，2017）

从各种得分的技术运用统计结果来看，进攻技术的运用是当前佩剑运动员的主要得分手段。然而，进攻离开了防、反、抢等技术环节的配合与支撑，也难以奏效。

通过比较，男子在抢攻和延续进攻的成功率上明显高于女子。从男、女各项技术使用率来看，各项技术使用率都没有明显差异。因此，从技术运用的角度来看，世界高水平的运动员无论男女其打法特征都具有一致性。

三、佩剑比赛制胜因素的探索

（一）制胜因素的基础因素"距离"

由于"距离"在佩剑交锋中所处的特殊地位，决定了"步法"在佩剑技术动作中突出的重要性。佩剑比赛中，几乎所有的行动意图都会通过"步法"的形式表现出来，所有的战术目的都必须通过"步法"的途径来实现。毫无疑问，谁在距离方面能够调动控制对手，谁就能获得有效交锋的先机。准确判断双方运动员之间距离的能力对击剑运动员来说是十分重要的。差之毫厘，失之千里。运动员也许选择了一个很好的发动进攻的时机，动作的速度也很快，但是在动作完成时剑尖却离对手的有效部位仅差一厘米，结果功亏一篑，反而给对手留下了反击的时机。反过来说，是对手的良好距离感化解了你的主动优势并使你落入了被动的状态。法国著名击剑教练鲍埃尔在他的执教理念中也特别强调距离的重要性，他认为距离是完成战术的核心，在比赛中运动员始终要用"控制距离"来实施战术，控制对手。因此，佩剑的协调能力的训练是"由下至上"的过程（先步法后手上），这点可能略区别于其他两个剑种。在欧洲一些国家的传统训练中（如俄罗斯、匈牙利等）规定：在佩剑基础训练的前两年里，不允许持剑，主要内容就是学习并熟练掌握各种专项步法。由此可见，距离与步法在佩剑比赛中是十分重要的。

（二）制胜因素的保证因素"准确"

佩剑竞赛规则对得失分的判罚是通过主观与客观并存的评定方式进行的，两者缺一不可。也就是说要想得分，既要击中对手产生信号，又要具有优先裁判权。没有击中对手优先裁判权就无从谈起，而击中但没有优先裁判权也不能得分。因此，击中与优先裁判权的获得都必须建立在"准确"的基础上，准确包括击中的准确和动作的准确。

其中击中的准确是指交锋过程中能够按照预想的攻击点而有效地击中对手的部位。动作的准确是指交锋过程中的技术动作符合规则规定下的动作规格和尺度。

无论是击中的准确还是动作的准确都需要以物质基础为保障。在实现击中和动作准确的过程中，稳定、控制、平衡、协调等因素会起到决定性作用，它们在与准确紧密联系的同时，也相互影响。稳定是准确的低级阶段，但准确必须建立在稳定的基础上；相对于稳定而言，控制又是稳定的前提；而控制又是建立在平衡的基础上；准确是在稳定、控制、平衡的基础上最后通过动作的协调来完成的。因此，明确它们的机制并理清它们之间的关系，是提高有效训练的基础。

（三）制胜因素的关键因素"先行"

先行是指走在前面、先进行、预先进行，主要反映意识和动作在主动权上的优先特征。"先"从名词解释来讲它的含义是：时间在前的，次序在前的，与"后"相对。"先"在佩剑比赛中可以分两个层面来理解，即思想意识方面和行为动作方面：思想意识上要有"先见"，即对比赛的进程要有预见性；行动上要做到"先发"，即先下手取得主动。它通常以先决定（意识）、先表现（形态）、先行动（技术）的形式存在于整个交锋过程之中。

在大多数关于击剑运动训练、比赛的著作中很少有人提出"先"的概念，即使表达"先"的思想也多用"快"来代替。"先"与"快"有着本质的区别，"快"一般指具体的动作，而"先"的概念比快要大得多，且更侧重于意识方面。"先"与"快"的概念混淆或模糊，将不利于佩剑运动的发展。就佩剑项目而言，"先"更适用于运动训练与比赛的指导思想。

"快"的思想在许多运动中都得到了提倡，如乒乓球中讲究快、准、狠，排球中讲究快、全、高、变等。这种"快"概念盲目的迁移并不适应于击剑运动。在训练和比赛中"快"并不是佩剑的关键。首先这是由佩剑项目的本质特征决定的。乒乓球、排球等对抗性球类项目，在往返回合中，必须接球然后组织回球。整个运作思路是"接—调—回"的模式，而击剑有所不同，击剑的整个运作思路都是在调整，调整中伴随着攻守的转换。也就是说，球类项目侧重于"回"的质量，即"快""准""狠"，而击剑更侧重于"调"。"调"对自身来说是调整，对对手来说就是"控制"。调整与控制简单地讲究"快"是不确切的，同时也涵盖不了调整和控制的真正内涵。值得注意的是，"快"的指导思想一直伴随着我们的训练和比赛，而在现代佩剑比赛中，"上得快，死得快"这种观点已得到人们普遍的认可。因此，对"快"的思想我们要辩证看待，而不能盲目地迁移，单一地理解。

四、佩剑未来发展趋势

（一）对攻时空转换速度快

以八剑为例，佩剑项目的比赛时间为1.5~2分钟一局，共两局。其中每局间歇1分钟，总时间约9分钟。由于比赛时间短，因此佩剑比赛中进攻、还击与反还击目标点（空间）都需要在最短时间内完成。由此可见，在对攻防转换战术的使用上突出了快（时间）的主要特征。在现代佩剑比赛中，对攻时空转换战术是战术运用的核心，双方从比赛开始就力争主动，在较近距离激烈对峙。双方必须通过对攻行动来观察中场交锋，从而判断对方的意图和动作，以采取必要的行动。在整个比赛过程中重点突出了以快（时间）为主，利用速度优势夺取空间优势的比赛理念。

（二）攻守时空争夺更激烈

佩剑比赛在特定的14米长、2米宽的场地内进行，比赛场地对运动员的限制性极大，运动员只可以选择前进或后退，没有选择躲避的可能。因此，佩剑项目具有以空间距离防守为主，武器防守为辅的特征。佩剑的比赛是在规则的制约下展开空间与时间的争夺，这种争夺表现在速度（时间）和目标点（空间）上的夺取。在当今佩剑比赛中如果没有强有力的攻击能力和主动的空间进攻意识，是不可能取胜的。同时，如果没有良好的空间防御能力也不能保证最后的胜利。

（三）技战术运用力求简单多样

从世界优秀佩剑运动员主要的战术特点来看：①成功的行动最常用的是相对简单的进攻，如一个佯攻的攻击、从剑的剑刃开始一次攻击、躲避回击、简单的反击等。第一个意图简单的进攻是非常有效的，虽然很难进行。这种攻击的成功取决于时间、速度、精度和加速。这种进攻对于击剑技术能力的提升是非常有效的。②优秀的佩剑运动员都会注意到，除了动作简单，他们的行动和战术特征还具有多样性：a. 交替的动作——进攻、防守、反击，简单和复合行动等；b. 视情况而定，用各种不同的方式执行相同的一击；c. 巧妙地利用预备动作；d. 换一种方法或者其他用途的有预谋的（可预见）、过失（不可预见的）和部分预期的部分预见行动；e. 无论是在攻击还是防御行动中，用不同的解决方法解决同样的战术形式。

五、我国佩剑未来发展的对策和建议

（一）熟知规则、利用规则

竞技体育的一个最基本的特征就是在比赛规则的限制下，最大限度地发挥人的潜能（包括技术、战术、体能、心理、智力等）去战胜对手，赢得比赛。因此，从某种程度上讲，比赛规则是引领技战术发展方向的重要因素，并对技战术的创新有着重要影响。熟知规则是学习层面上的，利用规则则是智慧层面上的。佩剑规则相对复杂，不够严谨，有很多是边缘化的东西，也就是说执行起来既可以左一点也可以右一点，裁判员在不同时间、不同比分情景下的判罚是有区别的，加上现在录像系统的使用更是对教练员的挑战。因此，在诸多因素中怎样使用规则、利用规则还需发挥我们运动员、教练员的智慧。

（二）改变步法训练的理念与方式、方法

佩剑交锋的特点是快速、紧凑，无回旋、缓冲余地；固定状态下防守难度大；主要以"距离"的控制来体现技战术的内容。在佩剑项目交锋中，距离的因素占主导与核心地位。它贯穿于佩剑所有的攻、防内容之中，是所有战术设计、实施的前提和依据，是衡量技术动作合理运用的标尺。由于"距离"在佩剑交锋中所处的特殊地位，决定了"步法移动"在佩剑技术动作中突出的重要性。几乎所有的行动意图都会通过"步法移动"的形式表现出来，所有的战术目的都必须通过"步法移动"的途径来实现。因此，步法移动、身体形态是衡量所有佩剑技术动作规格和实用性的关键，是把握距离准确性的前提。

佩剑比赛的交锋不是长距离的拉开或跟进，更多的是在压缩空间中的前后转换。

需注意的是，这种步法移动转换不是要过于强调快，而是强调在控制好重心的情况下以不同节奏的步法移动转换训练。决定步法效果的因素主要为步频和步幅。从击剑比赛有限的场地来看，步法的移动更多的是通过小步幅快频率的形式来表现。从控制的角度看，小步幅快频率的步法移动更能控制好身体的重心和手上的武器，有利于观察调整距离和攻防转换。而大步幅的加速移动易造成向前的重心偏移或向后的距离开放，从而失去距离的控制与判断。

（三）提高中场区域对攻转换能力

对攻转换战术的得分手段具有多变性的特点。变节奏的抢先进攻和拉开后跟进进攻是对攻中的主要得分手段。由此可见，比赛的层次越高，对攻转换战术的运用比例也越高。在对攻战术多样化的前提下，运动员时空转换能力运用是否自如、有效，是决定最后胜负的主要因素。从奥运会各个区域得、失分统计来看，佩剑得、失分区域主要集中在场地中间 8~10 米长度范围内，占总得失分区域的 80% 以上。在压缩的时空有限区域内，步法的转换是基础，有了攻防转换能力的基础才能实施与对手的有效交锋。因此，在训练中要有意识地加强中场 8~10 米长度区域范围内的攻防转换能力。

第五章 击剑训练要求与方法

击剑训练是指与运动员训练水平相称的比赛本身所有的练习，以提高该专项运动水平所需要的各器官系统的机能、运动素质、心理品质、技术、战术、理论知识。击剑训练的目的是最大限度地提高运动员的击剑运动成绩。

第一节 击剑运动训练要求

近些年来中国击剑的崛起，运动健儿在奥运赛场上争金夺银，充分展示了中国击剑竞技体育的强大实力，这是几十年来数代击剑工作者、教练员及运动员不断努力的结果。但同时我们也应该看到，我国的部分剑种始终没有取得更大的突破，甚至个别剑种的运动成绩在逐渐下滑，这表明我们在训练的管理、理念、方法等方面还存在很多问题。比赛成功时，不清楚是如何获得的；比赛失利时，也找不到有效的办法解决问题。在具体的训练过程中，训练指导思想的确立及训练方法与手段的选用有很大的随机性。对于训练过程中产生的具体问题，更多依赖于以往的经验。在技战术训练方面缺乏创新精神，始终跟在击剑先进国家的后面。所以，也就无法超越他们。加强学习和研究，不断提高对击剑项目特性与规律的认识与把握，是击剑从业人员永不停止的追求。只有这样，才能真正把握住训练的方向与内涵，才能促进整个训练不断产生质的飞跃与升华，从而取得可持续性的进步与发展。

一、在动态中求稳定

击剑是一种以击中对手和防止对手击中自己而得分的一对一的攻防格斗项目。在完成各种攻防的动作中，运动员在长14米、宽1.5~2米的剑道上，通过脚步前后的移动和手上用剑的动作与身体姿势的互相配合来实现。因此，在击剑训练中，从实战姿势到步法移动、向前弓步、冲刺及向后防守等基本技术环节中，"动"与"稳"是贯穿始终的。所谓稳定是指交锋过程中步法的稳定、身体姿势的稳定、握剑的稳定及出剑的稳定。击剑运动员在运动状态下完成技术动作对身体的稳定能力提出了很高的要求，尤其是在武器交锋过程中，具备良好的身体稳定能力成为运动员发挥竞技能力的重要保证。

击剑攻防转换中，保持身体姿势和技术动作的完全稳定是难以做到的。由于前后移动的惯性，加上体能的消耗、技术动作的力学条件等因素，导致身体姿势和技术动作处于不断的、被动的变化之中。为了避免这些变化带来的躯干晃动，剑身的上下波动、左右移动及其他不稳定因素对"过去所造成的"相对稳定的破坏，就需要运动员积极地、均匀地、不停顿地主动用力，从中寻找暂时的、相对的稳定状态。如果移动停顿，或只是原地保持攻击姿势，就会造成动作用力的停顿、脱节、减速、不流畅，反而会造成不稳定。所以，稳是相对的，不稳是绝对的，稳中孕育着动。在击剑项目中，"动"应保持"稳"，"稳"是为了"准"。在训练中，追求"稳"与"准"，就必须一直处于不停顿的"动"与"稳"之中。因此，无论是击剑的技术训练还是身体训练，都必须把握在动态中求稳定这一原则。

二、在快速中求准确

击剑运动属于多元动作结构中的变异组合项目，其技术具有实效性、快速性、准确性、应变性和预见性等特点。从比赛形式看，体现为双人在一定空间内进行攻防转换、相互制约的对抗。根据击剑运动的形式和特点，各种攻击行动首先要有距离作保障，而在一定距离内要想击中对手，速度是不可缺少的因素之一。速度具有一种可使对手任何合理的技术动作都遭到破坏的杀伤力。谈到速度就要说到"快"与"慢"的问题。击剑比赛中快速固然是好，但如果片面地理解击剑运动"快"的含义，可能会对训练和比赛产生误导。因此，对击剑运动的"快"要辩证地分析。

"快"与"慢"是一对矛盾，相克又相生。在现代激烈对抗交锋中，"快"是一种战术策略，等不得，也慢不得。尤其是，以好为前提的"快"，怎么追求都不过分。但问题在于，"快"未必就能实现"好"，"慢"也未必就会导致"坏"。不少时候，"快"是与急躁、盲目、稀里糊涂等联系在一起的。击剑运动的快速性主要是指击剑行动节奏变化中慢变快的"快速"。上场不问青红皂白，乱快一气，其结果只能是输得快，败得惨。讲"快"最重要的是出手的快、决定行动的快，到了合适的距离就应毫不犹豫地快速出手，在平稳的移动中突然起动，接近对手。

击剑比赛的最终目的是得分取胜，一切运动行为的目的都是为了击中的"准确"。任何技术、战术离开了准确，都毫无价值。行动的"快"最终目的是为了攻击时的"准确"，在比赛中不能准确地对相应的目标实施最后决定性的攻击，再"快"的行动也是徒劳。因此，"快"必须建立在"准"的基础上。"准"是击剑项目制胜因素的集中描述，是击剑比赛的核心制胜因素，一切其他"引致"因素都是为"准"服务的。在"引致"的两个因素中，"稳"是必须满足的基本条件。如果在击剑比赛中，不能保证相关技术系统的稳定性，那么"准"就无从谈起。稳是准的低级阶段，但准必须建立在稳的基础上。相对稳而言，准更富于主动性、战术性。可以说"稳"是击剑比赛的基础制胜因素，其次是"快"，快是"准"的基础，但快是必须在"稳"的基础上的"快"，快不是盲目攻击时间的缩短，而是技术熟练的外在表达，是技术简洁、流畅的时空必然结果。没有"稳"的"快"是无效果的"快"，从而最终也不能达到"准"。"稳"不是静态的稳定而是动态的"快"中的平衡，无"快"的稳定是低质量的稳定，同样会影响击中结果。"稳"与"快"共同构筑"准"的基础，共同支撑"准"的形成。

三、在武器上求"人剑一体"

中国武术界素有"百日刀，千日枪，万日剑"的说法。人剑合一，指的是剑即是人，人即是剑的至高境界。同样在西洋剑"击剑"运动中也需要有这种至高境界。击剑是借助武器（剑）比赛的对抗性项目，运动员赛前对剑及服装器材的选择、调试，以及比赛中对剑及服装器材的使用、驾驭等都是构成击剑运动员竞技能力的重要组成部分。"人剑一体"是指人与剑结合在一起，并将剑看成是人体的延续。剑的运用是在一个能量内部转换的封闭的力学系统中进行的，人与剑均为该封闭的力学系统中的有机组成部分。做到人剑调适、自然柔和才能运用自如，发挥剑的最佳、最稳定的性能。击剑技术的好坏，体现在能否良好掌握武器上，它不是简单的对武器重量、舒适度的感觉，而是一种综合了思维、战术意识、实战经验、视觉判断和本体运动感觉、触觉等的综合性知觉。"剑感"的获得需要通过长期的专门化练习，是与运动员技术、战术发展水平相适应的。由此运动员对剑有一种天生的敏感性，其剑感的形成速度快，对剑的敏锐度都超过一般人。不过对任何人来说，掌握剑身的感觉都是无止境的，需要后天不断地探索和感悟。另外击剑训练与比赛还应根据不同运动员的体能情况及技术特点，对运动员所使用的剑进行选择、配备、调试（如手柄的角度、长度，剑头的压力，剑身的弯曲度等），以便在训练与比赛中运用自如。

四、在动作规格上求与比赛规则一致

每个项目都有严格明确的比赛规则，因此在日常训练中就要严格按照比赛的规则来要求（也就是我们常说的按实战要求进行训练），否则就会造成训练与比赛的脱节，辛辛苦苦所练的东西无法或很难在比赛中发挥。这一情况常出现在花剑、佩剑主动权问题、花剑遮挡问题、佩剑抢跑问题及端线附近出边线问题之中。例如，在花剑、佩剑的训练中，经常可以看到运动员能够表现出较好的技术掌握能力，但同时存在的问题是，由于没有严格按照比赛规则进行训练，所以在比赛中经常出现双灯情景下的失分（看似主动实质是被动,也就是主动权概念不清)或者交锋犯规的现象,因而大大降低了训练成果的实际作用。

裁判规则是比赛的法则和依据。运动员不深刻理解并熟悉裁判规则,就不能在规则允许的范围内充分发挥自己的技战术。除技术因素外,运动员在比赛中决定采用哪种战术时也要考虑到执行裁判的判罚风格和尺度。运动员不仅要和对手比赛,自己的思想行动也要适应主裁判这一因素,因为任何刺、劈中对方的一剑都必须得到裁判员的肯定才会被承认。当今国际剑坛各流派、各国的裁判员在理解掌握裁判尺度上都有不同的认知。如果运动员在比赛中不把主裁判作为一个重要因素来考虑或不能适应裁判判罚,那将会输掉许多关键场次的比赛,也就是说击剑运动不仅是两个人的对抗,而是三个人的比赛项目。因此,认真研究、琢磨比赛规则,特别是与本剑种取得好成绩密切关联的比赛规则,并在训练中严格要求和执行,也是击剑运动对教练员和运动员的要求之一。

【案例3】 中国前佩剑队主教练鲍埃尔的执教风格与训练理念

第一,突出"细致"与"准确"。

在训练中始终强调"细节决定成败"。因为佩剑比赛的特点就是,在动作上不能出现一丝错误,否则将导致失败(失分)。因此,在这个前提下,训练课上的一切都围绕"细致"与"准确"展开,并要求非常严格。包括:每一个出手动作、每一个上步动作、每一个身体动作。

第二,强调"控制"与"准备"。

"控制"主要体现在以下四个方面:

(1) 对节奏的控制(指:①在比赛中进与退、攻与守的速度;②攻防转换节奏的控制)。

(2) 对速度的控制(认为当今佩剑比赛中,上得速度越快,死得越快——主要指进攻与上步)。

(3) 对身体的控制(指运动员在比赛中身体重心与身体姿势)。

(4) 对距离的控制(认为距离是完成战术的核心:在比赛中运动员始终要用"控制距离"来实施战术、控制对手。进攻时要找准适合自己的进攻距离,即向前一步弓步可以打到对手的距离;后退时要控制对手进攻的距离,即向前一步弓步打不到自己的距离)。

"准备"体现在行动前思想和行动上的准备,主要有以下三个方面:

(1) 在行动前要想好准备实施的战术、预测对手可能采取的行动。

(2) 在赛前以最快的时间拿到分组或对阵表,然后让运动员看对手的技术资料,并提醒运动员要注意哪些问题。比赛结束后马上组织运动员进行总结。

(3) 在心理准备上,始终教育运动员要把比赛当作一场游戏,要让运动员在比赛中寻找和体验快乐,要做游戏的胜利者。

第二节　击剑教学的一般训练方法

击剑教学训练方法是教练员、运动员为完成教学训练任务，提高击剑运动成绩而采用的方法。教学训练方法是完成任务、达到目的必不可少的桥梁。击剑教学训练是否成功、效果是否显著，很大程度上取决于所选择方法的实效性和先进程度。击剑教学训练方法可分为一般训练方法和心理、技术、战术、体能教学训练等专项训练方法。本节主要介绍击剑运动的一般训练方法。

一、集体练习法

集体练习法是指一个班、队或一个剑组在教练员统一指挥下所进行的各种内容练习。通常用于准备活动、身体素质练习、基本技术练习等，也是调剂运动量的训练手段之一。

集体练习法的优点在于通过竞赛性和趣味性的练习内容，可以提高运动员的练习热情，纠正共性缺点，培养意志品质和团队精神，沟通教练员与运动员、运动员与运动员之间的感情。集体练习对于提高身体素质和改进基本技术有很大作用，但对于个体特点照顾不够。集体练习时应注意以下三点。

（1）目的明确，内容丰富、合理

教练员安排集体练习时，要有明确的目的，要把运动员训练时存在的共性问题，通过集体练习的方式来解决。对安排的内容要充分准备，要注意全队运动员所能承受的运动负荷，合理安排练习的强度、密度。

对于每次课的准备活动或经常进行的身体素质练习，要有多种形式的变化和不同手段的组合，要紧密围绕专项进行，将丰富的内容根据需要和场地器材的客观条件灵活运用。千篇一律的练习形式会影响练习效果。

（2）趣味性和竞赛性

安排练习内容和选择训练方式时，要将趣味性与竞赛性结合起来，适当的对抗和竞赛可以提高运动员的练习热情，特别是对少年儿童运动员，兴趣和竞赛更符合他们的年龄特征，会收到良好的练习效果。

（3）整体练习效果

教练员在指挥集体练习过程中，主要注意力是整个集体，对于个别人出现的问题或稍加提示或留待课后解决，不要影响乃至破坏整个集体的练习。

二、小组练习法

小组练习法就是指在一个训练单元里让几名运动员同时进行某一技战术动作过程的练习。对于教练员来说，采用这种方法要注意小组内运动员竞技水平的差异不能过大，也就是说要求运动员完成的任务基本在同一尺度上。此外，小组的规模不能太大，以不超过6人为宜。

小组练习法的优点在于通过分组练习，可以形成组与组之间的竞争气氛，组内队员之间在技术、思想上的交流，有利于教练员对运动员的指导。小组练习对培养运动员自觉性练习具有很好的作用。小组练习时应注意以下两点。

（1）目的明确，分组合理

教练员安排小组练习时，要有明确的目的和要求。要合理分配各小组人员，使他们在身体、技术、战术等方面的差异不要过大。

（2）与其他方法结合紧密

小组练习法不要孤立地进行，要与其他练习方法有机地结合起来，形成完整的训练体系。对少年儿童运动员采用该方式时应加强组织、纪律性教育，注意训练方法、手段的变换，只有这样才能充分发挥小组练习的优势。

三、双人练习法

双人练习法是击剑教学训练过程中的主要方法，指的是在教练员指导下，由两名运动员进行各种对练的方法。这一练习法对任何级别的运动员都具有重要意义。其优点在于它能紧密结合击剑竞赛双人对抗的特点。练习中可以根据运动员的年龄、水平、特点等，安排其内容的难易程度，以达到不同的练习目的。双人练习是将集体练习、个别课练习逐步过渡到实战的最好桥梁。它能通过内容变化和不同要求，培养运动员的剑感、距离感、空间姿势感、节奏感、时机感等各种实战素养。既可进行基本技术练习，又可用于各种战术练习。双人练习时应注意以下三点。

（1）目的明确

对于双人练习的目的，教练员必须有明确的要求，而运动员又必须按照要求去练习。目的不明确或要求不具体，容易放任自流或变成实战，达不到预期效果。

（2）精心设计

对双人练习要有充分准备并精心设计和组织。从内容、要求、条件、运动负荷、运动员之间的搭配到每组间隙时间均要科学合理，要与击剑运动的特点密切结合。

（3）组织严密

组织双人练习时，要充分考虑组织教法。练习中队员的轮换、推进都应在教练员的严格控制下进行，严密的组织有助于集中运动员的注意力，提高训练效果。对于练习中出现的共性问题，可以适当采取集中讲解、示范、分析问题的方法加以解决。对于完成不好的组，可在练习过程中随时指示；对于完成较好的组，可以让其当众示范演练，予以肯定表扬，注意"抓好两头带动中间"。

四、个人练习法

个人练习法是指运动员自己单独进行各种专项练习的方法。

个人练习的内容包括运动员脚步技术练习、手上技术练习及身体、心理的练习等，其技术练习的方法包括面对镜子练习、刺靶练习及持剑或不持剑的有假想对手的练习等。

个人练习可以解决运动员自身存在的某些习惯性错误并熟练运用某项基本技术；解决自己在无同伴、无教练员情况下的练习；用于伤病后恢复性练习或局部练习。它是在多年系统训练中一种必不可少的练习方法。进行这种练习应有一定基础，对所练的内容要有正确的概念。

五、模拟练习法

模拟练习法是指在掌握准确信息基础上，通过在与比赛条件相似的环境中的练习，或与模仿比赛将要遇到的主要对手特征的陪练人员的练习，使运动员获得某种特殊技能和适应能力的方法。

模拟练习可使运动员熟悉对手情况、适应比赛环境。这种适应主要表现为"心理适应"。运动员有了这种精神上的准备，比赛中就会以稳定的心理状态去对待可能出现的情况，为比赛的胜利创造一定条件。

被模拟对手的内容包括对手的身材、持剑臂、速度、力量、心理特征、神经类型和技战术风格特点等；被模拟的竞赛环境包括场地、观众、比赛时间等。总之模拟越接近真实，运动员的适应能力越能得到培养。但无论模拟如何真实，与实际总会有差距，因此，必须辅以心理训练和思想教育。模拟练习时应注意以下三点。

（1）掌握准确情报

要对比赛条件进行充分的调查研究，并根据准确情报制订模拟训练方案。情报不准确，模拟训练就收不到预期效果，甚至产生负作用。

（2）追求模拟的相似性

执行模拟训练的首要问题是要选准被模拟的特征，再选定与其特征相似的模拟者和模拟环境，其模拟相似程度的高低，决定了模拟训练的效果。因此，要精心设计、组织和调控。教练员也可以通过个别课对某些战术进行有针对性的模拟训练。

（3）注重综合效应

为了达到模拟训练的目的，应将模拟者和模拟的环境、条件综合起来，在极为相似的条件下，使运动员在技战术、身体和心理上获得适应。

六、游戏和比赛法

游戏和比赛法是指运用游戏和比赛的方式进行练习的一种方法。

游戏的趣味性和比赛的竞争性，对于提高训练的积极性，培养主动性、创造性、进取性、随机性、应变性和独立思考、判断能力有积极作用。同时，由于有相应的规则限制，运动员只有共同遵守规则、相互配合，控制自己不符合规则的情绪和行为，才能使游戏和比赛顺利进行。这对培养运动员的道德品质、团队精神起着有效的教育作用。

游戏和比赛法既可用于身体训练、技战术训练，又可作为运动员调节和恢复放松的手段。因此，不同训练水平的运动员在不同时期和阶段的训练中均可广泛运用此方法，特别是在儿童、少年的教学训练中更有良好效果。运用游戏和比赛法时应注意以下三点。

（1）目的明确

选择时应根据训练的需要，有明确的使用目的，并确定相应的规则要求，才能解决训练中所要解决的具体问题。

（2）加强游戏和比赛的组织

在组织游戏或比赛时，无论队与队之间还是个人与个人之间都应水平相近，要做好恰当的力量分配，以保证比赛的公平性和竞争性。教练员要善于控制游戏和比赛进程，注意运动负荷，以免影响其他训练内容和任务的完成。

（3）讲评与总结

简要总结练习的优缺点，充分肯定在游戏和比赛中运动员所表现出的积极进取精神及优良的品质和作风，以提高游戏和比赛训练法应用的效果，发挥其教育作用。

七、实战法

实战法是指在教练员组织下，有计划地以实战方式进行教学训练的方法。

实战训练是最接近比赛的一种训练方法，可根据不同时期、不同阶段、不同任务，安排带有一定条件或不带条件的实战，以达到某种目的。实战既不同于双人练习，又不同于正式比赛，它高于双人练习的难度，又低于正式比赛的程度，是教练员检查某项任务的完成情况,培养运动员某些能力,提高技术、战术、身体素质、心理品质和思想作风的有效方法之一。运用实战训练法时应注意以下三点。

(1) 目的明确

每次实战训练要有明确的目的,并按照计划、要求,有组织地实施。要求不明确或组织不严密,容易流于形式或成为与任务无关的自由实战,达不到预期目的。

(2) 内容不宜太多

实战训练可带条件,也可不带条件,无论是否带条件,其内容不宜过多,以一次实战训练解决一两个主要问题为宜,使运动员可以集中精力完成规定内容并提高训练效果。

条件实战是经常采用的训练方法,其条件通常为限制使用某种技术、战术或让分等,所带条件应与运动员的实际情况相符,使运动员通过努力,在完成有限条件下的实战练习中得到某种收获。不带条件的实战是指对技战术的运用不予限制,通过实战检查运动员对所掌握的技战术的运用情况,并在训练中培养其良好的心理品质和思想作风。

(3) 讲评与总结

讲评和总结是实战训练的重要环节。教练员对预期目的、内容完成情况、要求和条件的执行情况应逐一总结,对运动员的表现予以表扬、鼓励或批评。

教学训练方法有很多,以上是对几种常用方法的介绍,每种教学训练方法都有自己的特殊功能,在选择教学训练方法时应遵循下列原则。

(1) 针对性原则

要根据不同阶段所要达到的目的和所要解决的问题,运动员的年龄、性别、水平及场地条件、气候条件等因素来选择教学训练方法。这样,选择的教学训练方法才具有较强的针对性。

(2) 综合性原则

现代教学训练方法已从单一性向综合性过渡,其主要表现在两个方面:一方面,为完成某一教学训练任务,往往采用多种方法进行综合训练;另一方面,教学训练方法本身就具有综合性,采用一种教学训练方法同时可解决几项教学训练任务。综合运用教学训练方法是教学训练的发展方向。

(3) 常用方法与特殊方法相结合原则

击剑教学训练中的常用方法是在长期实践过程中总结出来的,对解决一般性问题是行之有效的。教练员应根据击剑运动的特点,参考其他项目的方法,创造出适用于击剑的特殊训练方法。衡量教练员水平高低的一个重要标志,是看他掌握教学训练方法的全面程度和选择运用的合理程度。应在传统训练方法和手段的基础上,注重研究,创造出适应我国运动员的有效方法和手段组合。

【案例4】 世界冠军谭雪训练方法与手段的安排（宁先奎，2010）

1. 准备活动与整理活动

（1）准备活动

准备活动是指在训练课或比赛之前的各种身体练习，是在训练课或比赛之前必须要做的重要内容。其作用是升高体温、提高身体代谢率、提高呼吸和循环机能、促进中枢神经系统的协调性、调节训练课和比赛之前的状态。

准备活动要同专项结合起来，如节奏的控制、重心的位置、手脚协调的配合等，并要有一套程序化的方法（表1）。

表1 程序化准备活动

时间	顺序	量和强度	标准要求
30~40分钟	①跑步 ②肌肉拉伸 ③从跳跃到灵活、协调、速度再到专项步伐	①由小到大逐渐升高 ②以阶梯式结束	①集中精力 ②动作标准 ③结合专项

（2）整理活动

整理活动是指在剧烈的运动结束时所做的放松练习，它可使机体由紧张状态逐渐恢复到相对静止状态，减少因血液聚集于下肢而引起的眩晕症状，消除肌肉中的乳酸，加快体力恢复，减轻肌肉酸痛感，提高肌肉的放松，从而使肌肉血液畅通，有利于偿还氧债，排除或减少受伤的风险，为下次训练课做好充足的准备。如表2所示，整理活动同样有一套程序化方法。

表2 程序化整理活动

方法	目的	要求
方法一：肌肉拉伸	运动结束后，在运动中不断收缩的肌肉仍然有部分处于紧张收缩状态，通过肌肉拉伸练习有利于使这部分肌肉恢复到正常的状态，从而减轻肌肉的酸痛程度	肌肉拉伸练习时间为1分钟，每个肌肉部位静止拉伸1秒，放松1秒，程序由上至下进行
方法二：健身球	在肌肉拉伸过程中可以提高整个身体的平衡性、柔韧性、协调性，还可以提高四肢的灵活性和稳定性	四肢放松，呼吸匀称，自然调节平衡性，四肢离地后运用意念控制自己在空间的身体姿态
方法三：有氧练习	通过低强度的有氧练习，身体机能可以逐步恢复到正常的放松状态，通过有氧供能的训练可以更快地将乳酸从肌肉和血液中清除出去	中低速度跑1分钟，平稳调节呼吸，步伐匀称

2. 技战术训练

(1) 技战术准备阶段

技战术准备阶段是指，在将要进行一种或多种技战术训练之前，教练员首先要把正确的动作要领及其重要性从理论上对运动员进行讲解，在运用中必须达到正确、规范、精准、熟练的程度，为下一阶段的训练打下坚实的基础。

在技战术动作准备期训练中，重视基础技术正确性的培养，对运动员今后运动成绩的提高有很大的益处，如果顺其自然地发展就会导致上升空间受限。有了正确的技术动作、姿势对今后连接动作有帮助，还会激发自己潜能的发挥，形成自我掌握的能力。

在技战术基础训练时的要求不只是会做、能做、做好就可以，而是必须在平时训练中做到正确、完美。每一项、每一个技术动作都要精细、准确、合理地做好，然后再进行下一项目的训练，以防止以后连接技术动作时不稳定，影响技术动作的流畅性。在一堂训练课中经常出现因为一个技术动作做得不完美，整堂训练课就只练这个动作，直至达到标准。

平时掌握了正确技术动作的100%到比赛时能发挥出60%或70%，平时掌握30%到比赛时只能发挥出5%。平时技术掌握得不好，比赛时就是灾难；平时把每一个技术动作都做到正确、完美，在比赛时就会发挥出无限的能力。平时训练中就要这样去想，这样去做，从一点一滴做起，养成习惯，比赛时才能得心应手。如果平时不能掌握自己，到比赛时就会乱作一团或是被凌乱的思想打乱一切。

(2) 技战术发展阶段

在基础动作、基础技术都正确掌握的情况下就可以进入技战术使用期，在这个阶段里主要是培养运动员对技术、战术动作的应用，理解其意义，能够达到熟练应用的地步。

在这一训练阶段，教练员强调运动员在训练中要勤于动脑，每一堂课都是链环式结构关系。如准备活动的内容除了肌肉预热、关节活动以外，灵活、协调等身体素质训练和意识的训练都会在步法训练中得到运用。步法训练是为技战术训练做准备，在最后实战比赛中要求运动员必须用上前面所训练的内容完成实战任务。如果运动员的精力不集中，就会脱离训练方向。教练员要告诫运动员严格要求自己，完成好训练内容，认真练习每一个动作，集中精力，发现自身不足并努力改进。

痛苦并快乐着是教练员对运动员的要求。训练虽然是一件枯燥，甚至是痛苦的事，但只要你全身心投入，并享受其中的乐趣，就会忘记劳累，成功的结果也会给你带来无尽的快乐。在训练过程中教练员要求每一名运动员心态平稳、动作准确，要学会自己控制自己，自己去创造一切，不能等待，不能依靠对手给予你什么。例如，在训练一个技战术动作时，要达到熟练的程度就必须经过数千次、数万次的重复性训练，达到条件反射自动化程度。可是有些运动员认为其能够掌握，在场上也能运用这些技动作就行了。但他们没有想到，如果技战术动作不熟练、不精确，不能随心去运用，到实战中就创造不出相应的时机，有了时机也不一定运用得好。所以教练员常常批评那些本身技术动作不够完美，总靠对方失误获取得分机会的运动员。

例如，谭雪在快速进攻转换慢节奏控制再发动快速进攻时，手上动作和脚下步伐衔接总是不流畅，其主要问题是起步时前脚迈得过大，造成重心和手上动作失控。在这一问题上教练员在个别课、双人练习、实战中加以强化式、重复式训练，经过三周（一个阶段）的强化训练，问题终于得以解决，谭雪最终在俄罗斯女佩大奖赛上夺冠，这个环节起到了至关重要的作用。

(3) 技战术实施阶段

技战术实施阶段是指把综合的技战术能力充分地发挥到实践中，在实践中进行合理、有效、准确的应用。这个阶段训练里，要让运动员把前两个阶段所学的知识都运用到实战过程中。教练员在这个阶段训练中强调每名运动员在运用技战术中不要怕失败，从无数次的失败中去寻找成功的感觉，创造寻求自己的状态，要自信、乐趣、活跃、平和，保持积极的兴奋性，自己要渴望做出平时训练时自己所学到的技战术动作，并且运用程度取决于你的态度。态度是运动员智慧形成的基础。

态度——在剑道上开始表演，实施自己的技战术动作。

理解——做出正确的应对，理解自己在干什么，理解对方要干什么。

享受——享受击剑过程是智慧、才能的展现。

在实施过程中要把失分当成快乐的事去对待，证明自己找到了不足，而不是产生急躁的情绪，把失分都归于客观因素，如裁判员、对手、外界等。要用一个理智和平和的心态去控制自己的一切。教练员在实施技战术训练中的方式方法是先让运动员自己去做，自己去分析，自己去修正。教练员只是观看，不发表任何言论，直到运动员确实无法解决时，教练员才会逐一给运动员解释。首先是理论的解释，其次是技战术动作分解讲解，最后指出运动员存在的问题。这样的教学方法能使运动员更深地理解其中的内涵，并且印象深刻。

例如，谭雪在实施技战术过程中，对进攻第二意图假进攻再进行拉开反逼进攻这个环节总是找不到时机，感受不到相应的距离及节奏的变化，经过无数次的双人练习演练就是没有感觉，这时教练员让谭雪停止训练并把她叫到一旁，首先给她讲这个战术在她实施过程中在思想意识上是只为做这个动作而做，而不是从内心去做，应该是在应用过程中要把身体形态和主动意识真正地传递给对方，这样对方才有感觉，才会进入你的圈套，失去了真正的意识形态就是虚假的。

技战术训练就是击剑游戏，千方百计调动对手，让对手按照自己的意识去行动，要主动、灵活、机动、诡计。

作为一名优秀的击剑运动员，要知道自己在训练中的得与失，无论成功与失败都能控制自己的行动和思想。反之，如果出现惊慌、盲目那就是一件可悲的事情了。要想成为一名优秀佩剑运动员应该做到以下几点,如表3所示。

表3 优秀击剑运动员要求

之前			准备过程	
决定	看	阅读 理解 预测	对手动作与预测一致	采取前面决定的应对动作
			对手动作与预测不一致	采取合理的应对动作
避免以下情况:				
之前无反应		先看后决定	时间上的耽搁	本能的击剑动作
如果在本能的击剑动作之前做出决定,即成为高水平的反应				

(4) 赛前准备阶段

赛前准备阶段的训练内容主要是比赛预案的制订,从训练、生活等方面做一个详细、严谨的准备,为顺利完成比赛任务及取得良好的运动成绩做好准备工作。

在赛前准备阶段教练员讲最多的是:

做的任何事情都是为自己而不是为别人;

比赛中没有必须,也不要必须;

快乐—愉悦—享受实施技战术的过程;

在赛前的准备期里所做的工作,是完成比赛任务的核心,要提前准备好、设计好,细中求精,这样才有可能完胜比赛。

教练员在赛前准备期里要细腻,提前15天就要开始在国内以参赛国的时间进行训练、吃饭、就寝,训练中根据不同运动员进行有针对性的强化训练,并给运动员制定一些在比赛中容易出现问题的环节表格,让他们分别在模拟比赛前中后去填写,其目的是使他们能够随时都同比赛结合起来,锻炼他们在比赛中及时敏锐地解决问题的能力,避免比赛中杂乱无章。在赛前准备期里用录像分析自己和对手,集体讨论对对手的应对办法,另外还有用表格的方式来模拟比赛(表4、表5)。

表4 活在每一剑

一场比赛的进展——8步							
1	2	3	4	5	6	7	8
比赛前	前三剑	一分钟休息,前半场为后半场准备	后半场的前三剑	第13、14、15剑	比赛后	该场比赛的自我评价	下一场比赛的准备

续表

一场比赛的进展——8步							
1	2	3	4	5	6	7	8
你是如何安排的，集中注意力、热身？							
1	2	3	4	5	6	7	8
你是如何安排你的战略的？							
1	2	3	4	5	6	7	8
你的感觉如何，在赛前、赛中及赛后？							
1	2	3	4	5	6	7	8

表4的意义在于：要求运动员集中精力打好每一剑，需要运动员在每一场比赛中，都要有计划、有安排地根据对方制订出决定性技战术预案。

表5 活在当下

比赛进展——15步														
比赛前		比赛中											比赛后	
1	2	3	4	5	6	7	8	9	10	11	12	13	14	15
比赛前一天	比赛前一天晚上	比赛日	热身	上剑道前30分钟	小组赛	比赛间的等待	直接淘汰赛	比赛间的等待	进入半决赛的资格赛	半决赛	决赛前等待	决赛	比赛后	对比赛的成绩自我评价

比赛名称：
比赛日期：   运动员姓名：

表5就是告诫运动员在比赛中不要被其他事物所干扰，要百分之百地投入，把整个比赛有计划、有步骤地安排好，思想意识要高度集中，不能分散精力，实施每个环

节后都要迅速做出总结，准备下一个环节的实施。

例如，谭雪在参加2017年俄罗斯世界杯大奖赛前的准备训练中就产生过精力不够集中、在运用技战术过程中衔接不够流畅的问题，其原因是前面几站比赛消耗的能量太大了，她进入了一个周期的低谷期，教练员根据观察和聊天抓住了问题的根源，实施针对性的训练。一是训练宽松式，以自己的感觉去完成训练量；二是通过谈话、鼓励来激发谭雪的竞技状态（前三站谭雪都夺取冠军）；三是在谭雪状态好的时候去完成上面两个表格所要求的内容。通过8天的调节训练，谭雪在俄罗斯站比赛中又夺取冠军。

3. 体能和力量训练

（1）体能训练

当今佩剑训练比赛要求运动员要有有氧和无氧综合式的体能。佩剑比赛等候时间远远超过净时比赛时间，一场15剑比赛净时间在1分30秒至2分钟，从64单败到冠军共6场比赛，总用时在12~15分钟。比赛的时间是从早8点30分至晚6点，进行11~12小时，这么长时间里保持每场2分钟的比赛都能有兴奋状态，如果没有一个良好的体能储备这是很难做到的事情。

谭雪体能的基数是中上等水平，但是打到决赛时容易出现兴奋性不强的状态。根据这一情况，教练员在谭雪平时的训练中进行了这样的安排。

①素质体能

A. 1000米（5分内完成）—休息2分钟—再完成一个—休息2分钟—再完成一个—脉搏2-5-7分钟测试（每组间脉搏降到100左右时再进行）。辅助性训练进行40~60分钟（跑跳、反应、灵活等）。

B. 5公里有氧和无氧跑（不计时）—3分钟慢跑—30秒快速跑，以此反复进行。

②专项体能

A. 20分钟自由实战—休息10分钟（总结）—3个5剑—休息1分钟—2个10剑—休息3分钟—2个15剑。

B. 步法：

a. 30秒做—30秒休息，6次×6组。弓步—向前一步弓步—向前一步弓步—弓步—向前两步弓步—弓步。

b. 30秒做—15秒休息，6次×6组。同上循环。

c. 15秒做—15秒休息，6次×6组。弓步—向前一步弓步—交替进行，这种训练方式方法在阶段体能储备训练中对谭雪受益较大。

（2）力量训练

力量训练对击剑佩剑运动员来讲下肢力量的要求要比上肢力量强，主要是核心力量要均衡，核心力量能使运动员保持良好的重心和自控能力。谭雪下肢力量很强，但是上肢力量和核心力量就显得很薄弱。教练员对谭雪训练力量就以核心力量为主体，利用平衡板、平衡垫、平衡球等方式加强谭雪的核心力量训练，上肢力量训练以小肌肉群力量为主。如手指、前臂屈指、屈腕、伸指、伸腕、前臂旋转、肱二头肌、肩袖肌、肩带肌等。教练员认为上肢力量过多会引起手上动作的僵硬，应以小肌肉群力量代替整体上肢力量。通过有针对性的力量训练，在一年的时间里谭雪的下肢力量、核心力量发展得较为均衡，为在2007年连续五站夺取大奖赛冠军奠定了基础。

4. 心智训练

心智训练是一种利用心理学的原理及技巧，帮助运动员提升运动表现及成长的训练过程。主要包括一般心智训练和专项心智训练。一般心智训练包括反应能力、注意力、记忆能力。专项心智训练包括剑感、时机感、节奏感、运动视觉、动觉表象、思维能力、模仿能力、创造能力、勇敢、坚强及坚持的精神。体现在佩剑中的主要是反应能力、剑感、节奏感、记忆能力、创造能力及坚强、坚持的精神。

（1）创造力、想象力、组织力

创造力：创造力是指产生新思维、发现和创造新事物的能力。

想象力：是在你头脑中创造一个念头或思想画面的能力，你运用你的想象力去创造你希望去实现的一件事物的清晰形象，接着，你继续不断地把注意力集中在这个思想或画面上，给予它肯定性的能量，直到最后成为客观的现实。

组织力：组织的定义有几种，在现代组织理论中，巴纳德认为由于生理的、物质的、社会的限制，人们为了达到个人的和共同的目标，就必须合作，于是形成协作的群体，即组织。

击剑运动中随时都要有创造力、想象力、组织力，它是击剑运动在训练和比赛中的必需品，缺少了它们，训练和比赛就会失去了艺术性。所以，击剑运动员不只是在训练和比赛中去应用、培养，而是要在平时就要多加锻炼。下面是两种心智训练的方法。

①话剧

话剧是一门综合性艺术，剧作、导演、表演、舞美、评论缺一不可。采用这一训练方法要求每组运动员有序地组织起来，发挥自己的创造力、想象力去写剧本，最少三目情节。情节由各组自己发挥创作，如生活、学习、训练等。剧本写好后每组要安排彩排和演出时间，要求运动员在表演中的姿态、动作、对话、独白等自如、轻松，使观众都能观赏到剧中人物形象和外貌特征。通过在话剧中不同人物的塑造，达到培养运动员自信心的目的，并且锻炼他们的想象力和创造力。这就如同击剑运动员在训练和比赛中，首先要组织好技战术内容，用创造力把对方吸引到你组织的技战术圈套中来，并且还要想象出对方应用的技战术动作。

②自拍生活录像

这一练习方法要求运动员在日常生活和训练中以组为单位组织拍摄活动，主要是培养他们的观察能力和瞬间捕捉、协调一致能力。

比如，几只出生不久的小狗一起吃奶的过程，母狗为保护小狗的安全，十分警惕，随时攻击接近它们的任何人员。这就需要拍摄人员胆大、细心、准确、果断地去摄录。

再比如，拍摄教练员和运动员生活及训练瞬间的姿态。这就需要反应协调统一、捕捉瞬间的能力还有团结合作创造，他们要想象出一定的情节去引导别人以达到某种目的，并对其进行秘密拍摄。这项活动使运动员的观察能力、组织能力、反应能力、协调能力都得到了提高，这对训练和比赛能起到一个很好的辅助性作用。

(2) 性格的培养

性格是由生性加上习性组成的。性情是天生的，性格是养成的。一个人的性格，生性只占百分之三十，习性却占百分之七十。人在幼年时，生性多于习性。人越年老，生性越少，习性越多。因此习性比生性更重要。千万不要忽略平日的生活，它能制造你的习性。要注意平日的生活，它能养成你的性格。

教练员在平日里要随时去寻找机会培养运动员勇于战胜自己、挑战自己、战胜面对自己的困难的性格。

例如，在德国训练、比赛期间，教练员联系当地滑翔机俱乐部让运动员进行体验，其目的是锻炼运动员克服紧张、恐惧的心理，在这个过程中让运动员承受压力甚至接受面临生死的挑战。教练员第一句话就讲："谭雪，你敢不敢第一个去试试呀?"此时谭雪犹豫了片刻回答："可以。"当时可以从表情看出谭雪的回应是很勉强的，但是她能够有勇气去回答就足以证明谭雪是有自信的。当她回到地面时我走过去问她有何感受，她说："我走向机舱时心跳很快，坐在里面时手心在冒汗，助跑起飞时我的心都到嗓子眼了，那种恐惧和复杂的心情真是无法言表，随着滑翔机在空中平稳地飞翔，我的恐惧和紧张感逐渐地消失，心情也变得轻松了许多，放眼俯视大地，广阔无边，美景尽收眼底。"

再如，安徽大别山封闭训练，教练员安排攀登大别山，并且要求不能走大道，最好是走困难的道路，我们请了当地的一位山民作为向导，目的在于培养运动员坚韧的性格、坚定的信心、不达目的不罢休的信念。从基点出发时运动员都是喜笑颜开，对真正要面临的困难没有充足的心理准备。到达山底时向导介绍此条山路是山民上山砍柴走的路，路况比较困难，崎岖陡峭，杂草荆棘丛生，此时运动员们才意识到真正的困难就在眼前，在爬行过程中大家分工合作，清除路旁的荆棘和树枝，帮助攀爬困难的同伴冲过一道又一道的困难险阻，团结奋斗，以坚韧的毅力攀顶成功，此时的兴奋心情超于初始的高兴。

第三节　击剑技术能力及其训练

击剑运动隶属技能主导类的格斗对抗项目，其技术结构属于多元变异、组合的开放性技术，它受到竞赛规则和对手的制约。因此，在比赛过程中很难按事先预定的技术模式进行，这也体现了技术动作的灵活性、可变性及实效性。运动员为了达到刺中对手的目的，技术的运用必须在距离、时机、控制、平衡、协调等基础上进行。因此，要将以上要素纳入技术训练中，不仅要掌握这些技术，更要在训练和比赛中灵活运用这些技术。

一、击剑技术的概念及其意义

击剑技术是指击剑运动时能充分发挥运动员身体能力，合理、有效地完成击剑运动的方法的总称。

"合理"是指必须遵循人体运动规律，符合生物力学原理与方法；"有效"是指充分发挥人体潜能，能进行攻防，最终刺（劈）中对手。合理有效的动作方法是以一种理想的动作模式为衡量标准，通过对实践经验的不断总结和归纳，对相关数据进行科学计算、分析最终设计而成的。它反映了一般规律，具有共性特点。但是由于每个人的个性、身体条件、使用动作的习惯各不相同等原因，技术还有其个性特点，因此，必须寻求共性与个性的统一。随着击剑运动的发展，击剑技术也不断丰富，所以合理、有效是相对的。尽管如此，具有共性的击剑技术还是科学合理的。因此，击剑运动员在训练、比赛中，完成的技术愈接近标准模式的要求，说明运动员所掌握的技术愈科学愈合理，技术水平就愈高。掌握基本的技术，对提高竞技能力、在比赛中创造优异成绩有重大意义。所以基本技术是击剑的基础，也是发展高、难、新技术，形成特长和绝招的基础。

二、击剑技术的分类及特征

击剑基本技术按攻防体系来划分，可分为攻击性技术和防御性技术两大类。攻击性技术主要指运用武器的攻击行为，包括进攻、还击和反攻。防御性技术主要指运用武器阻止攻击行为的防守。击剑技术属于开放性、多元变异组合结构。其主要特征如下。

（一）技术运用的实效性

击剑比赛中使用攻防的目的是击中对手和防止被对手击中。因此不管你做什么动作，都要求在规则允许的范围内，能击中对手有效部位，而不被对手击中。技术运用的实效性在比赛中主要表现为得分手段的简练、直接。对世界优秀击剑运动员的研究表明，运动员的得分主要来源于本方直接攻击性技术，而不是间接或组合攻击性技术。从统计结果来看，运动员直接得分率与使用率都高于间接或组合性得分率与使用率。

例如，世界优秀男子佩剑运动员的进攻得分率为62.21%，使用率为35.38%；反攻得分率为40.78%，使用率为16%；防守得分率为39.79%，使用率为17.35%。

（二）技术运用的快速性与准确性

从击剑比赛的规则来看，花剑击中的互中时间为275至325毫秒；佩剑为170毫秒；重剑为40至50毫秒。如果击中时间超过了各剑种设置的互中最高值，裁判器就会自动关闭，不能显示击中信号。比赛中为了适应这种情况，达到实效性，无论进攻还是防守动作，总要设法领先对手，使动作快速（反应快、判断快、移动快、出手快）和准确（恰当的力量、剑身的路线、剑尖的控制等），只有这样才能实现击中对手和防止被对手击中的目的。这就是击剑技术运用的快速性和准确性。

（三）技术运用的应变性

在击剑比赛中，比赛的局面是动态的，对手和自身也是动态变化的。双方运动员在长14米、宽2米的场地上攻防的技术运用都是随机的，没有固定的进攻与防守，也没有一方进攻另一方必须防守的设定。因此，比赛中运动员的技术动作运用在很大程度上受到各种因素的制约，很难按预想的程序进行。必须依靠自身主动的调整，根据场上情势的变化，而采取相应的对策使技术动作运用能够向着自己所能掌握的方向发展，以达到攻防的目的。

（四）技术运用的预见性

由于击剑比赛中的双方都是动态变化的，因此，在比赛中始终贯穿着发挥与反发挥、制约与反制约的激烈抗争。据测试，击剑运动员完成刺（劈）的动作时间为250~470毫秒，而运动员不可能在复杂、快速多变的比赛场上在那么短的时间内改变动作方向，要使动作运用有实效，就必须要有预见性，有了预见才能超前反应，做出的技术动作才能符合客观实际的需求。预见性是通过敏锐观察，综合分析、判断而形成的，即"见微知著"。

三、击剑技术的运用要素

运动员掌握击剑技术是在对抗格斗形式下进行的，而在比赛的实践中，运动员的行动不断受到对手的激烈对抗，攻防的转换瞬息万变，稍纵即逝，形式变化莫测，很难按平时练就的技术程序进行。运动员必须根据场上变化的情况，不断调整自己的动作，采取相应的动作方法，这就要求运动员必须掌握多样的、全面的技术和特长技术，"储存"更多、更丰富的技术元件，才能随时组合成新的动作，做到随机应变。同时要看到，动作是受意识支配的，要随机应变地做出动作，必须先有意识支配，否则要做的动作是不可能做出来的。有了动作还需有一套能应变的动作方法，否则动作就失去了实用性，成了花架子，达不到攻防的目的。支配动作的意识就是动作的内涵和核心。这个意识包含观察判断、预见性和击剑的专项感知觉（距离感、剑感、时机感、空间感、节奏感）等。因此，我们必须认识到，在击剑格斗对抗项目中除了要掌握技术训练外，更应加强技术运用能力的意识与训练，以防出现训练型或花架式运动员。依据击剑专项感知觉，技术运用的要素包括距离、节奏、时机、控制、协调、力量、速度等（图5-1）。也就是说技术的运用离不开这些要素，这些要素是技术运用能否击中对手或不被对手击中的保障。技术运用的实效性是决定运动成绩的重要因素，因而必须认真对待。

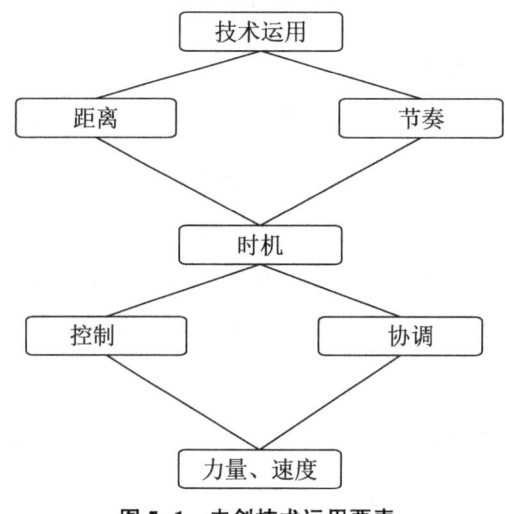

图5-1　击剑技术运用要素

（一）距离

距离感是击剑运动员的专门化知觉或深度知觉，是指双方交锋时，运动员在完成攻防动作过程中对击剑技术的运用出现无效距离与有效距离的感觉。击剑的比赛形式是一种动态的对抗，要想击中对手，首先要有"距离"作保障，没有距离就没有击中的条件。交锋实战中的距离是指各种攻击的有效范围，是运动员运用技术所需要的距离，只有在合适的距离内来运用技术才能达到击中的目的。击剑运动员要想在比赛中取得优异成绩，就必须具备良好的距离感，能够清楚地感知和把握比赛双方之间的有效攻击距离，寻找最佳进攻与防守及防守反击的机会，控制场上的主动局面。

（二）节奏

节奏知觉是用力大小知觉、时间长短知觉、动作幅度大小知觉、动作速度快慢知觉等的有机结合。任何动作都可以形成一定的节奏，只不过有的节奏简单，有的则复杂。每一个运动员的动作都有其独特的、习惯性的节奏，只不过有的人节奏单调固定，有的人节奏明快、富于变化。

击剑技术动作节奏的构成，是在一定时间和范围内完成的。它们的节奏各有不同，有起停的快慢、速度的变化和方向、范围的改变等。这些都直接影响着运动员在比赛中的主动性和灵活性。速度、距离是构成击剑运动节奏的主要方面，其构成要素还包含动作的真假等。

击剑技术动作多种多样，各种技术动作之间有着极其密切的联系，它们按特定的顺序和时间间隔的比例交替进行。掌握好击剑动作的节奏，就能更好地在比赛中进行攻守对抗、攻守转换等。击剑技术动作越熟练，节奏感也越强，节奏感越强的技术动作，对对手威胁也就越大，也就越能增强自信心，做到"胸有成竹"。动作节奏的变化是击剑运用的基础，它直接影响着技战术实施的成败。

（三）时机

时机感是实行击剑行动最有利时间和最不利于进行抵抗的时间知觉能力，其中运动员本能的感觉、预测和直觉起着决定作用。这种知觉是大脑在对观察的情况加以综合分析后，命令肌肉作出的行动。神经传导速度和反应快慢对把握时机有重要的意义。良好的时机感表现为：能迅速掌握对方的动作规律，从规律中捕捉时机；有快速的反应能力，出现合适时机能及时采取行动；有敏锐的观察力，能发现对方思想疏忽、精神松懈、动作错误等微小的预兆，正确地判断对方意图、动作速度；有灵活的思维能力，能制造假象欺骗对方，诱骗对方出现适合自己战术行动的时机。

比赛双方攻守过程中，运动员都在不停地寻找对自己有利的攻防时机，判断对手动作的真假，识别对手的意图，伺机发起攻击。攻击的动作做早了，不仅会使攻击落空，还暴露了自己的意图；攻击的动作做晚了，会给对手留下充分准备的时间，很难完成有效的攻击。防守也有时机要求，就是要等对手的进攻时间和方向确定，再发动和完成防守动作。防早了无疑暴露自己的防守意图和部位，防晚了则会使防守失败。时机是比赛时技术、战术运用取得成效的重要条件。时机感差的运动员虽有良好的基本技术，但在比赛中找不到合适的时节运用技术，因而所掌握的技术也是低效的、失效的。

（四）控制

所谓控制，依控制论的解释，是指人们依据给定的条件和预期的目的，改造和创造条件，使事物沿着可能性空间内确定的方向发展。从击剑运动的外部形式看，击剑运动技术性强，攻防转换快，要求运动员要在快速、复杂、多变的激烈对抗格斗中完成一系列以力量、速度、柔韧、协调和耐力等各种运动素质为基础的攻防动作。因此，控制好身体姿势、剑的方位及速度、力量、节奏、距离等因素是有效击中和获得优先裁判权的基础，也就是所说的击中和动作的"准确"。击剑交锋中控制好身体姿势和剑的方位，其关键点是身体重心和剑尖方向。因此，保持重心平稳是动作准确与正确信息获得的基础。击剑肢体控制性特征即在击剑动作的过程中，无论动作怎样复杂多变，整个身体始终要求保持良好的控制。即便在长时间的复杂多变的步法组合过程中或动作运用后，整个肢体的形态仍不被破坏。通过对肢体形态的控制来体现动作的力度、速度、幅度、方位等，肢体控制能力是击剑运动员在技术运用时所表现的对躯体、四肢整体的控制能力，包括动作力度控制、动作速度控制、动作幅度控制、动作方位控制四个构成因素。从控制剑的要求看，应把剑控制成为身体的一部分，作用于剑尖达到随心所欲的地步。

（五）协调

击剑运动员的身体协调能力是一种复杂的能力，既不是单纯的身体素质，也不是单纯的运动技术。它是运动员在击剑比赛中，熟练地控制与调整自身身体动作，特别是协调上下肢动作的配合，完成各种攻防技术动作的能力。

击剑在完成各种攻防的动作中，主要是以手上用剑的动作方法、脚步的移动方法与身体姿势的互相配合来实现的。它们虽各有特点，任务不同，但必须相互依存，相互配合，组成一个有机的统一整体，才能构成技术和运用技术。技术的掌握与运用依赖于协调能力，而协调能力是在人的成长发育过程中形成和变化的。因此，技术与协调能力应与年龄相适应。每个人都要经历若干个技术阶段，不能跳过其中如何一个阶段，尤其要知道如何停留且满足于这些阶段。各个阶段代表各个不同的水平，每一层水平的稳固又为掌握更高一层水平创造了条件。正因为这样，才要不停地重复技术基础，即便是奥运会的准备过程中也不能忽视对技术基础的学习。因此，协调贯穿于整个技术的学习过程，是掌握与运用技术的基础。

（六）力量

击剑运动中的力量是种隐性的素质，击剑比赛不是以力量取胜，但力量起着非常重要的作用。力量是指完成击剑技术动作本身所发挥出的力量，侧重于技术动作的完整性和用力的协调性。在击剑比赛中，刺、劈是唯一有效的得分手段，其动作特点是，在频繁的攻防转换过程中，能依据对手的情况突然发力完成动作，且力量足、动作突然、动作幅度小。这需要运动员具备强有力的手臂、手腕力量，以及控制剑的力量。此外，为了突然发动进攻，通常需要依靠运动员的腿部和脚踝的爆发力做出大幅度的弓步进攻，这要求运动员具有良好的爆发性蹬伸力量，而这些是技术运用成效中不可缺少的因素之一。

（七）速度

击剑比赛中速度与力量一样，不是以速度（快）取胜，但速度也起着非常重要的作用。击剑比赛中，技术的运用需要一定的速度做保障，在不停的运动中，既要击中对方，又要防止被对方击中，这要求极其敏捷的动作速度。距离合适、时机最佳，但攻击出的动作慢慢悠悠，也不能达到击中的目的。距离也好，时机也好，都是稍纵即逝的。比赛中的战机把握，技术的运用，需要反应速度、动作速度、位移速度来保证。

在击剑比赛中，动作的速度是交锋过程中得分或不失分的重要因素之一。动作速度的意义，一是指在动作完成过程中所要达到的力度和速度；二是它能给裁判员在动作形态上一个好的判罚基础（花剑、佩剑）。花剑、佩剑互中的得、失分中有相当一部分是裁判员依据动作形态来判断的，如同样一个互中，在规范性和完整性的前提下，裁判员会根据运动员动作的力度和速度来进行判罚。

四、击剑技术训练方法

教练员和运动员为完成技术训练任务，必须采用有效的训练方法。技术训练是否成功，训练效果是否显著，在很大程度上取决于技术训练方法的先进性和运用的正确程度。

选择技术训练方法应遵循下列要求：

①技术训练的不同阶段要达到的目的和所要解决的任务是不同的。因此，选择技术训练方法应具有较强的针对性，即要"有的放矢"。

②为完成技术训练任务要采用多种训练方法进行综合训练；或采用一种技术训练方法同时解决几项训练任务以提高训练效益。

③选择训练方法时要将常用方法（各项目均可采用的方法）与特殊方法（解决特殊问题专门设计或采用的方法）相结合。

（一）直观法与语言法

1. 直观法

直观法指在技术训练中，借助运动员的各种感觉器官，使运动员建立起对练习的表象，获得感性认识，是帮助运动员掌握和提高运动技术水平的一种常用的训练方法。

运用直观法时应注意：

①根据具体条件和可能，广泛利用各种直观手段。

提高多感观的综合分析能力。运动员综合利用感觉器官的能力超强，就能较快地感知和掌握技术动作。各种感觉器官的作用往往具有阶段性。如开始学习技术动作时，视觉作用较大；但在提高过程中，应更多地通过肌肉本体感觉改进和完善技术。

②把运用直观法和启发运动员的积极思维结合起来。感性认识必须通过积极的思

维向理性认识过渡，才能形成正确的动作概念，从而掌握动作。

③对于运动水平较低、年龄较小的运动员应更多使用视频、录像和示范等直观手段。

2. 语言法

指在技术训练中，运用各种形式的语言指导运动员学习和掌握技术动作的训练方法。其主要作用在于通过语言帮助运动员明确技术动作概念，纠正错误动作，提高技术水平。

语言法以"讲解"为主要手段。讲解时应力求目的明确、通俗易懂、精简扼要、富有启发性，并要注意讲解的时机。对高水平优秀运动员可适当多使用语言法。

练习示例1 向前或向后一步接弓步

如果说弓步是进攻的重要手段，那么在一步接弓步广泛运用于第二意图的进攻战术时，就显得更加重要了。

向前或向后一步接弓步是一个简单的步法组合。重点要说明组合步法中两个步法间的连接，并追求最快的加速度和合理的节奏。

（1）动作要领

①在完成向前一步时两脚要同时着地，后脚跟进要快。

②后脚落地是弓步发力后蹬的开始。同样，前脚掌的落地动作是弓步前摆小腿动作的开始。

③向前、后一步的距离不要过大，甚至有意做得小些，这样才能保证起动快并能获得加速度和合理的节奏（图5-2）。

图5-2　向前一步接弓步

（2）易犯错误

①完成向前或后一步时身体出现前倾或后仰，两脚没有同时落地。

②完成向前或后一步时两脚距离过大或过小。

③前脚落地后有停顿。

（3）教法要点

①讲解示范。

②分解教学：先做向前一步再做接出弓步的摆小腿动作，可随教练员的口令进行。口令一，向前一步或向后一步。口令二，出弓步。

③完整练习：把分解做的动作连接起来一次完成。

（二）完整法与分解法

完整法是指运动员从技术动作的开始姿势到结束姿势，完整地进行练习，从而掌握技术的训练方法。其优点在于一开始就使运动员建立了完整的技术动作概念，不会影响动作的结构和各部分之间的联系。此方法多用于学习简单的技术动作或不能分解的较复杂的技术动作。

分解法是指把完整的技术动作按其基本环节，分成若干个相对独立的部分，使运动员分别进行练习的训练方法。其优点在于能减少运动员开始学习的困难，在掌握了完整技术动作中相对独立的几个部分后，再进行完整练习，从而提高学习的效率，增强掌握动作的信心。此方法主要用于较复杂的技术或组合技术动作练习中，在改进动作、提高动作质量时亦可使用。

由于分解练习是部分地掌握技术，所以一般将分解练习看成是完整练习的补充。

运用完整法与分解法时应注意：

①对于比较复杂的技术动作，可采用先分解后完整的练习。但在这种情况下必须注意不要破坏动作的完整性。即动作阶段的划分应以不影响技术动作的结构特点和不破坏动作各部分的有机练习为准则。

②少儿初学者善于模仿，对于一些不是很复杂的动作，可先完整练习后再分解练习。

③一般来讲，运动技术水平越高分解练习的比例相应越大一些（此时运动员具有高度的分化抑制，技术动作各个环节的概念也十分清楚，一般不会因分解练习而影响技术动作的完整性）。

④"先分解后完整"或"先完整后分解"都不是固定的学习、训练程序。教练员应根据技术动作的难度、结构（组成环节的多少）、运动员年龄及心理特征等来确定采用什么方法。

练习示例2 冲刺步

在比赛中用冲刺进攻的不多。因为冲刺进攻是孤注一掷的行动，如果不成功就失去了防守的可能性。采用冲刺进攻就在于它具有快速和突然、隐蔽、不易防守，但必须谨慎，要做好充分准备，绝不可贸然行动。

（1）动作要领

①先伸出持剑臂，躯干前倾，重心前移，几乎失去平衡时后脚蹬离地面，大腿抬起前送。身体保持侧向前倾，充分展体。

②在大腿前送的同时，前脚蹬离地面。经一短暂腾空，两脚依次着地并向前跑动。

③冲刺动作的过程中，身体重心沿水平向前。（图5-3）

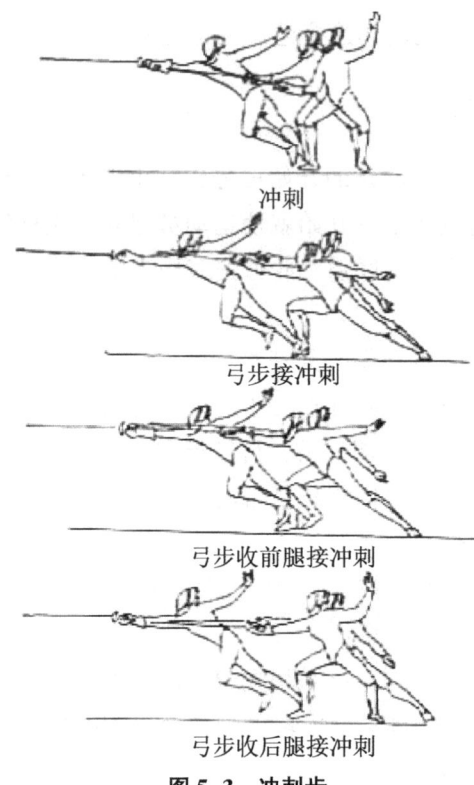

图5-3　冲刺步

（2）易犯错误
①躯干未前倾或前倾过多或不够。
②两脚蹬地无力。
③身体没有保持侧向而是面向对手。
（3）教法要点
①讲解示范。
②分解教学：分成躯干前倾移重心练习和两脚后蹬、大腿前送练习两部分。
③完整练习。

（三）想象法与表象法

1. 想象法

想象法指在练习前，通过对技术要领的想象，在大脑皮层中留下技术"痕迹"，然后在练习中激活这些痕迹，使技术动作完成得更为顺利和正确的一种训练方法。此种方法在优秀运动员中运用得更为普遍。

在想象法运用过程中，要与各种感觉相结合，即在头脑中对技术动作想象的同时，同步地将各种感觉（肌肉用力感、空间感、方向感、平衡感和速度感等）结合起来，把头脑中的想象变成运动器官的操作性活动。

2. 表象法

表象法又称念动法。指运动员在头脑中对过去完成的正确技术动作的回忆与再现，唤起临场感觉的训练方法。通过多次动作表象，提高运动员的表象再现及表象记忆能力，可以使运动员的注意力集中于正确的技术要求，有利于提高他们的心理稳定性，从而促进其对技术的掌握。

练习示例3 捕捉时机

实施时机表象训练之前，对表象训练的基本概念、捕捉时机表象训练的基本步骤、内容、要求等问题向运动员解释清楚，直到运动员理解和掌握。

（1）针对对手动作和意识的特征，进行捕捉时机的表象训练常有以下14种：
①对手动作过大；
②对手动作有明显的预兆；
③对手动作不连贯，有停顿；
④对手动作错误，先上步后出手；
⑤对手假动作不真实；
⑥对手有习惯性动作；
⑦对手进攻点单一；
⑧对手防守行动过敏；
⑨对手进攻距离过远或过近；
⑩对手后退后不能及时向前；
⑪对手进攻后不能及时后退；
⑫对手防守后还击停顿；
⑬对手防守能力差，爱过多地反攻；
⑭对手步法移动有明显的规律性。

（2）教法要点
①讲解示范。
②捕捉时机和创造时机两者往往是互补的，当希望出现的时机未出现时，就要通过各种行动诱骗对手上当，从而创造出希望的时机。
③捕捉到时机后还必须善于利用，这就必须具备与时机相应的动作方法，否则捕捉到了时机，也不能为我所用，达不到目的。
④时机和距离有着内在的、不可分的联系，在谈到时机时必须包括距离的因素。也就是说，时机必须产生在有效距离内的交锋过程中。

（四）减难法与加难法

减难法指在技术训练中，以低于专项要求的难度进行训练的方法。如徒手的步法和手上动作练习。此种方法常用于技术初学阶段。

加难法指在技术训练中，以高于专项要求的难度进行训练的方法。如负重的一些步法和手上动作练习。此种方法常在优秀运动员训练中使用。

练习示例4 减难弓步和加难步法移动练习

将皮筋一端围绕在运动员腰上，另一端固定在一个物体上。运动员听口令做单一的或连续的步法移动和弓步练习。

1. 步法移动练习（图5-4）

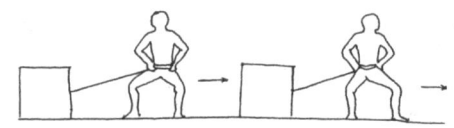

图5-4　克服拉力做步法移动

（1）动作要领

①前脚尖略微伸起，再贴近地面随小腿向前迈出约一脚距离，然后脚跟先着地过渡到全脚掌落地。

②躯干随前脚向前迈出而前移，重心保持在两脚之间。

③随前脚向前迈出，后脚以前脚掌内侧蹬离地面前移，距离与前脚相同。

（2）教法要点

①讲解示范。

②分解教学：以实战姿势作原地伸脚尖练习；做迈前脚移重心练习；做后脚后蹬前移练习。

③完整教学：以实战姿势做向前一步的完整练习。

2. 弓步练习（图5-5）

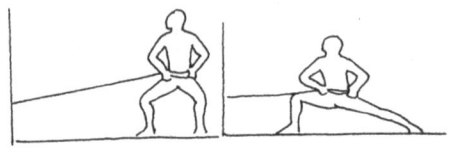

图5-5　牵引腰做弓步

(1) 动作要领

①先伸持剑臂再伸前脚尖，同时以膝关节为轴，足跟紧擦地面，小腿向前摆出。

②在小腿向前摆出而膝关节尚未完全伸直时，大腿在小腿前摆的带动下积极前伸，重心随同前移。

③随着重心前移，后脚以全脚掌后蹬送髋，在前脚跟着地之前，后腿充分伸展，以加大后蹬力量获得加速度，但脚掌不得离开地面。

④前脚落地时以足跟先着地再过渡到全脚掌着地，并随着重心前移使小腿与地面垂直，成弓步姿势。

(2) 教法要点

①讲解示范。

②分解教学：分两个部分，随教练员口令进行。做前腿踢腿练习；做后脚后蹬送髋练习。

③弓步还原成实战姿势。

五、击剑技术训练中的要求

(一) 处理好基本技术与运用技术的关系

实践证明，凡能够攀登世界体育高峰的运动员一般都具备扎实的基本技术。因此，无论哪个运动项目都必须长期地、系统地、坚持不懈地狠抓基本技术的训练。即使是在高水平运动员的训练中，基本技术训练也应占相当的比重。

运动员如果要长期保持高峰状态，延长运动寿命，那么以基本技术为核心的"基本功""基本实力"是必备条件。我国著名女子花剑运动员栾菊杰曾连续多年在国际、国内重大比赛中赢得金牌，她的教练文国刚指出，栾菊杰运动寿命长的因素是基本功扎实，技术全面。即使在获得第23届奥运会冠军后，栾菊杰在技术训练中，基本技术练习仍占有一定比重。

然而，我们还必须注意到，在击剑格斗对抗项目中除了必须抓好基本技术训练外，更应加强技术运用能力的意识训练，防止出现训练型或花架式运动员。技术运用的实效性是决定运动成绩的重要因素，因而必须认真对待。

(二) 处理好特长技术与全面技术的关系

击剑项目中有特长技术和全面技术之分，在训练中，这两种技术应当有机地结合起来。特长技术是指在运动员所掌握的技术群中那些对其获取优异运动成绩有决定意义的、能够展现个人特点或优势、使用概率和（或）得分概率相对较高的技术。在训练中对这类技术应精雕细琢，精益求精，力求使其成为运动员在竞赛中获得高分或克"敌"制胜的主要手段。

运动员是否有"绝招",是其能否跻身于高水平行列的重要条件,特长技术就是"绝招"的核心构成部分。此外,特长技术还是决定技术风格是否鲜明的重要因素之一。

至于使击剑运动技术群中哪些技术成为运动员的特长技术,教练员、运动员可从下列四个因素考虑:第一,运动员整体打法的特定要求;第二,击剑运动技术群中运动员完成得最为出色的技术动作或技术类别;第三,击剑运动技术群中带有关键性作用的技术;第四,运动员的个人特点及使用的特殊器械。

在狠抓特长技术训练的同时还应当力求全面地掌握击剑运动中的各项技术。这是因为:其一,击剑运动技术动作群中的各种技术之间往往存在着一定的内在联系,它们之间起着相互促进、相互影响的作用。这种作用称之为运动技术的"转移"。受这类"转移"的影响,有时一个似乎不太重要的辅助性技术的掌握,可能影响特长技术水平的提高;其二,在运动竞赛中,技术是否全面,是保证特长技术能否发挥的重要条件。在竞赛实践中常可观察到这样的现象,一名运动员尽管特长很突出,但因技术不全面,在某方面存在缺陷,因而在比赛中常给对手以可乘之机,没待自己的特长发挥出来之时,已告失利。这种情况说明运动员技术系统(技术群)在竞赛中所能发挥出的整体效应有时服从"木桶原理",即往往不取决于水平高的技术(特长技术)而取决于其他水平相对较低的技术。田麦久等指出,在格斗对抗性项目(如击剑、拳击等)的比赛中,绝对胜利的比例较少,相持能力(技术与体力)的作用加大,因而必须重视全面发展和突出绝招。这说明,现代运动训练实践的发展不但要求运动员有精绝的特长技术,而且还要具备较高水平的全面技术。为此在平时训练中必须把二者有机结合起来。

最后还须着重指出,"技术是战术的基础"这句训练公理性语言包括这样一层语义:技术的全面性决定了战术的多样性。在比赛中,既要给对手造成最大限度的不适应,又要使自己最大限度地适应对手,这看起来只是战术问题,但实际上还包括技术问题。

(三)处理好教练员"教"与运动员"练"的关系

教练一词是由教与练两个字组成,"教"在前"练"在后。也就是说,教练的作用主要是如何去"教",然后才去"练"。教练员是教学训练的设计者和组织实施者,教学训练过程的各个环节,不论是现实状态的诊断、指标的确定、计划的制订、组织实施和调控,都是在教练员的组织指导下进行的。

教练员要根据运动员的个体特点、训练条件、击剑运动的特征,合理安排教学训练步骤,采用恰当的内容、方法和手段,正确使用讲解、示范方法,把击剑的要领、规格、方法、练习顺序和重点交代清楚。例如,弓步刺,对于教练来说首先要告诉运动员弓步刺后对手会有哪几种不同的应答,然后练习在不同情景下弓步刺的运用,假设对手运用武器防守怎么回应,假设对手拉开距离怎么回应,对手反攻怎么回应,对手截击了怎么回应。通过这种教与练的结合,使运动员在练的过程中就有了清晰的概念,知道了弓步刺动作在不同情境下如何运用。击剑技术的掌握只是基础,更重要的是在比赛中如何运用。技术的掌握可以通过"练"来达到，但技术的运用能力是要靠教练员的"教"与运动员的"悟"来发展。

(四) 重视运动技术创新

运动技术的发展有两种形式：渐进式（指原有技术不断完善和提高）和飞跃式（即出现了以前没有的新技术）。

击剑技术的创新往往与规则的改变相关，如：佩剑规则中禁止使用交叉步和冲刺的限制，便出现了单脚冲刺新技术；花剑裁判器参数的改变，使原有的甩剑刺技术受到了限制，迫使人们去想怎样将"甩"与"刺"的技术巧妙地结合起来。新技术的出现会引起整个技术体系的震荡，破坏原有的技术结构建立新的技术结构格外受到人们的关注。

【案例5】中国佩剑队技术训练模式（张毅，2010）

1. 动力定型

所谓动力定型，是指运动员在反复练习（刺激）中，大脑皮层经常接收到按一定顺序出现的刺激信号，使大脑皮层运动中枢支配各运动器官肌肉活动的神经元也按照一定顺序进行排列组合，因而形成某种与之相应的暂时联系系统。动力定型的各个环节是按组成技术动作的顺序排列的。

在动力定型理论的指导下，教练员要求队员通过反复的技战术训练达到最终的统一和定型。正是由于这种动力定型的建立，运动员才能逐渐掌握佩剑的技术动作，使一系列动作能够按照一定的顺序"自动化"地、一个接一个地实现出来。但是，这个条件反射系统不是死板固定的，而是可以改造的。当动作的条件有所改变时，条件反射系统也会在一定范围内做出相应改变，根据客观要求，改造为按照另一种顺序进行的反应。因此，不同条件下的反复练习十分重要，只有在接近实战的、不同的条件下，反复运用正确的应对技术，才能形成正确的动力定型，并在激烈的对抗中保持稳定的技术发挥。

2. 操作模式

动力定型理论下佩剑队技术练习操作模式的如图1所示。以鲍埃尔为例，技术学习八阶段如表1所示。

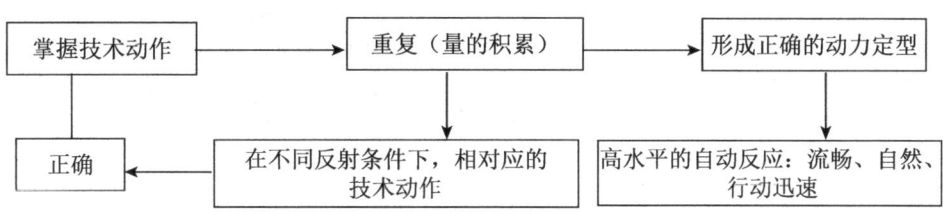

图1 动力定型理论下佩剑队技术练习操作模式

表 1　技术学习八阶段　（鲍埃尔，2007）

阶段	课段	内容
第一阶段 （手臂—腿部的协调） （短距离：脚固定—一步— 两步—弓步）	第一课	目标：学习刺—劈头 （短距离的协调性）
	第二课	目标：第四压剑的学习 （对剑的感觉） （第四压剑与劈头的组合） （短距离的协调性）
	第三课	目标：第四防守的学习 （实施一步后退的防守） （还击的学习） （短距离还击的协调性）
	第四课	目标：第三压剑的学习 （对剑的感觉） （第三压剑与刺的组合） （短距离的协调性）
	第五课	目标：第三防守的学习 （实施一步后退的防守） （还击的学习） （短距离还击的协调性）
第二阶段 （佩剑的基本距离—进攻距离） （长距离：一步弓步）	第六课	①劈头 ②第四压剑 ③第三压剑 ④长距离的协调性
	第七课	①第四防守和第三防守 ②长距离的组合—实施一个准备动作然 后一步后退 ③长距离还击的协调性
	第八课	①重复刺 ②学习劈持剑手臂下方部位 ③短距离的组合 ④长距离的组合
	第九课	①第三压剑劈持剑手臂下方部位 ②各种距离组合
	第十课	①第四压剑劈持剑手臂下方部位 ②交叉和转移的练习 ③各种距离组合
第三阶段 （防守还击） （第一系统3—4—5 手臂靠近身体）	第十一课	①复习第四防守和第三防守 ②各种距离的还击的组合
	第十二课	①第五防守的学习 ②各种距离的还击的组合

续表

阶段	课段	内容
第三阶段 （防守还击） （第一系统3—4—5手臂靠近身体）	第十三课	①学完第五防守后学习劈剑鞘带部位 ②各种距离的组合
	第十四课	①直接还击 ②各个击中目标：头—持剑手臂下方部位—剑鞘带部位 ③各种距离：短距离—中距离—长距离的组合
第四阶段 （防守还击） （第二系统2—5—1手臂伸出一半）	第十五课	①第二防守的学习 ②指向各个击中目标的还击并加入刺
	第十六课	①第一防守的学习 ②指向各个击中目标的还击
	第十七课	直接还击： ①各个击中目标：头—持剑手臂下方部位—剑鞘带部位 ②各种距离：短距离—中距离—长距离的组合
第五阶段 （战术学习） 之前决定—看—实施 —与对手相对应的距离的控制 —根据距离动作的变化 —准备动作的学习 —较远距离的进攻	第十八课	①学习观察不同的距离 ②学习控制距离 ③学习用距离控制对手
	第十九课	①各种不同情况的适应 ②动作之前及实施过程中，根据距离的改变调节动作
	第二十课	①准备动作的学习 ②理解在战术构成中准备动作的作用
	第二十一课	①各种距离的进攻 ②在较长距离中增加两步弓步和一步弓步 ③学习假进攻的概念
第六阶段 （武器接触的动作） 各种武器接触的进攻	第二十二课	击打进攻
	第二十三课	压住剑的进攻
	第二十四课	对应不同距离的各种武器接触进攻
第七阶段 （复杂进攻）	第二十五课	学习各种方向的假动作
	第二十六课	各种距离的复杂进攻
	第二十七课	复杂还击
	第二十八课	学习复杂进攻和转移进攻的区别

续表

阶段	课段	内容
第八阶段 （击剑时间的概念） —打手的动作 —反攻 —反反攻 —准备行动之上的进攻 —第二意图的概念	第二十九课	①进攻前方目标 ②学习一个新的距离，即打手的距离
	第三十课	①学习反攻 ②精确练习：更小的击中目标 ③学习反攻的距离 ④体会击剑时间
	第三十一课	战术方面： ①打手与反攻的时机 ②充分进行距离概念的练习
	第三十二课	学习反攻的防守：反反攻
	第三十三课	①学习准备行动之上的进攻 ②对手的观察 ③抓住时机，尤其不存在击剑时间的概念
	第三十四课	战术方面： ①学习第二意图的概念 ②学习第二意图的防守 ③与反反攻进行区别
	第三十五课	战术方面： ①第二意图的概念应用到各个动作中：进攻—防守—反攻 ②体会与反射动作的区别

第四节　击剑战术能力及其训练

战术能力是竞技能力的重要组成部分，战术能力的基础是技术能力。技术能力和战术能力的提高及战术实施的先决条件是身体能力。技战术的发挥又取决于心理能力。战术能力的提高又必然促进身体能力、技术能力、心理能力的更快发展。因此在进行战术训练时必须与身体、技术、心理训练相结合。

一、击剑战术的概念及其意义

击剑战术指在比赛中为战胜对手或为表现出期望的比赛结果而采取的计谋和行动。在击剑比赛的对抗过程中，交锋的双方始终进行发挥与反发挥、抑制与反抑制，为了达到积极主动、克敌制胜的目的，就必须通过各种合理有效的战术行动去扬己之长、避己之短，以及抑彼之长、攻彼之短，利用一切可以利用的行动来误导对手，使其判断失误，出现破绽，然后抓住机会实施攻击。因此，在充分发挥自己优点的基础上，应尽力弥补自己的不足，同时抑制对方的长处，扩大对方的弱点并加以利用，这就是击剑战术运用的核心。

战术是击剑运动的灵魂，它能把运动员获得的身体、技术、心理等方面的能力，根据比赛情况合理运用和充分发挥。当交锋双方在身体、技术、心理等方面能力基本相同的情况下，战术水平的高低就起着至关重要的作用。击剑战术运用的实质就是斗智，它有利于运动员思维水平的提高与智能的发展。一个合理正确的战术，能充分发挥运动员的身体、技术、心理等方面的潜能，抑制对手技术的发挥，扰乱对手的心理状态，分散对手的注意力，破坏对手的战术意图，削弱对手的斗志，甚至导致对手的错误，直至对手最后的失败。

二、击剑战术特征

击剑战术总的来说属于个人战术。由于剑种的不同战术类型较为多样，一般可分为进攻战术、防守战术、反攻战术，以及攻防反的组合战术。另外还有特定情况下的特殊战术，如决一剑战术、开始线战术、端线战术等。总之击剑项目的战术主要是通过技术、距离、节奏、时机、方位、速度、力量等因素的组合来实现。

（一）频繁的攻防转换贯穿于战术行动过程的始终

击剑战术的攻、防行动中，进攻行动很自由，可以在任何时间、距离内进行。而防守行动，只有当对手进攻时才产生。两者互为前提，共存于比赛战术之中，进攻战术蕴含着防守，防守战术中又暗藏着进攻，两者相互转换，贯穿于战术实施的始终，构成完整不可分割的战术体系。

从某种意义上讲，击剑比赛中的战术运用过程就是攻防反复交互作用的过程，也是击剑规则所具有的特征，没有严格地限制进攻和防守。因此，双方运动员均具有攻防及转换的独立性和灵活性。它区别于隔网对抗项目，如排球、乒乓球、羽毛球、网球等所限定的发球与接发球比赛规则。

根据数据统计，以佩剑单败淘汰赛为例，双方得分累计在23～28剑，时间为3分钟左右。按50%的得分率计，双方总攻击次数应该是46～56次，平均2秒攻击一次，也就是攻守转换一次。因此，在频繁的攻守转换战术行动过程中，处理好进攻与防守的相互转换关系，提高相互转换的意识、质量，是击剑竞赛取胜的关键。

（二）时机的把握与方位的控制是战术行动过程的核心

运动的许多分支都有一些相似的特征、任务、能力等，但也仍然有许多差异。有些体育活动的动作需要许多与运动感知技能相关联的能力，同时，最重要的是完美地执行不同的动作（如体操、花样滑冰等）。其他的体育运动只需一项相关的运动技能就可以很好地完成任务（田径、举重、游泳等），这些运动都没有与对手的直接对抗。击剑是与对手面对面直接接触的，因此，战术就显得尤为重要。在比赛中快而准地出击显然还不够，击剑运动员必须清楚在比赛中什么时候、怎样使用规定的动作，在最合适的时候选择最正确的动作。这就是时机感在战术中显得尤为重要的原因，这与成功地采取一个适当的动作有很多的联系（距离，对手的动作、意图，准确性感知，快速又适当的反应等）。

击剑项目中的各种战术的特征是：以时机的把握和方位的控制为核心，结合其他战术因素变化进行实施。时机是指在击剑比赛中发现和把握击剑行动过程中最有利的时间及恰好的机会。方位在击剑比赛中主要是指运动员对剑特别是剑尖在交锋中所处的位置和方向。击剑比赛，短兵相接，对抗性强，一次成功的进攻或是防守后的还击，往往是在极短的时间内完成的。而在这极短的时间内时机的把握和方位的控制（准确性），是决定运动员能否有效得分的关键。

击剑比赛中时机的把握概括起来：一是运动员主动地创造时机来攻击对手，如压迫式进攻打法，通过向前的紧逼、步步为营使对手在失去防御能力的情况下攻击；二是运动员等待时机的到来攻击对手，如后发制人式打法，就是通过在后退移动中当对手向前出现收手、打空、上步过大等错误动作时攻击。一名优秀的击剑运动员不仅能把握时机，而且能主动地创造时机。

从竞赛规则的角度看，击剑比赛要击中对手才能得分，这是击剑项目恒定的基本特征。无论技术怎么发展、裁判器参数怎么调整，击中对手的基本特征是不变的。由于击中有效面积小，因此，击剑项目在具有格斗对抗特征的同时，还包含了命中类项目的某些特征。与命中类项目相比，击剑更动态化，更具对抗性，影响命中率的因素也更多。"准"是击剑比赛制胜的核心因素，而"准"的基础是运动员能够自如地控制好剑的方位，在有限的范围和距离内刺到对方有效部位。

（三）"距离"和"节奏"的组合与变化是战术行动过程的保障

"距离"和"节奏"的战术意义为：一是运用距离与节奏控制对手，能够有针对性地进行距离与节奏控制是战术实施成功的保障因素之一；二是为本方后续的战术使用或组织实施创造条件。

距离的感觉一般定义为对距离长度的估计判断能力，而击剑中的距离感觉还包括运动员在实战中对彼此所处位置和实行击剑行动的判断能力，正确判断自己运用各种技术动作所需要的距离，保持对自己有利的距离和破坏对手有利距离的能力。不同技术有其不同的作战距离，击剑讲究以我为主扬长避短，发挥自己的特长是控制对手的根本，要根据自己的技术特长选择适宜的作战距离。有针对性地进行距离控制就是战术运用的成功。

击剑动作节奏指完成动作时，用力的大小、时间间隔的长短、运动幅度的大小、动作快慢等因素的有机配合。其构成是在一定时间和范围内完成的，有起停的快慢、速度的变化和方向、范围的改变等。掌握好击剑动作的节奏，就能更好地在比赛中进行攻守对抗、攻守转换等。击剑技术动作越熟练，在运用中，节奏感也越强，节奏感越强的技术动作，对对方威胁也越大，也能增强运动员的自信心，使其在比赛中"胸有成竹"。

击剑项目中的"距离"和"节奏"的调整是战术实施的保障，运动员可以有意识地通过不同距离的调整、不同节奏的变化，如中远距离与慢节奏的移动变化，近距离与快节奏的移动变化等，来观察和准备与后续相应的战术行为相衔接，以达到克敌制胜的目的。可以说，由于"距离"和"节奏"具有"主动性"和"灵活性"的战术特征，使它在击剑战术体系中占据着极其重要的地位。

（四）控制与反控制是战术行动过程的实质

控制的一般含义是指不让被控制对象任意活动或使其活动不超出规定的范围。作为科学术语，控制的概念最早是由维纳于1948年在他的著作《控制论——关于在动物和机器中控制和通讯的科学》一书中正式提出来的。反控制即被控制的对象总是伺机寻找对策远离控制，在可能的范围内进行活动，进而反控制对方。

唯物辩证法告诉我们，物质世界是普遍联系和永恒发展的，运动的发展在于事物内部的矛盾性。矛盾是一切运动和生命的根源。任何一项体育运动都处在矛盾统一体中，击剑比赛也不例外。击剑中的控制与反控制也是一对矛盾统一体，二者互相联系、互相制约，前者必须以后者的存在为前提，后者必须以前者的存在为基础，在一定程度上，二者可以互相转化。在击剑比赛中，关键是看一方是否能控制另一方，且不受另一方的反控制。一方面扬己之长，避己之短，即充分发挥自己的优点，弥补自己的不足；另一方面抑彼之长、攻彼之短，即限制对方的长处，扩大其弱点并加以利用。

击剑战术行动过程实际上是一个控制与反控制的过程。这就决定了击剑项目的战术套路具有较大的变异性和随机性。所谓战术套路的变异性，是指运动员在比赛中实施预定战术套路时，每一次交锋都必须根据对方攻防反的速度、力量等调整战术套路；战术套路的随机性是指运动员在很多情况下，常常是边打边组织边实施某一战术，具有较大的随机性。因此，临场应变能力的优劣，是衡量击剑项目运动员战术能力的重要标志。

三、击剑战术的组成要素

击剑战术的组成要素包括战术理念、战术指导思想、战术知识、战术意识、战术行动（方法、技术、体能、心理）等。因此，战术是在战术理念的导向下，以所制订的战术指导思想为基础，靠掌握的战术知识和比赛过程中场上出现复杂情况时所产生的战术意识来支配，靠按一定的方法、技术、体能、心理要求产生有目的的行为加以体现。

（一）战术理念

战术理念指对比赛战术的概念、战术价值功效及运用条件等进行认识和思维后产生的理念。战术理念的形成同运动员、教练员所具有的参赛经验、知识结构、认知特点和思维方式等有密切关系。教练员、运动员的战术理念对其进行战术思考、制订战术计划、实施战术训练等一切战术活动有着重要的导向意义。

（二）战术指导思想

击剑的战术指导思想是根据彼我情况确定的作战思想方针，是制订战术行动方案所依据的准则，是整个战术内容的核心。比赛中运动员所采用的战术是否具有针对性和实效性，其核心就在于战术指导思想是否正确。古代兵法家孙武曾说过"胜兵先胜而后求战"，此话的含义就是在打仗前应充分了解对手的情况，想出克敌制胜的方法后再去寻求交战，其道理同"不打无准备之仗"如出一辙。战术指导思想是否正确，关键取决于是否真正地了解自己与对手，只有真正地了解，才能制订出切合实际的战术方案。这样制订出的战术方案才能行之有效，才能达到"出其不意，攻其不备"的效果。

战术指导思想是教练员制订战术计划、确定战术方案、形成战术特点的理想模式和行动的准则。它有两种不同层次的含义：一种是比较持久的，贯穿于训练和比赛活动全过程的指导原则，称为长期的击剑战术指导思想；另一种是短期的，比较有针对性的，主要是在一个赛季或者一次重大比赛前所提出的战术方法的原则。

战术指导思想确立的依据：一是对专项运动发展规律和发展趋势的正确认识；二是对本队队员情况的正确分析；三是对比赛任务目标的正确确立。确立战术指导思想是队伍建设的重要任务，它可以使教练员有计划、有步骤地进行战术训练，从而形成自己的战术风格和体系。战术指导思想对于队伍战术风格的形成具有重要的作用。

《孙子兵法》虽是一部军事名著，但已被广泛地应用于其他领域和学科。它的战略思想也极适用于当今竞技体育的技战术，并有普遍的指导意义。

1. 先发制人的战略战术思想

《孙子兵法》中有一句名言，叫作"以佚（逸）待劳"。如何才能做到战场上以我的安逸来对待敌人的疲劳呢？这就必须掌握主动权。所以，孙子在《虚实篇》中提出："凡先处战地而待敌者佚，后处战地而趋战者劳。"《军形篇》上说："是故胜兵先胜而后求战，败兵先战而后求胜。"在《九地篇》又提出："先夺其所爱，则听矣"。处处从先敌一招出发，牢牢掌握主动权。在击剑比赛中，先发制人是重要的战术指导思想之一，掌握主动权是先发制人的首要因素。

要做到先发制人，必须掌握主动权和集中力量，两者是相辅相成的。孙子在《虚实篇》中提出："故善战者，致人而不致于人。"这是说，自己要能够充分发挥调动敌人的作用，牵着敌人的鼻子走，这可进一步改变优劣态势，然后集中力量打击敌人，取得胜利。所以孙子又接着提出："能使敌人自至者，利之也"。战术运用应该掌握主动，充分发挥自己的战术意图，让对方按你的意图进入你的圈套，即牵着对方的鼻子走。在战术运用的过程中，根据自己的优劣势，虚虚实实，真真假假，使对手难以把握，才能取得比赛的胜利。善于选择进攻方向，就能使对手无法进行防守；善用防守措施，就能使对手不知如何才能进攻。在场上所形成的态势以及一切活动达到"无形无声"的神奇境界，使对手根本无法做出判断，因此就能掌握对手的命运。

2. 速战速决的战略战术思想

《孙子兵法》中关于速战速决的问题，主要是集中力量、一举歼灭敌人，或是乘敌之隙，以迂为直，先敌一招，打敌人个措手不及，迅速获得胜利。《军争篇》提出了"其疾如风"和"动如雷震"的原则，《九地篇》提出了"始如处女，敌人开户（示弱以调动敌人）；后如脱兔（形容快速），敌不及拒"的原则。《军争篇》还提出："故迂其途，而诱之以利，后人发，先人至。此如迂直之计者也。"这是说，判断出敌人的动向，就以利益诱骗敌人，采取迂回战术，抢先到达预先选定的地点，以歼灭敌人。当今的击剑比赛竞争更加激烈，在技战术的运用上无不体现为一个"速"字，"其疾如风、动如雷震""迅雷不及掩耳之势"也正是我们在训练和比赛中所追求的。大到一场比赛、小到一次进攻都应体现速战速决。

3. 灵活机动的战略战术思想

击剑比赛就像战争，交战双方就其技术表现形式而言，基本上就是进攻与防守。战机稍纵即逝，因此捕捉战机、采取行动就要靠运动员的灵活机动。《孙子兵法》之《形篇》中谈道："不可胜者，守也；可胜者，攻也，守则不足，攻则有余。"这是说，采取防御是因为自己力量不足，或是时间地点不利，没有战胜敌人的可能就防御；根据条件可以战胜敌人就进攻。像这样的例子在击剑比赛中比比皆是，如击剑比赛中的防御战术。这种战术往往在比分领先时采用，但这并不意味着一味追求防守而不进攻（一味防守等于挨打），而是在加强防守的同时，钻对手的空子进行反击。《孙子兵法》中关于"虚实"和"求正"的运用是关于灵活机动的突出反映。《势篇》中提出："兵之所加，如以碫（石头）投卵者，虚实是也。凡战者以正合，以奇胜"。所谓"虚实"问题，都是以我之实，击敌之虚，也就是避实击虚的意思。所谓"奇正"问题就是正面和敌人周旋，采用其他方式，如两翼包围，后方迂回等，出奇以制胜。在论述"虚实"问题时，《虚实篇》中提出："夫兵形象水，水之形，避高而趋下，兵之形，避实而击虚。水因地而制流，兵因敌而制胜。故兵无常势，水无常形；能因敌变化而取胜者谓之神"。能够掌握"因敌变化"的指挥原则，确实是把"灵活机动"的理论运用到了奇妙的地步。这段描述对现代击剑比赛战术的运用也是大有益处的。战术的运用应灵活机动，灵活多变。无论是运动员，还是教练员，无论是个人比赛，还是团体比赛能根据对方情况及时捕捉战机、采取多变的战术则是取胜的关键。

（三）战术知识

战术知识指关于比赛战术理论及实线运用的知识，有经验性知识和理论性知识两种形态，包括专项战术运用的基本原则；各种攻防战术形式及其优缺点和作用；战术的发展、演变和趋势；对付各种战术的对策和其有效范围；运用战术的条件；规则对战术的限制与要求；对手的技术、战术、身体、心理、习惯、训练特点等有关理论知识。

理论是行动的指南，掌握丰富的击剑战术理论知识，是制定击剑合理战术的需要，有助于战术意识的提高，有助于迅速掌握多种战术及迅速提高战术质量，有助于更合理选择战术，灵活、机动、有效地运用战术并形成独特的风格。教练员、运动员制订的战术方案是否合理，运用得是否灵活、机动和有效，往往取决于他们掌握战术知识的广度和深度。

（四）战术意识

战术意识又称战术素养。指运动员在比赛中为达到特定战术目的而决定自己战术行为的思维活动过程。战术意识强的运动员，能在复杂、多变和极其困难的环境下，及时准确地观察、判断对手的情况，随机应变，迅速而正确地决定自己的行动方案。

战术意识总是和战术行动结合在一起的，战术意识支配战术行动，行动结果的好坏又反过来评价战术意识的强弱。战术知识的丰富，有助于战术意识的提高。战术意识是战术能力最基础的、最重要的内容。战术意识是不能用其他方法来代替或弥补的，只有随着运动员击剑理论知识的丰富，不断积累参赛经验，才能提高战术意识。运动员的战术意识强，其思维、观察、判断、随机应变的能力就强，采用攻防行动的方法也就多，这样也就容易达到克敌制胜的目的。因此，战术意识是战术能力中最基础、最重要的内容。

1. 战术意识的特征

（1）观察特征

观察特征是指运动员在比赛进程中，通过有意识、有目的地观察，了解和掌握比赛中的有关情况，对人、时间、空间、距离、速度等进行分析和判断，对双方运动员的位置及其变动情况、剑的方向及其变化、对手的技战术特点等及时掌握，从而迅速、准确地采取行动。它是一个运动员合理完成技术动作和战术行动的重要前提，任何一名优秀运动员都应具备锐利的观察能力，这主要是通过长期训练和比赛获得的。

（2）思维特征

思维特征是一个运动员智能结构的核心，它是通过分析、比较、综合、抽象、概括等过程实现的。当今的优秀运动员在场上不仅表现出良好的体能和精湛的技能，同时还表现出很强的思维能力。只有这样，才能在比赛中迅速而准确地观察、判断不断变化着的情况，及时提出或改变自己的战术意图，从而采取有效手段驾驭比赛进程，始终处于主动地位。比赛中的思维特征是灵活、敏捷、准确、深刻而广阔。这些特征是与击剑运动比赛激烈、技战术复杂多变的特征相适应的。

（3）行动特征

行动特征是战术意识通过运动员的技术运用和身体行动表现出来的。战术意识是运动员在击剑比赛中对战术运用规律性的认识，它存在于运动员的头脑中，表现在比赛实践中。只有通过运动员的技术运用、身体动作等行动特征表现出来，才能被大家认识和了解。

2. 战术意识的功能

（1）定向功能

在比赛中，运动员对于技术的运用和战术的选择等多种心理活动，都是在战术意识的支配下对场上形势进行分析、判断，使自己的战术行动成为自觉的、有目的的行动。

（2）选择功能

战术意识是运动员在运动实践过程中逐步形成的，它对于行动的方式具有高度的分辨和选择的能动作用。临场的战术应变，就是意识作用于战术目的的结果，但意识的选择必须以客观现实条件为基础，它本身还有一定的制约性。战术意识的选择功能，决定了运动员主体在竞赛中对于行动方向和方式的选择。

（3）反馈功能

比赛中战术意识的调节，主要是通过反馈来实现的。运动员为了实现一定的技战术的目的，总是在有利和合理的原则下不断地调整自身的行动和战术配合，战术意识的反馈功能，促使比赛中的矛盾向着有利于自己的方面转化。

（4）支配功能

战术意识的支配功能主要表现在：对信息的摄取、战局形式变化的掌握上，主要通过意识的指向或集中去体现；对运动员分析情况，判断现实、预见未来，确定战术思维的过程，主要通过意识的过滤和经验的作用去体现；对战术目的的实现，运动员要结合意识去体现。

（5）偏向功能

击剑是直接对抗的项目，各队都有自己的战术风格和传统打法，这就形成了独特的战术意识的倾向性，它将运动员的心理活动围绕着战术意识的特定方式协同起来，从而集中精力于战术的目的上，以此取得最佳的战术效果。

（五）战术行动

击剑的战术行动指为完成预定的战术计划和战术意图的一种活动，或者指战术的具体动作或打法。比赛中运动员的战术行动能否奏效，取决于战术指导思想、战术知识、战术意识、技术、体能、心理等方面的水平，它不是一种无目的、单纯的身体活动，而是一种特定的、有目的的行动方法。战术行动要以战术指导思想为准则，在战术意识的支配下，运用掌握的战术知识，正确地选择与实施攻防动作。执行战术行动应以准确的观察和判断为基础，必须有的放矢。此外，在执行战术行动的过程中还应随机应变，果断到位。

四、击剑战术训练

（一）程序控制性战术训练

击剑技战术分为攻、防、反三大系统，在攻、防、反战术系统训练中，又有若干个子系统，它们共同构成了链状的训练体系。在训练过程中，教练员通过运用不同的训练方法和手段对运动员实施有效的控制，以求达到训练的目的。在击剑战术训练过程中，输入的信息与输出是否同步，教练员控制手段的选择至关重要。这是因为，每一种击剑战术的本身就是一个完整的系统，每一种战术的练习构成了各自的链状训练体系。因此，"程序控制训练"符合"系统论""控制论"和"信息论"原理。

根据击剑技术动作和技能形成的规律，在制订战术教学和训练流程时首先应遵循由分解到完整、由易到难、由固定到变异、由少到多的学习和训练过程；其次注意各练习"主旨"和"副旨"与另一个练习的"主旨"和"副旨"间的相互影响和渗透，也就是说，当进行一个练习时，该练习的主要目的是什么，该练习与下一个练习又有什么内在联系，就是在各练习方法间形成了一条锁链，相互渗透；最后，击剑战术的程序教学和训练流程的制订，必须符合击剑攻、防、反战术和比赛的内在规律，并且根据比赛中的战术变化规律加以分析和归类，然后进行细化。比如，在"创造、捕捉对手第一次进攻失败而又未做出第二次进攻，或在刚要后退的有利时间区段进行简单快速进攻的战术"教学和训练中，根据该战术的特点，首先就要考虑到攻守转换意识的培养。所以在"基础训练"的练习中就要采取相应的训练方法和手段，以适应比赛的需要，这种训练流程的制订，不能脱离击剑运动本身的规律及各种战术配合的个体特点。

程序控制性训练的主要特点，一是按程序控制战术练习的内容；二是战术练习内容间的衔接；三是教练员应在练习过程中对运动员出现的错误及时叫停，以控制运动员错误动作的再生。教练员使用这种模式时经常通过提问的方式来启发运动员思考并回答问题，使运动员加深对问题的理解。但是该方法使用中要避免频繁打断练习。特别是要避免运动员和教练员在训练场上长时间的讨论，这往往容易造成运动员的烦躁情绪，并直接影响到训练的积极性。使用程序控制性训练需要教练员有敏锐的观察能力，在恰当的时机及时暂停训练，同时能够重新演示并反复练习，否则很难达到训练的目的。如果教练员不能准确把握事实，正确地指出错误，他的威信和权威性就会受到队员的质疑。总体来说，此种模式的突出特征是及时纠正错误，使运动员注意力和训练重点指向一个方面。在使用中基本要求是：使用次数不能频繁、间隔时间不宜过长、及时准确、重新演示和反复练习。

练习示例1 创造、捕捉对手第一次进攻失败而又未做出第二次进攻，或刚要后退的有利时间区段进行简单快速进攻的战术

1. 战术要点

这一战术不仅是捕捉对手行动上的对我有利时间区段，同时也是捕捉对手第一次进攻失败后注意力转换的时间区段。这一时间区段是短暂、瞬间的。

2. 训练提示

这一战术在对手第一次进攻时采用距离防守后运用。尤其是在对手弓步进攻不成功后往往还原成实战姿势后退时使用。因此，距离防守后退的距离是这一战术的基点。也就是说，要恰好退出对手进攻的极限并做好进攻的准备。这一战术对不同速度、不同深度进攻的对手，在距离上的判断要十分准确。因此，训练时要在不同速度、深度进攻的条件下进行。

（二）设置条件性战术训练

根据战术意识培养的需要，使运动员在限定的内容和动作的范围内进行实战对抗练习。如限定使用动作、限制场地、限制时间、限制部位等。无论教练员给予的条件如何，其目的都是培养运动员的战术意识和运用能力。

设置条件性发展战术，其主要功能是让运动员足够的、不间断的重复练习，能够使运动员侧重练习某个特殊方面。例如，紧逼防守还击战术，其条件是向前只能防不能攻，通过真假强攻来逼近对手，利用抬臂、收手、上步过大等假动作，提供给对手进行抢攻和反攻的假时机，诱骗对手被动出剑而进行截击或防守还击。设置条件性训练也有不利的方面，主要是练习的条件太多可能会限制运动员的积极思考并养成不良习惯。另外，过分强调练习的某个方面，会阻碍运动员的全面发展。

练习示例2 紧逼防守还击战术

这一战术适合应对防守能力强并善于运用防守还击战术和反攻的对手。

1. 战术要点

采用这一战术的运动员，多为步法灵活、启动快、防守能力强、善于距离作战者，双方属同一类型选手，打法特点是防守还击与抢攻或反攻相结合而不轻易出剑进攻。因此运用紧逼防守还击战术时，首先要通过各种有效的紧逼行动，来制约对手特长的发挥，迫使对手被动出剑，从而进行防守还击。

2. 训练提示

这一战术首先用真假强攻来逼近对手，不断给对手造成威胁和心理上的压力，使对手防守还击特长不能发挥，再以不同的假动作，如先上步后出剑、抬臂动作过大、进攻速度慢、预兆大等，提供给对手进行抢攻和反攻的假时机，诱骗对手被动出剑而进行截击或防守还击。

（三）施加抗压性战术训练

现代击剑比赛给教练员和运动员都带来了巨大的压力。特别是在一些综合性运动会的击剑比赛中，如奥运会、全运会等经常出现决一剑、比赛时间所剩不多的情况下领先比分被对手追赶或落后比分追赶对手等情况，尤其是在比赛体能消耗严重的最后阶段，是否能够有效地实施战术是取胜的关键所在。

能在高强度压力下和关键时刻取胜，需要运动员和运动队有选择地进行针对性战术练习。这种抗压下的战术练习，首先是情景的设置和奖惩措施，情景设置虽不能完全与比赛相同，但应尽可能营造比赛氛围，如观众、灯光、音响、场地、裁判等，奖惩措施是让运动员知道完成好坏的结果在等着他，上场前就给运动员一种压力；其次，战术的条件设置要难于比赛的程度，如时间缩小、场地缩短、两分算一分等；最后，在判罚上有意为难运动员，增加运动员得分的难度。总之，抗压性战术训练，一切要以实战出发，从自身特点出发，从交锋特点出发。

练习示例3 最后一剑战术

1. 战术要点

最后一剑是一场比赛成败的关键。其情况有：双方比分相同决最后一剑；双方比分相同，时间到后抽签优先裁判权在一方决一剑；临近比赛终止时间的最后一剑。因此其战术要针对其不同情况和对手技术、心理状态而采取相应的打法。

2. 训练提示

在双方比分相同决最后一剑时要视对手的技术、心理状态来采取行动。此时双方都比较谨慎不宜轻举妄动，同时一般心理较紧张，易产生犹豫不决、动作简单，多出现连续互中等情况。因此，只有保持良好的心理状态，才能胸有成竹、充满信心、动作果断从而取得胜利。有些心理素质好的运动员喜欢以决最后一剑来获胜，这就是利用心理上的优势战胜对手。

双方比分相同而优先裁判权在一方一剑。这时场上的优势必然在有优先裁判权一方，而往往有优先裁判权一方却总是被动地等待时间的结束不去主动地攻击。相反倒是无优先裁判权一方却采取积极的攻击行动。

因此，战术的制订要充分利用比分、时间、优先权等因素对双方运动员心理变化的影响，有针对性地练习追分和保分的战术策略与方法。

（四）无对抗假想性战术训练

无对抗假想性战术练习是指运动员假设自己面临不同战术特点的对手，或者由教练员给运动员假设不同的对手，运动员依据自己的条件和特点，采用相应的战术，选择合理有效的动作进行反复练习。运动员通过无对抗假想性练习来增强实战生理和心理的自我体验，可以使假想对象不断丰满、形象生动，以达到身临其境的练习效果。通过假想性练习体验实战中可能发生的问题，提高大脑植物性神经中枢系统信息收集与筛选的能力，这种能力的提高在实战中直接表现为反应速度的提高和动作速度的加快，而反应速度对实战结果起着决定性作用。在进行无对抗假想练习时，教练员对运动员要给予指导，也可以在实战教学中组织运动员进行会诊，互相学习，取长补短，通过积极探讨不断提高战术意识。

练习示例4 假想对攻转换战术

1. 战术要点

①在中场交锋时，为了力争主动，双方一开始就处在较近距离的激烈对峙中，因此，必须采用出其不意、简练、果断、意图隐蔽、部位选择准确的快速行动。

②以向前一步的组合步法，结合真假对攻、武器防守、拉开跟进、攻防转换等打法，并要做好预想与随机应变相结合的配合。

③准确把握动作的方向、速度、时间和深度，在对手做出决定性行动的瞬间，及时完成好转换对策。

④运用中要特别注意伪装，力求在动作外形上保持原状，隐蔽自己的意图，以及距离、节奏、剑运用中的微细变化，从而达到战术目的。

2. 训练示例

①假对攻变防守：动作节奏不变，对攻动作逼真，一般采用保持有效距离的小步幅跃步或稳健地向前一步接弓步来接近对手。在手臂几乎伸直时，根据对对手的预测，突然关闭有关部位，完成假对攻变防守。按对手进攻的部位，分别作第三、四、五部

位防守还击。

②准备进攻之上的进攻：动作外形不变，根据对手起动节奏，采用节奏的变化，利用时间差及距离上的错觉，较对手先前进攻。

③离开变跟进：动作外形不变，可以采用较小向前一步，骗对方进攻。待对手进攻时，突然拉开距离让对手打空后，接跟进进攻。

3. 训练提示

上述对攻转换战术可自成体系，几种形式均可以单独使用，也可以灵活组合运用。根据佩剑的有效部位，在技术运用中，主要选择劈头部、脸部及手臂，也可结合刺躯干。步法的配合可以改变步幅的大小、节奏的快慢，但要隐蔽。关键要根据对手的比赛风格特点、习惯，以及临场状态和自身技战术特长相结合运用。

（五）设计针对性战术训练

针对性训练，是具有明确比赛使命、具备临战训练特征、指向性很强的一种特定条件下的训练，是使训练最大限度满足比赛任务需要的一种特殊训练。比赛怎么打，运动员就应该怎么练，这是训练的一条基本规律。遵循训练的这一基本规律，必须按照实战需要组织实施训练，不断提高训练的针对性。针对性战术并不是凭空想象的，它是教练员通过对运动员及主要对手战术运用情况的详细分析研究，提炼出各种针对性战术，为针对性战术训练的设计提供依据。针对性战术训练并不是一成不变的，它随着各种情况的变化而不断调整，如对手的变化、战术指导思想的变化、规则的修改对技战术的运用所产生的影响的变化等。如果教练员不善于分析问题，了解各方面的信息，就必然要在激烈的竞争中落伍，处于被动挨打的境地。

练习示例5 针对对手进攻能力强的战术

这一战术适合应对紧逼强攻型对手。这种强攻型对手，有强烈的进攻意识，进攻能力强、速度快、深度大，来势凶猛且有威胁，但在进攻时防御的能力较弱。

1. 战术要点

运用击剑线或伸臂威胁来制约对手的紧逼，以缓冲对手的进攻速度，同时在对手进行破坏击剑线或破坏威胁剑的行动时进行转换。

2. 训练提示

在对手进行紧逼进攻时，首先拉开距离再及时形成击剑线或伸臂威胁（没有拉开距离击剑线就变成了反攻），以减慢进攻者的速度，并且把其注意力引向破坏击剑线或被威胁剑的行动上。当对手采取破坏击剑线或被威胁剑的行动时转换抢、点、靠、防等得分手段。

（六）适时特定性战术训练

特定性战术是比赛中在特定情况下所采取的相应战术。如开局战术、最后一剑战术、利用场地战术、利用时间战术、消耗战术、团体赛排位和换人战术等。对这些不同特定情况，采用有针对性的不同战术，往往对比赛最后的胜负起着关键的作用。若不具备这种战术意识和能力，遇到这种情况，就会因惊慌失措、失去抵抗能力而吃败仗。特定战术的训练，一是要了解对手，二是要熟悉规则，否则特定战术训练的实效性就要打折扣。

练习示例6 对左手持剑者的战术

1. 战术要点

左手持剑者与正常持剑者刚好相反。内侧都是易刺部位，也是左手最好防守的部位，因此不能用常规打法。左手者习惯用第四、第二姿势防守和对抗，进攻时也习惯刺第四、第二部位，其腰腹是易刺部位。交锋时应抓住其弱点和习惯而采取相应的打法。

2. 训练提示

要与左手持剑者一起训练以适应其打法。要充分利用场地右边线去制约左手运动员的优势发挥，多采用转移或摆脱攻其弱部。

战术训练和战术实施中易犯的错误概括起来有三个方面：

一是动作错误。

二是距离错误。对距离判断不当，出现距离不够、距离太近、该退未退、该上未上等。

三是时机错误。未能及时捕捉和利用有利时机，对时机判断上有错误。

以上这些错误都以不同程度存在于训练不同阶段和不同水平的运动员中。因此，教练员在战术训练中要有针对性地加以解决。

五、击剑战术训练中的要求

（一）把握项目制胜规律

运动训练（包括战术训练）的主要目的是在竞赛中夺取优异运动成绩，"夺取"的过程实质上就是"制胜"的过程，而要制胜就必须遵循制胜规律。这是战术训练最基本的要求，也是形成正确战术观、正确制订战术方案、正确实施战术训练、在比赛中正确运用战术的前提条件。

所谓制胜规律，是指在竞赛规则的限定内，教练员、运动员在竞赛中战胜对手、争取优异运动成绩所必须遵循的客观规律。

制胜规律的组成包含两个方面：其一是制胜因素；其二是制胜因素之间的本质联系。

对击剑运动成绩有决定性影响的因素称为制胜因素。这些因素是人们在对专项比赛的各种特性进行深入研究后归纳总结出来的。如我国早期提出的击剑制胜因素"快、准、狠、变"。在这些因素之间表现出来，有的互相促进，有的互相制约，有的互相矛盾，如"快""准"的关系等。正确地认识和把握这些关系，才能做到遵循制胜规律，才能有效地进行战术训练。

（二）培养战术意识

战术意识这一特殊思维活动过程由战术休息选择与战术行为决策两个前后为序、紧密相连的部分组成。其具体内容体现在：技术运用的目的性、战术行动的预见性、判断的准确性、攻防转换的平衡性、战术变化的灵活性、战术行动的隐蔽性等。

培养运动员的战术意识，是战术训练的中心环节。具体方式通常有：系统了解击剑竞赛基本规律与战术特征、比赛中战术变化的规律及正确的应变措施，以及击剑战术的发展趋势；积累击剑战术理论及参赛经验，并熟练运用基本战术等。

战术意识的培养与运动员的思维活动密切相关。从某种意义上讲，战术思维是战术意识的核心。因此，运动员的战术思维能力水平决定了其战术意识水平。具体而言，运动员思维的灵活性、预见性和创造性等是其战术意识的决定因素。

从心理实践看"想练结合"，是培养运动员战术思维的行之有效的手段。

（三）培养战术运用能力

在训练中，应当把培养运动员在各种复杂而艰苦的条件下合理运用战术的能力这一任务放在相当重要的位置上。这也是在战术训练中贯彻"练为战"思想的具体要求。

战术运用的基本要求为：第一，明确的目的性和针对性。战术的运用都必须有明确的目的性，做到有的放矢。战术行动合理、针对性强，做到特定战术解决特定问题。第二，高度的实效性。战术运用目的是制胜。因此，应以能否达到制胜目的为标准，力戒华而不实。第三，高度的灵活性。能根据场上千变万化的局势，灵活机动地坚持运用有效战术，力争主动、避免被动，使战局向有利于本方的方向发展。

（四）重视战术组合

从某种意义上讲，复合就是组合。如何将多套战术有机地结合起来并在比赛场上极富针对性地使用，是衡量运动员战术水平高低的主要标志。

程式性组合是指将各种战术行动在空间上、时间上按一定的顺序所构成的战术组合，如开始线战术、端线战术等。另外，根据特定对手而专门制订的战术组合也可归入此类，如右手对左手战术、身高矮对身高高战术等。

创造性组合指根据比赛临场变化情况，不按固定程序，创造性地将几套战术组合在一起。"随机性"是这种组合的重要特性。

程式性组合既可表现于训练之中，又可表现于比赛之中，而创造性组合则更多地表现于比赛之中。

程式性组合能力是创造性组合能力的基础。运动员对程式性组合掌握得越多、越熟练，就越能开发创造性组合。

（五）加强战术创新研究

战术创新可分为常用战术创新和特殊战术创新。

常用战术创新是一种基础性创新。由于常用战术具有较大的普遍性，一经创新并在实践中被认可，就可能给专项战术体系带来革命性影响。因而，此种战术创新难度较大。

特殊战术创新是一种实用性创新，具有很强的针对性。它往往是针对特殊的对手、特殊的时段、特殊的情景"设计"出的某种新战术。教练员、运动员应当把更多的精力放在这方面的研究和实践上。

【案例6】中国佩剑队技战术训练模式（张毅，2010）

在充分理解佩剑项目特征的基础上，必须对佩剑比赛规律有深刻的理解。佩剑的交锋动作是有既定的规格和尺度的，即不同的姿态、动作、击剑时间限定了不同的行动定义。行动的实施过程，实际上就是表达意图的过程。因此，佩剑对于技术动作实效性（结果）的评价首先要建立在技术动作准确性、合理性、经济性（过程）的基础之上。贯彻到日常训练中，就是要严格要求运动员并使之懂得：任何时候都要提醒自己重视基础技术动作，精确技术的全面掌握才能带动战术的发展，以最终达到在高度紧张的情况下也能完成好基础动作的训练目标。依据这样的理念，教练员非常重视基础内容的训练，并提倡按照技战术水平提升的逻辑顺序严格训练过程（图1）。

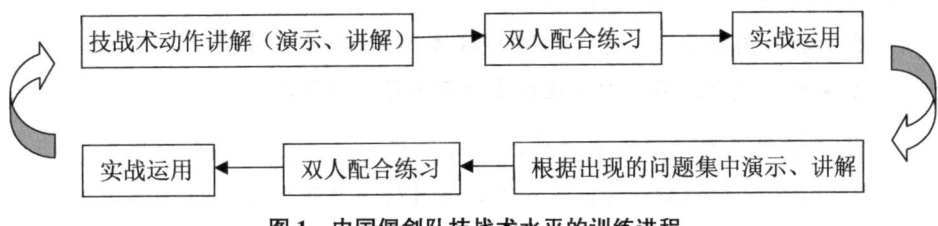

图1　中国佩剑队技战术水平的训练进程

首先通过击剑教学特有的"个别课"形式，对相关技战术动作进行讲解和演示，全面掌握各种技术动作，以及相应的战术目的和意识，以促成运动员对技术动作的正确理解和准确把握，进而掌握正确的姿态操作表象，能够准确拿捏动作的使用时机、距离到位的反射条件等。其次，安排双人配合练习，提取实战中不同的情景模式进行实践运用，针对实战运用中出现的问题，集中反思、规范和引导队员形成正确的技术，并改进不正确的技术动作。最后，通过双人配合再练习，实战运用，再次演示、讲解和改进，最终达到技术水平的有效提升。

这种练习要求的实质是把示范、讲解、对抗练习、纠错、实战运用等教学方法综合循环运用，并把技术训练与时机、距离等战术因素结合起来，使技术与战术训练一体化，提高技战术训练的综合价值。

集体课2对2—击剑者A和击剑者B

主题一：赢得距离

进攻一步弓步；

决定—观察—行动。

(1) 击剑者A实施一个准备行动：向前一步

击剑者B同时实施一步后退，同时于击剑者A前脚启动。

没有赢得距离，所以击剑者A不进攻。

(2) 击剑者A实施一个准备行动：向前一步

击剑者B稍微滞后实施一步后退，同时于击剑者A后脚的启动。

赢得了距离，击剑者A进攻。

(3) 击剑者A实施一个准备行动：向前一步

击剑者B原地不动，不给出距离，但是相反地关闭距离。

击剑者A不应该进攻，而应该让击剑者B进攻。

主题二：赢得距离

长距离的进攻；

赢得距离，然后直接进攻或第二意图的进攻；

准备行动之上的进攻。

(1) 击剑者A实施一个准备行动：向前一步

击剑者B同时于击剑者A后脚的启动，实施一个两步后退。

击剑者A赢得距离，但是应该发动两步弓步的进攻。

(2) 击剑者A实施一个准备行动：向前一步

击剑者B同时实施一步后退，然后连贯的一系列后退。

击剑者A应该先赢得距离，然后进攻。

两种情况：击剑者B让距离打开，在这种情况下，直接进攻。

击剑者B边后退，同时用腿部或手臂关闭距离，这种情况下，间接进攻。

(3) 击剑者A实施一个准备行动：向前一步

击剑者B原地不动，关闭距离。

击剑者B迫使击剑者A重新做一个准备行动。

第五节　击剑训练的特殊形式"个别课"

各种运动项目，都有其本身特点的训练形式。个别课是击剑的一种特殊训练形式。它和击剑运动一样，有着悠久的历史，尽管内容、方法不断发展变化，但这种形式仍延续至今。

一、个别课概述

（一）个别课的概念

击剑由古代冷兵器发展成现代体育运动的过程中，无论是训练角斗士、士兵还是运动员，无不通过刀对刀、剑对剑的教与学的形式来提高竞技能力、搏杀能力。被训练者剑术的高低、竞技能力的强弱，与教师或教练员的教授方法有密切关系。教练或教师对决斗、拼杀、竞赛中出现的种种情况，进行分类、提炼、加工，再根据不同对象的具体情况，以不同的内容和方法进行个别的教学训练，然后再与同伴对练，最后才到竞技场、战场或运动场上去实际运用。这种教学与训练形式有着相当长的历史，通过漫长的发展演变，人们总结出这种特殊的教与学的形式，即我们今天的个别课。

"个别"一词源于体育教学原则中的"个别对待"，又叫"区别对待"，是指教学过程中，对不同的对象采用不同的（个别的）对待方法。

击剑教学训练中的个别课，是由一名教练员带一名运动员在击剑的练习中传授技战术的一种教学训练形式，是击剑教学训练的一种特殊的、行之有效的形式与方法。它是由击剑项目本身的特点所决定的，是从多年实践经验中总结出来的。运动员从学习基本技术开始的初级阶段，直至深化提高的高级阶段，始终都要接受这种训练形式，它对提高竞技能力有着举足轻重的作用。

（二）个别课的特点

"区别对待"方法应用于所有运动项目中的教学训练。不同的是，击剑的个别课是教练员与一名运动员面对面地进行练习，而练习内容的广度、深度，练习手段的多样、复杂，练习形式如此接近实战、对教练要求之高，是其他运动项目远不能及的。击剑个别课，是运动员将击剑训练的其他形式过渡到实用阶段的最好的桥梁，个别课对运动员学习掌握基本技术、提高战术能力、达到高竞技水平起着最直接的影响。

1. 受教练员的控制和引导

个别课是教练员亲自与一名运动员进行训练，受教练员的亲手控制和引导。因此，教练员能及时发现和解决运动员存在的问题，针对性、目的性强，训练内容、方法、进度、运动负荷、竞技状态均可按运动员的情况进行调整和控制。

2. 训练所需的各种条件能重复出现

击剑运动员面临的对手千差万别，技战术变化多端，因此要培养运动员面对不同的情况和对手时运用不同技战术的能力。在个别课中教练员可设置重复再现比赛中的各种情况和问题，扮演成不同类型对手，训练的各种要求和专项感知（时间、速度、距离、节奏、剑威等）都能按训练需要重复出现。

3. 适应多种训练任务

个别课可用于掌握基本技术的训练提高和改进技战术的训练、对付特定对手的针对性训练、恢复性训练、提高专项素质训练和心理训练等。

4. 负荷大、强度高

个别课要求教练员具有良好的思想作风和专项技战术知识。由于个别课教练员要亲自上阵，运动负荷大、强度高，因此，运动员和教练员都必须要有良好的体能来保证个别课的质量。

（三）个别课的任务

个别课是通过教练员或教师的思想作风、基础理论知识、专业理论知识、专项技战术，向运动员传授全面知识，培养全面能力，加速运动员的成长过程。在个别课上，教练员和运动员进行最直接的、最广泛的、最深刻的双边交往，通过多种信息的传递和反馈，教练员可以实现对运动员技术、心理和思想作风的培养。

个别课是击剑教学的一种主要的但不是唯一的形式，它不能解决教学训练中的所有问题。因此，必须客观地对待个别课，不能过分夸大它的作用，也不能忽视其他训练形式的作用。个别课只有与其他训练形式密切结合，才能实现教学训练的最终目的（图5-6）。

在击剑教学训练中，个别课的任务是：

①学习各项基本技术及其在各种不断变化的条件下如何去运用这些基本技术。

②学习各种战术和在不断变化的距离、速度、节奏中，如何捕捉、创造时机去运用这些战术。

③创造多种条件，进行有特定内容的针对性练习，以达到某种目的。

④在个别课的过程中，培养运动员的意志品质和作风。

⑤督促运动员学习，改进并提高其技战术水平。

图 5-6　世界冠军谭雪个别课练习

二、个别课的要求和常见的问题

（一）个别课的要求

为了实现个别课的任务，教练员、运动员必须按照一定的要求进行。教练员是个别课的主要执行者，这里主要谈对教练员的要求。

①教练员或教师必须要有高度事业心和认真负责的态度，以完整严谨的计划精心组织每次个别课，并严格地按计划执行，切勿随意改变计划。在个别课上，教练员或教师要消耗很大体力和精力，没有高度的事业心、责任感很难保证个别课的质量。

②个别课集中了教练员的思想作风、理论知识、技战术的掌握和运用能力及组织才能。因此，教练员要不断学习，掌握基础理论及专项理论知识，提高专项技战术能力和对击剑运动规律的认识，了解国内外技战术发展趋势，不断完善自己的个别课。

③个别课要贯彻循序渐进的原则，要有系统性，要根据不同运动员的特点，因人施教，合理地安排内容难易程度和运动负荷。不要故步自封，避免以经验取代理论，只有虚心学习才能不断提高个别课水平。

④教练员要提高讲解示范和操作能力。以准确、规范的示范与讲解和合理的操作技巧（包括技术的规范，速度、节奏、距离、力量等的变化）才能引导运动员完成要求练习的内容。

⑤保持一定的身体素质，以充沛的体力保证个别课的质量。

（二）个别课中常见的问题

1. 对基本技术的概念理解不清

一些教练对基本技术的规格要求，特别是技术细节概念理解不清，影响了运动员掌握正确技术和形成正确的动力定型，给提高阶段的深化带来很大困难。

2. 对基本技术的规格要求不严

对基本技术不能严格地按规格要求去完成的问题广泛存在于个别课之中。这种降低质量的技术危害极大，严重影响运动员竞技水平的提高。主要表现为：注重动作过程的开始，忽略动作过程的结束，在每一次击中或没有击中情况下运动员往往就中止了动作的过程，而没有还原到实战姿势或衔接相应的技术动作。另外，注重"练"的动作，缺乏"教"的动作，一堂个别课上，运动员和教练员都能保证每一动作的练习质量，但在技术动作掌握以后该如何运用，教练员往往不能很好地讲解与引导。

3. 对长远规划和基本技术缺乏耐心

培养一名击剑运动员需要做长期艰苦的工作，个别课应纳入计划。每个时期、阶段的内容、要求、指标都应有系统的规划，要避免随意性。无论何时，都应对基本技术的练习予以高度重视，避免由于过早参加比赛而忽视基本技术练习，应了解技术与战术的辩证关系，耐心抓好基本技术，为将来的深化提高打下坚实的基础。

4. 对不同情况缺少变化

①缺乏针对每个运动员特点的变化；
②在动作组合和距离、节奏、速度、力量、幅度、方向上缺少变化，也就是说一个动作只能在一定的距离与节奏下才能完成，而在变化了距离与节奏的情况下就完成不了；
③缺少同一内容不同练习手段的变化。

5. 教练操作技巧不合理

操作技巧是个别课的核心部分，只有合理的操作，才能提高运动员的技术、战术和竞技能力。

6. 运动员缺少主动权

个别课主要由教练员控制，教练员以各种信号要求运动员完成各种练习内容，运动员总是处于被动应答之中，缺少一定的主动权。这将难以培养运动员创造时机、争取主动变化去控制对方的能力。

7. 个别课形式过于机械化

从对个别课训练的观察来看，有些教练员的个别课形式过于机械，在整个上课过程中主要采用推进式方法进行，也就是练习往往在剑道的一端开始，推进到剑道的另一端，然后转过身后再推进回去，如此反复直到一次课结束。

三、个别课的内容结构

（一）个别课系统的概念及结构

1. 个别课系统的概念

在击剑教学训练中，个别课是一个单独的系统。所谓系统是指客观事物存在的一种形式。任何有机整体，都是由若干部分（或环节），为一定目的，以一定结构互相联系、互相影响又互相依赖的关系组成并具有确定的功能称为系统。个别课是个复杂的系统，它由5个分系统、若干子系统及众多因素组成，它的功能是提高运动水平。5个分系统以一定的相互关系存在并包括了个别课的全部内容。如果缺少了某个系统（部分），就达不到训练的整体效果，也不能实现全面提高运动员竞技能力的目的。

2. 个别课系统的结构

以结构图的形式，对个别课的众多因素分门别类，以分系统、子系统、因素的隶属关系出现，使复杂的系统简单化，便于我们对个别课系统的分析和评价。也可根据需要，对任何一个分系统、子系统或因素进行评价。有些分系统内的因素，既是子系统，也是因素（图5-7）。

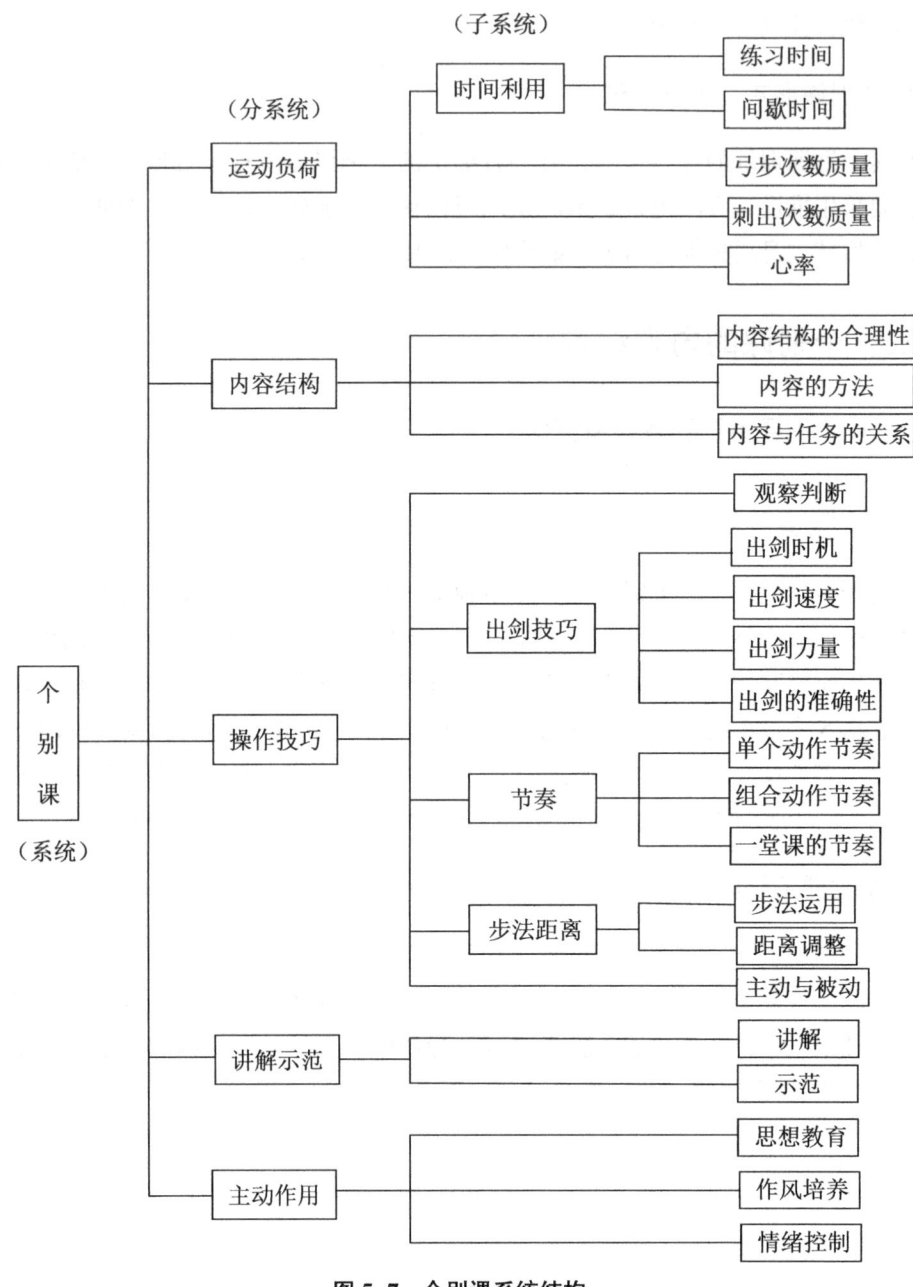

图 5-7 个别课系统结构

（二）个别课系统的分析

1. 指导思想

个别课是击剑教学训练体系中的一部分，是一个独立的系统，但又与体系中其他部分密切相关，是为了实现教学训练的最终目的——在比赛中取得优异成绩。那么，对个别课的分析就应紧紧围绕着比赛，以击剑比赛的特点为基础，使个别课尽量符合其特点。

击剑比赛的特点：①击剑比赛是一对一的对抗格斗运动项目；②比赛中的技战术是以手上剑的变化，脚下步法变化及两者的精确、协调的配合来实现的；③比赛中以准确的判断和迅速的行动，完成频繁转换的攻防技术和战术意图；④比赛要有良好的身体素质和生理机能，以保证长时间高强度的对抗、格斗。

了解了比赛的这些特点，对个别课系统的分析就有了理论依据。

2. 具体因素分析

对个别课系统的分析，是为了恰当地评价个别课系统中各分系统、子系统、因素构成的个别课整体，它们之间既存在互相制约、互相依赖的关系，又有各自的结构和要求，这是从击剑比赛中总结出的普遍规律，它既符合规则精神，又符合实战需要。了解了这些原则和要求，才能对个别课进行科学的、合理的、恰当的评价。

我们对个别课还缺乏系统的、整体的研究，缺少参考资料和必要的数据。有些内容很难做定量分析，有些问题理论依据尚不充分，有些提出了原则，有些仅做了说明，有些问题还有待进一步研究。

下面就对个别课系统的24个因素及其隶属关系逐一进行分析。

（1）运动负荷分系统

该系统由弓步的次数及质量、刺劈的次数及质量、时间、心率四个因素组成，由它们的综合效果来反映负荷量的大小。

1）弓步的次数及质量因素

弓步的次数及质量是指一次个别课中，所做弓步总次数，弓步的速度、深度、难度和完整性。弓步是一项主要技术和主要进攻手段，频繁出现于实战中，因而也是个别课中的主要内容。运动员每完成一个弓步都有一定负荷，因而它是衡量负荷的一项主要指标，次数越多，负荷越大。次数多少与练习内容、任务、对象、所处阶段有关，其原则如下。第一，给运动员以良性刺激，使机体发生良性变化，能长期承受合理的运动量而不出现伤病，能经常保持充沛体力和渴求训练的欲望；第二，有利于形成、提高正确的技战术；第三，负荷量大小的一般规律是：基本技术练习大，战术练习小；基本练习期大，比赛期小；成年运动员大，少年运动员小；技术练习生理负荷大，心理负荷小，战术或复杂组合动作练习心理负荷大而生理负荷小；密度小，次数适当多，密度大，次数适当少。

构成弓步负荷大小的另一因素是它的质量。它由速度、深度、难度和完整性组成。这里的难度指完成弓步时与移动、时机、距离、前后动作的衔接、配合及其合理性。完整性指弓步本身的合理性。由于练习内容、任务、对象和要求不同，其速度、深度、难度应有所不同，一般规律是：速度快、深度大、难度大、负荷大；速度慢、深度小、难度小、负荷小。

教练员在个别课中，对弓步的设计既要有量的积累，又要保证质量，按击剑运动规律和负荷原则，科学合理地安排，偏废哪方面都收不到预期效果。

2）刺劈的次数和质量因素

刺劈的次数和质量指个别课中刺劈的总次数，刺劈的速度、力量和准确性。

击剑一切训练手段的最终目的，是有效地刺劈中对手，个别课的一切练习内容也是在刺劈中告一段落，运动员的整个运动生涯要完成千万次的刺劈动作，因而它是衡量负荷的一项主要指标，刺劈次数越多、密度越大，负荷越大。负荷原则和一般规律与弓步相同。

构成负荷量大小的另一因素是质量，它由速度、力量、准确性组成。任何练习内容都要求刺劈准确，但速度、力量并非越快越大越好，它随练习内容、目的、要求的变化而变化，恰当的快、慢、大、小才能达到要求。速度的快慢与剑尖、剑身运行轨迹有关，在符合规则精神，符合实战的条件下，运行路线越短、速度越快，任何刺劈中的刹那要快。在复杂的交锋中，速度的快慢、力量的大小要有所控制，以便于进行连续交锋。教练员引导运动员完成刺劈时，要合理安排次数、密度，更要求高质量地完成每个刺劈动作。

3）时间因素

这里的时间指个别课的总时间，分为练习时间和间歇时间。

①练习时间

练习时间指教学双方进行练习的时间。一次个别课的时间，从十几分钟到几十分钟不等，其长短是根据对象、任务、内容而定，时间不宜过长或过短。时间过长则易产生疲劳；时间过短则刚刚进入最佳状态即终止练习，两者均达不到训练目的。一般以30分钟左右为宜，如果是专项耐力训练、战术训练可适当长些，但不宜超过60分钟，强密度也不宜过大。

②间歇时间

间歇时间指教学双方因种种原因而中断练习时间。它由合理和不合理的间歇时间组成。

合理的间歇时间指教学双方在练习过程中必要的休息，进行思想、体力、竞技状态的调整、补上氧债和内容变换时而主动有意安排的时间。

为了与击剑比赛有机结合，每5~10分钟安排一次间歇，每次时间长短，可视具体情况而定，一般不超过1分钟。间歇次数安排不宜过多或过少，前者会破坏练习节奏，后者使运动员疲劳、精力不集中，降低练习质量。教练员应审时度势，既要有原则又要灵活地掌握和利用。间歇时间，是双方进行技术交流的最好时机，也是教练员针对运动员具体情况进行思想教育的最好时候。

不合理的间歇时间指教学双方在练习过程中，由于器材故障、意外伤病、非原则矛盾或争执等非主动有意安排而不得不中断练习的时间。

为避免这些情况的发生，教练员应当在课前做好调查研究和必要的物质准备，按预定计划安排间歇时间。

4）心率因素

心率指个别课中，由于运动和间歇导致心脏搏动次数的变化。

训练负荷必然引起有机体内部发生一系列生理变化，反映心血管系统机能变化的脉搏指标是评定负荷量度的最简易而有效的生理指标。

按照运动医学的观点，运动后所测脉搏与运动强度关系是：

大强度——180 次/分钟以上；

中等强度——150 次/分钟以上；

小强度——144 次/分钟以上。

没有负荷就不称其为训练。个别课心率的变化要根据剑种对象、所处阶段、任务、内容的变化而变化。击剑不是体能性项目，由于它的技术性和比赛特点，三种负荷强度处于不断交替中。随着比赛轮次的推进，负荷强度越来越大，每个轮次、淘汰赛中的每个场次有一定的间歇时间。运动员需按比赛—休息—再比赛—再休息的规律进行，心率也随之不断重复上下变化，个别课无法模拟这个全过程。但教练员在 30 分钟的个别课中，随着内容、手段的变化、间歇次数和时间长短的安排，可以接近或部分接近这个过程。其心率曲线呈由低至高再至低的波浪式变化。

间歇次数与时间也要根据内容和负荷量而定，由于间歇时间短，只能使脉搏略有下降。其目的是给运动员以短暂的调整，从而保证一堂课的质量、节奏和完整性。

个别课的心率曲线和实战心率曲线较为相似，一般在 8~10 分钟出现一个高峰，高峰后心率略有下降，但仍保持在一个高水平。一次个别课出现 3~4 个高峰，个别课的最高心率一般出现在后半部分。这样的负荷特点使生理负荷量具有同实战较为接近的特点，对运动员专项能力的提高有积极意义。

必须明确，个别课中心率情况只是了解和评定负荷的指标之一，还要结合其他指标综合评价，特别要注意没有列入评定指标内容的距离变化的因素。在平常的训练中，不可能都具有先进的遥测心率仪器，教练员可以手脉和察"颜"观"色"的方式，使负荷处于监控之中。

（2）内容结构分系统

该分系统由内容结构合理性、完成内容的方法、内容与任务的关系三个子系统组成。

1）内容结构合理性因素

内容结构合理性指一次个别课中，内容的顺序、联系以及内容的选择、内容的量的科学性。

个别课的内容，是经教练员精心设计的，就多年计划而言，有系统性，就阶段计划或一次课计划而言，有针对性。无论从宏观还是微观来看都应科学合理。

衡量个别课结构合理性的原则：第一，一次个别课的内容不宜过多，以两三个主要内容，以及几个为主要内容服务的次要内容为宜，使运动员围绕主要内容去努力；第二，内容的安排应由易到难、由简到繁、由慢到快、由基本技术到特长技术，循序渐进地将各部分内容联系在一起，形成一个有机整体。

2）完成内容的方法因素

这一因素指完成训练内容的具体练习方法手段。个别课的内容由攻、防、反三大技术组合而成，由于涉及了控制、平衡、准确、时机、距离、速度、目标等变化因素而构成复杂丰富的内容。不同的内容有不同的方法，即使同一内容也有多种手段，因此选择方法手段是教练员的一项重要任务，正确、恰当的方法手段可提高个别课的效果。方法手段的选择还应根据运动员的个体差异和风格特点，使其能够尽量发挥自身优势，弥补弱点，并保持鲜明的个性特征。

3）内容与任务的关系因素

指任务确定后，练习内容的选择是否能准确为训练任务完成而服务。练习内容应紧紧围绕主要任务去解决主要问题，再好的内容，若与任务关系不密切，练习将是无的放矢，很难收到预期效果。

(3) 操作技巧分系统

操作技巧是个别课的核心，教练员的专项技艺和才能主要体现在这里。操作技巧应符合规则要求及实战需要，具体体现在：第一，动作的合理性。一次个别课由多项内容组成，无论内容多少，动作或难或易，练习都应当遵循由简到繁、由分解到完整、由慢到快、由基本技术到特长技战术的规则要求。第二，动作的实效性。它体现在适应实战需要，在接近于实战情景下所完成的动作能充分调动人体的运动能量，从而产生最大的作用并获得最佳的运动效果。

操作技巧分系统由观察判断子系统因素、出剑技巧子系统、节奏子系统、步法与距离子系统、主动与被动因素组成。

1）观察判断因素

观察判断对一切对抗性运动项目来说都很重要，对击剑运动则更具特殊作用，这是由击剑的规律和特点决定的。击剑比赛中，一切技战术行动都带有可变性和随机性，运动员的行动是按观察—思考—决策—行动的过程推进的。行动决策的正确与否来源于观察思考的正确程度，而这一程度的前提是观察，对手的一切技战术变化，都是通过观察课的各种信息，经过思考、分析、判断，最终得出结论指导自己的行动。因此，个别课上要解决的中心问题就是提高运动员的观察判断能力，任何水平的运动员都应将其置于重要地位。由于击剑具有双人持剑对抗的特点，一切基本技术练习都伴随着观察与判断，可以说是一对双胞胎，如果一名运动员仅能把技术动作做得规范漂亮，但在行动中却不注重观察判断，那么他的基本技术也将失去价值，这也是造成"训练型"运动员的原因之一。

衡量教练员贯彻观察判断的原则是：第一，教练员要有意识、有目的地要求运动员通过观察判断完成动作，而不是单纯地、机械地、不经思考地完成动作；第二，教练员设计的空间和时间，要使运动员力所能及；第三，教练员设计的观察判断复杂程度和难易程度，要根据运动员年龄、水平、所处阶段和个人特点的不同情况有所变化；第四，观察判断的内容设计要符合规则精神，符合裁判法，否则将失去实用意义。

2）出剑技巧因素

出剑技巧因素，分为出剑时机出剑速度、出剑力量及出剑准确性。

①时机因素

时机因素指教练员以剑发出指示信号的恰当时间。任何练习内容，是通过教学双方的剑身的接触或不接触、相对空间位置的变化、刺（劈）中与不刺（劈）中完成的。由于速度距离、时机等可变因素的变化，要求教练员在以剑发出信号时，选择该练习内容的最恰当的时间。出剑过早、过迟都不能完成内容要求，或降低了动作质量，或改变了内容实质，其客观标准就是"恰到好处"。

②速度因素

教练员出剑的速度要根据对象、内容、要求而定，不同剑种又有各自要求。教练员出剑速度应对运动员形成足够的刺激，使运动员由于来剑速度的变化而改变自己剑身、剑尖的运行速度，以培养运动员对速度的感觉能力，以及肌肉紧张与松弛的转换能力。由多个动作组成的成套练习中，每个动作对速度的要求不同，教练员对速度的控制和引导显得更加重要。运动员只有通过多种动作速度的复杂转换，当快则快，当慢则慢，其控制能力才能得到提高。

③力量因素

力量素质指教练员与运动员剑身接触时的程度和刺劈出的穿透力度。三个剑种对接触武器时的冲力和持续力有不同要求，教练员应根据各剑种的特点，对不同的练习内容以不同的力量，引导和启发运动员正确合理地运用力量，完成练习内容。

击剑作为格斗对抗性项目，控制武器的专项力量已成为各项技术结构的重要因素。教练员出剑时应有穿透力，力量要贯穿整个身剑，避免漂浮，这样才能使运动员感到有足够的对抗力，并以恰当的力量完成动作。

④准确因素

准确因素指教练员出剑时剑尖、剑身的到位程度。教练员的出剑在深浅、运行轨迹、路线、角度、部位、剑尖、剑身指向要准确到位，需符合内容要求，符合运动员的风格特点及实战需要。

出剑技巧是培养运动员手上技术的重要环节，运动员能否正确运用武器的能力与教练员的出剑技巧有最直接的关系。但个别课毕竟不是实战，教学双方剑的交往，是使运动员学会并用于实战。因此，教练员的出剑应尽量结合实战中的实际情况，力求真实。

  3）节奏因素

  节奏是构成技术动作的要素之一，也是衡量技术规格的重要标准。体育运动中的节奏，是指完成动作时，动作各部分所表现出强弱和时间间隔关系。周期运动项目中，如游泳的手、腿、呼吸三者依一定的幅度、力量、时间间隔关系存在于快游或慢游中，它典型地表现了节奏的含义。击剑是非周期运动项目，节奏比较复杂，但并非无规律可循，就个别课而言，它表现在三个方面，即单个动作节奏、组合动作节奏和一堂课的节奏。

  ①单个动作的节奏因素

  任何一个基本技术，其动作过程都可分解为开始、行进和结束三个阶段。各阶段的强弱和时间间隔有一定的比例关系，它体现在幅度、力量的大小、时间长短、时间间隔、肌肉松紧程度上。下面以弓步直刺技术为例进行讲解。

  开始阶段：幅度较小、力量适中、时间较长、速度较慢，肩部肌肉放松，躯干、腿的肌肉适度紧张。要求保持剑尖、剑身稳定准确，身体姿势稳定，减小预兆为下阶段的加速做好准备。

  行进阶段：获得一定初速度后，幅度逐渐加大；持剑臂逐渐伸直，非持剑臂加速后摆；支撑和摆动腿依惯力加大蹬力和摆幅摆速，在合理的角度获得最大加速度，全部力量用于获得速度和剑尖穿透力上，除参与工作的肌肉外，身体其他部位肌肉仍要放松。

  结束阶段：以正确的姿势结束后，有一个相对稳定的过程，然后再恢复成实战姿势或与下个动作衔接。

  三个阶段由全身各部协调配合、准确连贯地完成，这里的节奏因素是技术本身的要求，所有人必须遵循。但不同运动员对三个阶段的处理有所不同，它主要表现在幅度、速度上，正因为如此，才有不同的风格。同一运动员由于战术不同，同一战术的节奏也不同。

  衡量教练员控制节奏的原则是：第一，符合技术规格要求，各项技术规格要求是经多年从理论到实践的总结，它符合人体生理结构、符合生物力学原则、符合规则精神；第二，符合实战的需要，如武器与步法的转换、控制；第三，符合运动员的特点，不同运动员的生理解剖结构、运动素质、打法风格不同，节奏要求也应不同，不能"一刀切"。

  ②组合动作的节奏因素

  组合动作的节奏指由两个以上动作的组合所具有的节奏。任何一套组合动作中，各动作之间都存在一定的强弱和时间间隔关系。

  在组合动作中，衡量教练员控制节奏的原则是：第一，明确组合动作中各单个动作的目的要求。每个动作都有一个相对恒定的时间,练习中要符合动作质量要求,不能含糊不清。如向后防守后的跟进,它是由防守和防守后的步法组成的。能否实现击中对手的目的,节奏起主要作用,防守成功后的控制及跟进的时机、幅度、速度要依据对手后退与否、幅度、速度而定,两者既有间隔又有连贯。第二,符合练习目的和要求。有些组合练习中为达到某种目的有主次之分,教练员要抓主要矛盾。如准备行动与决定行动之间的衔接、控制等,如果教练员处理不好强弱和间隔的长短,运动员就会顾此失彼,达不到练习的目的。

③一堂课的节奏因素

一堂课的节奏指一堂个别课中众多内容的主次关系、时间长短、强密度大小、间歇时间、次数多少。

一堂个别课质量的高低,节奏的掌握对练习效果有重要作用。节奏控制得好,可以使各运动系统协调一致,以最低能量消耗获得最大效益;可以使肌肉紧张与放松合理交替,有利于掌握技术动作和形成正确的动力定型;可以使运动员心理稳定、情绪愉快并产生一种满足感,提高练习积极性。

衡量一堂课节奏是否恰当的原则是:根据运动员的特点,将内容主次、排列顺序、时间长短、密度大小、间歇次数和时间长短统筹安排,使一堂课有高、中、低潮,运动员始终保持练习热情,充分调动了运动员的积极性,高质量完成课的任务。将主要的内容和课的高潮出现在运动员的最佳状态,并呈现出系统性和循序渐进性。

4)步法距离子系统

步法距离子系统由步法运用和距离调节两个因素组成。

①步法运用因素

步法运用指教练员掌握和运用不同步法训练不同内容。同驾驭剑一样,步法是教练员的基本功之一。衡量运用步法的原则是:第一,掌握多种步法并熟练运用于不同练习内容;第二,掌握在不同练习内容中,对步法移动的时机、速度、幅度变化的要求,并通过这些变化调动运动员,培养他们对距离的感受力,在距离上完成动作;第三,培养他们步法的灵活性、突然性、隐蔽性和综合运用能力;第四,模拟不同风格运动员的步法,使模拟训练更加真实。

②距离调节因素

距离调节指教练员通过步法移动去调动运动员,培养其距离感。距离感是击剑项目的重要实战素养,运动员的距离感可通过各种渠道培养,而个别课是初级的也是最好的形式。

运动员学会了各种步法后,还需要在距离变化中去运用。距离变化主要由教练员调节,衡量距离调节技巧的原则是:

第一,根据练习内容和要求,在恰当的距离发出各种信号,指示运动员在准确的距离上完成动作。信号与距离有直接联系,发出信号时的距离过远或过近都会影响动作的正确结构。运动员在不准确距离上勉强完成动作，必然降低技战术质量，长此以往，容易形成错误的动力定型。

第二，避免以身体的有效部位去迎合运动员的剑尖、剑身，这是与实战严重脱节的。实战中，距离靠步法调整，躯干和持剑臂起微调作用。但是，应当尽量避免由于步法和信号的失误，进行过多的微调。双方的微调都不利于培养运动员的距离感，不利于运动员学会用各种步法调整到准确距离。各种距离的交锋，特别是近战，运动员可以通过转体、抬臂、升高或降低重心来改变相对空间位置、改变姿势，便于剑尖、剑刃尽快击中目标，这是技战术范畴，与上述的微调有本质区别。

第三，距离是击剑的生命线，步法是调节距离的唯一手段，什么样的技术需要什么样的距离和相应的步法。教练员对个别课的设计，要以距离变化去考虑步法的运用。在一些内容复杂、距离变化快、步法移动频繁的技战术练习中，每一个微小的距离变化、每一个微小的移动都会对内容产生影响。当然，也正因为如此，这类练习更能改善运动员的步法技巧和建立精确的距离感。运动员的这种能力，在很大程度上取决于教练员的要求、引导和控制。

5）主动与被动因素

主动与被动因素，指个别课中，教练员进行操作时的主动性与被动性。

有些个别课是由教练员控制的，主要由教练员以各种信号完成练习内容。也有由运动员主动发出信号，教练员以相应的动作，被动完成各种练习内容，这就是主动性与被动性。

击剑的一切技术战术行动带有随机性和可变性，既有主动变化又有被动变化，两者密切相关，通过主被动变化的不断转移，最终实现以主动变化控制对手，实现自己的战术目的。主被动的核心问题是时机和距离，而时机与距离密切相关并构成了击剑的灵魂。将一定的主动性交给运动员，是培养运动员捕捉时机和创造时机的有效方法，可以加快培养运动员的距离感和时机感，培养运动员以主动变化去控制对手的能力。

这种教练员处于被动性的练习，由于其符合击剑运动规律，因而有很大实用价值。从初学开始，就要逐步贯彻。这种练习对教练员要求较高、难度较大。除了精心设计个别课的内容外，操作过程中要高度集中才能跟上运动员的信号，要有一定战术能力和充沛的体力才能完成内容要求。衡量主动性与被动性的原则是：

第一，任何水平运动员的训练，应安排一定数量的由运动员主动的内容。数量的多少、难易程度要因人而异，要因所处阶段的任务、内容的不同而异。

第二，运动员主动，不是把个别课变成实战课，而是对教练员提出了更高的要求，个别课仍然在教练员控制之下按计划、有步骤、有要求地进行。

第三，教练员不但要安排运动员主动的练习内容，而且要以自己的一定的技战术能力和充沛的体力，有质量地完成练习内容，而不是流于形式。

(4) 讲解示范分系统

讲解示范是个别课中不可缺少的组成部分。教练员用讲解示范，加快运动员对技战术的掌握，由步入击剑运动的初级阶段到深化提高阶段均不例外。讲解示范也反映出教练员对练习内容内涵的理解，正确、丰富、形象的讲解示范可以提高个别课效果。

讲解示范分系统由讲解、示范两个子系统组成。

1) 讲解因素

个别课过程中，无论新旧内容，运动员都可能出现错误。因此，教练员要根据错误的性质，给予必要的技战术指示，讲解时应遵循以下两点要求：

第一，讲解时间不宜过长。一般安排在间歇时，一些小的错误、缺点可在进程中，随时提示运动员。

第二，正确运用语言。讲解要抓住本质，语言要精简扼要、形象生动；适当的激励性语言和风趣幽默的语言可活跃气氛，使运动员在最短时间明确问题所在，以更大积极性投入练习。

2) 示范因素

示范是为讲解服务的，有时二者是同步进行的。教练员的示范应当规范准确，能完整也能分解剖析，给运动员建立正确技术概念。这种直观教学法往往能胜过长篇大论的叙述。

击剑教练员的难度在于不仅能动口，还要能动手。为此，教练员要保持一定的专项素质和专项技术练习能力，掌握发展趋势，经常研究击剑技术规律，以指导、发展、提高对个别课内容的分析能力。

(5) 教练员的主导作用分系统

一堂个别课的成功与否，教练员起决定作用。教练员除了高超技艺外，还需以自己正确的思想作风并以饱满的热情去要求和感染运动员，这就是教练员的主导作用。

教练员的主导作用分系统由思想教育、作风培养、情绪控制三个子系统组成。

主导作用的核心是"晓之以理、动之以情、导之以行"，三个子系统又互为因果。

1) 思想教育因素

个别课中，运动员由于种种原因，会暴露各种思想问题，能否正确解决这些问题，直接影响课的顺利推进。

思想教育是长期的并贯穿在日常生活之中，可通过各种渠道进行。个别课由于双方的密切交往，运动员的微小思想变化，都易于在此暴露。因而，个别课为教练员提供了最生动、最具体的教育场所，如果方式得当，可收到很好的效果。

思想教育的主要内容是围绕把运动员培养成德才兼备的体育人才来进行的。个别课中，教练员要洞察秋毫，及时准确地发现问题所在，以妥善的方式解决，保证课的正常进行。不能及时解决的问题，可在课后弥补，除非发生重大问题，一般不要把课停下来。进行思想教育的要求是：

第一，要以表扬、鼓励为主，坚持正面教育。在对运动员进行批评教育时，要看准问题，注意态度、语气和词汇的选择，使运动员易于接受。

第二，对运动员的思想教育要满腔热情，充满对运动员的关心和爱护。有了这样的情感，有时一句话、一个眼神、一个手势就会收到好的效果。

第三，在与运动员发生正面冲突时，保持冷静，时刻记住自己的身份和职责，尽量避免正面冲突。

第四，进行思想教育的时间应安排在间歇时，三言两语点到为止。

2）作风培养因素

为攀登运动技术高峰，运动员要长期承受巨大的生理和心理负荷，会遇到各种各样的考验（如伤、病、苦、累、失败等）。教练员要通过个别课上所遇到的这些困难，培养运动员勤学苦练、不怕困难、坚忍顽强的意志和不达目的誓不罢休的作风。这对运动员在竞技场上有积极的意义。

作风的培养，是思想教育的一部分，方式方法和要求与思想教育相同。

3）情绪控制因素

个别课上的情绪，对课的效果往往会起到推波助澜的作用。教练员不但要控制自己的不良情绪，特别是急躁、不耐烦情绪，而且要以自己的举止言谈去感染运动员。以良好的情绪唤起运动员的积极性，鼓励、表扬他们的每一点进步，热心帮助他们克服缺点和不足，使运动员以愉快的心情，全力以赴地上好个别课。

情绪有感染力，个别课上会成为不自觉的双边交往，教练员的情绪越好，运动员的积极性越高；运动员的积极性又反馈到教练员身上，成为一种良性循环。这种情境下，课越上越好，越上越有劲，甚至出现欲罢不能的状态，一些素日未解的难题，往往在这时迎刃而解。

四、个别课的种类与评价

（一）个别课的种类

个别课主要包括基本技术训练课、基本战术打法训练课、战术训练课、专题课等。

1. 基本技术训练课

基本技术训练课的目的是使运动员能够学习、运用熟练、提高基本技术。根据课的任务又可分为以下四种训练课。

（1）学习基本技术课

对于初学者和水平不高的运动员来说，学习基本技术是非常必要的。在这一过程中，要求运动员动作正确、协调、明确动作要领，不强调速度，强调剑尖控制和建立正确的动作定型。每个动作重复次数可多些，但避免不必要的肌肉紧张。可多采用分解法、完整法教学，讲解时要突出重点，示范要正确，要求运动员对已教过动作经常复习。

（2）扩大技术运用范围课

对于已掌握正规基本技术的运动员，要使他能运用基本技术适应实战中的常遇情况，就要让他对同一基本技术在不同距离、不同情况下，都能正确运用基本技术进行练习，也可对各基本技术相互组合进行练习，以提高运动员在实战中运用基本技术的能力。训练中要使运动员明确技术原理、运用方法，要强调动作正确、配合恰当、连接紧密，不要过分强调速度而破坏动作结构。

（3）熟练基本技术课

对于掌握一定基本技术的运动员，要不断地熟练、提高其基本技术的运用能力，使技术动作能达到高度自动化程度，这也是教练员通常采用的个别课形式。训练中要求运动员的动作速度、力量、幅度、路线、距离、刺击点等都要符合教练员的要求，在此基础上根据信号变换练习动作，以提高在不同条件下的动作熟练程度。

（4）提高技术因素课

在基本技术的教学过程及在扩大运用、熟练过程中，都应重视提高技术因素能力，培养运动员的距离感、剑感、时机感和视觉与肢体的配合能力。它可以结合在基本技术训练中，对执行动作时剑的位置、路线、剑尖控制能力，不同距离应用步法，手脚配合，接到信号后行动的速度，判断信号的敏感性和正确性等，都应严格要求。不能只重视运动员动作是否成功，而忽视从技术角度上对运动员的严格要求。

2. 基本战术打法训练课

每个运动员都应有一套符合本人身体条件、技术特点、个性特征的基本战术打法。这些基本战术打法，必须在攻、防、反都有一两手的基础上突出特长。特长必须是在比赛中有实效的得分手段。基本打法的各个动作之间又是相互联系的，能制约对方针对性动作。这种基本战术打法，要从实战中总结出来又在训练中加以完善，不断丰富，加强内在联系，逐步发展成为有两三套基本打法。教练员要帮助运动员总结、挖掘、组织、形成、丰富、提高基本打法，训练中还应根据实战、比赛中情况来提炼出给剑方法、信号，以及对手动作形态、刺中部位。发挥运动员特长，克服薄弱环节，形成有实用价值的战术打法。从课的形式来看，有教学课、熟练课和条件实战课。

（1）教学课

让运动员先熟练与基本战术打法相联系的基本技术，讲解连接技术和实用技术，并仔细说明运用时机和方法后，进行连接技术和实用技术的教学和练习。可先分段组合，然后完整组合。在丰富基本战术打法新动作时，也要使运动员了解与原打法配合方法，强调动作实用、应变快、针对性强。

（2）熟练课

先熟练各相关基本技术，然后根据各种不同情况发出信号，要求运动员能做出相应战术动作，使运动员能熟练整套打法的技术动作和运用方法。

（3）条件实战课

先熟练与基本打法有关的基本技术，由教练员作对手，运动员以实战姿势来针对教练的各种打法，进行实战，要求严格地执行基本战术打法。

3. 战术训练课

目的是掌握和熟练常用战术和欺骗性技术、实用技术动作，提高运动员战术意识和运用动作能力。有教学课和条件实战课两种形式。

（1）教学课

教练员先让运动员熟练相应技术，再讲解所要学习的常用战术动作、针对性方法、运用时机、距离和剑尖路线、刺击点，让运动员了解战术能运用成功的条件。实用技术改变了原来基本技术动作姿势，实用技术的运用一定要先让运动员了解其战术原理，才能使运动员正确地学习与运用。

（2）条件实战课

熟练战术动作要重视实用性，并且在运用动作时一定要配合相应欺骗技术才能有效。学习后就要在实战相似条件下熟练，并对一些意外的情况作应变措施。开始时教练员动作可比较简单、机械，随着运动员水平的提高逐步增加难度，最后到模拟对手打法的条件实战形式，并要求运动员对非预计的动作指出应变措施。

4. 专题课

专题课是为了解决运动员某一技术或战术及其他方面问题，专门组织的训练课，根据任务来安排训练手段、内容。常用的专题课有以下五种。

（1）纠正某一基本技术错误

根据错误情况，采用一系列诱导动作或分解相应的基本技术练习。严格要求动作规格，配合讲解或口令。当某一动作被纠正后，要重复练习建立巩固动力定型，也要使它在条件实战和实战的条件下能正确执行动作，具体手段上应尽量运用多种方法来达到同一目的。

（2）提高某一技术能力

根据运动员在比赛中暴露的弱点，采取一系列相应训练方法来提高这一能力。如距离防守后的不能跟进进攻或进攻中不出手等，都能通过这类课来克服缺点，提高相应的技术能力。

（3）学习某一针对性战术

为了战胜某一对手，教练员在全面分析对手技战术特点和动作规律后，根据运动员本身特点确定相应的战术，进行针对性战术训练。训练中教练员要和运动员共同研究、分析比赛中可能出现的情况，并应有几手变化的准备，最后教练员模拟对手与运动员进行条件实战。

（4）增强某一专项素质

专项素质的好坏将直接影响技术动作的正确执行和战术的发挥，专项素质训练应是训练工作中一个重要方面。为提高运动员某一部位的速度、力量，可采取个别课的形式，由两三名运动员轮流进行，也可为同一运动员不同部位交替进行，中间安排短时间休息，调整放松。

（5）培养意志品质课

这种训练课一般都结合在专项素质训练中，可采用规定数量和质量要求，做得不符合要求的要进行处罚，也可在运动员意志消沉时，通过要求其完成正确动作和达到训练要求等方法来培养意志品质。

5. 准备活动

击剑比赛的专项准备活动，一般都采用教练员带运动员上个别课的形式。其目的是使运动员身体各部分肌肉、骨骼，以及内脏器官进入良好的工作状态，稳定情绪，增强信心，熟练技术。准备活动的个别课可适当进行一些针对性战术准备，教练员应根据运动员赛前状态、个性特点进行相应活动。有经验的教练员能用准备活动克服运动员不良的赛前状态；没有经验的教练员指导的准备活动会使运动员感到不适，导致运动员对动作失去信心，从而影响比赛情绪。

准备活动的个别课与平时训练时的个别课是不同的。准备活动的个别课是使运动员顺利完成动作，使其感到流畅、到位，通过良好的本体感觉使情绪稳定、充满信心。在动作节奏上、速度上教练员应主动配合运动员；在内容安排上，要视运动员当时完成动作的情况，灵活调整；运动量要根据运动员的身体状况、个性特点来进行。教练员的信号要明确，动作幅度要小，简单实用。

以上各种类型的个别课，可以各自为题进行训练，也可以根据需要结合起来运用。个别课必须要有目的、有任务，整个工作应有系统性，又有阶段重点，这样训练效果才会显著。个别课要根据运动员的年龄、运动水平、训练阶段、技术特点、训练态度、身体状态、运动素质、个性特点、当时的情绪状态来安排课的内容和手段。作为一名击剑教练员一定要对个别课进行探讨、研究，勇于创新，不断提高个别课的质量。

(二) 个别课评价原理与方法

1. 评价原理

个别课由 5 个分系统及其所包括的 24 个因素组成，个别课的质量将由它们决定。这些因素都具有不同程度的模糊性，将它们集合在一起，组成模糊集合，并以各自的隶属度去度量，使不准确度降到最低点。最后以集合的眼光去评价个别课的质量，得出一个相对准确的结论，避免完全凭经验、凭感觉的评分方法。但仅有隶属度还不能完全反映各因素在个别课中所占的地位，这就要以决策系数来表示。

决策系数指某种因素在所决策事物中的重要程度，一般取 0~1 中的一个实数来表示。

如语文成绩通常以作文和基础知识两项之和确定，而两者的决策系数分别为 0.4 和 0.8。以决策系数乘以所得分数再相加，即得到语文成绩的分数。

决策系数可经过统计得到，也可以由专家权威制定。击剑个别课中 24 个因素的决策系数还需要向各方面的学者、专家、教练员、运动员征求意见，得出大家确认的客观的决策系数。

决策系数是大家确认的，隶属度是评价者给予的，两者的乘积即是因素的得分，各因素之和即是子系统、分系统和个别课的得分。

2. 评价方法

(1) 课前

通过各种表格填写，对个别课进行评价和评分。表格使用方法如下。

1) 个别课评分表（表 5-1）

表中标明分系统、子系统、因素的分值，通过看课，将各因素的隶属度填入并与因素的分值相乘，其积为该因素的得分。隶属度分五个等级，由 0~1 表示，各因素得分相加，得出各分系统得分。

2) 个别课综合评价表（表 5-2）

评价者在课前了解教练员、运动员的情况及课的任务并填入表内。课后填写其余栏目，进行综合评价。

3) 个别课负荷表（表 5-3）

该表记录心率、弓步、刺劈出次数、时间，通过计算得出两者练习密度及其相应的心率变化。

此表需多人分工合作，最好备有心率遥测仪、手按计数器，以便计算精确。将各类数据结果绘制成运动负荷表，为自己或他人提供综合评价的参考依据。

（2）课后

评价者根据各表记录，结合看课记录，填写分系统评语、综合评价和得分。如果是大型观摩课或评价课，组织者将所有评价者的表格收集一起，计算平均分数并得出综合结论。

表 5-1 个别课评分表

分系统	分值	子系统	分值	因素	分值	隶属度					得分
						好	较好	一般	较差	差	
						0.9~1	0.8~0.9	0.6~0.8	0.4~0.6	0~0.4	
运动负荷	17	时间	6	练习时间 间歇时间	3 3						
				弓步 刺劈出 心率	4 4 3						
内容结构	15			内容结构 完成方法 内容与任务的关系	5 5 5						
操作技巧	50			观察判断	6						
		出剑技巧	15	出剑时机 出剑速度 出剑力量 出剑准度	5 3 3 4						
		节奏	15	单个动作 组合动作 一堂课	4 5 6						
		步法距离	10	步法运用 距离调节	5 5						
				主动与被动	4						
讲解示范	6			讲解 示范	3 3						
主导作用	12			思想教育 作风培养 情绪控制	4 4 4						

表5-2 个别课综合评价表

对象	姓名	性别	年龄	身高	教龄/剑龄	职称/等级	持剑臂	上课地点	上课时间
教练员									
运动员									
课的任务									
评价分系统	得分	评语							
运动负荷									
内容结构									
操作技巧									
讲解示范									
主动作用									
综合评价和总分									

评价人　　　　　年　月　日

表5-3 个别课负荷表

总时间	弓步次数	刺出次数	最高心率
练习时间	弓步/分次数	刺出/分次数	平均心率

【案例7】佩剑个别课训练案例（鲍埃尔，2007）

	内容：接触武器的攻击动作
	目标：压剑动作
	第三压剑10分钟
运动员	压剑第三转移脚固定，然后弓步进攻持剑手下方部位
教练员	弓步距离，给出压剑
运动员	压剑第三转移脚固定，向前一步，然后弓步进攻持剑手下方部位
教练员	一步弓步距离
运动员	同上，一个准备动作——向前一步第三转移——第三转移一步弓步进攻，刺或击中持剑手下方部位
教练员	运动员压剑后，向后使对方进攻

续表

	第四压剑 10 分钟
运动员	脚固定第四转移压剑劈头
教练员	向前一步距离，给出压剑（外侧）
运动员	脚固定第四转移压剑，向前一步第四转移，弓步进攻劈头
教练员	一步弓步距离
运动员	同上，一个准备动作——向前一步第四转移——向前一步弓步转移进攻，刺或击中头部
教练员	在运动员压剑后，向后使对方进攻
	第五压剑 10 分钟
教练员	第二剑尖低
运动员	第三第五转移（半圆）
教练员	脚固定——一步——两步——弓步——一步弓步，各种距离的变化，逐渐同上第三、第四压剑 长距离脚固定的情况下不能做第五转移 第三、第四和第五转移练习剑尖的感觉 手的起动，练习手臂、腿部的协调
	回到平静状态 5 分钟
运动员	第三、第四、第五压剑，各种距离击中 向前一步、向前二步、弓步、一步弓步剑尖
教练员	所有动作慢，刺中后停以控制肩部，前手臂的流畅、平衡

【案例8】花剑个别课训练案例（王海滨，2002）

表1 近距离控制剑尖个别课

	教练员（右手）	运动员（左手）
内容手段	原地，离剑。 离剑，上步（检查纠正运动员的剑尖是否平稳地指向对方的有效部位，手臂是否自然伸直）。 原地，离剑。 离剑后，左右圆周压剑，暴露不同部位。 结合上述技术动作，配合步法移动。 上步直刺四。 上步直刺三。 上步直刺一。 上步直刺二。 移动过程中，左右压剑转移刺	伸臂（剑尖指向对方的有效部位）。 刺中（刺中时应该拇指、食指夹住剑尖，手臂自然伸直）。 伸臂。 转移摆脱（剑尖指向对方的有效部位，手指控制剑尖对准不同部位）。 后退防四还击四。 后退防六还击三。 后退防七或防一还击三或还击腹。 后退防八或防二还击三或还击腰。 移动中观察左右摆脱，根据信号做防守直刺或转移刺
要求	根据运动员掌握动作的熟练程度，逐渐加快动作，在一定的动作速度下，逐渐加大力量	姿势动作准确，移动的速度不宜快。 伸臂时，要使剑尖平稳送出。 手上动作，脚下步伐要协调配合，轻松自然

续表

教法指示	动作信号要明确，动作由大到小，逐渐加快。 在配合步法移动的练习中，可前后调整步法移动和出手的速度	
练习目的	检查剑尖是否平稳地伸向对方的有效部位，刺中的手臂是否自然伸直	

表2　中近距离控制剑尖个别课

	教练员（右手）	运动员（左手）
内容手段	结合步法，简单进攻，防守还击直刺或转移刺。 上给剑刺四。 上给剑刺六后退与不退结合。 下给剑刺一。 下给剑刺二。 结合上述技术动作。 外交叉刺腰后退防守。 调整距离移动，左右圆周压剑或刺四或防守还击上交叉下给剑，身体位置变化或抢攻	第四击打刺。 防六直刺或弓步刺。 防四或防七刺腹或刺三。 防二或防八刺腰或刺三。 防八直刺（不急于上步，先观察后转移刺，弓步跟进）移动中，转移摆脱，防四还击或反还击。 第七击打刺三或刺二接简单的防守还击，防四刺腰
要求		做动作时，保持距离。 对教练的动作信号及动作的速度要准确判断。 提高剑尖的准确性，做出准确的还击动作
教法指示	动作信号要明确，动作由大到小，逐渐加快。 动作信号可结合变化，提高运动员的判断能力，根据判断做出相应的技术动作	

表3　中远距离控制剑尖个别课

	教练员（右手）	运动员（左手）
内容手段	结合战术的练习。 外交叉刺（运动员主动）。 保持距离的移动，当判断运动员要刺时，抢攻。 移动中判断运动员进攻，防守还击或直刺。 移动中判断运动员有伸臂动作，圆六刺腰，后退防守。 移动中划圆六刺腰（运动员主动）后退防二还击四。 弓步进攻刺二（教练员主动）后退或防守	主动第六压剑试探，如压空防一还击刺腹。 挑引中第四击打刺，判断对方抢攻后第四对抗角度刺腹。 挑引中假击打进攻，转移跟进或防守反还击。 移动中伸臂刺被防六后，第八防守叉刺，根据距离跟进圆六还击三。 伸臂刺被防六后，第二防守绕剑刺三、四部位。 根据距离跟进。 防八对抗刺腰或转移跟进

续表

要求		在判断准确，灵活掌握手中武器的前提下，加快动作速度。 保持有利距离，控制剑、眼、手脚协调配合
教法 指示	控制好练习间隔时间。 在结合战术移动中做动作，可调整技术动作的顺序和速度	

第六节　击剑专项体能及其训练方法

现代击剑竞技水平不断提高，竞争日趋激烈，作为竞技能力主要构成要素之一的体能发展水平在现代击剑竞技运动中的地位越来越突出。体能训练是一门科学，也是一门艺术。但当前体能训练与击剑实践的脱节是制约我国击剑竞技水平可持续发展的因素之一。

一、击剑专项体能特征

体能是高水平竞技运动的基础，是运动员掌握精湛技战术的先决条件，也是运动员夺取比赛胜利的保证。击剑项目对运动员的体能不仅要求高，而且具有鲜明的专项特征。图5-8为击剑运动员的体能结构特征。

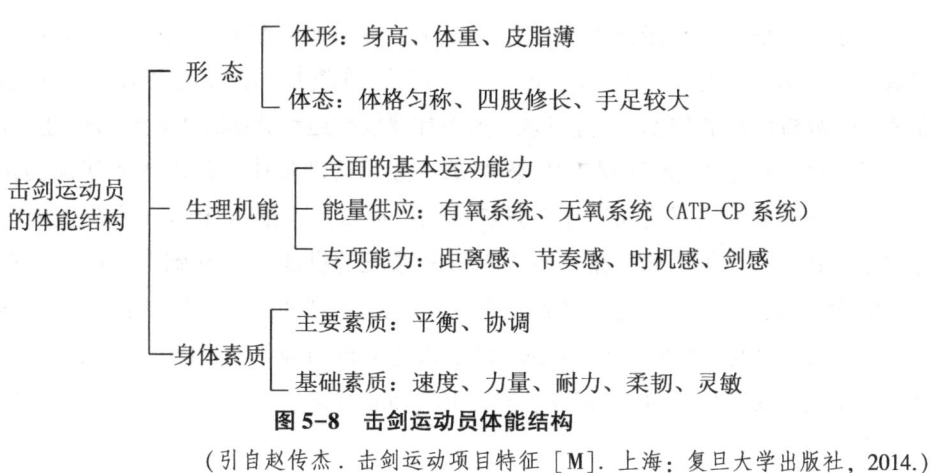

图5-8　击剑运动员体能结构

（引自赵传杰. 击剑运动项目特征［M］. 上海：复旦大学出版社，2014.）

（一）供能特点

击剑运动属技能主导类格斗对抗性项群，其动作结构既有周期性运动，又有非周期性运动，属于混合性练习。击剑比赛持续的时间较为不确定，激烈程度也因剑种特点、运动员的技战术水平而异。因此，击剑运动的供能特点较为复杂，国内鲜见这方面的研究报告，国外专家的观点也不尽相同。

高兴、殷劲（1992）在对击剑运动的供能特点研究中认为，击剑运动是以 ATP-CP 系统供能、有氧氧化系统补充 ATP-CP 系统供能为主的运动。在击剑运动训练中，应着重发展 ATP-CP 系统的供能能力，极为重视发展有氧氧化系统的供能能力。乳酸能系统在击剑运动中不占主导地位，但随比赛激烈程度的增加，该系统供能所占的比例亦会增高。在击剑运动中，三个供能系统的供能比例因剑种、比赛的激烈程度和比赛持续的时间而异。其中佩剑比赛每局所需的时间最短，淘汰赛一般 3~4 分钟就可以结束，极少出现较长时间对决。往往是在很短的时间内进行交锋，攻防速度很快。所以，佩剑运动员 ATP-CP 系统供能能力的发展显得更为重要。重剑、花剑比赛时，运动员持续地在剑道上前后运动，调整距离的脚步移动较多，比赛的节奏较为缓慢，比赛所需的时间长。所以，重剑、花剑运动员除要发展快速完成动作的供能能力，即 ATP-CP 系统的供能能力之外，更要重视有氧氧化系统的供能能力的发展。

乳酸能系统在击剑运动供能能力中不占主导地位，这是因为以乳酸供能为主的项目是运动持续时间为 1~3 分钟的周期性运动（如 400 米跑、800 米跑等）。但随着竞赛规则的修改和比赛激烈程度的提高，乳酸系统供能的比例将会有所增加。击剑运动虽然不是持续地、一刻不停地运动，但有时需要的时间长，单靠 ATP-CP 和乳酸系统供能是不足以支持如此长时间的比赛的，需要有氧氧化系统不断补充能量。所以，在重视击剑运动员无氧供能能力发展的同时，不容忽视其有氧供能能力的训练。

郭黎、王健在《对击剑运动员比赛心率、赛后血乳酸和血清 CK 的研究》一文中选取了国家队 6 个剑种的 27 名运动员，在全国冠军赛期间测定比赛心率、赛后血乳酸、血清肌酸激酶和血尿素氮。研究发现：所有比赛场次运动员赛后血乳酸均超过 4 毫摩/升，在决赛时总体平均血乳酸达到 7.18 毫摩/升，显示运动员体内是以无氧代谢为主。并根据各专项血乳酸浓度，建议训练中佩剑运动员应重点发展 ATP-CP 系统供能能力和供能效率。花剑和重剑运动员在发展 ATP-CP 系统的供能能力基础上，适当重视糖酵解供能能力训练，尤其是一定量的高乳酸训练。三个剑种比赛的最高心率均在 180 次/分以上，男重、男花、男佩 80%HRmax 以上占总时间分别为 57.14%、59.58%、51.34%；女重、女花、女佩分别为 44.87%、64.93%、53.97%，表明击剑比赛运动强度相当大，以心率判断达到亚极量强度。

郭黎、陆爱发、陈文鹤在《我国优秀击剑运动员有氧及无氧能力测试与分析》中，对北京奥运会集训期间国家队 3 个剑种男女重点运动员最大摄氧量和 WAnT 无氧功率进行测试。结果显示：不同剑种运动员无氧和有氧能力不同，在男运动员中最为突出，有氧能力方面花剑运动员最强。无氧能力，男佩表现出最强的 ATP-CP 供能能力，而男花运动员表现出最强的糖酵解供能能力，男重介于两者之间。在女运动员中，除女花运动员表现出最强的糖酵解供能能力，女佩保持糖酵解能力最弱，其他差异不显著。查利亚斯·图索拉基斯、乔治·齐加诺斯（2008）对高水平和非高水平击剑运动员的神经肌肉训练因素的影响进行研究，发现击剑力量训练产生了显著的肌肉和力量的不对称性，这两者相互关联。击剑运动员的肌肉弹性是影响不同技术水平的运动员神经肌肉性能的重要因素之一。

郭黎、苑廷刚、张志伟在《我国优秀击剑运动员上肢三关节等速肌力测试研究》及《优秀击剑运动员下肢三关节等速肌力测试分析》中，对北京奥运会集训期间国家队3个剑种18名重点运动员上下肢进行等速肌力测试，研究发现：击剑运动员持剑手侧肩关节、肘关节肌力与击剑刺和回收动作关系密切；重剑与花剑运动员腕内收、外展肌群肌力差别显著；男子击剑运动员下肢关节等速肌力双侧不对称，女运动员不对称表现不明显；击剑运动员下肢薄弱肌群为后腿髋关节伸肌群、股后肌群，前腿股后肌群及踝关节背伸肌群。该研究通过上下肢主导肌群的肌力特征的测试与分析，对击剑训练中关注薄弱肌群有较强的指导作用。

根据1998年和2007年两次世界比赛竞赛时间、动作的数据结果，击剑比赛为9~11小时，实际比赛时间为47~122分钟。从预赛到决赛有6轮比赛，比赛各轮次间歇时间为15~300分钟。比赛中实际交锋时间为17~48分钟，占比赛时间的18%。比赛中中断的次数在96~318次，中断时间为19~89分钟。单场比赛运动员的移动总距离在250~1000米。每一次技战术行动从发动到完成的时间非常短，但强度很大。一次性的攻击行动时间通常短于1秒，一个交锋回合的时间平均为5~15秒，不同剑种略有差异。比赛中攻击的总次数为66~210次，攻防方向改变的次数为102~582次（表5-4）。

表5-4 竞技竞赛特点

项目	女子重剑	男子重剑	男子花剑
场次	6	6	6
比赛总时间/时	9~11	9~11	9~11
场次间休息时间/分	15~300	15~300	15~300
实际比赛时间/分	47~81	48~98	77~122
交锋时间/分	28~48	22~39	17~34
中断时间/分	19~23	26~59	60~89
中断次数/次	126~150	96~180	246~318
攻击次数/次	66~138	96~180	138~210
方向改变/次	210~582	102~294	120~180

（引自 Ciulio. setl "the science of fencing"）

（二）身体形态特点

形态通常是就人体的外观而言，包含身高、体重、上下肢长等体形指标。击剑运动员在形态上的要求是身体修长、皮脂薄，头顶尖，上下肢长而直，手大脚大，手指和脚趾长而细，手指能充分伸展，肩宽平展，胸廓大，体重适中，指间距较大，臂长而直，肘关节不能过伸，反张不能超过10度，外翻不能超过15度，前臂较长，上臂相对短，上臂围松紧指数大，腹部扁平，髋骨平展，臀部较小且肌肉紧缩上收，腿长且直，小腿长，大腿相对短，膝关节细，胫腓骨远端围度小，跟腱长而清晰有力，足弓高。上述条件是成为优秀击剑运动员的身体形态指标。依据我国击剑优秀选手资料，可以显示出优秀击剑运动员的身体形态（表5-5）。

表5-5 优秀击剑运动员身体形态 （$\bar{x}$±SD）

剑种	例数	年龄（岁）	身高（米）	体重（千克）	BMI（千克/平方米）	体脂（%）
男重	4	22.2±1.69	1.86±0.06	86.0±14.57	23.7±2.50	15.98±4.53
男花	5	23.6±1.86	1.88±0.02	81.1±4.83	24.5±3.69	14.42±1.77
男佩	4	24.8±1.79	1.87±0.07	80.6±8.35	22.9±1.41	12.76±1.96
女重	5	22.7±1.76	1.70±0.04	61.9±4.46	21.5±0.86	16.84±3.20
女花	4	22.9±1.77	1.74±0.05	64.9±3.09	21.4±1.30	18.31±1.19
女佩	4	22.2±1.72	1.75±0.04	64.8±6.49	21.2±1.34	17.20±1.91

（依郭黎，2009）

（三）身体素质特点

击剑运动项目属于技能主导类对抗性格斗项目，以无氧供能为主，有氧氧化系统供能为辅的运动，主导击剑项目运动的素质为综合素质。确定专项主导素质和基础素质对认识击剑项目的运动素质非常重要。图5-9表示在击剑项目中各运动素质之间的关系。

图5-9 击剑项目运动素质关系

（引自赵传杰．击剑运动项目特征［M］．上海：复旦大学出版社，2014.）

1. 平衡素质

平衡有两种，一种是静态平衡，另一种是动态平衡。静态平衡能力是指人在相对静止的状态下，保持姿势稳定的平衡能力，而动态平衡能力是指人体在运动过程中，维持平衡的能力。平衡能力的调控取决于前庭器官的稳定性、肌肉的反馈调节能力和视觉的暗示作用。

在格斗类项目中，唯有击剑是单手持器械（剑）进行格斗的，这一特性导致了击剑运动员身体的非对称性或非均衡性。因此，平衡能力的好坏对于击剑运动员竞技能力的提高具有重要的意义。平衡能力是指维持身体姿势的能力，特别是在较小的支撑面上，控制身体重心的能力。平衡能力的发展水平直接影响完成动作时，把握技术动作的空间、时间、节奏等特征以及各部位肌肉用力的协调配合。从某种意义上说，击中与动作的准确性依赖于平衡能力的发展与提高。事实上击剑运动不仅是一项关于技巧、竞技和智慧的竞赛，还是一项包含了身体平衡的竞赛。当剑击中对手的瞬间，选手身体的不平衡，都会导致击中时的不准确，更重要的是会使技术动作变形，失去主动权的获得。

2. 协调素质

协调素质是击剑运动过程中的重要素质，击剑运动技术动作完成的流畅性、熟练性都与协调性有很大关系。击剑动作中要求动作的稳定性、控制性、协调性和准确性，而协调性是其他三性的基础。协调能力是指运动员的机体各部分活动，在时间和空间上互相配合，合理有效地完成动作的能力。协调能力包括神经的协调、肌肉的协调、动觉的协调。其中神经的协调是指在完成各种练习时，神经过程中兴奋和抑制相互协调配合，兴奋和抑制的两个神经过程在时间和空间上的高度集中。肌肉协调是指肌肉适宜与合理用力，其中包括必须参加工作的肌肉用力的大小程度和肌肉紧张与放松的程度及先后顺序。动觉的协调是指身体的各部分、环节在空间和时间上的配合。动作感觉的协调是由本体感受器提供信息，通过传入神经到中枢，再到达大脑皮层，大脑皮层将这些信息分析、综合后再由运动器官完成动作。

3. 速度素质

在击剑运动中，速度是重要的素质，击剑专项速度素质主要是反应和启动速度、动作速度、位移速度。反应速度的特点：击剑运动首先看反应，击剑运动员的特殊反应时为0.3~0.7秒，在完成整个动作的过程中反应时占总时间的50%。反应速度的快慢决定了动作速度和位移速度的快慢。击剑运动的反应速度属于复杂反应速度，需要运动员在战机稍纵即逝的比赛环境中，迅速做出相应的回答反应。它主要包括对对手动作变化的反应和迅速启动的能力，其特点是：启动快速、攻防转换迅速、预见能力突出。动作速度特点：在击剑比赛中，攻防转换频繁，动作复杂多变，为了使动作出其不意，运动员出剑的动作必须迅速、隐蔽。这需要运动员具备出色的上肢和手腕动作速度，以及脚步移动速度。位移速度的特点：击剑比赛是在长14米的剑道上进行的，频繁的前后移动伴随着比赛过程的始终。据统计，在一场比赛过程中，男子平均短距离前后移动共79米，其中61%是在1~2米内向前后移动。女子平均移动77米，其中1~2米内的前后移动占移动总次数的68%。击剑比赛的位移特点是，位移距离短、次数频繁。运动员需具备良好的短距离快速移动能力和位移速度。

4. 力量素质

击剑运动中的力量是种隐性的素质，击剑比赛不是以力量取胜，但力量起着非常重要的作用。击剑力量素质训练能够提高动作幅度和速度，增大进攻和防守成功率，还能改善神经-肌肉系统的协调，改善主动肌、协同肌、对抗肌之间的协调关系，进而增加肌肉收缩的力量和动作速度。同时通过神经系统的反射调节和力量造成的动作幅度增加还能改进技术动作，提高运动成绩。力量素质训练还能够预防运动损伤。

击剑运动的力量主要是指爆发力和力量耐力。在击剑比赛中，刺、劈是唯一有效的得分手段，其动作特点是，在频繁的攻防转换过程中，能依据对手的情况突然发力完成动作，且力量足、动作突然、动作幅度小。这需要运动员具备强有力的手臂、手腕力量，以及控制剑的力量。此外，为了突然发动进攻，通常需要依靠运动员的腿部和脚踝的爆发力做出大幅度的弓步进攻，这要求运动员具有良好的爆发性蹬伸力量。击剑运动员在比赛过程中，除裁判员叫停或双方处于较远的距离外，运动员的双膝一直呈半弯曲状态，这种姿势给下肢带来较大负荷，如果没有足够的力量支撑，则无法发挥动作的高速度，也难以完成长时间的多轮次比赛。

近年来，核心力量训练在运动队训练中引起了越来越多人的关注，对于运动员核心力量训练的研究，在运动训练领域是个新的研究课题。核心力量在所有竞技运动项目中都起着重要的作用，它不仅在运动中对运动员身体保持基本姿势、完成基本动作和专项技术动作起着稳定和支持作用，而且是运动员身体发力的主要环节，对上下肢体的协同用力起着承上启下的枢纽作用。核心部位稳定和平衡能力良好的运动员，在竞技比赛中就具有更好的控制和制胜能力。击剑是一项激烈对抗、攻防转换多变的格斗性竞技运动项目，运动员必须根据场上千变万化的实际情况，随机应变，果断抓住稍纵即逝的战机，采取对应的解决办法，在击剑实战中要求运动员反应灵敏、判断准确、动作迅速而精确，并时刻保持注意力高度集中。击剑比赛是技术与战术、速度与力量的较量与体现，快、狠、准、变作为一个整体影响着击剑比赛结果。在技战术和体能之间，核心力量扮演着一个桥梁的角色，运动员要发挥出自己的技术水平、战术风格、快速凶猛、准确多变的刺、劈，都需要有良好的核心力量作为保证，击剑中的急起、急停、变向、再加速等能力与核心力量强弱以及其对应的神经-肌肉系统平衡和控制能力密切相关。

5. 耐力素质

击剑运动是以无氧耐力为主、有氧耐力为辅，并以 ATP-CP 供能为主的项目，击剑比赛单场时间不长，但整场比赛要持续很长的时间，特别是水平越高，打的场次也越多，对耐力的消耗也越大。一次国际性击剑比赛往往持续 9~11 个小时，比赛仅占总时间的 18% 左右，每场比赛真正对抗的时间为 17~49 分钟。每场比赛中，击剑运动员的运动距离为 250~1000 米。每一战术动作的持续时间短（<1 秒），但强度很高，也可能持续超过 60 秒。平均而言，每一次交锋，花剑用时约为 5 秒，重剑约为 15 秒，交锋和中断的比率，男重为 1:1，男花为 1:3，女重为 2:1。每场比赛中，为得分做准备的战术动作往往持续时间长，而强度属于亚极量，随后的得分动作往往持续时间短而强度大，并与最后的刺击有关。

耐力是指机体坚持长时间运动的能力。我们一般将与专项运动成绩关系密切的耐力称为专项耐力，具体地讲，也就是指持续完成专项动作或接近比赛动作的耐力。击剑比赛场地小、转换频繁、交锋快，这些特点要求击剑运动员首先要具备良好的无氧耐力，尤其是保持高强度、爆发式运动的能力，也就是长时间反复进行短距离的高强度运动的能力。长时间是指净比赛总时间长；反复是指各种急起、急停、弓步、冲刺等动作。击剑运动专项耐力主要体现在保持反复进行的短距离、高强度间歇运动的能力。

6. 柔韧素质

柔韧性与速度、力量和其他运动能力不同，它不能使技术产生动力，但它可以帮助控制动作。实际上，柔韧性可以提高动作效果，除了对肌肉简单的收缩和放松加以控制外，运动系统还进行肌肉群之间的协调工作，包括技术的提高和技能的获得。肌肉、肌腱、关节中感受肌肉长度、紧张度、关节角度的本体感受器是运动系统获得信息的重要来源。因此，柔韧性能提高协调能力、运动技术和本体感受器感受刺激的能力。柔韧素质在击剑运动中主要体现在步法的弹性、动作的幅度及进攻深度等方面。在击剑运动中，运动员各关节活动幅度较大，特别是下肢髋关节和上肢肩关节的活动幅度。具备良好的柔韧性，一可以保证各关节、肌肉、韧带等软组织的伸展能力；二可以减少活动时肌肉、韧带所带来的阻力，以降低运动损伤发生的概率。柔韧性可以通过微拉伸和稳定性、平衡及控制原则得到最佳提高。通过使用主观感觉用力的 30%~40%，就可以在不出现扭伤的情况下，进行恰当拉伸，减少劳损组织和微损伤的出现。持续拉伸 60 秒有助于结缔组织和主要肌群的重建，重复拉伸能加强对神经肌肉系统的痕迹效应。

7. 灵敏素质

灵敏素质是一种复杂的综合能力，是力量、速度、协调、柔韧等综合的表现，是指运动员迅速改变体位、转换动作和随机应变的能力，灵敏与人体对空间定位和对时间感觉的能力有关。可以说是运动员运动技能和各种素质在各种运动中的综合表现。根据有关的研究表明：灵敏素质的发展规律是随年龄的增长而发生变化，7~12岁是发展灵敏素质的最佳时期，此时若能把握时机发展灵敏素质可取得较好效果。

击剑运动的灵敏素质要求运动员能够在各种突然变换的条件下，迅速、准确、协调地改变身体运动的空间位置和运动方向。击剑运动的灵敏素质主要强调随机应变，即在比赛过程中，能随着场上形势的变化，相应地改变动作的方式、动作方向及动作节奏。灵敏素质的好坏在一定程度上也决定了速度素质水平，无论是出手速度快还是脚下动作速度快的运动员都必须具备一定的灵敏素质，才能准确地变换各种动作，要么捕捉机会迅速进攻，要么快速防守或躲闪。此外，击剑运动的灵敏素质还要求运动员能够及时判断对手的动作意图，并采取相应的动作。

二、击剑专项体能训练方法

在击剑运动员的体能训练中，主要根据运动员的个人特点、专项特点、比赛特点和技战术特点来设计动作，弥补运动员专项体能的不足，辅助运动员技战术的发挥，在重要比赛中取得优异成绩。训练中不光是大肌肉群的练习，而是让体能训练的效果能运用到专项中去。

（一）时机感训练方法

时机感是人脑对于客观事物延续性和顺序性的反应。人脑通过对客体运动变化延续性的感觉，便形成了对其时间长短的知觉判断，是一种能预测"时机"出现和及时发现的综合感知觉能力。良好的"时机感"需要敏锐的观察能力，高度集中的注意力，良好的注意分配能力和及时的身体反应（行动）能力。

所以我们在安排训练时要注意以下几个方面：时间的体现、观察的充分、执行的迅速、完成的质量和可变的难度。

1. 徒手抓物练习

由教练员一只手顺时针（逆时针）摇绳，保持一定节奏；另一只手持目标物（手套或其他）。练习者成原地或移动实战姿势，观察绳子情况（空隙间隔），伸手抓住目标物并收回，然后用同样方法将目标物送回教练手中，完成练习。可以进行单一动作练习，也可以连续动作抓放目标物；通过调整摇绳的频率来调节难度，频率低难度低，频率高难度高。

（1）原地徒手抓物练习

步骤：两人面对面—练习者成原地实战姿势—伸出手臂—抓住目标物—回收手

臂—观察绳子—伸出手臂—送回目标物—原地实战姿势，如图 5-10 所示。

要求：身体稳定，动作伸展，判断准确。

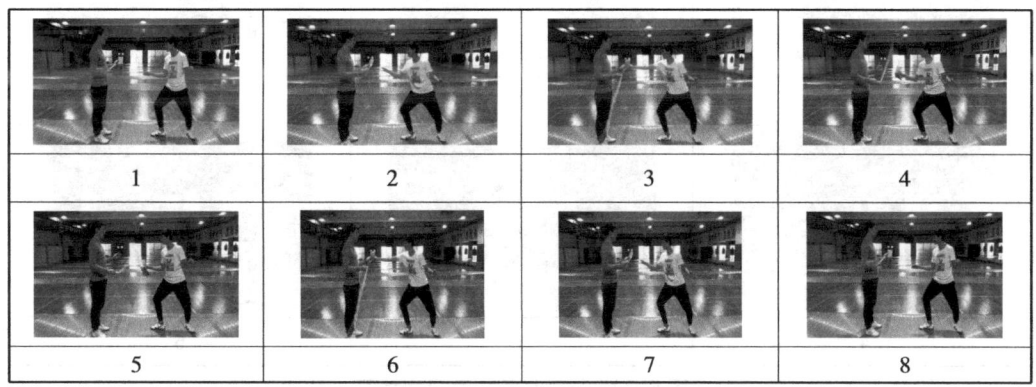

图 5-10　原地徒手抓物练习

（2）向前一步徒手抓物练习

步骤：两人面对面—练习者成原地实战姿势—向前一步伸出手臂—抓住目标物—后退一步回收手臂—观察绳子—向前一步伸出手臂—送回目标物—原地实战姿势，如图 5-11 所示。

要求：身体稳定，距离控制精确，动作伸展，判断准确。

图 5-11　向前一步徒手抓物练习

（3）原地弓步徒手抓物练习

步骤：两人面对面—练习者成原地实战姿势—伸出手臂完成弓步—抓住目标物—向后还原回收手臂—实战姿势—观察绳子—伸出手臂完成弓步—送回目标物—原地实战姿势，如图 5-12 所示。

要求：身体稳定，距离控制精确，动作伸展，判断准确。

图 5-12 原地弓步徒手抓物练习

(4) 移动弓步徒手抓物练习

步骤：两人面对面—练习者成原地实战姿势—移动接近—伸出手臂完成弓步—抓住目标物—向后还原回收手臂—移动拉开—实战姿势—观察绳子—移动接近—伸出手臂完成弓步—送回目标物—向后还原回收手臂—移动拉开—原地实战姿势，如图 5-13 所示。

要求：身体稳定，距离控制精确，动作伸展，判断准确。

图 5-13 移动弓步徒手抓物练习

2. 身体位移练习

（1）半蹲左右划步位移练习

步骤：两人面对面—练习者成原地半蹲—观察绳子—快速滑步穿越绳子—观察绳子—快速反向滑步穿越绳子—实战姿势。可采用单次或多次连续练习的方式，如图5-14所示。

要求：身体稳定，持续保持半蹲状态，转换及时，动作迅速，判断准确。

图5-14　半蹲左右划步位移练习

（2）实战姿势前后位移练习

步骤：练习者成实战姿势—观察绳子—快速向前穿越绳子—判断绳子—快速向后穿越绳子—实战姿势。可单次或多次连续。可单次穿越，也可连续不间断穿越，如图5-15所示。

要求：身体稳定，持续保持实战姿势状态，转换及时，动作迅速，判断准确。

图5-15　实战姿势前后位移练习

(二)稳定性训练方法

击剑的稳定性是指交锋过程中步法的稳定、身体姿势的稳定、握剑的稳定、出剑的稳定。击剑运动员在运动状态下完成技术动作对身体的稳定能力提出了很高的要求,尤其是在武器交锋过程中,具备良好的身体稳定能力成为运动员发挥竞技能力的重要保证。

实战姿势站立在高处,然后跳下成实战姿势,并停顿0.5~2秒,然后进行击剑步法移动:向前一步、向后一步、弓步、移动弓步等。要求身体稳定、上身放松、动作到位清晰。

1. 向前一步跳跃练习

步骤:练习者成实战姿势—跳下落地—实战姿势—完成向前一步—实战姿势,如图5-16所示。

要求:落地身体稳定,持续保持实战姿势状态,动作清晰、正确,判断准确。

图5-16 向前一步跳跃练习

2. 向后一步跳跃练习

步骤:练习者成实战姿势—跳下落地—实战姿势—完成向后一步—实战姿势,如图5-17所示。

要求:落地身体稳定,持续保持实战姿势状态,动作清晰、正确,判断准确。

图5-17 向后一步跳跃练习

3. 原地弓步跳跃练习

步骤：练习者成实战姿势—跳下落地—实战姿势—完成向前单一弓步—实战姿势，如图5-18所示。

要求：落地身体稳定，持续保持实战姿势状态，动作清晰、正确，判断准确。

图5-18 原地弓步跳跃练习

4. 后退一步接向前一步弓步练习

步骤：练习者成实战姿势—跳下落地—实战姿势—向后一步—向前一步弓步—还原实战姿势，如图5-19所示。

要求：落地身体稳定，持续保持实战姿势状态，动作清晰、正确，判断准确。

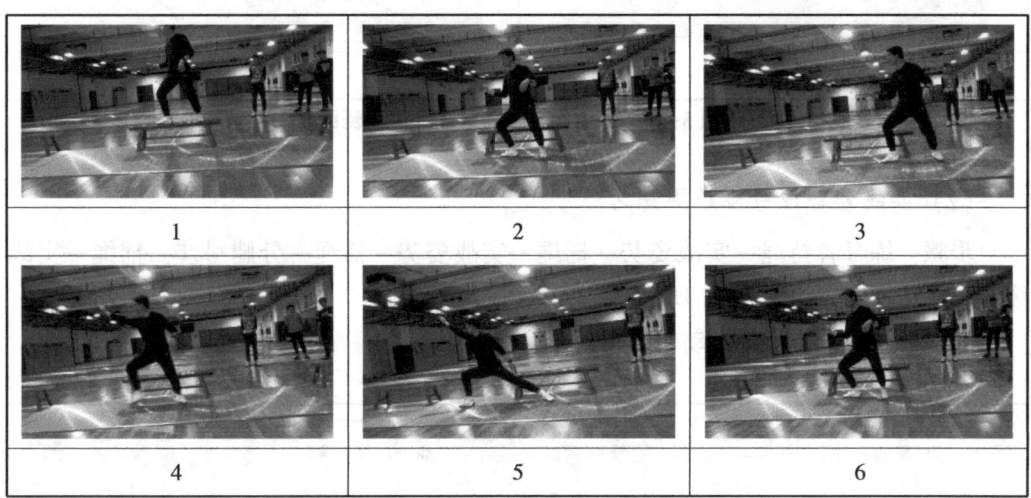

图5-19 后退一步接向前一步弓步练习

（三）协调灵活性训练方法

技术的掌握依赖于协调能力，而协调能力是在人的成长发育过程中形成和变化的。因此，技术与协调能力应与年龄相适应。每个人都要经历若干个技术阶段，不能跳过其中任何一个阶段，尤其要知道如何停留且满足于这些阶段。各个阶段代表各个不同的水平，每一层水平的稳固又为掌握更高一层水平创造了条件。正因为这样，才要不停地重复技术基础，甚至是奥运会的准备过程中也不忽视技术基础的学习。因此，协调贯穿于整个技术的学习过程，是"准确"掌握技术的基础之基础。

1. 跳绳练习

跳绳是非常好的训练协调性的器具。重点在于跳绳时需要手和脚配合，大脑的控制和身体的平衡控制。我们将跳绳和击剑技术进行一些有机组合的尝试，丰富一下击剑训练手段。

（1）原地实战姿势跳绳练习

步骤：练习者持绳—实战姿势—摇绳—实战姿势跳—还原实战姿势，可单摇绳或双摇绳，如图5-20所示。

要求：落地身体稳定，持续保持实战姿势状态，有节奏感。

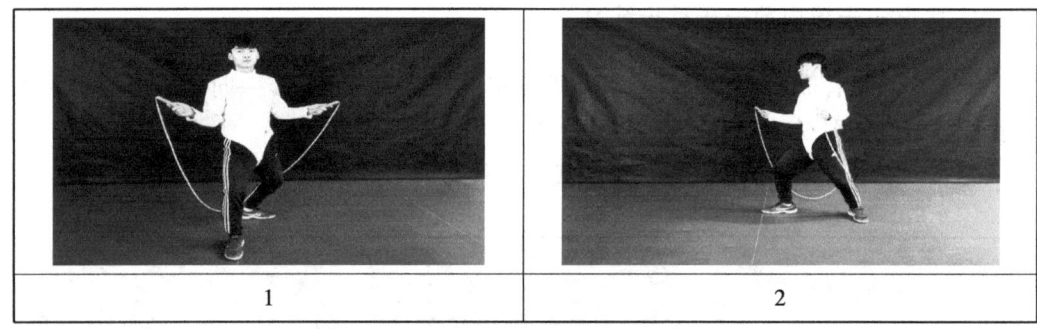

图 5-20　原地实战姿势跳绳练习正侧面

（2）实战姿势成弓步跳绳练习

步骤：练习者持绳—实战姿势—摇绳—实战姿势—摇绳—分腿弓步—摇绳—实战姿势，可单摇绳，如图5-21所示。

要求：落地身体稳定，动作清晰到位，有节奏感。

图 5-21　实战姿势成弓步跳绳练习

2. 移动持球练习

在训练中加强身体协调训练，除了单人练习以外，还有双人练习。在移动中两人配合完成手中球的快速转移，也能考验和锻炼击剑运动员的协调能力。

（1）一球反应移动练习

步骤：练习者持一球面对面半蹲站立，每划步一次，球转换一次位置，顺时针或逆时针转移均可，如图 5-22 所示。

要求：保持半蹲，移动稳定连续，转移精确，配合默契。

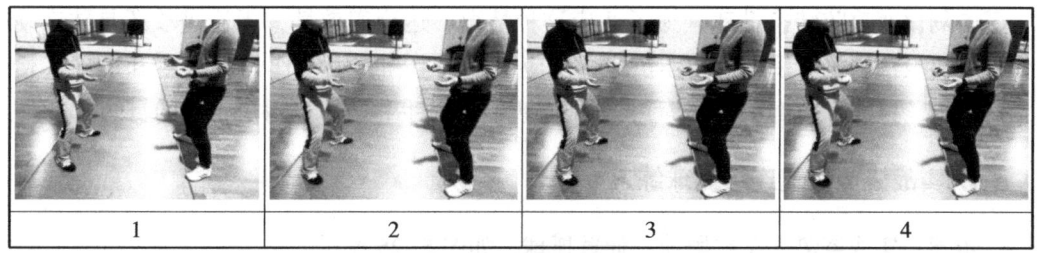

图 5-22　一球反应移动练习

（2）两球反应移动练习

步骤：练习者持两球面对面半蹲站立，两人对角线持球，每划步一次，球转换一次位置，顺时针或逆时针转移均可，如图 5-23 所示。

要求：保持半蹲，移动稳定连续，转移精确，配合默契。

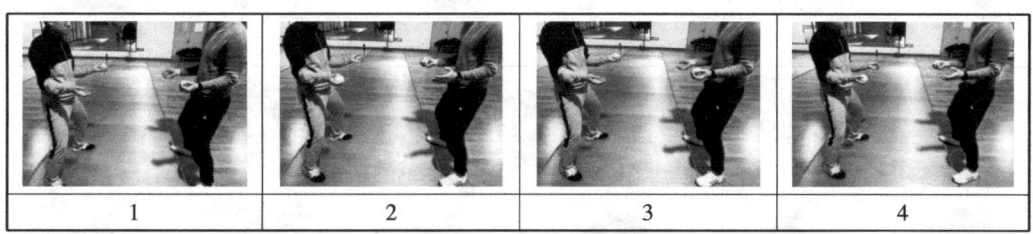

图 5-23　两球反应移动练习

（3）三球反应移动练习

步骤：练习者持三球面对面半蹲站立，每划步一次，球转换一次位置，顺时针或逆时针转移均可，如图 5-24 所示。

要求：保持半蹲，移动稳定连续，转移精确，配合默契。

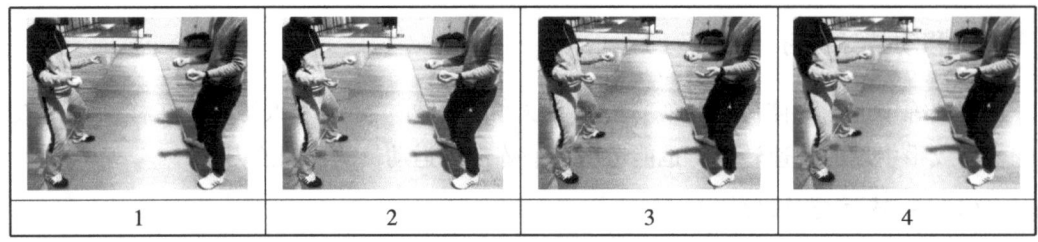

图 5-24　三球反应移动练习

(四) 反应性训练方法

击剑比赛攻防转换迅速，为了适应这种情况，达到实效性，无论进攻还是防守动作，总要设法领先对手，使动作快速（反应快、手上和脚上动作均要快）和准确（恰当的力量、路线、节奏、协调等），才能实现击中对手和防止被对手击中的目的。

1. 实战姿势快速连续抓球练习

步骤：实战姿势—左右抛球—伸臂抓球，如图 5-25 所示。

要求：身体稳定，动作伸展，判断准确。

图 5-25　实战姿势快速连续抓球练习

2. 向前一步抓球练习

步骤：实战姿势—抛球—向前一步抓球，如图 5-26 所示。

要求：动作准确，身体稳定，动作伸展，判断准确。

图 5-26　向前一步抓球练习

3. 前后移动抓球练习

步骤：实战姿势—抛球（左）—向前一步抓球—放球后退一步—抛球（右）—向前一步抓球，如图 5-27 所示。

要求：动作准确，身体稳定，动作伸展，判断准确。

图 5-27　前后移动抓球练习

4. 实战姿势冲刺抓球练习

步骤：实战姿势—抛球—冲刺抓球，如图 5-28 所示。

要求：身体稳定，动作伸展，判断准确。

图 5-28　实战姿势冲刺抓球练习

（五）平衡性练习

在格斗类项目中，唯有击剑是单手持器械（剑）进行格斗的。规则规定比赛中只能单手持剑，不能换手持剑，除非受伤经大会医生确认、裁判同意才可换手持剑。不持剑的手臂在任何情况下都不能参与进攻与防守，或抓握电动器材与遮挡有效部位，违规者将受到警告或罚分处罚，这一特性使得击剑运动员造成身体的非对称性或非均衡性。因此，平衡能力的好坏对于击剑运动员竞技能力的提高具有重要的意义。

1. 平衡板单手接球练习

步骤：在平衡板上半蹲姿势—抛球—伸臂接球，如图5-29所示。

要求：身体平衡，判断准确。

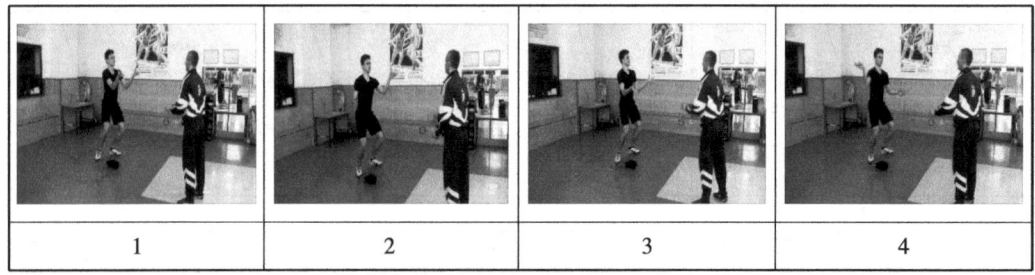

图5-29　平衡板单手接球练习

2. 平衡板双手接球练习

步骤：在平衡板上半蹲姿势—传球—接球—传回—接球，如图5-30所示。

要求：身体平衡，动作伸展，判断准确。

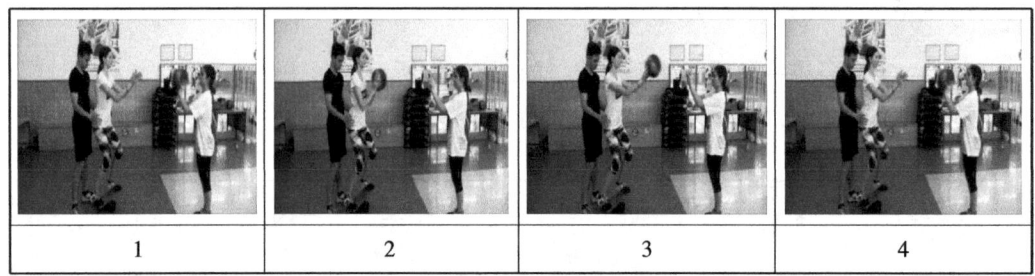

图5-30　平衡板双手接球练习

3. 平衡板实战姿势接球练习

步骤：在平衡板上实战姿势—传球—接球—传回—接球，如图5-31所示。

要求：身体平衡，动作伸展，判断准确。

图 5-31 平衡板实战姿势接球练习

4. 平衡板半蹲屈臂上举练习

步骤：在平衡板上半蹲姿势—向上伸臂—回收屈臂，如图 5-32 所示。

要求：身体平衡，动作伸展。

图 5-32 平衡板半蹲屈臂上举练习

（六）综合辅助训练

练习内容中包含两种或多种训练目标，通过对灵敏、协调、判断的内容设置，成为一个训练活动。

1. 听信号踏步、快速绕桩跑练习

步骤：半蹲踏步姿势准备—入圈踏步（听信号）—先左后右踏步移动（听信号）—出圈快速绕桩，如图 5-33 所示。

要求：听信号移动一格，快速连贯，上身放松，保持半蹲，身体平衡，动作迅速。

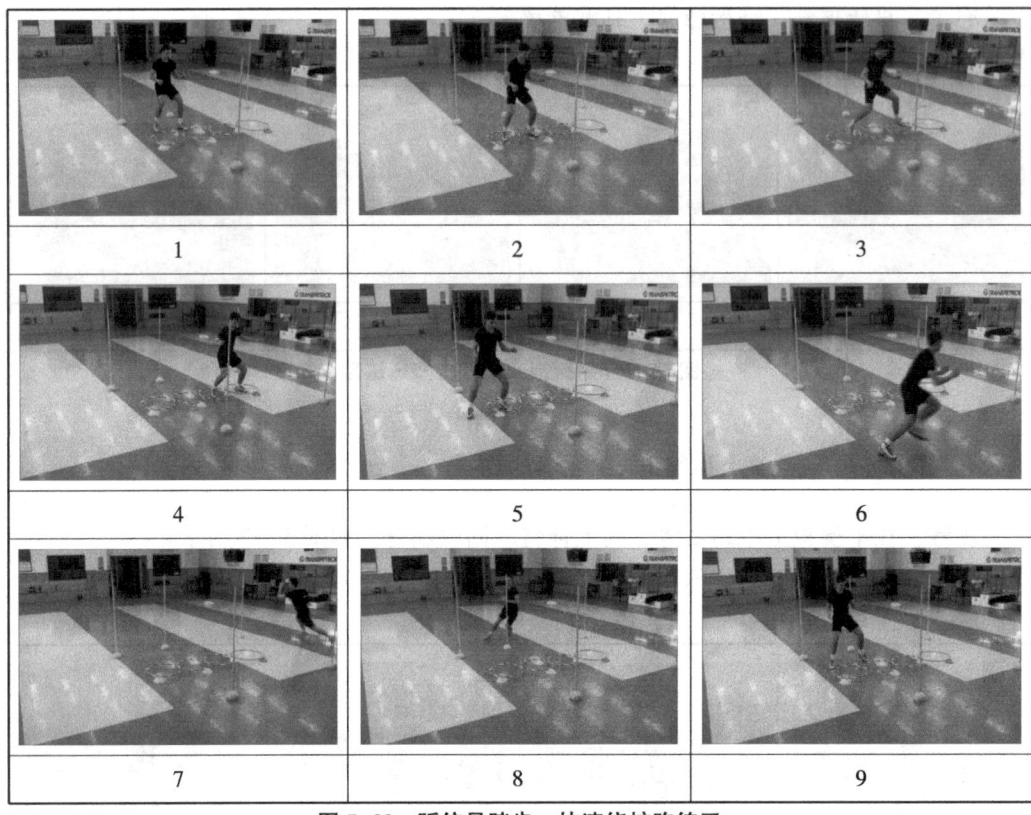

图 5-33 听信号踏步、快速绕桩跑练习

2. 听信号前后踏步加速变向跑练习

步骤：将绳子横向放置，半蹲姿势准备—听信号—前后踏步（每边连续 3 次踏步）—听信号—加速跑—看信号—变向，如图 5-34 所示。

要求：快速连贯，上身放松，保持半蹲，加速明显，变向准确，动作迅速。

第五章 击剑训练要求与方法

图 5-34 听信号前后踏步加速变向跑练习

3. 听信号左右踏步加速变向跑练习

步骤：将绳子纵向放置，半蹲姿势准备—听信号—连续左右踏步（每边依次 3 次踏步）—听信号—加速跑—看信号—变向，如图 5-35 所示。

要求：快速连贯，上身放松，保持半蹲，加速明显，变向准确，动作迅速。

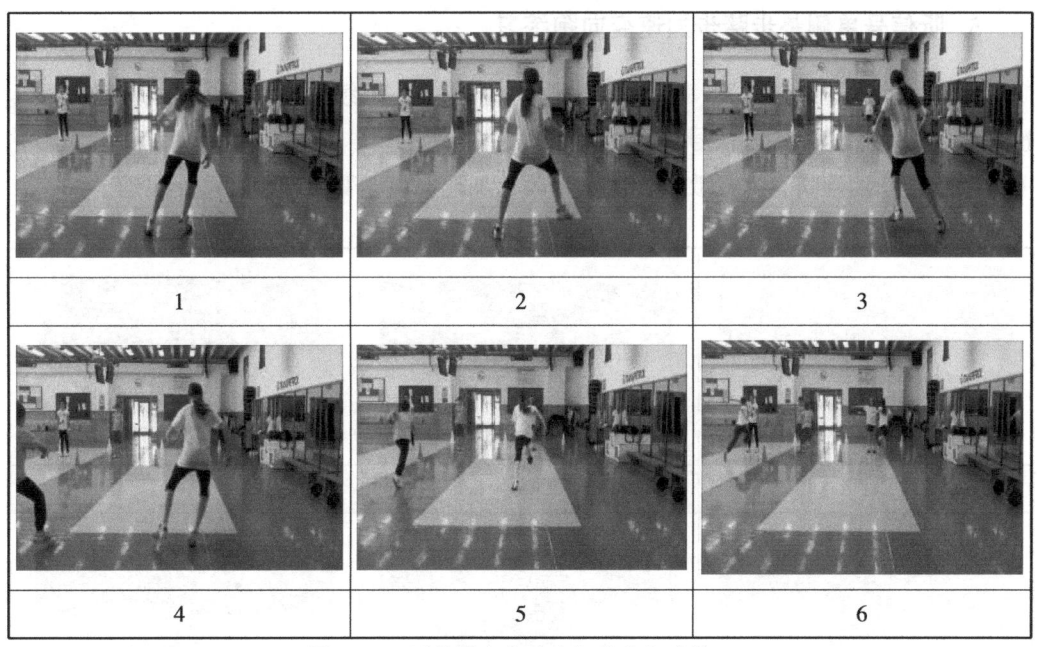

图 5-35 听信号左右踏步加速变向跑练习

4. 听信号左右交叉踏步加速变向跑练习

步骤：将绳子纵向放置，半蹲姿势准备—听信号—连续左右交叉踏步—听信号—加速跑—看信号—变向，如图 5-36 所示。

187

要求：快速连贯，上身放松，保持半蹲，加速明显，变向准确，动作迅速。

图 5-36　听信号左右交叉踏步加速变向跑练习

5. 听信号单侧垫步踏步加速变向跑练习

步骤：将绳子纵向放置，半蹲姿势准备—听信号—连续原地踏步 3 次，伸腿垫步 1 次—听信号—加速跑—看信号—变向，如图 5-37 所示。

要求：快速连贯，上身放松，保持半蹲，加速明显，变向准确，动作迅速。

图 5-37　听信号单侧垫步踏步加速变向跑练习

第五章 击剑训练要求与方法

6. 抗阻力侧向快速移动接球练习

方法：强阻尼带绑在膝关节上部，设置移动区间（标志杆），区间内放置高度为20厘米的圈，在标志杆外侧接球，并回传。

步骤：半蹲姿势准备—移动滑步，双脚依次入圈出圈—接球并回传—反向滑步—接球回传，如图5-38所示。

要求：快速连贯，上身放松，控制平衡，保持半蹲，变向准确，动作迅速。

图5-38 抗阻力侧向快速移动接球练习

【案例9】击剑体能训练案例（周龙峰，2016）

1. 准备活动案例

训练时间：9：00—9：30

训练队伍：男子花剑

训练目标：提升身体运动机能，为接下来的训练及比赛做准备

训练内容：如表1所示

表1

序号	内容	目标	组数
1	泡沫轴（全身按摩）	组织按摩、肌肉按摩、淋巴按摩	每个部位30秒
2	慢跑（前后左右）	增加肌肉温度、降低肌肉间黏稠度	慢跑6圈，加速跑6圈

续表

序号	内容		目标	组数
3	动态拉伸			
		完美拉伸	全身肌群牵拉	距离14米（向前向后）×1组
		手走	全身肌群牵拉	6次动作（向前向后）×1组
		弓步转体	核心区牵拉	距离14米（向前向后）×1组
		燕式平衡	平衡能力及动作感觉	6次动作×1组
4	肌肉激活			
		侧向跳	激活大腿内外侧肌群	距离14米（向左向右）×1组
		后向跳	激活小腿前群及臀部	距离14米×1组
5	神经激活及动作整合			
		手部动作组合	加强上肢动作频率、提高神经兴奋性	距离14米（向前向后）×1组
		脚步动作组合	加强下肢动作频率、提高神经兴奋性	距离14米（向前向后）×1组
6	专项步伐		专项动作准备	击剑道快速高抬腿10次+击剑步

2. 核心区案例

训练时间：9：00—9：30
训练队伍：女子重剑
训练目标：提升核心区力量，增加髋关节灵活性，减少伤病
训练内容：如表2所示

表2

序号	内容		目标	组数
1	核心区力量组合			
		平板支撑（单脚）	腹肌及深层肌群	60秒×2组
		侧桥（抬腿）	腰侧肌群、大腿内侧肌群	45秒（两侧）×2组
		臀桥（单脚）	臀部肌群	60秒（两侧）×2组

续表

序号	内容	目标	组数
2	迷你带组合		
	迷你带基本姿势稳定	激活臀部肌群	30秒×2组
	迷你带基本姿势内外旋转	加强臀部力量及髋关节灵活性	10次（两侧）×2组
	迷你带前进	加强臀部力量及髋关节灵活性	7米（向前向后）×2组
	迷你带侧移	加强臀部力量及髋关节灵活性	7米（向左向右）×2组
	迷你带击剑步	加强专项动作负荷及稳定性	7米（向前向后）×2组

3. 恢复再生案例

训练时间：11：10—11：30

训练队伍：女子佩剑

训练目标：缓解训练后疲劳，加速身体恢复

训练内容：如表3所示

表3

序号	内容	目标	组数
1	慢跑（前后）	缓解肌肉疲劳，降低心率	肌肉疲劳降低，心率下降到120以下
2	泡沫轴、按摩棒（局部按摩）	按摩训练后疲劳肌群	酸疼明显缓解
3	静态拉伸	拉伸训练后疲劳肌群	
	大腿前群拉伸		15S ea×1
	大腿后群拉伸		15S ea×1
	腰侧拉伸		15S ea×1
	肩关节拉伸		15S ea×1
	其他酸痛部位		15S ea×1
4	营养补剂	加速机体营养补充，促进恢复	
5	冷热水浴	加强血液流动，促进酸性物质消除及营养补充，加速恢复	

第三篇

击剑参赛篇

第六章

击剑竞技参赛特性与准则

竞技体育项目繁多，不同的运动项目其起源、形成与发展都有着深厚的历史与文化背景，有着各自不同的竞赛特征，并对运动员技战术水平的发挥产生重要影响。竞技体育的一个最基本的特征，就是在比赛规则的限制下，最大限度地发挥人的潜能（包括技术、战术、体能、心理、智力等）去战胜对手，赢得比赛。因此，从某种程度上讲，比赛规则是引领技战术发展方向的重要因素，并对技战术的创新有着重要影响。

第一节 击剑竞技参赛特性

击剑运动是一项对抗性强、竞争激烈的格斗项目，其动作结构为多元变异组合。以对手身体的部位为攻击目标，按规则进行攻防格斗，获得"优先裁判权"（重剑除外）的一方击中对手才能得分。这就要求运动员必须掌握全面而熟练的技术，具有精确地控制剑的能力，提高刺（劈）的准确性，同时必须具备敏锐的观察和预判能力及良好的身体素质、心理素质。

一、动作实施的制约性

击剑是一对一的攻防格斗项目，双方运动员各手持特制的钢剑、头戴面罩、身穿击剑服在专门的剑道上，按统一的规则，用刺（劈）的动作方法进行攻防格斗。击剑比赛中不管你做什么动作，都要求在规则允许的范围内击中对手有效部位，而不被对手击中。但在很大程度上，参赛个人的动作受对手行为的制约，很难按预想的程序进行。在比赛的实践中，运动员的行动要不断受到对手的激烈对抗，始终贯穿着制约与反制约、发挥与反发挥的抗争，攻防的转换瞬息万变，稍纵即逝，形势变幻莫测，很难按平时练就的技术程序进行。这必须根据场上变化的情况，不断调整自己的动作，随机应变地采取相应的动作方法。这就必须掌握多样的、全面的技术和特长技术。只有"储存"更多、更丰富的技术元件，才能随时组合成新的动作，做到随机应变。同时要看到，动作是受意识支配的，要随机应变地做出动作，必须先有意识支配，否则要做的动作是不可能做出来的。有了动作还需有一套能应变的动作方法，否则动作就失去了实用性，成了花架子，达不到攻防的目的。

二、手脚配合与控剑击中的精准性

击剑比赛中在完成各种攻防动作时，主要以手上用剑的动作方法，脚步移动的方法与身体姿势的互相配合来实现。在击剑实践活动中，运动员身体各器官系统、各运动部位，在一定时间和空间里协同配合，合理有效地完成各种攻防技术动作、战术活动。由此可见，身体协调能力是各种运动能力的综合表现，它与击剑运动员有机体各器官系统的功能、各运动素质、技能储备、心理品质及个性特征等均有着密切的联系。

击剑的比赛形式是一种动态的对抗，在不断变化的形势下进行攻防格斗。由于击中有效面积有限，加上动态的设防，一次成功的进攻或是防守后的还击，往往是在极短的时间内完成的。在这极短的时间内，"技术动作和击中的准确"是决定运动员能否有效得分的关键。因此，运动员要能够自如地控制好技术动作和剑的方位，在有限的范围和距离内刺到对方有效部位。

三、单手持剑与前后移动的特殊性

在格斗类对抗项目中，唯有击剑是单手持器械（剑）进行格斗的。击剑规则规定，比赛中只能单手持剑，不能换手持剑，除非受伤，经大会医生确认、裁判同意才可换手持剑。不持剑的手臂在任何情况下都不能参与进攻与防守，或抓握电动器材与遮挡有效部位，违规者将受到警告或罚分处罚。这一特性使得击剑运动员在选材与战术思维训练等方面与其他格斗类项目有着较大的区别。同时这一形式特征造成的身体的非对称性或非均衡性是击剑技战术训练和体能训练应该时刻关注的问题。

击剑比赛是在规定的剑道上原地或前后移动进行交锋，而前后移动的步法又有严格的规定，如佩剑向前禁止一切后脚超越前脚的交叉步。与其他对抗性项目相比，击剑比赛向后的移动是不能背向对手，只能面向对手后退移动。这一特殊的规定主要是为保护运动员的安全，同时也限制了移动的速度和方向。

四、比赛器材的多样性、规定性、自由性与安全性

击剑比赛对于器械的要求都有一定的规格和限制，依据不同级别的比赛和参赛的人数，对场地和器械的安装也有不同的需求。击剑比赛的场地和器械与其他项目相比最大的不同就是零散。由于比赛场地分布在多个区域，因此每个场地都要配备相同的器械装备以应付比赛：从比赛剑道、裁判器、报分灯、显示屏、遥控器、录像机到各

种的连接线、支架、挡板、砝码、卡片等。场地的分散性和器械的多样性，也使得击剑比赛承担着较大的风险。这种风险主要体现在器械的故障所导致的比赛的中断，进而影响整个比赛的进程。

在一部分竞赛项目中，比赛规则规定了所有参赛运动员必须在同一设备、器械、场地上进行比赛，如体操、足球、篮球等。在这种情况下，竞赛系统中的客体元素效应从理论上讲，对所有参赛运动员是相等的。而在击剑比赛中，除规则规定运动员在同一器械设备上进行比赛外，还允许运动员有较大的自由度选用自己使用的比赛工具，如剑、服装、面罩等。因此，自选的比赛工具是否先进，或者是否舒适，是一个不可忽视的获胜因素。

击剑比赛是运动员手拿由"钢材"制成的剑而进行交锋的。剑在法语中统称为"arme"，意为"武器"。既然为"武器"，那么对人就有伤害的危险。因此，在击剑规则中对运动员的服装、面罩都有严格的规定，如运动员比赛服装不得有环状扣或开口（意外情况除外），以保证对手剑尖不被卡住或刺偏；上衣和衣领须完全扣住或封闭；服装应保持最大限度的保护作用，同时又能使运动员在做动作时保持自由灵活；服装材料要足够结实，干净且实用状态良好；服装的材料不得有引起对方剑尖、剑头或劈刺打滑的光滑表面；服装的所有材料要能够抵抗 800 牛顿的抗力，要特别注意腋窝下的保护，上半身保护背心内的结实内衣同样要有 800 牛顿的抗力。再有，面罩应当由金属网制成，其网眼（金属丝之间的孔）最大为 2.1 毫米，金属丝直径至少为 1 毫米，面罩后部应加上固定的安全装置；所有剑种里的面罩必须按安全守则制作，并具备这些守则规定的质量标记；面罩的护颈部分应当用能抗 1600 牛顿压力的面料制成；面罩后面要有一个水平安全绑带，绑带两端要固定在面罩的两侧，这个绑带可以是松紧或者是其他通过器材委员会认证的材料。这些规定与标准最大限度地使运动员在比赛中免受伤害，从而促进击剑运动的健康发展。

五、比赛成绩评定与判罚的并存性

得分和时间是评定击剑比赛成绩的双重标准，根据比赛规则的规定，击剑比赛既有剑数的限制，即在限制的时间内达到规定的得分即可获胜；也有时间的限制，即在达到限制的时间时，以得分数领先的一方为获胜。这种"双轨制"的成绩评定方法，融合了其他对抗性项目的双重特点，如篮球、足球比赛要求在规定的时间内尽可能比对方领先分数，又如乒乓球、羽毛球、排球比赛一样，尽可能比对方先达到规定的分数和局数。因此，在击剑比赛中，时间因素是整个比赛战略战术的重要组成部分。在击剑运动员训练过程中，从小培养"时间"与"得分"双重的战术意识是十分重要的。

击剑比赛主观与客观判罚并存，这是击剑与其他项目在成绩评定上有较大差异的方面。在击剑比赛中，裁判员首先依据裁判器的客观反映，然后根据规则主观判断运动员的得失分。它既不同于体操、跳水、武术等完全靠主观判断、评分的项目，又与完全客观评定的举重、跑步、游泳等项目有所区别，如在击剑比赛中，运动员应加大客观反映的比例，也就是我们常说的提高"单灯"的概率，减少裁判员的主观判罚因素，这是增加比赛获胜的重要筹码。

击剑比赛在2006年意大利都灵世界击剑锦标赛上正式引入了录像裁判回放系统，以解决一直以来对击剑比赛判罚的争议问题。录像回放系统的使用，在减少和杜绝裁判在判罚过程中的漏判、错判上起到了积极的作用，也给了运动员和教练员对判罚争议挑战的机会，从根本上缓解了裁判员与运动员、教练员的矛盾，使比赛的裁决更加客观、公正、准确。

六、教练员、运动员控制比赛的困难性

根据击剑竞赛规则，每个剑种比赛在一天内结束，即整体比赛时间的完整性。同时，一天的比赛又被划分为若干个单元，即比赛时间的单元结构。由于每个比赛单元的对手不同，对对手的预知性也存在着较大的偶然性，这对运动员和教练员的赛前准备、竞技状态调整、体能等提出了更高的要求。如何进行每个单元之间运动员心理、身体、技战术的调整与准备，将成为运动员是否能最终获得胜利的决定性因素。

对于构成制胜系统的主体因素——运动员、教练员、裁判员等，其影响比赛过程的因素是极其庞大而复杂的。主要表现在：运动员的竞技能力及其表现；教练员的指挥艺术；比赛环境；裁判员的道德水平和业务水平；比赛的组织与管理工作等。如击剑比赛时间的不确定性和运动员在不同场地的比赛，使运动员的准备活动、教练员的指挥都存在着一定的困难。在很多情况下这些因素之间以随机的形式联结起来，这就增大了教练员、运动员控制比赛过程的难度。比赛过程中不可知因素突然涌入的概率要远远大于其他项目。

第二节　击剑竞技参赛准则

击剑是一项三人参加的运动，包括两名击剑手及一名裁判。如果说，击剑比赛的目的是击中对方并不被对方击中，那么这项运用剑器的运动必须严格遵守三项规则以保证比赛的进行：击剑礼仪规范、安全准则及竞技规则。

一、击剑礼仪规范

击剑是一项古老的运动。最初，只有贵族和绅士才有资格佩戴剑器，被允许参加

击剑运动。击剑保留了其自古以来作为荣誉及身份地位的象征意义，同时也传承了自古以来的礼仪规范，使得击剑运动至今仍有着严格的规则规范，这些规则与规范在比赛中均得到体现。

象征性的身体礼仪与手势规范是击剑运动的重要特征之一。

击剑的礼仪规范及这项运动的价值包括：

- 礼貌。
- 体育精神。
- 尊重对手。
- 尊重教练。
- 尊重裁判。
- 互相帮助。
- 坚持不懈的毅力。
- 高度集中的注意力。
- 自律能力。
- 勤奋努力。
- 团结协作。

一旦在进攻中卸除了对手的剑器，击剑手必须马上停止比赛。

以上要求是每一个击剑手在面对任何一个强于对手或弱于自己的对手时需要努力做到的。只有这样，击剑手才可以不断进步，克服缺点，获得自信。

二、击剑安全准则

击剑比赛中，双方的对抗程度与其他运动并不相同。实际上，剑器的使用使得双方必须严格遵守一定的安全规则，击剑学习者就必须认真学习并严格遵守这些安全规则。因此，在任何时候，击剑手都必须遵守以下安全规则，防止意外的发生：

- 着装整齐，并符合着装规范。
- 击剑服装及面罩符合标准，定期检查面罩（是否有缺口或划痕）。
- 及时调整着装（剑衣紧扣，护颈放低）。
- 在对手未着装完毕或未做好防御进攻装备时，击剑手不可以威胁对手或发起进攻。
- 比赛中，始终保持剑尖向下的状态。
- 比赛中，一旦裁判喊停比赛，击剑手立即将剑尖向下。
- 在花剑比赛前，必须检查剑口（剑尖的保护装置）。

三、击剑竞技规则

(一) 裁判

裁判是礼仪规范、安全规则及竞技规则遵守的保障者。

裁判凭借其经验和能力,对比赛状况作出分析和判断;裁判对双方行为作出评定,给分,惩罚一切违规行为,包括比赛进行中出现的一切错误行为。

裁判运用一套特殊的手势,说明他对比赛情况的分析和判断,以便传达做出的仲裁与决定。

仲裁一词的含义,表明裁判需要客观公正地参与比赛。裁判的这一职责使得他也同样参与到击剑运动员的训练之中。

(二) 比赛口令术语

裁判发出"准备"口令后,双方处于就位准备,之后,裁判向双方提问:"你们准备好了吗?"

裁判发出"开始"口令,进攻开始。在这一口令发出前的任何进攻或行动都不计入分。

当有效进攻计入分之后或进攻触及无效部位时,裁判发出"停"的口令,进攻结束。

一旦裁判发出"停"的口令,双方均不能采取任何行动。

一旦双方在裁判发出"停"的口令前,暂停进攻或防御,此时被对方击中,该击中有效。

此外,一旦在双方进攻中出现危险、混乱或违规的情况,或其中一方被卸除剑器,抑或一方偏离击剑场地,裁判都会发出"停"的口令。在一方偏离击剑场地并接近观众或裁判时,裁判亦发出"停"的口令。

除非特殊情况,裁判不可以允许击剑手离开击剑场地。如果选手在没有被允许的情况下离开击剑场地,将会遭到惩罚。

(三) 比赛时间

根据比赛的类型不同,比赛时间也不尽相同。

(1) 循环赛:选手需在最多 3 分钟内获得 5 次有效击中才能获胜。

(2) 直接淘汰赛:选手需要在 9 分钟内获得 15 次有效击中才能获胜。比赛分为 3 个阶段进行,每阶段 3 分钟,各阶段之间有 1 分钟的暂停休息时间。

(3) 团体赛:每位选手 3 分钟时间。

第七章

击剑竞技参赛选手年龄特征

击剑奥运选手的成长是一个连续而完整的过程,年龄特征始终贯穿于这个过程。当今击剑奥运选手的竞技年龄和运动寿命整体超出过去人们所认同的界限。因此,及时了解当今击剑奥运选手的年龄特征,从年龄特征的角度探讨击剑运动员多年训练的特点,有助于提高击剑多年运动训练过程的科学化。

第一节 世界击剑奥运选手年龄特征

一、总体年龄特征

表7-1为第26届至第31届奥运会击剑男女个人前8名运动员最大年龄、最小年龄与平均年龄的数据表。从表中可以看出:

①世界男奥运选手前8名最大年龄与最小年龄跨越较大,相差23岁;
②世界女奥运选手前8名最大年龄与最小年龄跨越也较大,相差21岁;
③世界男女奥运选手的平均年龄均为28岁,表现为一致性;
④世界男女奥运选手的最大年龄差和最小年龄差较小,在1~3岁。

表7-1 近六届奥运会个人前8名击剑运动员年龄($N=249$)   单位:岁

性别	最大年龄	最小年龄	平均年龄
男	42	19	28
女	39	18	28

(依赵传杰,2016)

击剑运动的规律和竞赛特点构成了对年龄的要求,在击剑运动员的全过程多年训练过程中,表现出明显的年龄阶段性(包括生物年龄和训练年龄即剑龄),并构成了运动员年龄的阶段特征。大多数世界击剑强国实践证明,培养一名优秀运动员大约要10年时间。

根据联邦德国 Lempatrt 于 1973 年对世界优秀击剑运动员年龄特征的研究结果（表 7-2），表明了年龄与运动成绩的一般规律。

表 7-2　世界优秀击剑运动员年龄特征

阶段	首次好成绩		最佳成绩		稳定成绩	
性别	男	女	男	女	男	女
年龄	18~20	17~19	22~28	20~26	29~32	27~30

（依 Lempatrt，1973）

击剑运动员达到不同成绩阶段的竞技水平还须具备与之相应的并受到剑龄制约的智能、体能、技能水平，这是影响竞技水平的另一因素。也就是说，达到某一阶段的竞技能力，就可能在该阶段出现应有的成绩，反之则不会出现或不能巩固和继续提高这一成绩。为此，还必须了解世界优秀击剑运动员开始训练的年龄和各成绩阶段的剑龄。由于各国情况不同，各国对少年儿童开始训练的年龄也有所不同，如匈牙利开始训练年龄为 8~10 岁，法国为 8~12 岁，俄罗斯为 8~12 岁，意大利为 8~10 岁，德国为 8~12 岁。由此可以看出，世界各国的专家、学者对击剑运动员开始训练的年龄都趋向分布在 8~12 岁这一区域。随着运动训练的科学化，其开始训练的年龄有提早的趋势。

根据上述数据显示及分析，世界优秀击剑运动员的年龄阶段特征是：8 岁左右开始训练，经过 10~12 年的系统训练，在 18~20 岁时首次出现最好成绩；经过 12~20 年的系统训练，在 22~28 岁时出现最佳成绩，达到竞技水平高峰之后，还有 4~7 年保持稳定成绩时间；28~35 岁以后成绩下降或终止训练，运动寿命在 18~25 年。当然，这一模式没有包括一些年龄小或剑龄短就创造优异成绩或某些年龄较大仍能保持较高竞技水平的天才运动员。

二、各剑种年龄特征

表 7-3 是近 6 届奥运会各剑种前 8 名运动员在各届奥运会的平均年龄，通过对近 6 届奥运会各剑种前 8 名运动员平均年龄的比较，找出世界优秀击剑运动员的年龄变化特点，以此为我国击剑运动的训练、选材提供参考。

表 7-3　近 6 届奥运会各剑种前 8 名运动员平均年龄（$N=249$）　　　　单位：岁

剑种	第 26 届	第 27 届	第 28 届	第 29 届	第 30 届	第 31 届
男子花剑	26.5	27.0	23.0	26.5	27.0	25.0
男子重剑	26.5	29.5	27.5	28.5	29.0	31.0

续表

剑种	第 26 届	第 27 届	第 28 届	第 29 届	第 30 届	第 31 届
男子佩剑	25.5	25.0	28.5	30.5	27.0	29.0
女子花剑	24.0	29.5	28.0	31.5	29.0	27.5
女子重剑	27.5	28.5	29.5	29.0	26.5	27.5
女子佩剑	—	—	24.5	23.5	25.5	26.0

(依赵传杰，2016)

图 7-1、图 7-2、图 7-3 为近 6 届奥运会各剑种前 8 名运动员平均年龄变化图，从中可以看到各剑种年龄的变化具有明显的升降态势。从年龄区间看主要在 26.0~28.5 岁波动，验证了世界优秀击剑运动员最佳成绩年龄段的划分，同时也预示着未来奥运会击剑年龄的走势。

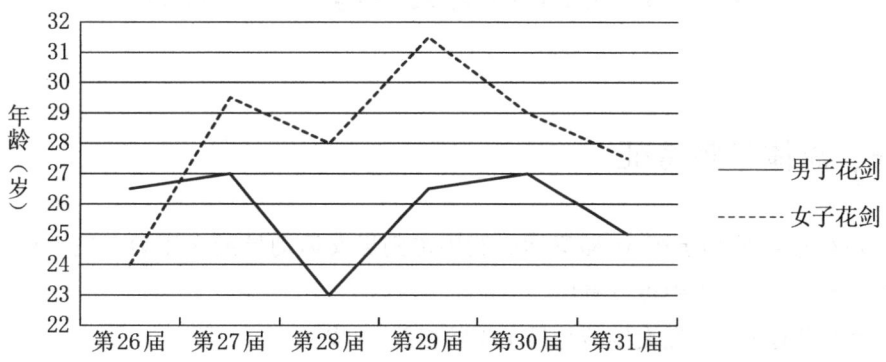

图 7-1　近 6 届奥运会花剑前 8 名运动员平均年龄变化图

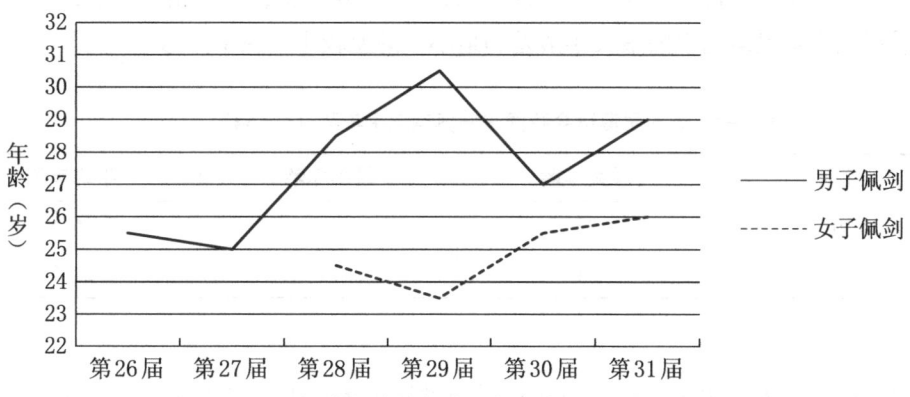

图 7-2　近 6 届奥运会佩剑前 8 名运动员平均年龄变化图

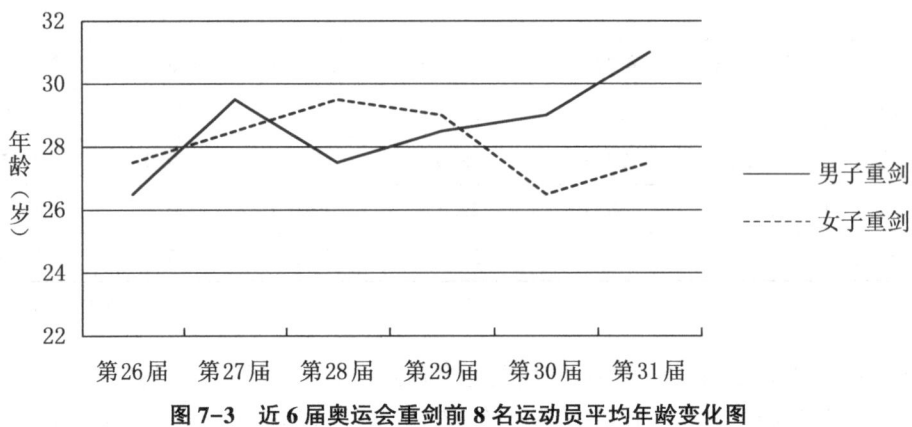

图 7-3　近 6 届奥运会重剑前 8 名运动员平均年龄变化图

第二节　我国击剑奥运选手年龄特征

一、总体年龄特征

表 7-4 为第 26 届至第 31 届奥运会我国击剑男女运动员最大年龄、最小年龄与平均年龄的数据表。从表中可以看出：

①我国男奥运选手最大年龄与最小年龄相差 13 岁；

②我国女奥运选手最大年龄与最小年龄相差 12 岁；

③我国男女奥运选手平均年龄分别为 26.5 岁、24.5 岁，男女相差 2 岁；

④我国男女奥运选手的最大年龄差和最小年龄差较小，在 1~2 岁。

表 7-4　近 6 届奥运会我国击剑奥运选手年龄（$N=64$）　　　　　　单位：岁

性别	最大年龄	最小年龄	平均年龄
男	33	20	26.5
女	31	19	24.5

（依赵传杰，2016）

表 7-5 为近 6 届奥运会我国奥运选手与世界奥运选手的最大年龄、最小年龄、平均年龄的比较。从比较来看，我国奥运男女选手的最大年龄和平均年龄均小于世界奥运选手，而我国奥运选手参赛的最小年龄又均高于世界奥运选手。因此，我国击剑奥运选手的运动寿命均低于世界奥运选手的运动寿命，这不得不说是一种人才的浪费。

第七章 击剑竞技参赛选手年龄特征

表 7-5 近 6 届奥运会我国选手与世界选手年龄比较　　　　　　单位：岁

性别	最大年龄			最小年龄			平均年龄		
	中国		世界	中国		世界	中国		世界
男	33	<	42	20	>	19	26.5	<	28
女	31	<	39	19	>	18	24.5	<	28

（依赵传杰，2016）

二、各剑种年龄特征

表 7-6 为近 6 届奥运会我国各剑种运动员平均年龄，通过对近 6 届奥运会我国奥运选手与世界奥运选手各剑种平均年龄的比较，来探讨分析我国击剑奥运选手的年龄特征。

表 7-6 近 6 届奥运会我国各剑种运动员平均年龄（$N=64$）　　　　　　单位：岁

剑种	第 26 届	第 27 届	第 28 届	第 29 届	第 30 届	第 31 届
男子花剑	24.3	26.8	30.0	24.0	28.5	27.3
男子重剑	25.0	28.0	25.5	25.5	27.0	28.0
男子佩剑	24.0	23.0	23.0	26.0	27.0	24.0
女子花剑	26.7	25.0	28.0	26.5	24.0	26.5
女子重剑	26.0	24.3	23.3	27.0	24.8	25.3
女子佩剑	—	—	21.0	23.5	24.0	26.0

（依赵传杰，2016）

图 7-4、图 7-5、图 7-6 为近 6 届奥运会我国奥运选手各届奥运会平均年龄变化图，从中可以看到年龄的变化除了男子佩剑和男子花剑下降外，其他剑种具有一定的上升态势。从年龄区间看主要在 24~26 岁波动，波动的区间相对较小。

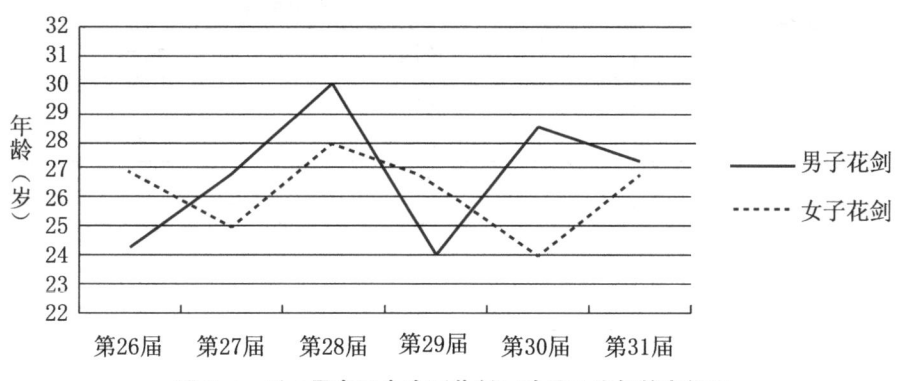

图 7-4 近 6 届奥运会我国花剑运动员平均年龄变化图

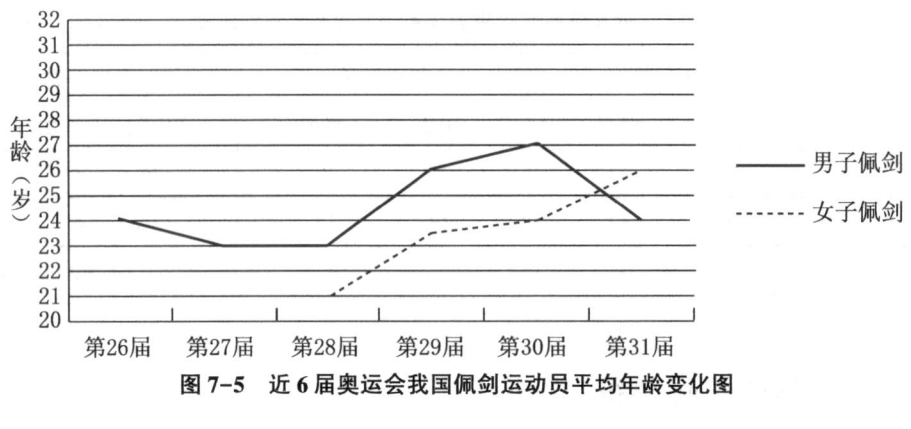

图 7-5　近 6 届奥运会我国佩剑运动员平均年龄变化图

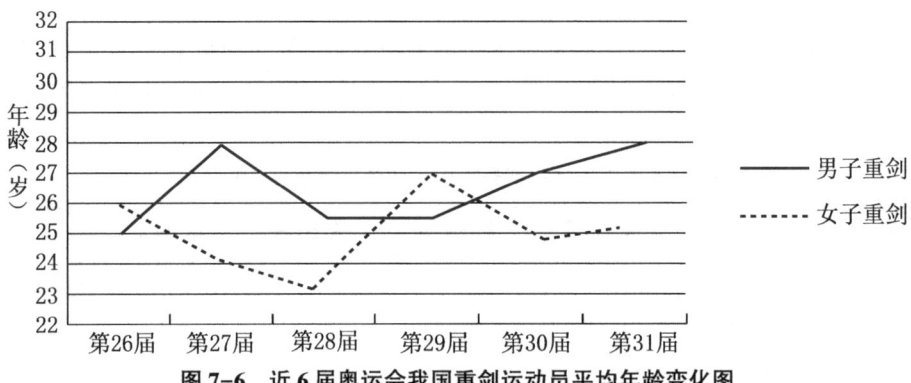

图 7-6　近 6 届奥运会我国重剑运动员平均年龄变化图

表 7-7 为我国奥运选手与世界奥运选手的平均年龄比较，从中看出除了我国男花奥运选手平均年龄大于世界奥运选手年龄外，其他剑种的平均年龄均小于世界奥运选手平均年龄。这主要是由于我国男花"三剑客"以及雷声、马剑飞最后参加奥运会时年龄均已超出平均年龄，为 27 岁，所以整体上看中国男花选手参加奥运会的年龄偏大。

表 7-7　我国奥运选手与世界奥运选手各剑种年龄比较　　　　　单位：岁

剑种	平均年龄		
	中国		世界
男子花剑	27	>	25
男子重剑	27	<	29
男子佩剑	25	<	29
女子花剑	26	<	28
女子重剑	25	<	28
女子佩剑	24	<	25

（依赵传杰，2016）

在奥运选手年龄比较上，我国奥运选手的运动寿命已低于世界奥运选手的寿命。从我国奥运选手参加奥运会的次数来看，我国奥运选手参加五届奥运会的只有1人次，占总人数的1.5%，参加四届的4人次占总人数的6.25%，参加三届的8人次占总人数的12.5%，参加两届的17人次占总人数的26.56%，从上面比例看，我国参加过两届以上的奥运会选手不足50%，超过一半选手是只参加了一届奥运会后就结束了奥运生涯。

第八章
击剑运动员程序化参赛

近十几年来,围绕竞赛制胜和失败因素的研究越来越多,如何提高运动员的比赛能力,让运动员在比赛中充分发挥甚至超水平发挥,如何有效地将训练成绩转化为比赛成绩,一直是困扰整个体育界的难题。

随着竞技运动的发展,运动员实力更加接近,参赛风险逐步显现出来。从近几年重大赛事上击剑运动员的表现能清楚地看到参赛风险问题的突出。

事例1:1996年奥运会男花团体比赛中国队迟到(图8-1)。

图8-1

事例2:2008年奥运会男花个人决赛面罩故障(图8-2)。

图8-2

事例3：2008年奥运会女佩团体决赛中国队崩盘（图8-3）。

图8-3

事例4：2012年奥运会女重个人半决赛计时问题（图8-4）。

图8-4

从上面选取的事例中可以看到，击剑运动员的参赛风险因素众多，从个人风险（体能、技战术、比赛经验、心理素质等）到比赛环境风险（时间与地点、场地与器材、地理气候、裁判与教练、观众与媒体等），给人的感觉是防不胜防。

训练水平和比赛成绩的不对等是一个不争的现实，一般是比赛水平略低于训练水平。值得注意的是，多数教练员把原因归咎于训练上，尤其是心理训练水平上。其实，无论把训练做得如何好，都难以实现训练水平和比赛水平的对等。因为训练是简单的、封闭的，而比赛是复杂的、开放的。对竞赛的不确定性、随机性或偶然性的认识为参赛风险研究奠定了良好的基础。同时部分研究促进了程序化参赛理论的建立。

为了降低参赛风险，我国广大体育工作者通过对比赛的特征和规律进行科学的归纳和总结，提出了程序化参赛这一模式，从2002年开始，程序化参赛经过了世界杯、第14届亚运会、世界锦标赛、雅典奥运会等13次国际大型比赛的验证，取得了非常好的效果，从而成为我国备战世界大赛的基本模式。

第一节　程序化参赛的基本内涵及作用

提出和坚持程序化参赛是我国竞技体育领域的一项实践创新，并已经成为我国许多项目取得大赛成功的经验。我国传统优势项目，如跳水、乒乓球、射击等，通过认真贯彻程序化参赛策略，在世界大赛上取得了优异的运动成绩。部分优秀运动员逢大赛必"败"，固然有技术落后、心理素质脆弱等因素，但忽视对比赛各环节的深刻认识也是其中的重要因素之一。大量参赛经验表明，一个项目的落后除了训练水平较低以外，很重要的原因就是缺乏对参赛过程全面深刻的理解以及对成功参赛科学模式的归纳。

一、程序化参赛的基本内涵

所谓程，讲的是规章、制度或形式；序，讲的是区分或排列位置，程序是指事物运动的某种次序或过程或环节，含有某种秩序或顺序的意思。程序含有时间和空间的概念。大千世界，不论是自然的运动、社会的运动，还是人类的思维运动，无不存在着程序。一切竞技体育比赛成功者的表现都在于不断地克服来自自身和外部的干扰或破坏，调适各种程序，使之系统运动趋于一种整体上的和谐完美。

按照系统科学的理论观点，程序化是对系统复杂要素的逻辑梳理和有序排列的过程。按照运动训练学的基本理论，参赛过程的程序化是通过探寻运动员的训练状态向参赛状态合理转移的过程而建立的参赛模式，可视为对运动员参赛过程的优化。这种优化不仅为运动员参赛提供了科学管理的模式，也为教练员和运动员在赛前树立自信心，将通过训练而获得的生物学和心理学能力在参赛过程中的动员和激发奠定了理论与实践基础。在竞技体育比赛中都存在结构明确并具有相对时期稳定性的比赛程序。因此，程序化参赛就是按照运动竞赛中结构明确并具有相对时期稳定性的比赛程序参赛。简而言之，就是按照一定的程序参赛。

程序化参赛的基本内涵包括3个方面的内容：①程序。就是比赛通则、竞赛规则等原则意义上的程序，是制度化的程序。②对象。程序化参赛并非针对某些运动员，而是任何运动员的参赛都不能例外。③程序的运用带有强制性。推行程序化参赛，是优化参赛过程机制的基础性条件。

二、程序化参赛的作用

运动员在参赛过程中会面临众多的问题。这些问题可以分为结构性问题和非结构性问题。所谓结构性问题，是指那些在参赛过程中发生频率高，信息结构完整，原因清楚明了，以往有解决类似问题的经验，结果具有一定的可预知性的问题。反之，不符合这些特征的其他问题就是非结构性问题。现代管理科学的观点认为，结构性问题要用程序化方法来解决。科学的参赛过程在很大程度上也是教练员、运动员对参赛各构成环节的科学管理的过程。精细的程序化参赛也许会限制运动员、教练员自由活动的空间，但可以实现对参赛各环节的有效控制。当前世界大赛运动员竞技实力差距的细微化，任何细小的疏忽都可能导致参赛的失误，这也是部分项目提出"零失误参赛工程"的出发点之一。运动员、教练员的主观作用在参赛过程中应主要表现在对非结构性问题的处理上。通过具体程序保障参赛过程的科学化，强调遵守一定的程序，不随意精简和颠倒，能避免参赛过程的种种失误，避免因不守程序或乱用程序造成的参赛失误，可从根本上保证参赛的效率和效益。

因此，程序化参赛的主要作用在于用程序化方法来解决和控制结构性问题。程序化参赛的主要作用归结为：①通过程序化方案的制订可以使参赛群体，包括教练员、运动员、管理人员及其他工作人员形成共识，从而形成强大的心理氛围；②程序化参赛可以避免运动员因过度紧张而忘却某些重要参赛环节的问题发生；③程序化参赛可以使不同的角色各归其位，使比赛的现场忙而不乱；④程序化参赛可以为运动员发挥比赛能力提供必要的保障。

综上所述，程序化参赛的主要作用包括两个内容：①程序化参赛可以增加参赛系统各要素的有序程度，形成参赛的有序状态和结构；②程序化参赛可以使运动员排除其他干扰，使身心凝聚在比赛过程，达到预定目标。具体来讲，程序化参赛的作用主要是利用时间、空间、生理、心理等多种因素的有序安排和实施，为运动员提供脉络清晰的操作路径，为运动员尽可能表现出自己应有的竞技能力提供客观保证，并将比赛过程中的失误率降到最低限度。

第二节　击剑运动员程序化参赛影响因素的评估与分析

运动员参赛影响因素的评估是参赛管理的第一步，是对未来比赛中运动员可能面临和潜在的影响因素加以分析、归类。运动员参赛影响因素的评估主要是对未来运动竞赛中可能出现或遇到的问题进行提前预测，以便在赛前与赛中采取有效措施加以应对。

击剑运动员参赛影响因素由参赛自身因素和参赛环境因素组成。参赛自身因素涉及运动员的战术、技术、体能、心理、伤病、经验、管理七个方面，这七个方面表现是决定其竞技表现的竞技因素。击剑运动员参赛的环境因素，主要包括裁判判罚、时间地点、生活交通、队伍管理、场地器材、教练员指挥六个方面，参赛环境因素的好坏会直接影响运动员的参赛质量与成绩走向（图8-5）。

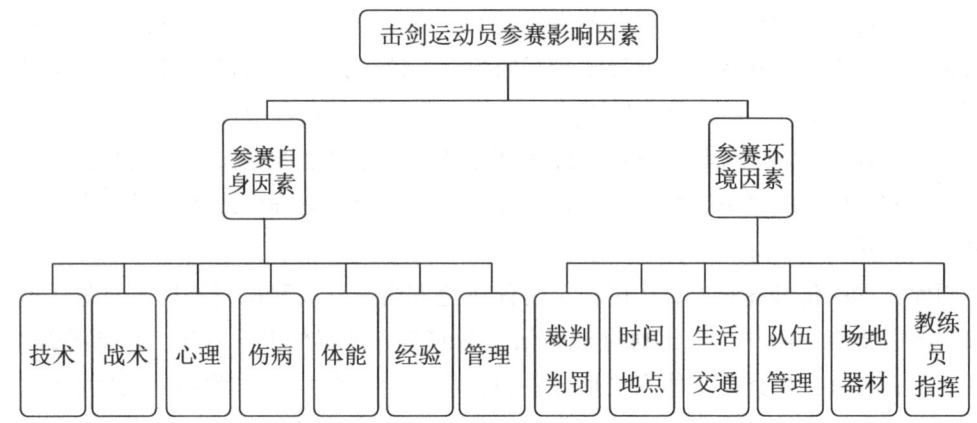

图 8-5　运动员程序化参赛影响因素

一、击剑运动员程序化参赛影响因素的评估

（一）自身因素对运动员程序化参赛影响程度的评估

2016年通过对国家击剑队运动员在自身方面可能遇到的各层面影响因素调查分析得出，排在前三位的影响因素为技术方面、比赛经验方面和伤病方面（图 8-6）。

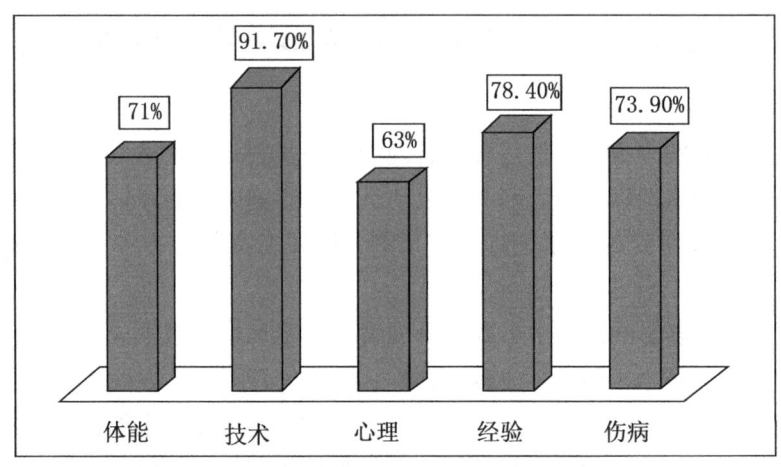

图 8-6　自身因素对击剑运动员程序化参赛影响程度的评估

（二）环境因素对运动员程序化参赛影响程度的评估

通过 2016 年国家击剑队运动员在环境方面可能遇到的各层面影响因素调查分析得出，排在前三位的比赛影响因素为裁判员问题、生活交通问题和场地器材问题（图 8-7）。

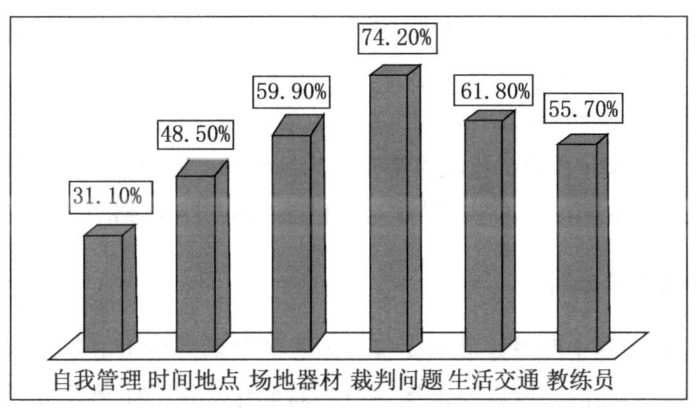

图 8-7　环境因素对击剑运动员程序化参赛影响程度的评估

二、击剑运动员程序化参赛影响因素的分析

（一）自身因素对运动员程序化参赛影响因素的分析

自身因素主要是运动员的竞技能力因素，包括体能、技术、战术等。运动员自身因素在比赛中的表现取决于他们所具有的竞技能力及在比赛中的发挥程度，而运动员在比赛中所表现的竞技水平又是影响运动成绩的内因，是最根本的和最重要的原因。竞技能力可以通过训练和比赛及一系列措施来提高和改善，也是相对可以控制的，否则临场指导和运动员的自我调控就失去了意义。

1. 体能问题调查分析

从狭义上讲，体能指人体各器官系统的机能在体育活动中表现出来的能力，包括力量、速度、灵敏、耐力和柔韧等基本的身体素质，以及人体的基本活动能力和运动能力。技术的精确度与稳定性是击剑竞赛中所必备的重要因素，但是体能要素仍占着相当重要的地位，如果没有体能基础为后盾，即使再好的技术也难以获得胜利。因此，击剑比赛中对体能方面的风险调查是十分必要的。

体能方面一般不会对比赛程序造成较大的影响，体能问题对比赛程序的影响依次为：①比赛前半段体力消耗过大，后半段时感到体力不支；②赛前准备活动不充分（运动量过大或过小）；③女运动员来例假没有防范措施；④赛前训练安排不合理引起的疲劳；⑤个人比赛结束后在体能上影响后面的团体赛；⑥比赛中出现抽筋现象。

2. 技术问题调查分析

技术方面一般会对比赛程序造成较大的影响，特别是缺少制胜的技术绝招等，其余方面影响的可能性均较小，技术问题对比赛程序的影响因素依次为：①比赛中技动作失误（转换问题）；②比赛中技术动作失误（熟练问题）；③感觉技术掌握了，但比赛运用不上；④关键比分时"特长技术"运用失误。

击剑比赛同任何其他的对抗性项目一样，在赛场上没有绝对的优势技术和战术。换而言之，就是击剑运动中所有的技战术都是互为制约的，胜负取决于临机处理得正确与否。必须明确的是，脱离战术思想的技术是没有意义的，即单纯依靠技术无法赢得比赛。

3. 心理问题调查分析

运动员能否在大赛中取得好成绩受很多因素的制约。由于击剑运动是在不断变化的形势下进行攻防格斗的，所以要求运动员不断变化交锋的距离及节奏，并通过变化技战术去创造和捕捉所得的时机。在攻防的移动中，所有技战术的运用都伴着心理决策。

就击剑项目而言，心理能力可分为攻击性心理能力和防御性心理能力，攻击性心理能力要求运动员要有较高的攻击欲望、果断的决策能力和积极的心态。防御性心理能力则要求运动员要有冷静的思维、清晰的判断和较强的抗压力忍耐力等。

心理问题对比赛程序的影响因素依次为：①求胜心切、急于求成；②关键比赛场次背上沉重的思想包袱；③特别害怕某种类型的对手；④比赛中受裁判影响，注意力不集中；⑤重视比赛结果，忽视比赛过程。

4. 经验问题调查分析

根据击剑运动的特点，其战术除具有一般竞技运动特点外，还具有击剑项目的个人独立性、战斗行动的相互性，以及应变的快速性、精确性、欺骗性、意外性、预见性、主动性、果断性等击剑项目特有的特点。以上特点的获得和平时的训练是密不可分的，但是仅仅依靠训练还不够，因为训练是封闭的，而比赛则是开放性的，从训练到比赛实战的转变过程中比赛经验是非常重要的，在比赛中丰富的经验可以保证击剑项目特有的特点得到很好的发挥。

通过调查，经验问题对比赛程序的影响因素依次为：①比赛的应对办法欠缺；②连续失分的解决办法欠缺；③比赛规则的利用方法欠缺；④对裁判误判的应对措施欠缺。

5. 伤病问题调查分析

击剑运动是一项对抗性、技术性强，手上动作变化复杂，步法移动快而频繁，攻防转换快，竞争激烈的格斗项目，在激烈对抗的过程中容易产生运动损伤。因此，积极防治击剑运动损伤对提高运动成绩，延长运动寿命有十分重要的意义。

总体来说，伤病问题对比赛程序造成影响的可能性大部分较小，只有赛中发生能继续比赛的伤病和身体一直有伤病发生的影响中等，其余的影响的可能性均较小，伤病问题对比赛程序的影响依次为：①身体始终有伤病；②自我防范伤病的意识不强；

③自我防范伤病的措施不力。

（二）参赛环境因素对运动员程序化参赛影响因素的分析

环境因素主要是竞赛现场因素，包括裁判的判罚情况、赛场的主客情况、观众的情绪等。而环境的变化或多或少会影响到运动员的表现，与运动员自身相比环境之间的相互联系一般较弱，不够规则，系统性较差，相对不可控，但高水平的运动队应该具有一定的自控力，利用外界提供的可能条件把自身的潜力转化为现实的实力，从而提高竞技表现的水平。

1. 自我管理问题调查分析

在自我管理问题上绝大部分事件对比赛程序造成影响的可能性较小，发生的可能性较大的为：①使用的器材没有调试好；②匆忙上场比赛。影响的可能性中等的为：准备活动不充分。影响的可能性较小的依次为：①向仲裁或组委会申诉；②使用的器材丢失或损坏或没有调试好；③信息回避不好；④与对手、观众打架或互相谩骂；⑤个人财物被盗或遗失；⑥不随身携带或丢失比赛证件；⑦违反组织纪律或作息制度；⑧不服从领队或教练员的管理；⑨比赛迟到；⑩比赛时间沉溺于娱乐活动；⑪比赛行为不检点、失态；⑫不按比赛程序和要求去做；⑬没有准备好规定的比赛服装。

2. 时间地点问题调查分析

比赛气候与地理问题调查结果显示，调查项中产生影响的可能性均较小，依次为：①高海拔地区；②气温高异常闷热；③不习惯天气多变或气候反常；④不习惯在阴冷潮湿的条件下比赛；⑤赛场特别冷，让人无法适应在大雾或多雨的季节比赛。

在击剑运动中，比赛时间和地点对比赛程序影响可能性均较小，时间地点方面影响比赛因素依次为：①时差影响比赛；②不愿在主场比赛；③不习惯早上或中午比赛。

3. 场地器材问题调查分析

在场地和器材方面击剑项目和其他项目有明显的不同，主要表现为击剑比赛需要器材较多，并且对场地和器材的要求较高。因此比赛场地与器材问题向来是教练员和运动员所重视的。

经过调查，比赛场地器材问题对比赛程序的影响因素依次为：①没有对比赛器材、服装做些改动（规则允许前提下）；②比赛中自身器械发生故障；③不适应临时更换的器材。

4. 裁判员问题调查分析

裁判员问题调查结果显示，影响比赛因素依次为：①裁判错判、漏判、反判；②裁判员对东道主选手格外关照；③裁判员偏袒一方；④裁判员的成见或歧视。

5. 交通生活问题调查分析

比赛生活与交通问题调查结果显示，产生影响的可能性较大的为：不懂外语带来的语言交流方面的困难和赛前失眠或睡眠不好。产生影响的可能性中等的为：①住地与赛场的距离很远；②饮食不适应（不习惯吃西餐）和因天气等原因导致航班或班车延迟堵车。产生影响的可能性较小的依次为：①住宿条件不好；②住地周围吵闹，噪声大；③水土不服；④饮食条件不好；⑤比赛当天早上不吃早餐；⑥比赛地传染病流行。

在社会支持问题中，产生影响的可能性较大的是：家人或领导的过高期望。产生影响的可能性中等的为：媒体对比赛选手关注过多和亲朋好友及领导到现场观看比赛。产生影响的可能性较小的依次为：①观众的不友好言行（起哄、鼓倒掌）；②与异性朋友发生矛盾；③记者采访或照相的干扰；④电视现场直播的影响；⑤亲朋好友病重与伤亡；⑥赛场强烈的噪音影响；⑦比赛选手受到观众的暴力袭击和观众突然涌入场地内。

6. 教练员问题调查分析

教练员是运动训练、比赛的基本要素，在训练、比赛过程中发挥主导作用，教练员方面影响比赛因素依次为：①赛前对对手不了解、信息不畅；②赛中情绪失控；③对自己队员的近期情况不了解。

7. 管理因素

在运动队管理问题方面，调查结果显示其对比赛程序造成影响的可能性均较小，依次为：①领队、教练管理方式方法不科学；②放松管理导致队伍松散、作风涣散；③运动队管理人员分工混乱或配合不好；④忽视比赛组织纪律教育；⑤主力运动员带头违纪和比赛纪律不健全。

【案例10】国家击剑队男子花剑组 2016 年里约奥运会赛前训练、参赛准备方案（叶冲、林亮，2015 年）

阶段	时间	训练、参赛准备内容
第一阶段	2015 年 12 月 1 日/ 2016 年 1 月 15 日	①研究各国主要对手的技战术特点，明确主要对手的针对性打法
		②强化特长技术运用的成功率，完善特长技术动作中的漏洞与不足
		③强化实战中的强度与专项体能
		④对重点队员的心肺机能平台的建立，强化心肺机能临界点的训练，提高在强对抗时的比赛能力
		⑤调整运动员的竞技状态与心理状态，以良好的状态打好奥运会资格赛

续表

阶段	时间	训练、参赛准备内容
第二阶段	2016年1月16日/ 2016年3月31日	①继续完善特长技及技术的运用
		②突出比赛心理和意志品质在半时训练中的磨练
		③模拟各国主要对手的打法特点并针对性训练
		④狠抓高强度下的比赛对抗能力
		⑤对奥运会比赛可能出现的各种情景继续模拟训练
		⑥调整好运动员的竞技与心理状态，以良好的状态打好奥运资格赛的最后几站
第三阶段	2016年4月1日/ 2016年8月上旬	①请专家对参加奥运会的队员继续全面诊断，在思想、作风、技术、战术、体能、心理等方面进行排查并提出具体要求与训练方案
		②决赛前一个月继续全面的封闭训练，集中精力备战奥运会
		③制订好奥运会程序化参赛方案，梳理个人赛、团体赛赛前、赛中、赛后可能发生的问题及应对措施
		④继续模拟各国主要对手的打法特点并针对性训练
		⑤强化赛点的训练，提高抗压能力
		⑥注重训练前的准备活动与训练后的放松整理，加强对伤病的防范和康复治疗
		⑦模拟奥运会比赛的情景及提前适应比赛地的时间、气候等

【案例11】 国家击剑队男子花剑组2009—2012年三大赛参赛方案（王海滨，2013年）

表1　2009—2012年三大赛参赛计划与目标一览表

年份	参赛次数	主要比赛	参赛目标	成绩目标
2009	5	世界杯 世界锦标赛	选拔 定阵容	团体：排名世界前4名
2010	11	世界杯 世界锦标赛	提高世界排名	个人：排名世界前8名 团体：排名世界前2名
2011	8	奥运积分赛 世界锦标赛	获得足够的奥运积分 保持排名世界前列	个人：排名世界前8名 团体：排名世界前2名
2012	10	奥运积分赛 奥运会	获得奥运资格 力争较好的奥运排位 奥运会成绩突破	奥运会金牌或奖牌

表2　2009—2012年世界杯参赛计划一览表

时间	参赛次数	成绩目标	参赛目标	备注
2009年 5—6月	3	团体：排名世界前4名	以赛代练提高比赛能力	非奥运积分赛

续表

时间	参赛次数	成绩目标	参赛目标	备注
2010年1—6月	9	个人：1人排名世界前8名 团体：排名世界前2名	全面增强实力 提高世界排名	奥运积分赛
2011年1—3月	4	团体：排名世界前2名	观察对手提高技战术运用能力	
2011年5—6月	2	全力争取好成绩	打破僵局的办法 落后局面的应对	
2012年1—3月	4	团体：排名世界前2名 个人：2~3人排名世界前16名	针对性训练调整状态	
2009年4—6月	4	保持世界排名力争更有利的奥运排位	强化个人特长适应奥运会比赛情境	

表3 2009—2011年世界锦标赛参赛计划一览表

时间	准备期	存在问题	训练任务	成绩目标
2009年11月		全运会与世锦赛比赛间隔1周，运动员较难在短时间内达到二次高峰	通过训练调控状态提高技术精准度，减少自身失误提高抗压能力条件，情境模拟训练，心理调节训练	力争前3名
2010年11月	12	面对逆境、困难，应对办法不多。对风格硬朗的队伍、对手，胜率不高		冲击冠军
2011年10月	11	团体赛参赛心理负担大。连续失分时有出现		获得奥运出线权 保持团体前2名

表4 世界锦标赛参赛方案一览表

比赛场次	对手情况	困难	解决办法
第1场	资格赛中胜出排名靠后的运动员	对手实力相对弱，但已进入比赛状态	快速进入比赛状态、集中注意力（简单技术重复练习）
第2场	新手	对对手情况了解不多	杜绝轻敌思想
第3场	排名前16的运动员	实力强	敢于对抗
第4场	前一轮比赛中获胜的运动员	竞技状态好、冲劲足	快速进入比赛状态、集中注意力、专注于比赛、敢于对抗技战术的合理运用
第5场	排名靠前的运动员、前一轮比赛中获胜的运动员	重新进入比赛状态想赢怕输	
第6场	世界著名运动员、前一轮比赛中获胜的运动员	夺冠压力体能不足	

表5 2012年伦敦奥运会参赛计划一览表

时间	准备期	困难	解决办法	成绩目标
2012年8月	5周	异地参赛 对比赛结果期望值高 比赛压力大 首场比赛难度大 准备期短	对手分析 条件、情境训练 心理调适 状态调整	冲击冠军

表6 2012年伦敦奥运会参赛方案一览表

比赛场次	困难	解决办法
第1场	进入比赛状态慢 过分重视	延长准备活动时间，提高准备活动的强度，语言暗示及其他心理调节手段
第2场	状态的起伏	保持安静、注意力集中 简单的技战术指导
第3场	实力强	敢于对抗
第4场	重新进入比赛状态 想赢怕输	延长准备活动时间，提高准备活动的强度 加强准备活动针对性 安排技术简单但准确性要求高的技术练习 语言暗示、其他心理调节手段
第5场	夺冠压力	注意力集中、敢于获胜

第三节 击剑竞技程序化参赛的措施

针对程序化参赛的影响因素，应建立相应的应对机制，加强保障团队的建设并不断优化比赛程序。

一、建立程序化参赛影响因素的应对机制

机制（Mechanism）原是"用来制造某事物的工具或者事物产生的物理过程或精神过程"，也指"为达到某一目的而采取的习惯行动"。从系统论分析，机制是指系统内各子系统、各要素之间相互作用、相互联系、相互制约的形式和运动原理以及内在的本质的工作方式；从因果观分析，机制可以引申为两个事物间的可能存在的"经常发生的、易于辨识的因果关系"。基于此，我们可以这样认为，建立程序化比赛影响因素应对的机制目的是针对比赛主题进行恰当的制度安排、构造明确的行为模式，最大限度地消减比赛的不确定性。

各影响因素始终贯穿于程序化比赛的进程当中，防范应对各影响因素的最好办法

是形成相应的机制,机制一旦形成,就可以循环进行。只有应对各影响因素,机制化才能长久进行,推陈出新。程序化比赛影响因素的应对机制应包括影响因素、应对策略、比赛实践检验和反馈信息等部分。影响因素可根据击剑评估与调查中的主次关系和发生的概率以层次分明、重点突出、兼顾整体的原则进行防范。目前,影响因素的应对策略可分为以下四种:风险降低(Risk Reduction)、风险回避(Risk Avoidance)、风险转移(Risk Transfer)和风险自留(Risk Acceptance)(表8-1)。

表8-1 程序化参赛影响因素的应对机制

具体情况	应对策略
对危害大、概率大的因素要避免	风险回避
对危害小、概率大的因素,可采取措施降低影响程度	风险降低
对危害大、概率小的因素,可采取保险或合同条款将责任转移	风险转移
对危害小、概率小的因素,可采取积极手段来控制	风险自留

(依石岩等,2004)

程序化参赛影响因素的应对机制的原动力在于内部反馈信息,随着比赛实践的进行和时间的推移,影响因素和应对策略必然不适应比赛的需要,这种不足汇聚在了内部反馈信息中,形成这一机制的原动力即内部反馈信息会对风险源和应对策略进行调整优化,进而达到良性循环的目的(图8-8)。

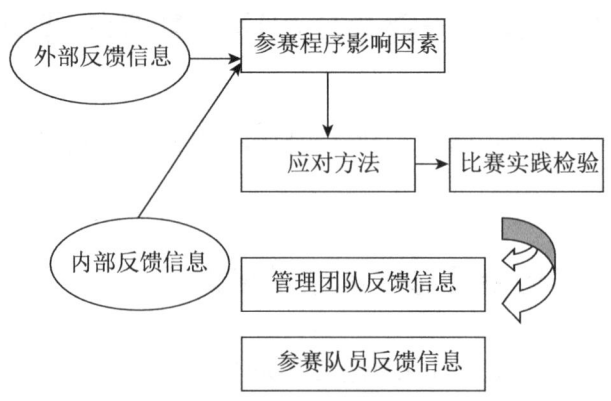

图8-8 程序化参赛影响因素的应对机制示意图

(依石岩等,2004)

二、加强保障团队建设

提到保障团队,很多人会想到足球队所配备的庞大的保障团队。所谓的庞大,一是数量的多,二是分工细致明确。其实击剑队也应该加强保障团队的建设,由于击剑比赛人数远少于足球,所以保障团队人数可以少一些,但分工一定要细致明确,比赛程序是一环接一环的,其保障也应该是全过程的。对程序化比赛管理实行多头分段管理的体制,可以保证团队分块管理队员,不仅有利于防范突发事件,而且可以不断优化比赛程序,有利于运动队成绩的提高。所以说,加强保障团队的建设是十分必要的(图8-9)。

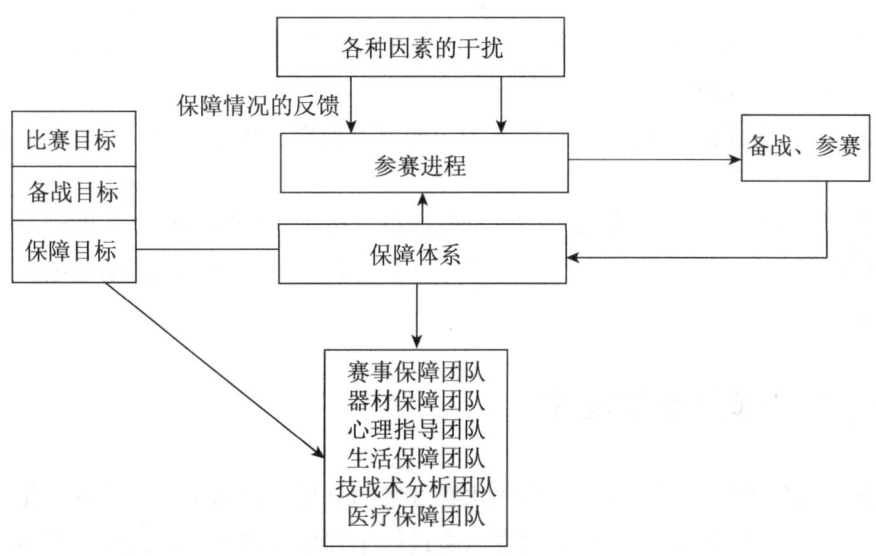

图 8-9 团队建设及运作示意图

保障体系建立后,保障团队重点保障什么?这是我们必须解决的一个问题:"保障团队+影响因素分层表"模式可以解决这一问题,使保障团队能够把握重点,有的放矢地去做好自己的本职工作。

赛事保障团队主要负责对赛事的保障,包括比赛的时间、地点、规程以及与裁判仲裁方的协调等,保障比赛的顺利进行;在环境因素对击剑运动员程序化参赛影响程度的评估中影响程度较大的是裁判方面(图8-7)。赛事保障团队人员处理方式绝不是压抑或批评运动员,而应使运动员在思想上得到认识;比赛中的误判或错判是客观存在的;服从裁判员的判决、克制自己的不良情绪是一名优秀运动员应具备的基本素质;保持冷静的头脑、平和的心态继续比赛,才能更有利于发挥应有的竞技水平。同时,在战术上要引导运动员积极利用自身行为影响裁判,比如在花剑、佩剑比赛中若出现"互中"时,运动员可及时做出握拳的兴奋姿态表示优先击中信号来影响裁判。

器材保障团队主要负责保障比赛所用器材与服装,由于击剑比赛需要器材较多,并且对器材的要求较高,因此在器材保障方面,团队人员应做到谨慎细致。

医疗保障团队须确保运动员不带病训练和比赛,如遇到伤病应及时妥善处理。击剑运动员髋骨区域损伤最为多见,其次是由于大腿后群肌的被动伸展不够所引起的过牵性损伤。医疗团队必须加强对运动员易伤部位的重点监控,监督运动员做好准备活动和训练后的放松整理活动,对于出现运动损伤的运动员,应做到早发现、早治疗、建立运动员伤病情况登记卡，做好运动员医务监督工作。

心理指导团队负责运动员比赛期间的心理指导，心理状态是影响击剑运动员比赛成绩的重要因素。影响运动员心理状态的原因也多种多样，心理指导团队在日常训练中要做一个有心人，仔细观察和分析每个运动员的心理特点，针对每个运动员的具体情况制订具体的个性化心理技能训练方案，做到有的放矢，达到事半功倍的效果。

技战术分析团队主要是对比赛的质量和效果进行监控，负责各个方面技术层次的分析，及时反馈给教练组。

生活保障团队负责保障运动员比赛期间的方方面面，包括饮食、睡眠、交通、购物等。

有强大的保障团队，更有利于好成绩的取得。按时间顺序纵横交互的管理体系更有利于管理的细化，这是对现有比赛程序的一次优化，对提高击剑运动成绩具有重要的现实意义。

三、不断优化比赛程序

通过对击剑项目特征和现有程序化比赛方案的分析，总结出了部分程序化比赛方案的制约因素，进而对击剑程序化比赛风险进行了评估与调查，以风险的视角去优化比赛程序。

比赛程序化并不是一个步骤接一个步骤地进行，而是各个职能部门协同工作的进程。优化比赛程序我们应注意两点：一是要考虑到项目本身的特征，这是优化比赛程序的根基。任何比赛方案如果忽略了项目本身的特征，都不会取得很好的效果；二是要注意比赛风险与比赛流程的衔接，在影响比赛进程方面，根据对击剑专家的调查，制订出了击剑程序化比赛影响因素表。经过筛选，认为鲍埃尔在2008年制订的比赛流程比较理想（表8-2、表8-3）。

表8-2　比赛进展——16步

比赛前	比赛中	比赛后
①比赛前一天	⑥小组赛	⑭离开剑道
②比赛前一天晚上	⑦比赛间的等待	⑮离开场地
③比赛日	⑧直接淘汰赛	⑯自我评价
④热身	⑨比赛间的等待	
⑤上剑道前的30分钟	⑩半决赛前的准备	
	⑪半决赛	
	⑫决赛前的等待	
	⑬决赛	

（依鲍埃尔，2008）

第八章　击剑运动员程序化参赛

表 8-3　比赛进展预案评定表

比赛前	运动员自评	教练员评定	比赛中	运动员自评	教练员评定	比赛后	运动员自评	教练员评定
①比赛前一天			⑥小组赛			⑭离开剑道		
②比赛前一天晚上			⑦比赛间的等待			⑮离开场地		
③比赛日			⑧直接淘汰赛			⑯自我评价		
④热身			⑨比赛间的等待					
⑤上剑道前的30分钟			⑩半决赛前的准备					
			⑪半决赛					
			⑫决赛前的等待					
			⑬决赛					

（依鲍埃尔，2008）

　　优化比赛程序应遵循重点把握和全面兼顾相结合的原则。赛前应重点把握以下方面。①心理层面：关键比赛场次背上沉重的思想包袱、参加大赛的心理压力大、害怕赢不过自己的对手；②生活交通方面：不懂外语带来的语言交流方面的困难、赛前失眠或睡眠不好；③社会支持方面：家人或领导的过高期望等问题。赛中要重点把握裁判员的判罚尺度及战术和比赛经验问题。赛后应做好对比赛成绩不理想的运动员的安抚，并总结经验教训。

　　影响比赛程序的因素贯穿于比赛全程，但是哪个阶段容易发生对比赛造成影响的事件是有侧重点的。例如，赛前裁判问题一般不会影响比赛程序，赛中生活交通问题一般不会影响比赛程序，赛后教练员问题一般不会影响比赛程序。各影响因素与比赛流程的衔接，主要由主教练和各个保障团队来操作并实施。衔接的效果如何，体现着教练员的执教经验和水平，同时也反映了具体保障团队的保障能力。

　　比赛的流程、进行的内容、涉及的影响因素和保障团队建设是一种互动的模式，不同的流程决定着我们从事不同的内容，不同的内容涉及的影响层面也不同，进而又需要不同的保障团队（图 8-10）。

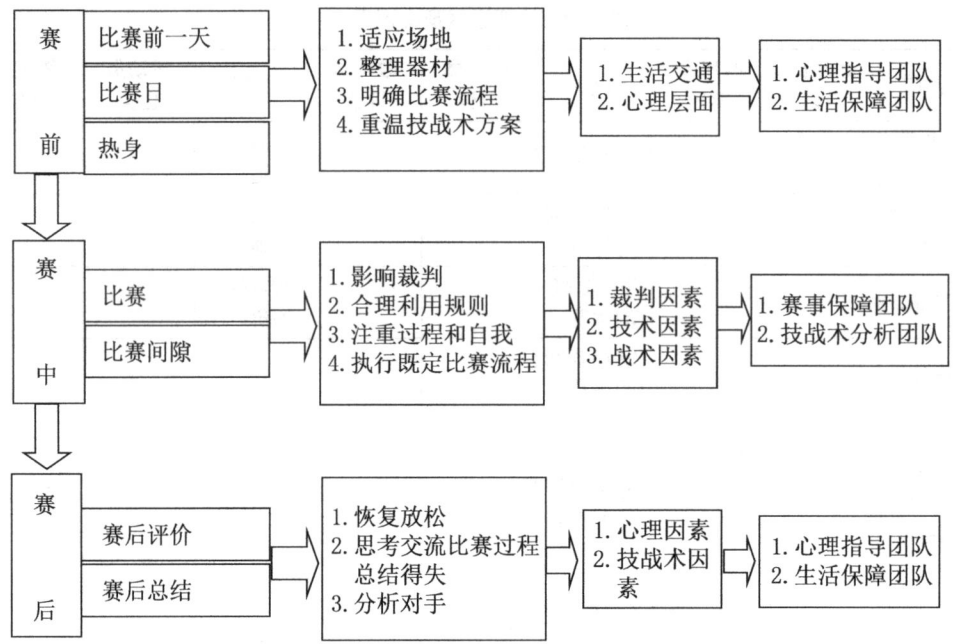

图 8-10 击剑"程序化比赛模式"方案

理想的程序化比赛模式是按时间顺序纵横交互的管理体系,这样更有利于管理的细化和精确,对提高击剑运动成绩具有重要的现实意义。

【案例12】国家击剑队男子花剑组2016年奥运会程序化比赛方案

表1 个人赛程序化比赛方案

日期	时间	项目	具体内容	应对措施	负责人
2016年8月2—5日	10:00—14:30	赛前训练	根据比赛的时间单元针对性地安排训练	①充分做好练前准备活动和练后拉伸运动,防止受伤;②做好防热、防凉准备,及时添减衣服;③注意饮食的摄入,合理安排饮食;④出发时的车辆安排,事先与队里联系协调好确切的开车时间	叶冲 陈昌癸
	16:00—18:30	赛前训练	业务学习、熟悉比赛场地		
	20:00—21:30	熟悉环境	与队员在奥运村走走熟悉环境(食堂、医务室、商店)		

第八章 击剑运动员程序化参赛

续表

日期	时间	项目	具体内容	应对措施	负责人
2016年8月6日	10：00—14：00	个人赛最后赛前训练	①简单地熟练手上动作； ②到比赛主馆感受比赛气氛		叶冲 陈昌癸
	16：00—18：30	准备会	①明确比赛流程，了解、清楚奥运会击剑比赛的规则和特殊要求。 ②确认场地情况、比赛时间、出发时间、早餐时间。 ③检查器材。 ④强调比赛的准备、各个环节的完善。 ⑤帮助运动员把之前制订的技战术方案再次重温	①根据比赛用品清单，一一对应进行检查。 ②准备会不宜太长，主要是各方面细节上的准备。 ③通过听音乐、聊天等分散注意力的方式，或到村里走走减轻压力	
	20：00—21：30	检查比赛装备	教练负责检查运动员的比赛器材，将检查好的器材装到剑袋中： ①整剑4把，备用剑条1个。 ②护面2个。 ③比赛服1套，金属衣2件。 ④手套3副。 ⑤击剑袜2双。 ⑥领奖服1套。 ⑦短袖4件。 ⑧能量补剂1瓶。 ⑨毛巾1条。 ⑩手线4根。 ⑪修剑工具箱。 ⑫矿泉水（要求：每人带6瓶，开瓶喝过后，如果离开了自己的视线就绝不要再喝了）		
2016年8月7日	07：00—08：00	去比赛场地	①准时到发车地点等候； ②充分利用路途时间休息、放松	①再次检查比赛装备。 ②互相提醒注意事项	叶冲 陈昌癸
	08：00—09：30	赛前热身	①20分钟，慢跑、跑跳练习。 ②10分钟，拉伸练习、基本技术练习。 ③20分钟，个别课。 ④30分钟，双人实战。 ⑤10分钟，牵拉放松	热身时运动员积极与教练员和医生配合	
	09：45—10：15	赛前检录	①到器材处检验器材。 ②在检录处坐等30分钟。 ③采用自己喜欢的方式，调节情绪和注意力	①器材出现问题或遗忘物品要及时与教练员联系。 ②器材检查时和在检录处要始终有第二人陪伴。 ③坐等时，时不时起身做些跳跃练习，或	

续表

日期	时间	项目	具体内容	应对措施	负责人
2016年8月7日				是坐在椅子上做一些伸展运动，保持身体的热度与兴奋性	叶冲 陈昌癸
	10:15—12:05	单败32表	①教练员注意各局间运动员水的补充。②临场指挥简明扼要。③根据队员场上表现采用鼓励和激励语言	要按照比赛的预案进行	
	32表与16表之间	休息	①调整心态、体力恢复、适当补充水和能量。②根据下一场单败对手情况，安排比赛战术。③及时更换衣服，肌肉放松牵拉。④观察运动员情绪，及时给予心理帮助	①如有伤病及时进行处理。②根据自身状况，进行必要的热身和饮食	
	12:30—13:20	单败16表	①教练员注意各局间运动员水的补充。②临场指挥简明扼要。③根据运动员场上表现采用鼓励和激励语言	①要按照比赛的预案进行。②比赛更加激烈，场上突发事件概率增加	
	16表与8表之间	休息	①调整心态、体力恢复、适当补充水和能量。②根据下一场单败对手情况，安排比赛战术。③及时更换衣服，肌肉放松牵拉。④观察队员情绪，及时给予心理帮助	①如有伤病及时进行处理。②根据自身状况，进行必要的热身和饮食。③比赛装备要重点查验	
	13:45—14:05	单败8表	①教练员注意各局间运动员水的补充。②临场指挥简明扼要。③根据运动员场上表现采用鼓励和激励语言	①要按照比赛的预案进行。②比赛更加激烈，场上突发事件概率增加。③根据对手和临场裁判要有针对性布置	
	8表与半决赛之间	休息	①调整心态、体力恢复、适当补充水和能量。②根据下一场单败对手情况，安排比赛战术。③及时更换衣服，肌肉放松牵拉。④观察运动员情绪，及时给予心理帮助	①如有伤病及时进行处理。②根据自身状况，进行必要的热身和饮食。③比赛装备要重点查验	
	14:30—15:30	决赛前热身	①一般活动30分钟，慢跑、跑跳、调动兴奋性。②个别课20分钟，恢复手脚感觉。	①教练员和医生陪伴队员进行整个热身过程，不时用语言鼓励	

续表

日期	时间	项目	具体内容	应对措施	负责人
2016年8月7日			③牵拉放松10分钟，穿好衣服准备检录	队员。②将牵拉工作做足，充分缓解肌肉硬结现象	叶冲 陈昌癸
	16:00—16:50	半决赛	集中注意力，关键剑一定要与教练互动	教练员要根据场上局势必要时与裁判交涉	
	半决赛与决赛之间	决赛前休息	①主要减少不良信息的涌入。②在较封闭的地方休息	准备好比赛装备，特别是备用的比赛装备	
	17:45—18:05	决赛	准备充分，简化过程，注意细节	①在赛点时教练员要不断提醒队员时间，同时还要提醒运动员易犯的习惯性错误。②决一剑时大声提醒队员以主动为主，千万不能打反攻。③比赛一天下来，运动员双方都会出现一些伤病，这时要有应对措施。④随时注意比赛器械的异常变化	
	18:10—18:17	颁奖	穿好颁奖服	注意饮食	

注：队员有马剑飞、雷声、陈海威、施嘉洛；2016年8月2—7日，巴西里约热内卢。

第九章

击剑运动员竞技能力的参赛变异

运动员竞技能力的参赛变异是指其在比赛中所表现出来的竞技水平与训练过程中所获得的竞技能力水平之间的差异，是对运动竞赛中出现的诸如"克拉克""黑马"和"Choking"（"反胜为败"现象）下的"崩盘"（反败）以及"翻盘"（反胜）等现象的概括与总结。其本质是运动员参赛过程中行为过程、行为结果在训练水平和竞赛水平上表现的差异。

第一节 击剑竞技能力参赛变异分类

根据竞技参赛变异对比赛活动过程和比赛成绩的影响有性质之分、内容之分和对象之分。

一、按照参赛变异的性质划分

运动竞赛中运动员竞技表现的过程与结果无论是"克拉克"现象、"黑马"现象、"Choking"现象，还是小概率抑或随机现象都有其性质的差异，这就是参赛变异的性质区别。运动员参赛变异是以运动训练常态为标准，运动员在竞技能力表现过程和表现结果上在积极和消极两个方向发展的趋势或已经形成的相对稳定态势。成绩常态是指运动员某一赛事参赛前训练水平或训练时的最好成绩状态。运动员竞技能力因为参赛而出现积极的变化，即竞技能力结构要素出现运动训练所期望的发展就是正变异。正变异是积极的，也是运动训练主体所希冀的。运动员竞技能力因为参赛而出现消极的变化，即竞技能力结构要素出现运动训练所不期望的发展就是负变异。零变异则是运动员竞技能力参赛常态的表现。正、负变异也是对运动员竞技能力参赛时的竞技表现所能够提供的价值判断（图9-1）。

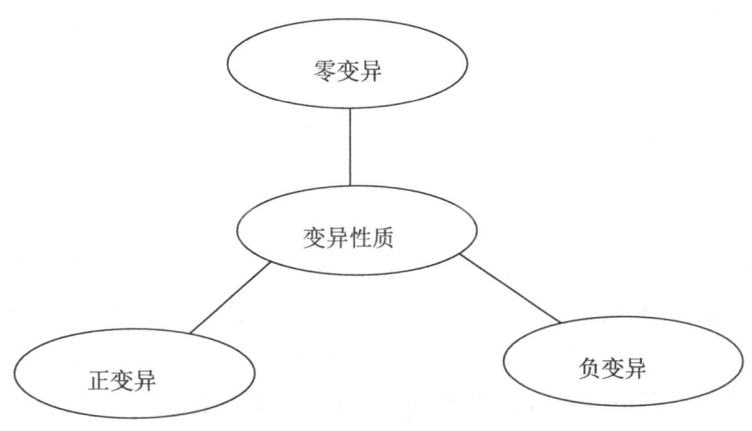

图 9-1 变异的性质区分

(依熊焰，2005)

正变异、负变异都是运动训练和运动竞赛特殊条件下主体适应的折射，而其他没有出现参赛变异的运动员则是将竞赛负荷合理适宜地内化，此时所表现的是他们在参赛过程中竞技实力发挥具有较强的稳定性，他们正常发挥了自己的竞技实力，此时我们将其称为竞技能力参赛的零变异。表 9-1 为我国运动员在奥运会中参赛的正负变异举要。

表 9-1 击剑运动员（队）参赛正、负变异举要

运动员（队）	项目	赛事	竞赛成绩	变异性质
中国男重	男重团体	第 29 届奥运会	第 4 名	正变异
雷声	男花个人	第 30 届奥运会	第 1 名	正变异
孙一洁	女重个人	第 31 届奥运会	状态低迷，首轮淘汰	负变异
许安琪	女重个人	第 31 届奥运会	状态低迷，首轮淘汰	负变异

(依熊焰，2005)

二、按照参赛变异的内容划分

（一）体能变异

体能变异是运动员参赛中出现变异最早也是最为影响其他要素的内容。体能变异的主要表现是神经肌肉系统功能暂时性加强或减退，如果是正变异则会导致应激条件下的力量、速度、耐力等素质的"骤增"，运动员表现出精神饱满、战斗力增强，竞技能力整合水平提高并使整体竞技水平提高。如果是负变异，运动员则表现出注意范围缩小、精神低迷、战斗力消退、竞技能力各要素之间的联系与耦合失调，导致总体竞

技水平下降。出现体能拐点的原因主要与体能储备、对手状态、准备活动、天气条件等因素相关。

（二）技战能变异

技能变异是参赛过程中由于对手竞技实力作用而发生的技术运用合理实效或屏蔽。同时，竞赛中体能的变异也对技能变异产生作用。技能变异的主要表现是神经肌肉系统的联系，尤其是动作技能完成时出现动作形态的自动化与动作效率的节能化或动作环节的脱节与不能够应对时空条件变化。如果是正变异，运动员则表现出技术动作的合理、动作形态的轻盈舒展实效，从而降低或减缓体能消耗速度，提升技术的实效性。如果是负变异，运动员则表现出技术动作环节的连接断裂，动作僵硬，特别是精细动作不能够完成，竞技能力各要素之间的联系与耦合因为技能的变异而失调，从而导致总体竞技水平下降。

战能变异的主要表现是个人或团体战术实施过程中的顺畅程度和完成程度的变化。如果是正变异，运动员则表现出能够掌握比赛的主动权，将比赛进程控制在有利于自己的一面。此种情形下，运动员体能可以得到最大限度的经济性使用，技能实施处于最高效益的运用，进而达到竞赛的主要目的，完成竞赛预期任务。如果是负变异，运动员则表现出战术实施受阻，对体能竞赛支出和技能竞赛运用产生不利影响，以至于比赛过程始终处于被动局面。具体表现为技术、技能水平的低下，体能水平的失控和战术意识的薄弱。

（三）心智能变异

在竞技能力参赛变异中，心能是最易产生变异，且变异幅度比较大的要素。心能变异在赛前就容易产生，并能够累积作用于参赛过程。心能的变异主要体现在运动员参赛认知水平和心理稳定度的变化，其结果是使运动员血压、脉搏、肾上腺素等生理机能指标发生变化。如果是正变异，运动员则表现出生理唤醒、注意范围、应激水平适度于该次比赛，具有高度的自信心，继而对运动员竞赛时的体能分配、技能运用、战能实施都可以提供最佳的展现平台。如果是负变异，运动员则表现出应激水平过强或过弱，注意范围狭窄或过宽，生理唤醒也处于十分低下的水平，于是出现焦虑不安、神经肌肉工作紊乱、体能消耗迅速、技能实效性差、战能实施不彻底等情况。

如果说智能的变异是所有其他要素中稳定度最高的话，那是因为智能获得后是运动员的认知、思维、行动、个性心理水平和能力的一种相对稳定的存在形态，并存在于运动员所有的训练和竞赛活动之中。智能的开发与获得是一个长期的、逐渐积淀的过程，即使是运动智能的开发与遗传存在着紧密的联系，训练所进行的有关活动也是通过体能、技能、战能等具体活动来实现的（表9-2）。

表 9-2　击剑运动员（队）参赛心智能变异举要

运动员（队）	项目	赛事	赛（轮）次	竞技表现与成绩
阿沃拉（意大利）	男花个人	第31届奥运会	1/4 淘汰赛	14∶8 领先被翻盘淘汰
伊姆雷（匈牙利）	男重个人	第31届奥运会	决赛	14∶10 领先被追成 14 平后一剑惜败获亚军
布吕内（法国）	女佩个人	第31届奥运会	1/2 淘汰赛	14∶12 领先在裁判判罚出现争议情况下，心态出现变化，最后被淘汰

（依熊焰，2005）

心智能的变异是竞赛环境与体能、技能、战能变异双重作用的结果。其表现可通过竞赛反映出运动员对该项目本质特征和一般规律，尤其是竞赛方式的认识水平和应对能力。当出现正变异时，运动员表现出较强的抽象思维和逻辑思维能力，在竞赛过程中能够预见和应对自然或突发的事件，并表现出对事件处理的高度自信心，获得满意效果。

三、按照参赛变异的对象划分

（一）个体变异

任何形式的参赛变异都是由运动员个体首先引发的，它是群体变异的基础。相对于竞赛而言，从运动员个体出现的参赛变异是我们能够分析的出发点。在个人竞赛的项目中，运动员竞技能力的参赛变异自始至终都是以自身为主体进行的，所产生的变异只是对自己的竞赛过程和结果产生影响，在比赛持续时间短的项目中更是如此。

（二）群体变异

团体比赛需要运动员在竞技能力各要素之间的组合与整合。这种组合是教练员根据自身竞技实力和对手的竞技实力，结合自己的判断而做出的对本队不同运动员在技术、战术、人员配备方式的安排，这一安排是根据不同运动员个体竞技实力现实基础与现实比赛需要来确定的。

在比赛过程中，这种组合会因为时空条件的变化发生一定改变。同时，在竞赛条件下，运动员之间在竞技能力上的重新组合，即群体竞技实力的整合就显得更加有意义。群体变异的意义在于，它首先是以个体变异为基础，同时与不同运动项目特征紧密联系，由此而决定参赛变异在不同个体之间的相互传递，最终影响竞赛过程和竞赛结果。

第二节　击剑竞技能力参赛变异应对原则

竞技能力参赛变异，教练员、运动员必须坚持准确判断和适时干预相结合、前瞻性与务实性相结合、适时性与同步性相结合及可控性与实效性相结合的原则。

一、准确判断与适时干预相结合

运动员赛中准确判断竞技能力的变异是第一要义。教练员通过自己或助理教练员场下的观察、记录结果，参照比赛过程中运动员与对手的现实状况是运动员参赛变异的判断基础。首先是其性质的判断，即是正变异还是负变异。在击剑比赛不可中断的情况下，主要依靠运动员自身的判断来实施自我干预。如果是决赛以前的正变异，在不影响进入下一赛次的前提下，应该适度控制。如果是负变异，则应该依靠心理调节、技术改进和战术调整的变化来试图达到纠偏的目的。其次是其程度的判断。有些运动员在比赛中出现竞技能力的变异是比赛适应过程中的一种暂时或者不稳定的现象。运动员，特别是教练员要及时给予信息反馈，使运动员能够正确对待自己出现的问题。教练员的手势、表情的变化都可以达到这一目的。

二、前瞻性与务实性相结合

前瞻性原则是教练员及运动员针对不同时期、不同对手、不同环境等因素，结合比赛经验和认知水平，在赛前提出的应对某一比赛出现参赛变异时符合运动员实际的具体手段。赛前教练员、运动员都有明确的竞赛对象，这是当代运动竞赛透明度不断加大所提供的便利。"知己知彼，百战不殆"在运动竞赛中的真正意义在于根据对手来确定人员安排和控制运动员竞技表现过程。对于竞赛目标首先追求的是运动员训练水平发挥，在此基础上才有奖牌的夺得。合理定位竞赛目标，恰当评价对手竞技实力，不过多考虑他人的期望，注意力在技战术运用上。确定比赛任务后对比赛可能发生的问题进行预测，无论是出现正变异还是负变异都应提出应对策略。在各级比赛中更要贯彻这一原则和指导思想。否则，人员的消耗在一场比赛上对最终比赛成绩是没有意义的。在诸如以积分赛形式进行比赛的项目中，针对不同的对手，本方人员安排，人员在单场比赛中的表现要与比赛过程紧密联系在一起。在单场比赛中完全掌握主动并获得胜利和大势已去时，都应该采用主力队员休息，替补队员练兵的应对策略。

三、适时性与同步性相结合

运动员竞技能力变异在大多数情形下表现出一定的不可预知性。因此，教练员、运动员要根据突发事件对比赛的影响适时地拿出应急方案或措施。如果某一运动员出现变异趋势，就应该及早采用换人（团体赛）或者战术调整来进行补救。团体赛比赛中实行的"换人战术"就是适时调控竞赛过程，试图控制比赛主动权的体现。换人战术一般而言是针对负变异出现后的对策。换人的基本意图是通过改变战略战术扭转场上的不利局面，在个别队员临场表现失常时、对方士气高涨时、队员体力明显下降不能正常发挥作用时所采用。下列情况出现后也必须采取换人：队员严重受伤时；队员犯规次数较多，心理上产生阻碍不能放手发挥技术水平时；队员临场情绪不佳时；个别队员由于意志薄弱，不适应激烈对抗时；某队员对裁判员产生不同意见时。很多时候，在正变异情况下，换人也经常被采用。如大比分出现时，双方的换人就是出于战略性考虑而采用的。

四、可控性与实效性相结合

在竞赛中，运动员竞技能力的参赛变异一旦发生似乎是难以调控的，这是由于竞赛变异诱因多元性和多变性所导致的。可控性是一种最大限度的降低负变异、增强正变异的应对策略。可控性对于运动员来说是体能分配、战术变化和心理调节，其目的是将某一次比赛所发生的竞技能力变异作为一种体验，为将来遇到类似事件时提供准备。竞技能力主导因素一方面主宰着竞赛过程，另一方面又对运动竞赛结果进行隐性控制，在对运动员竞赛结果有重大影响的大赛中更是如此。出现变异趋势是提出可控性与实效性相结合的基础。因为许多竞赛时间长的项目，运动员出现变异的程度不一，这为教练员和运动员实施调控提供了可能。即使是在一些时间相对短暂的单项比赛中也应该有一定的可控性。

第三节　击剑竞技能力参赛变异应对要求

提高运动员参赛的元认知水平，准确和适时调整运动员的个人目标和现实定位，及时反馈竞赛关联信息，善于营造比赛小环境。

一、提高参赛元认知水平

运动员竞技能力参赛的元认知是指运动员对自我参赛变异的认知水平，它是以运动员对参赛变异发生的判断、变异应对的选择为基础的认知。

美国心理学家弗劳威尔指出，元认知是认知主体对自身心理状态、能力、任务目标、认知策略等多方面因素的认知，它是以认知过程和认知结果为对象，以对认知活动的调节和监控为外在表现的认知，其核心意义是对认知的认知，即指主体对自身认知活动的认知，其中包括对自我的认知能力（静态）和对当前正在发生的认知过程（动态）的认知。在运动竞赛中，运动员、教练员往往更重视竞赛的结果，而忽视运动员主动对竞赛过程、竞赛方法进行有效的监控、评价及修改，教练员忽视培养和训练运动员对自己的训练和竞赛结果进行及时的内部反馈。

由于人类特有的第二信号系统的作用和适度发展的思维能力，所以认知因素对人的情绪体验起着主导作用。在训练过程中就应该结合思想教育帮助运动员提高认知能力，特别是不同赛事的成功与失败的经历，使他们能够正确地对待竞赛的胜负，正确地对待困难并客观地分析各种情况，增强意志品质和自我控制与调节的能力。

二、准确个人参赛定位

准确个人参赛定位是指根据对关联信息的处理，确立竞赛目标定位，进而确立竞赛方略。运动员在比赛中获得优异运动成绩和正常发挥或最大限度地发挥竞技实力都具有同等重要的意义。那么，对于运动员来说，每一次（场）比赛必须有正确的个人（团队）定位，这一定位包括竞赛目标和运动成绩两个方面。

教练员应该根据多年或年度训练计划来确定每一次（场）比赛的具体任务，或检验运动员现实竞技实力水平，或检查某一具体的竞技能力要素或若干要素的获得，或为了准备下一比赛的状态培养与调整。所以，教练员要根据运动员自身实际，结合赛事性质和对手实力来确定本次比赛的目标，并对他们给予准确的成绩定位。

面对重大比赛，"保"和"夺"是比赛前和比赛中运动员经常出现的两种不同的行为动机。往往许多运动员在赛前还是将比赛过程定位于"保"，但是随着金牌或者奖牌向自己走来时就会出现注意力向奖牌转移，并出现奖牌效果幻想，进而出现"Choking"现象。艾蒙斯的错靶射击、王克楠的空中低级失误等都是这样一种瞬时的诱因导致比赛时技术动作发生"失之千里"的错位。在世界网坛有网球女皇之称的拉弗纳蒂洛娃对于自己的每一场比赛都是这样定位的，"每一次比赛，我都把自己作为一个第一次上场的新手，而把对手视为强手"。这种定位需要贯穿于比赛始终。有许多运动员在落后时很会比赛，而一旦领先之后就不知道该怎么比赛了，这就是赛中竞赛目标发生错位的体现。

三、及时反馈关联信息

竞赛过程中关联信息主要包括对手的竞技实力现状与特点和比赛环境。对手竞技实力可以通过过去和现实比赛成绩状态来反映。团体比赛中运动员人员的调配、位置的变化也是必须时刻把握的因素。教练员必须根据现实比赛的需要总结关联信息，并适度反馈到每一位运动员。所谓适度反馈是考虑到一方面教练员对关联信息准确度的把握，要剔除无关信息；另一方面是比赛中的运动员由于竞赛中注意范围的相对集中或狭小，对于教练员提供的关联信息也只能够进行选择性的获取。

关联信息的获得是为了培养运动员的参赛意识。运动员树立战略轻视和战术重视的观点，要有必胜的信念，在比赛中要看到自己的有利条件和优势，不畏强手，但同时又要实事求是地考虑自己的实际运动水平，有的放矢地做好赛前准备。运动员要正确对待压力和动力，要将压力合理转化为动力，适度淡化比赛名次，突出参赛意识。找准比赛的心理定向，运动员应将心理指向参赛的过程，指向比赛的动作，而不是比赛的结果。在大多数情况下，运动员在比赛中仍然要注意适时观察分析对手现实状态，这也是运动员运动竞赛认知水平高低的反映。借助于教练员关联信息的提供，结合自身判断以面对参赛过程中竞技能力的变异。

四、营造有利于比赛的小环境

正如前面关于环境对运动员竞技实力发挥影响的论述，竞赛小环境的营造可以帮助运动员，特别是年轻或参赛次数少的运动员在比赛中快速适应外部条件，以保证自己的全部精力投放到竞技实力的发挥上。我国运动员参加国际大赛在小环境上所面临的首要问题是语言。在过去的比赛中，由于语言隔阂所带来的对竞赛产生不利影响的事例时有发生。如竞赛日程的临时修改未能明确，对竞赛规则的理解存在偏差，对裁判员的判罚存在疑惑等。

竞技体育为不同文化背景下的世界各个民族青年提供了交流的平台。当前国际赛事频繁，既为运动员提供了交流的机会，也为运动员提供了更多参赛的机会。竞赛的过程也是运动员交流的过程，运动员的交流首要是语言的交流，语言是保证运动员之间相互沟通的基础，通过沟通可以加强参赛环境内部的协调程度。越来越多的参赛实际上为运动员语言交流提供了更多机会，运动员不能仅仅满足于简单的专业词汇，而应更加适应现代运动竞赛的需求，不断提高自己语言交流的水平。

【案例13】

鲍埃尔在中国执教期间的训练认知

训练		
问题	训练是什么？	我的主要目标是什么？
	我如何安排每天的生活？	击剑是职业还是热情？
运动员的定义	累/痛/枯燥（重复） ⟶ 建立在感觉上的定义	

续表

训练的真正定义	训练给我提供了绝好的机会		
	学习 进步 使自己处于竞争/与对手交流	最终 达到 我的目标	凭个人的努力不可能 达到这个目标
训练的感觉	快乐/痛苦	自我超越	超越极限
	枯燥 ← 重复 ↓ 唯一的方法使你 达到流畅——效率	1. 对应情况下的技术动作（对抗） 2. 高水平的反应	自然 行动迅速
总结	高水平的运动员要投入重复的训练中必须具备的品质：谦虚		

【案例14】

鲍埃尔在中国执教期间的比赛认知

比赛
渴望将训练时所学运用于实践

怎样做？	避免以下情况。
状态： 自信—乐趣—活力—平静 保持积极的兴奋=适当的活跃状态	状态： 害怕　没有动力 太想攻击
态度： 高水平的比赛 之前做决定 剑道上用自己的东西控制比赛 理解——做出正确应对 享受击剑过程 集中在剑道上	态度： 本能的比赛 不做决定 看对手之后做决定 被动应对对手 击剑成为一个人的表演 让对手看穿自己 离开剑道

第四节　击剑竞技能力参赛变异应对方法

击剑比赛中可采用诱导法、调控法和变换法等应对参赛变异，特别是负变异的出现。

一、诱导法

虽然说竞赛是双方或多方同时进行的活动过程，但运动员在比赛中应该一如既往地执行赛前的技战术方案，坚持"以我为主"的竞赛指导思想。竞赛行为以训练中技术、战术的表现模式为标准，竞赛目标锁定在自身实力的发挥上。诱导法主要是教练员针对运动员参赛过程中出现负变异时采用的心理诱导。在运动员出现优势或者劣势时，教练员都应该沉着、冷静、灵活机敏地处理比赛情况。在利用暂停或者其他可能时机进行指导时，教练员要首先肯定运动员的成绩，然后语言简练、抓住重点地进行指导，进而提出具体应战方法。运动员要学会察看教练员的脸色，有的运动员说，不看成绩记录簿，看教练员的脸色就知道成绩发挥优劣。教练员要注意综合分析赛场上的问题，加强对运动员赛场环境适应的引导，尤其在客场或异地参赛时要尽可能采取有效方法使运动员迅速适应赛场环境。特别是在领先或胜利前夕，由于对比赛结果的渴望，注意力向奖牌的转移，运动员的心智能水平在应激水平、焦虑水平上会发生变化，进而引发技术变形，最终导致失误或重大失误。竞争对手的竞技实力"压迫"，对手在技战术高水平发挥时，也容易引发运动员急躁情绪产生，并出现低级失误增多、战术实施梗阻等现象。这些都是引发负变异的主要原因。

竞赛中心理水平的变化主要是情绪的变化，智力水平是平时积累通过比赛中的准确判断、抉择来实现的。运动员赛前和赛中都会出现过度兴奋、假兴奋或"无效兴奋"的情况。出现这些情况，特别是对于时间持续长的比赛，运动员要及时调节心理状态，利用想象和暗示的方法减缓压力。每名运动员在训练或以前的比赛中都有最佳竞技状态的体验，在处于负变异时，应该及时回忆和体验当时的行为方式和行为过程以及具体手段，用积极肯定的言语来诱导、提示自己。负变异发生时要不断想象赛前设定的参赛预案，并在比赛中运用。

二、调控法

调控法是指比赛中针对可能或已经出现的参赛变异进行自我调控，包括准备活动、自我暗示、注意力分配以及技术动作难度和战术实施调整等。广义的准备活动，是指赛前与赛中所进行的旨在初次动员和再次动员身体机能水平的活动。由于准备活动不仅仅是为了动员机体，特别是植物性神经系统的动员，以保证机体处于一个较高的应激水平，更重要的是保证机体各部分主要是运动系统免遭突如其来的外部大负荷刺激所带来的创伤损害。与此同时，由于准备活动也存在着负荷，消耗能量物质，准备活动的负荷以能够投入竞赛中为适宜。对于绝大多数运动员来说，准备活动的一个重要任务是对比赛环境的适应，即对比赛大环境与小环境的适应。针对不同赛事性质、不同时间的比赛，适宜安排准备活动的内容和负荷。另一个重要任务是对竞赛人文环境的适应。对于比赛时间短暂的项目的运动员，应该把握准备活动的负荷大小，以保证充沛的体能水平投入比赛。而且，不同年龄的运动员、不同项目的准备活动时间也应该有一定区别。在竞赛过程中，体能出现负变异的主要表现是呼吸急促、四肢乏力，肌肉骨骼系统工作效率迅速降低。此时应该采用腹式呼吸并结合对比赛节奏的改变来缓解体能水平的下降。在规则和条件容许的前提下，赛中补充必要的水分和其他营养物质。体能出现正变异时，则应该根据比赛的要求，进行战略性调整，根据不同赛次、轮次和不同场次以及竞赛任务进行必要的调整。在有赛间休息，如暂停、轮次间歇时，进行呼吸调整和自我暗示。比赛过程中，运动员应该将注意力主要放在技战术的运用上，适当注意自然条件、场地器材等环境因素，较少注意裁判员、观众等因素。因为从比赛发挥来讲，首先是自身竞技能力在各个要素上的发挥，进而求得整体竞技实力发挥水平的提高。

三、变换法

变换法主要是运动员自身在技术、战术、动作节奏等要素上的变换。运动员竞技能力参赛变异是由可控因素和非可控因素共同作用的，一旦产生首先要确定变异的性质以及变异的强度和持续时间，通过赛前应对预案结合和比赛实际迅速做出应对，以降低负变异的消极效果。技战术发生变异的内部原因是体能的变异，外部原因则是对手技战术的制约，同时还有现时比赛结果对最终结果影响及竞赛环境的作用。在个人赛中出现技战术的变异时，必须根据竞赛现状，适时进行技战术调整。当出现负变异时，首先要迅速分析技术能力变异的原因，改变技术运用的方法，即尽可能调整技术使用的背景条件。如变化动作速度和力量，以调整动作节奏等。竞赛过程中运动员出现正变异虽然是教练员和运动员所期望的，但是针对不同竞赛目标也要对运动员做出适时变换。因为从运动员参赛正常发挥竞技能力水平来说，参赛阶段性目标的高低会影响运动员参赛的行为方式。在运动员竞技能力结构中，可以进行变换的要素主要在体能的分配和战术的重组上，其根本目的是保证运动员竞技能力水平的可持续性，保证其在重要或关键竞赛中的充分发挥。

第十章 击剑教练员的临场指导

教练员竞技参赛活动中的任务是采用科学、合理、有效的方法指导运动员成功参赛。教练员临场指导的基本策略和方法是在竞技比赛中围绕参赛目标,根据比赛进程和比赛发生变化时执行与调整技战术,控制运动员竞技行为的方案和途径。

第一节 教练员临场指导概要与特征

一、临场指导释义

教练员在比赛教学过程中对运动员参赛行为的要求和指挥称为临场指导。从竞技参赛的时间序列和赛事组织过程来看,临场指导包括赛中指导和赛间指导。

(一)赛中指导

赛中指导是指教练员面对一场具体的比赛,根据赛前制订的战术安排和从事要求所进行的针对运动员参赛的战略部署、实施和对运动员参赛过程中行为的适时调控活动。例如,在一场比赛中,对运动员的体能分配、技战术运用与调整、思想作风和意志品质的观察、突发事件的应对等进行说明调控(图10-1)。

图10-1 中国男子花剑教练王海滨的赛中指导

(二）赛间指导

赛间指导是教练员在某一赛事中多个赛次或轮次组成的比赛之间，根据比赛进程、对手、环境等条件的变化，所进行的适应性调整和针对性训练活动。例如，根据下一场对手的变化，对参赛技战术方案的调整，或者根据运动员参赛负荷下生理机能和心理水平的变化所进行的体能、心理训练。赛间训练是参加多轮次赛事的重要组成部分（图10-2）。

图 10-2　中国女子重剑教练员勒瓦瓦瑟的赛间指导

临场指导水平是教练员教练技巧和经验的集中反映，它取决于教练员对比赛的阅读能力，也取决于教练员的经验。在激烈的比赛中，教练员的临场指导决定着全队比赛指导思想、比赛策略、战术的变化以及运动员自我控制等重要因素。

二、教练员临场指导的特征

教练员临场指导是对运动员比赛活动设计与控制的过程，与运动员的临场表现共同决定着比赛过程和比赛结果。竞技参赛实践中因教练员临场指导的科学性和有效性水平而影响比赛过程和结果的案例不胜枚举，表现出教练员临场指导的诸多特点。教练员临场指导的理念、方法和过程既具有竞技参赛的一般特征，也因为不同项目而具有各项目的专门特征。教练员的临场指挥，实质是一种决策活动。由于击剑竞赛及交锋的特点，临场指导这种决策活动亦带有自身明显的特征。

（一）整体性与互动性

教练员临场指挥的整体性是指通过教练员团队的共同工作，并依托赛前、赛中获取的信息，对一次或某一阶段比赛中对手与己方的竞技能力水平和竞技表现水平评定后所采取的协调和控制，以发挥参赛战略战术和参赛行为的整体性功能。教练员临场指导的整体性还表现在"战争、战役、战局"的关系处理上，既要实现对当前某一时段比赛的指导，也要考虑一场比赛整体的指导；既要考虑对某一运动员的具体指导，还要考虑对全队或主要队员的指导；既要体现主教练的魄力和智慧，也要考虑助理教练或其他成员的参谋和建议。教练员的指导必须以赛前方案为前提，并综合考虑一场比赛的开局、中局和末局，或者整体考虑一次赛事的目标与进程。

教练员的临场指导是以运动员的竞赛行为表现与参赛目标的一致性程度为前提进行的，所以，其临场指导必须与运动员竞技行为表现实时同步。同时，需要教练员和运动员形成全面精确的互动，保证教练员的指导（指令信息传输）被运动员所接受（信息接受），并且将接受的指令通过纠正与强化加以体现（信息反馈）。

（二）果断性与极速性

教练员临场指挥的实质是一种决策活动，其最大特点就是及时、快速与果断。在击剑比赛中，运动员间的竞争是其体能、技战术、心理智能的综合较量。对教练员而言，实现对运动员的指导控制最可行的是技战术的运用。激烈对抗的比赛，尤其是高水平的比赛，战局千变万化，战机稍纵即逝，教练员必须果断决策以应对不断变化的赛事进程。无论是对赛前参赛方案的执行与调整，还是依据比赛变化重新设计，都需教练员及时、果断地发出指令或调整战术方案。

现代击剑比赛是在激烈的对抗中进行的。这种对抗具有一个很明显的特点，就是对时间的严格要求。"时间就是机会，时间就是胜利"这句话在比赛中往往得到最为充分的体现。竞赛活动是一种千变万化的、难以捉摸的运动活动，这种活动要求教练员在极短的时间内对一些至关胜负的紧迫问题做出决断。否则，稍有迟缓，就可能错过机会，造成失误乃至影响全局。因而，我们将临场指导这种决策活动称为瞬时决策，这种瞬时决策的核心是"及时"，前提是"极速"。

（三）风险性与责任性

在比赛中，很多情况下出现的随机事件已不再有统计规律可循。这种情形导致了教练员临场指挥活动的效果只能用"概率大小"来预估，即这种决策的效果既可能有效，又可能收效甚微甚至无效（概率为零）。因为对手的行为不可能完全处于这种决策的控制之下，因此，临场指导活动既有对过去局势的总结和对现时局势的分析，更主要的是建立在对局势发展的预测上。既然是预测，就必然带有明显的概率性质。而这种性质又必然使教练员的临场指导带有"风险"色彩，因而亦可称为"风险决策"。

教练员在比赛中行使教练职责，必须具有一定的责任感，尤其是勇于担当的责任感。比赛进程和结果的好坏取决于（但又不完全取决于）教练员的临场指挥。比赛进程的复杂性会给教练员的临场指挥带来许多风险。为此，教练员应具有极强的担当能力，对于指挥方略及运动员的执行效果都应主动承担责任。在淘汰赛、赛点、冠亚军决赛等特定时段，这种博弈常常具有"背水一战"的性质，需要教练员在排兵布阵上果断决策，勇于承担可能产生的负向结果所带来的压力。

（四）简洁性与可操作性

教练员临场指导的简洁性和可操作性是指教练员的信息传递要准确而简洁，并能使运动员迅速获取和有效执行。必须牢牢把握指导目标，抓住关键问题，如战术上如何以我为主，以己之长攻彼之短，以及队员心理状态的调节等问题，切不可在那些需要经过长期训练才能改正的技术环节上进行纠正。

击剑项目的比赛有固定的时间或者通过比赛方式限制比赛时间。竞赛规则和规程既为保证比赛的流畅性与观赏性，也为保证运动员更好地发挥竞技水平，真正意义上的相对系统的临场指导只能在暂停或休息时进行。在这段时间里，要求教练员必须对前面比赛中出现的至关重要的问题向运动员做出简短的讲解和分析，对后面比赛的战术运用做出明确的指导和提示。

（五）定性与模糊性

如果说在比赛前教练员对"敌"情的分析与对策的制订，还可以采用一些定量的方法，那么，在竞赛中的临场指导，基本上是一种定性的决策活动。这种情况是由比赛发展的急迫性使决策来不及量化所造成的。而且，定性的往往就是模糊的。此外，教练员的临场指导活动在很多情况下是凭借其丰富的经验而得以进行的，有的甚至是凭借敏锐的直觉完成的，这些也是使临场指导带有模糊性的重要原因。

第二节 教练员临场指导策略与方法

教练员指导竞技参赛活动的目标是保证和促进运动员在比赛中通过合理高效的竞技行为正常发挥竞技能力，取得理想的运动成绩。运动竞赛实践和诸多研究表明，运动员或运动队的运动成绩与教练员的临场指挥息息相关。教练员的临场指挥指导过程就是其思维与决策过程。在比赛过程中，应使运动员贯彻执行既定的目标、指导思想和技战术设计，同时又要根据赛事进程做出应变并能果断决策，保障与促进运动员比赛中竞技能力的正常或最佳表现。因此，提高教练员掌握临场指导策略与方法，对运动竞赛实践和教练员观测、判断、决策及创造能力的发展均有重要意义。

一、临场指导的一般要求

（一）以我为主，坚持预定方案

赛前的参赛方案是教练员、运动员根据赛事目标、对手和比赛环境、自身的竞技实力、竞技状态和以往经验等因素综合制订而成。比赛过程中双方博弈常会导致阶段性比赛片段的变化，这些变化通常都应在方案预设的范围之内，所以，教练员不应该一遇到这种变化就草率地去改变作战方案，而应以我为主，努力按照赛前方案和赛前准备会的指导思想和战略步骤组织、实施赛中的技战术使用、体能分配、人员配备等。竞赛双方的博弈会左右比赛，使比赛进程在双方设计的路线上波动。为此，应在坚持以我为主的基本指导思想下，适时采用人员配备变化和技战术及节奏变化，运用规则和裁判法的合理空间进行适度调整。

（二）准确判断赛事进程

随着赛事的进行，运动员参赛中的执行力会因对手、环境及一些偶然因素的负面影响而下降，由此影响比赛进程是否如赛前方案所预计的方向发展。此时赛中已制订的战略战术及相应方案必须进行改变。为此，比赛过程中，教练员应密切关注赛事进程，对双方运动员竞技表现的现时和未来发展趋势做出准确判断和预见。同时，迅速对预案进行调整或改变。

（三）果断抉择与适时应对

果断决策与灵活应对是教练员重要的个性品质。在击剑比赛中，影响运动员比赛行为的因素是多方面的，首先是对手的主动变化或适应性变化，同时也有比赛环境的作用，如赛场环境、观众助威、裁判执裁中的无意或有意错判及漏判等都会影响比赛进程。面对对手突然改变的技战术或本方始料未及的改变发生后，教练员应迅速结合场上情况做出针对性的调整。由于比赛过程中运动竞赛双方都秉承博弈的基本理念，从战略与战术上获得主动权，谋求比赛向着本方预计的方向发展，导致比赛过程和比赛行为的变化多端。当竞赛活动中出现预料或突然发生的变化时，教练员应迅速做出决策，包括人员的更替、技战术的使用，乃至赛间指导时机等。

（四）及时获取与反馈信息

当前同一层次的竞赛中，很多情况下运动员竞技能力水平相差并不悬殊，决定比赛胜负的因素很多，其中情报收集是极其重要的一环。如果能准确收集对手的参赛信息可使比赛更具主动权。需要指出的是，比赛中助理教练员的数据统计、队医对运动员受伤情况等进行分析尤为重要，只有这样，教练员才能更好地适应比赛中发生的变化，有助于教练员迅速做出正确决策并对比赛方案进行调整。

（五）严格控制不良情绪

教练员的不良情绪大多源自参赛压力，主要是参赛过程远离参赛目标之后心理压力的增加。不良情绪产生的根源还在于教练员自身的个性特征、职业素养和专业素养。教练员的不良情绪势必产生不良行为，这些不良情绪和行为都会迅速传递到运动员和相关人员身上，继而对他们产生影响。在比赛过程中，教练员的不良情绪是通过言语、肢体语言表现的。

教练员要头脑清醒、意志坚定，不为场上的一剑一分所左右，不轻易显露高兴和愤怒。尤其在队员连续失误心情紧张时，应以沉着冷静和充满信心的形象展现在运动员面前，使运动员得到安慰和鼓励，并从焦虑不安、失去信心的不良情感中尽快解脱出来。在临场指导中教练员切忌东张西望、魂不守舍、厉声呵斥。应该迅速、准确地发现问题，并能果断、大胆地去解决问题。

教练员临场指导，切忌在场外大喊大叫、手舞足蹈、喜怒无常，这样不但会直接干扰裁判员工作，还会使裁判员和观众产生厌恶的心理。裁判员和观众都喜欢一名有教养、有能力、有气魄、具有大将风范的教练员。

二、临场指导的主要环节

（一）赛前收集信息

首先要知己，运动员平时的身体、技术、战术和心理素质状况教练员都有一定的了解，但到了赛前，各种情况会因种种原因而发生变化，以致影响技战术水平的发挥。故赛前教练员应首先重点了解他们的情况，特别是身体状况和心理状态两个方面。

其次要知彼，在了解对手信息的内容方面，除了了解对手的身体状况及心理状态外，还得详细了解对手技战术的习惯。如主要打法、习惯剑路、绝招技术、最大弱点、领先和落后表现，以及意志品质、情绪变化等均属要了解的情况。

周围环境的信息及裁判员的判罚特点等也必须了解。总之，一切与比赛有关的信息都属于了解的内容。只要教练员对以上情况了解得详细，心中有数，把这些信息及早通告给运动员，使他们也心中有数，就能做到知己知彼，发挥正常的水平。

（二）赛前实施指导

1. 赛前指导的形式

①召开集体准备会。会上领导者或总教练做简单的动员工作，鼓舞斗志。

②分剑种召开准备会。主要由各剑种主教练做情况分析和技战术布置。

③个别指导，细致交代。这种形式大多用于重点队员。

2. 赛前指导的内容

①把了解到的对手情况向运动员作详细介绍。针对对手以上情况，我方应采取什么打法、怎样抓对方的薄弱环节、怎样防住或限制对方的绝招技术。

②在不同的形式下，如何应变的思想准备及应变打法。

③对环境、裁判等的适应措施。

④对心理状态的调控，主要是根据不同人的状况，采取不同的方法和手段，来消除心理上的紧张情绪、增强其自信心，激发起运动员积极的比赛动机和竞争意识，对过于自信、轻敌麻痹的思想，要从心理学的角度去进行调控，使其在心理上有承受各种压力的准备。

总之，赛前指导中无论形式和内容如何，都必须使运动员对战术任务、具体打法和对方习惯打法、剑路、绝招、弱点有较充分的了解，做到心中有数，才能随机应变，灵活自如。在心理调控方面应使运动员达到渴望参赛、增强竞争意识，并有必胜和发挥水平的信心。对于有心理障碍的运动员，要使他们的心理障碍获得最大限度的排除。

（三）临场实施指导

赛前战术指导在很大程度上带有主观预测和推理的成分。所以比赛开始后教练员应根据赛场上的情况，及时了解双方战术情况和心理状态，以便在现场进行有针对性的指导。

1. 指导清晰

比赛中的指导，应抓住关键性问题，不要在那些需要经过长期训练才能改正的技术环节上纠缠。

2. 简明扼要

指导语言应简明、扼要、不含糊。当教练员有机会进行指导时，不能长篇大论，而应简单、明确、扼要地进行指导，这样才能使运动员记住教练员指导的重点。

3. 灵活机动

教练员如果能在比赛中灵活机动地运用平时与运动员沟通的神态、手势和简短的语言，使运动员立即"心有灵犀一点通"，那是很有实用价值的指导艺术。

4. 善于应变

比赛中一旦发现对方已改变战术打法，而我方队员处于不适应情况下，教练员要及时改变对策,并采取措施传递给场上队员。

5. 神情自若

教练员在任何情况下都要注意自己的神态。比赛中教练员的神态对运动员心理的感染力极强,不论是在顺境还是逆境中,教练员的神态自如,信心十足,对比赛中的队员都是一种无形的鼓舞,从而增强其战斗力。

6. 懂规知法

教练员要熟悉规程、规则与裁判法,要教会运动员在任何情况下不和裁判产生对立情绪,以免分散战斗力。

三、临场指导的内容

(一) 充分调动运动员的积极性和创造性

调动运动员的积极性和创造性是临场战术指导非常重要的方面。有些运动员紧张、包袱重、害怕失败,存在这样的情绪不可能创造出优异的成绩。教练员临场应该对运动员进行鼓励、加油,鼓舞士气,激发斗志。比赛是复杂且艰难的过程,比赛没有暂停,中途也不允许指导,比赛出现领先或落后、裁判不公、技战术运用遇到极大困难、对方无理、观众起哄等,都会给运动员精神上、心理上带来巨大的压力,教练员应根据不同的情况,适时递送上一块毛巾或说几句鼓励的话,以稳定运动员的情绪,更有利于比赛。

(二) 注意战术指导思想或基本打法的应变

比赛场上战术变化扑朔迷离,教练员临场注意力必须高度集中,抓住关键。对于一时拿不准的情况,应注意在赛事发展过程中积累信息,不可轻率行事,而对于明显的问题则应当机立断地作出决策。要特别注意开场后和结束前1分钟的场上情况,这对于比赛的胜负举足轻重。

击剑比赛开始后,教练员应迅速对对手的意图、技术目的、攻、防、反的实施,伪装,企图,攻击点、防守的强部,时机的选择,距离的掌握等进行观察。进攻和防守是对应的两个方面,在复杂多变的比赛中,要抓住主要矛盾,尽快做出一个较明确的分析和正确的决策,这样的指挥才会有最好的效果。例如,当对方已完全适应了己方的打法时,就迅速改变原来的战术打法。反之也是一样,当己方不适应对方战术打法时,同样需要做战术上的改变。

（三）加强对运动员的心理指导

运动员在比赛中的心理变化是极复杂的，必须采取实事求是的态度，"一把钥匙开一把锁"。在比分领先、落后、相持时，不同的对手可能有不同的心理反应。同一选手因比赛规则和对手的不同，也会产生不同的心理反应。实战中，应注意把心理指导和技战术指导密切地结合起来。

例如，开始领先，后被对方追回，往往后悔不已。此时，应告诉运动员不要再想过去的事了，必须想下面如何打，并授以具体的战术。

落后比分追回，却又畏惧不前。应提醒运动员此时对方更紧张、害怕，同时授以具体战术。

怕输、过度紧张。此时应帮其坚定信心，鼓舞斗志，并授以战术，让他专心思考战术和技术。

关键时刻（如4∶4、14∶13、14∶14、44∶43、44∶44等），受比分影响非常紧张时，告诉运动员丢掉比分包袱，不想现在的比分数字，只想如何一剑一剑地去打，以胜一剑为目的。

发现场上气氛对己不利，攻不到、防不住时，应有意稍停一会儿（如擦汗、矫正剑、放慢到开始线的脚步等），缓和一下，常能扭转战局。

（四）团体赛中适时换人

击剑团体赛只有一名替补队员，且换人只有一次机会。换人也是进行战术调整的时机，教练员必须谨慎行事。换人策略运用于以下情况：对方顺利、我方被动，需改打法时；某一队员发挥失常时；队员受伤或体力不佳发挥不了正常作用时；某一队员作风不好影响较坏时；为了有意识地培养新生力量、有计划地锻炼新队员时；运动员技战术风格被对方相克时等。

教练员在换人时，应该果断，尽可能早地通知替补队员，使其明确上场的任务，注意观察场上的情况，做好比赛的准备。

（五）与裁判员交涉的艺术

临场指导中要消除运动员对裁判员不公正判决的不满和内心的气愤。要充分利用规则，把握有利的时机，善于和裁判员进行带有艺术性的交涉。切忌对裁判员有不礼貌的言行，甚至干扰比赛的进行。要注意区分是裁判员判决尺度不同还是有意不公正。前者应提醒运动员要适应裁判员的判决。后者应通过正常手续向仲裁、技术委员会上诉，使其监督裁判员的工作，向裁判员施加压力。

一名充满信心、具有较高修养、举止端正大方的教练员，有助于裁判员对其产生同情、理解和尊重的情感，使裁判员公正准确地执行裁判任务。

(六) 勇于承担责任

无论多么优秀的运动员，在一场比赛中总会出现某方面的差错。对于这些错误，特别是重大错误，教练员要勇于承担责任，用"一切由我来负责"这句话，可以解脱队员的包袱，以调动运动员积极拼搏的精神。

四、临场指导效果的条件与途径

(一) 临场指导效果的条件

1. 威信与知人善任——前提条件

威信是临场指导能得心应手的重要保证。如果运动员认为教练员的决策能帮助自己或整个队走向胜利，那么，教练员的决策便会立即化为运动员的行动。从另一方面讲，教练员对运动员充分地了解和信任，也是影响指导效果的重要条件。一位成熟的教练员应熟知在什么情况下用哪位运动员、可以解决什么问题。

2. 充分的准备——基础条件

有经验的教练员，往往会在赛前制订力求详尽的临场指挥计划。这个计划是建立在对一切与比赛有关的情报的全面占有和准确分析的基础之上。计划一般包括如下四项内容：

①对局势发展的若干可能性做出预测及相应措施，即当某种可能性变为现实时，本方应有几套对策。比如，得分相持、领先或落后时，对方突然改变战术或使用新手时等。现代决策学中，把上述问题称为"潜在问题分析"。其基本程序为：预测潜在问题——评价问题威胁性——制订预防措施——准备应变措施。

②换人方案。

③暂停的使用。

④临场指挥所用的语言。

3. 遵循和利用规则——约束条件

一般而言，教练员的临场与赛间指导都与赛前计划有关联，但进入比赛之后，因为击剑项目特征及规则约束表现出不同的特征。击剑项目的临场与赛间指导有时是动态的，而有时又是静态的。

击剑项目的指导既可以将赛前计划和赛中应对相结合进行指导，也可以根据比赛的变化临时调整指导内容。并且，随着比赛的进行，借助规则和规程，可以通过一个交锋的中断、擦汗或矫正剑等时间进行临场指导。击剑项目临场指导相对受规则的限制，教练员只能在规则允许的范围内和指定的区域里对运动员进行指导。

由于比赛规则和项目进行的环境所限，击剑项目比赛过程中不允许教练员进行直接指导，教练员主要依靠比赛中断零星地来完成临场指导。规则规定击剑比赛只有在一局结束之后教练员才能临场指导，当然，这一特征并不是绝对的，由于击剑项目比赛是由多个单元组成，且存在多个轮次或赛次，在轮次与赛次期间教练员可以指导。只是这种指导不像临场那样适时进行，因此，运动员的自我控制和调整在比赛中显得十分重要。

（二）传输指导决策的途径

1. 语言

语言是教练员临场指导时最常见的指导方式，也是运动员明了教练员决策的最直接的途径。使用语言时要注意三点。

（1）简明扼要，一语中的，能正面理解

应力求用最简单的话语指出场上亟待解决的主要问题和要采取的对策，此时所用语言应尽可能具体，使运动员能马上理解和执行。切忌长篇大论或使用高深莫测的文字。

（2）指令与商量相结合

临场中的指挥语言一般应是指令性的。比赛时间的紧迫性与间歇时间的短暂性，要求教练员只能把决策结果提示给运动员，至于为什么要这么做，则往往不能也不必解释。当然，如果条件允许，也可以同运动员协商。

（3）表扬与批评相结合

语言作为第二信号系统的刺激物，对运动员的情绪有着直接的影响，而运动员的情绪又往往对其稳定地发挥技战术水平有着重要的影响。因而，教练员要注意自己的语言对运动员产生了什么性质和什么程度的刺激。一般认为，表扬、鼓励比批评具有更大的动力作用，但根据我们的调查，大部分教练员认为应把表扬与批评有机地结合起来，要根据场上的情况和运动员的表现，灵活地使用这两种方式。

这里特别要指出的是，语言的简明性、指令性同语言的丰富性并不相悖。而且，我们绝不可以将临场指导的语言理解为只具有表扬或批评两种性质。实际上，为了活跃运动员的情绪，消除其紧张，教练员适当地说些幽默的，甚至看起来是与比赛不相关的话，亦可能会收到很好的效果。

2. 表情与动作

教练员的表情是否自信，是否镇定自若，会在心理上给运动员以影响，但教练员的表情还具有更广泛的作用，那就是教练员可以通过表情并配合动作来对运动员的比赛行为予以支持或制止。

第三节　教练员临场指导能力及其培养

现代击剑比赛是实力和技术的角逐。比赛胜负除了双方运动员主、客观因素以外，还取决于双方教练员临场指导。常言道："当局者迷，旁观者清。"在激烈紧张的比赛中，教练员最能看清场上的情况，若能和运动员配合好，往往会对胜利起到极其重要的作用。一名教练员要在比赛中运筹帷幄，驾驭整个比赛过程并夺取最后胜利，必须对临场指导精心钻研。临场指导的艺术没有统一的模式，在极大程度上由每个教练员的知识、经验、性格及对队员心理状态和比赛环境的深刻了解，以及表演力、应变力等条件所决定。临场指导艺术尽管可以从成功者的经验中领略和借鉴，但最终能否为己所用，还取决于教练员自身的修养，以及对问题的分析能力。这些都是由教练员在长期从教的实践中探索、尝试、总结而成。教练员临场指导时，必须注意对临场信息的收集，作出战术决策，并实施指导，只有这样，临场指导的能力才能完整体现。

一、教练员临场指导能力的作用

教练员临场指导的根本任务是使运动员正常或超常发挥训练水平，在比赛中抗衡对手，并取得理想成绩。在诸多重大比赛中，运动员的竞技过程与结果取决于教练员的临场指导能力及其表现水平。教练员的临场指导能力是其执教理念、风格、技巧和经验的综合反映。

临场指导水平的高低取决于教练员的观察、分析和决策能力，也取决于教练员的经验、果敢和勇气。在激烈的比赛中，教练员的临场指导决定着赛前比赛指导思想的贯彻、比赛策略的执行、战术的变化运用，以及运动员的动机激励和情绪调控。因此，教练员的临场指挥水平直接决定着比赛的胜负。

教练员临场指导能力与其个性心理特征、经验与风格、专业水平与艺术紧密联系，如较强的抗压能力和情绪自我调控能力、全局的把控能力等。战局变化难以预料，战机稍纵即逝，因此，临场指挥果断尤为重要。这依靠教练员长期的经验积累、敏锐的观察与判断、准确的分析和预见。教练员只有临场反应敏捷、冷静、清醒、果断，才能及时抓住战机，获得胜利。

二、教练员临场指导能力的构成

（一）抗负荷能力

随着现代竞赛激烈程度的加剧及其对教练员、运动员自身影响的加深，竞赛过程及结果不仅对运动员，而且也对教练员产生了极大的负荷。在这些负荷（或称刺激、压力）面前，教练员如何保持清醒的头脑，将在很大程度上取决于临场指导的有效性。

临场指导是一种风险决策。一次决策活动，如一次换人或改变战术，可能会带来积极的后果，也可能使战局更加困难甚至导致失败，并由此带来许多对教练员不利的影响。在这些有形和无形的压力面前，教练员如果缺乏足够的抗负荷能力，患得患失，则很有可能错失良机甚至做出错误的决策。著名排球教练员袁伟民在回忆自己指挥中国女排夺取"三连冠"过程中两次"换人"情形时提出：临场指导中的决策，常常产生于一瞬间。需要果断，需要魄力，更需要忘我，无私才能无畏。教练员临场指导时，应该有一种如入无人之境的感觉，全神贯注地进入"角色"，切忌把"我"带入比赛。如果临场指挥夹进了私心杂念，那是不可能果断做出决策的（见《我的执教之道》）。这里的"忘我""如入无人之境"，实际上是指教练员已经将来自各个方面的显现的、潜在的压力化于无形，使自己的内心达到了一个纯净的境界，从而清醒地分析比赛双方的态势，及时地做出正确的决策。

（二）对全局的综合评判能力

对全局的综合评判，是指对比赛全过程的全面评判。从比赛发展的纵向过程看，综合评判包括对过去局势的总结、对现时局势的分析和对未来局势的预测。在比赛过程中，教练员所做的决策是对上述三个阶段进行综合评判的结果。

对每个阶段的具体情况，教练员往往必须运用多种能力和知识（包括理论知识和经验知识）进行评判分析。例如，对过去局势和现时局势的分析，需要具备敏锐的观察力，对所发现问题本质的内在归纳能力（即在意识里归纳为便于向运动员讲解的要点的能力）；预测时，需要丰富的想象力、缜密的逻辑推理能力等。当然，某种具体能力，在对不同阶段局势的分析中均可发挥作用，如思维能力等。

只有具备较为全面的能力，才能正确地把握比赛的全过程。从实践中可以观察到，一个正确的决策，首先是建立在对现时情况正确分析的基础上。

在对战局的综合评判中，教练员的经验起着重要的作用，甚至可以认为，很多情况下综合评判就是经验评判。离开了经验，就谈不上正确有效的指挥。"水无常形，兵无常势"，运动竞赛实践中无穷丰富的变化使理论变成灰色，而经验却在很多场合使竞赛转危为安。直到现在，在运动竞赛实践中，我们也只能称"指挥艺术"而不能称"指挥科学"。这种情况，虽然在一方面指出了关于临场指挥的理论研究水平有待进一步提高，但也从另一方面说明在临场指导活动中，经验是极其重要、无可替代的。

（三）语言表达能力

语言是教练员将自己的决策传达给运动员的重要途径。流畅的语言表达能力是教练员临场指导能力的重要组成部分，是对教练员的基本要求。

教练员临场指导主要是通过口头表达的形式，通过语言来影响听者，口语修辞的好坏，直接影响运动员的情绪。因此，教练员务必在口语修辞上下些功夫。这就要求语句要连贯，讲话要富有逻辑，推理论证严密；语法要符合规范，要有口语特点，要用简单句，避免复杂句；姿态、仪表要恰当，这是口头表达成功的主要方式；目光是表情的最活跃的因素，是传神之物，是心灵之窗，最富有感染力，要学会用眼睛来沟通和运动员之间的感情；动作要自然，要适当，要能唤起听者对你的注意，达到预期的目的。

三、教练员临场指导能力的培养要点

要培养一位优秀教练员，使他在比赛中把平时训练的成果充分表现出来，并能在比赛中运筹帷幄，驾驭整个比赛的进程并最后获得胜利，就必须在临场指导能力上加强研究，培养临场指导能力。

（一）敏锐的观察力

比赛双方谁能在第一时间掌握相关信息并做出正确判断，谁就能取得比赛的主动权。教练员、助理教练员及其相关人员共同依托各种资源和力量，及时、准确、迅速地获取情报信息，并对情报信息进行"去粗取精、去伪存真、由此及彼、由表及里"的筛选鉴别和分析判断，按不同的任务需求，实时、准确、安全、高效地将情报信息与每一次比赛和每一场比赛共享，拨开比赛"迷雾"，实现双向透明。

比赛与训练的最大差异就是运动员竞技能力表现的目标与情景不同。为此，教练员应提高自身对比赛情景的观察能力。赛前准备与安排在一定程度上带有教练员主观预测和推理的成分。因此，比赛开始后，及时准确地收集对手技战术特点等信息，以便及时调整，成为教练员临场指挥的主要任务。所以，临场指挥要求教练员必须高度集中注意力，做到观察与思维分析同步进行。

（二）准确的判断力

通过收集信息和临场观察，要求教练员迅速做出判断和决策。因此，对赛场的综合判断能力是教练员临场指挥是否得当的重要标志。例如，判断对方的技战术特点；根据场上情况，及时调整运动员技战术运用等。良好的对比赛的综合判断能力，要求教练员具有丰富的经验和知识、较强的逻辑分析能力、敏捷的思维能力和应变能力等。

(三)果断的决策力

谋划决策是指挥活动的核心内容和关键环节,它涉及竞技体育主体多个领域和专业,需要凝聚教练员、教练团队的集体智慧。教练员要善于组织教练团队通过一系列运筹谋划活动,聚集和融合群体的智慧,准确把握指挥中心和带有全局性的关键问题,科学确定参赛目标,力争实现决策形成早于对方、决策质量优于对方、决策实施快于对方的"决策优势"。教练员的决策力是其各类能力的综合体现,尤其是在观察力和判断力基础上的专业技能与职业技能的综合反映。

决策力首先来自教练员的学识修养。教练员的智力能力与个人品德决定其决策力的高低。教练员的决策力是其教练团队集体智慧的反映。在竞技体育活动中,过程与结果具有不可预测性,因此,极其考验教练员的胆识和勇气,同时也十分强调决策的时机,贻误时机是决策之大忌。教练员必须具备迅速判断、迅速决策、果断行动的能力。果断的决策力常常需要教练员具有超凡的胆识和勇气。若瞻前顾后,畏畏缩缩,缺乏勇气和担当,就会错失决策良机,使决策效果大打折扣。当然,教练员的决策是否正确取决于目标和方向是否符合比赛情景的实际,临时应对方案是否具有针对性、可行性。

(四)灵活的应变力

当今击剑比赛日趋激烈,决定赛事胜负的因素众多,参赛的各种条件和环境错综复杂、瞬息万变。教练员及其团队必须在深入分析可能面临的各种问题的基础上,按照"预先研判—制订预案—作战实验—修订完善"的流程,立足复杂困难情况,制订系统配套的综合性指挥方案体系和各类"子"预案,明确参赛行动规则和用人方式,做到一种情况多种构想、一项任务多套预案、一种方案多项对策,把计划作为变化的基础,最大限度地减少"意外情况"的发生。

(五)持续的抗干扰力

教练员的态度、情绪和思维活动是随着比赛不断发生变化的。在比赛中,教练员始终高度集中于比赛过程,在身体和心理上都有很大的载荷。其中,教练员的心理水平基础,如情绪的稳定度、注意的品质、思维的灵活性等,都会因为比赛时间和激烈程度受到影响。比赛中教练员的每一次指导(可能带来积极或者消极的影响)、震耳欲聋的观众助威声、裁判员的判罚等都是无形的压力。面对这些压力,教练员如何知觉、释放,并通过情绪控制反馈给运动员,都是其抗干扰能力的体现。

(六)有效的沟通力

沟通是教练员的决策传达与运动员执行之间的桥梁。沟通的主要方式是语言和非语言。流畅的语言表达能力和得体的肢体语言是教练员临场指挥能力的重要组成部分。

沟通是双向的，是教练员与运动员或他人之间在信息上的传递和反馈，所以，教练员需具备较强的沟通能力，掌握沟通的说、听、问三个要素。对于运动员比赛中的竞技行为，教练员首先应对其行为本身的合理性和有效性进行评判，而不能将其与运动员的个性或性格联系在一起。在比赛沟通中应使用明确、精练的语言，使运动员明确教练员的意图，不产生歧义，并能够正确采取行动。同时，教练员应积极聆听运动员或他人的讲话，并提出问题，促使他们主动思考。对教练员而言，有时听比说更重要。在倾听时，教练员首先要用心专注地倾听，具体表现在眼睛与耳朵并用，积极寻求对运动员的理解，并鼓励他们表达自己。提问应是开放式多于封闭式，以启发运动员主动思考并培养其觉察力。

在比赛时，教练员只能利用规则，在暂停或休息时间针对性地指导。如何将教练员对场上具体情况的分析及下一步的相应对策，用简洁明了的语言传达给运动员，使运动员尽快领会意图，直接影响到运动员的心理、情绪和行为。当然，教练员烦琐而重点不突出的话语会导致运动员产生紧张情绪。因此，教练员应采用明确而简洁的表达，而不应是抽象、情感式的表述，更不是毫无意义的大白话。

四、教练员临场指导能力的培养途径

（一）完善教练员培养与评价体制

科学合理的培养体制是教练员执教能力提高的基本保证。完善国家和各地教练员培养组织建设，确立教练员在岗培训的目标、任务，建立不同层次的教练员学习培训体系。建立完善科学的考评机制，完善教练员专业与职业能力素质达标考评系统。积极改进考评方法，设计临场指导能力训练软件，将临场指导的理论、技能、谋略等内容与训练结合起来。完善奖惩问责机制，激发教练员的潜力。

（二）建立学习型教练团队

建立学习型教练团队是当前教练员培养与发展中的一个新的方向。学习型教练团队的建设有利于教练员主体的人性化实现，有利于教练员学习过程的持续化和层次的网络化，有助于实现教练员个人和团队的持续发展。建立学习型教练团队的核心是提升每个人的学习力。学习力是一个人及一个团队学习的动力、毅力和能力的综合体现。学习力贯穿于运动队管理始终，是卓越团队形成的基本条件。通过学习力的提升，针对训练和比赛的重点、难点，增强团队的创新力，通过组织保证、措施落实、方法创新，打造一支学习型团队。

第四篇

击剑保障篇

第十一章

管理学在击剑队管理中的应用

"训练出成绩，管理出人才，人才决胜负"，运动队卓越的管理水平是制约运动员成才的重要决定因素，是获得优异比赛成绩的必要条件，是提高竞技水平的重要条件。运动队管理工作涉及因素多，情况复杂，在管理的具体工作中面临诸多的问题：运动员思想教育问题、教练员专业素质问题、参赛选拔问题、奖励政策问题及就业问题等。在新形势下，特别是面对全球经济的挑战和市场经济的冲击，运动队的管理工作更显得重要和紧迫。同时出现了一些新的问题、特点及趋势，需要认真研究和对待。加强运动队管理的研究，旨在继承和弘扬中华体育精神，打开新时期管理工作的新局面，揭示新形势下运动队管理的共同规律。

第一节 运动队管理的时代特征

随着社会的发展和人类文明的进步，社会环境、管理方式及个体价值取向等方面发生了巨大改变。现代运动队管理的形势正面临着挑战，传统的单一管理模式已经难以适应现代运动队管理的需求。与时俱进的重要启迪是跟上时代步伐，让新理念、新思想指导我们的行动。

一、社会环境的信息化

社会发展的全球化、信息化潜移默化地影响着人们的思想和行为。体育社会化、市场化的快速推进，运动员思维和行为方式较以前有了较大的改变。运动队的管理者必须认清社会环境的发展和变化，有针对性地分析和鉴别变化给高水平运动员带来的正面和负面的影响，引导、教育运动员形成正确的世界观、人生观和价值观，为完成训练目标、比赛任务提供强大的精神动力、思想保证和舆论支持。

二、管理需求的专业化

管理从一种不需要任何学习的纯经验式的活动，发展成为一种可以从所有可能的角度进行规范分析和评论的活动。管理成为社会经济和个人生活的一种重要推动力量，它的触角伸得更远。现在几乎没有什么东西，没有什么组织和活动可以脱离管理的范围。同样，国家队管理对管理者的专业化管理能力提出新的要求。国家队管理者是否具备专业化的管理知识，促进管理的协同，形成整个管理团队的动力，只靠管理者"摸着石头过河"，将导致出现了"老传统不灵，新办法没有"的局面。

三、管理理念的人本化

西方现代管理理论的产生是以科学管理的兴起为标志的。美国人泰勒作为科学管理运动的主要代表，被称为科学管理之父。他认为管理是科学，而不是一种以经验法则为基础的个人处理问题的方法。相对当时纯经验式管理，科学管理充分提高了管理效率。"管理就是效率""效率至上"的管理理念已成为管理理论中不自觉的或无条件的理论前提。建构于这一前提下的各种管理理论，无论把人看得多高、多重要，其实质都是对人的"物化"。以人为本的管理，从根本上说并不是管理方法的变革，而是人类管理理念的深刻变革，它是在对传统管理理念进行批判与反思的基础上，重新确证人在管理中的本体地位，并为当代管理理论构筑新的逻辑支点。运动队管理的核心任务是针对运动员的管理即人的管理。因此，人本管理理念对于运动队管理者是非常重要的也是非常必要的。

由上可以看出，时代的发展，影响着高水平运动队管理中的理念、方法、管理者素质等要素，同时影响着每一个运动员和管理者的观念和行为。对时代特征的客观认识，将为采用新的管理观念和管理模式提供重要参考。顺应时代发展，运动队管理一定要与时俱进，针对新形势、新问题采用新的管理理念和新的管理办法。

第二节 竞技体育运动队的管理

竞技体育运动队管理的影响因素是指竞技体育运动队管理赖以存在和发展的各种因素的总和。影响我国竞技体育运动队管理的因素有很多，按照系统的分类方法，分为系统内部影响因素和外部影响因素两大部分。

一、我国运动队管理的内部影响因素

我国竞技体育运动队管理的内部因素主要是指影响运动队管理的道德观、价值观、竞技体育管理体制、竞技体育组织文化以及教练员、运动员队伍发展的规律等因素。

第十一章　管理学在击剑队管理中的应用

（一）理念对运动队管理具有决定性、指导性的影响

管理思想就是人们在社会实践中对管理活动的思考所形成的观点、想法和见解的总称。它是人们对管理实践中各种社会关系及其矛盾活动自觉的和系统的反映。管理理念决定了管理者在实际管理实践中所采用的管理指导思想、管理方式等。所以，在竞技体育运动队管理中有着至关重要的影响作用。在竞技体育运动队管理中，下述管理思想对运动队的管理有重要的影响。

1. 系统的管理思想

系统化的管理思想即系统的管理观念，它是指管理者自觉的运用系统理论和系统方法，对运动队管理进行系统分析，旨在优化管理的整体功能，取得较好效果的一种管理思想。系统的管理思想影响着竞技体育运动队管理的科学化和系统化。目前我国运动队管理涉及教练员、运动员的各个方面，尤其是对运动项目团队的管理更应该重视系统的管理思想。

（1）团队的整体观念

运动项目团队是由不同任务分工的各类人员组成的有机体，包括领队、教练员、运动员、保障人员、工作人员等，以及他们之间的相互关系、配合与协作，影响与制约，通过管理，在功能上要达到"1+1>2"，即整体功能大于各部分之和的效果。

（2）运动队管理的动态与开放观念

作为一个系统，运动队管理应是动态的、开放的。因此，应遵守运动队管理的客观规律性，做好不同时期运动队的各方面工作，充分分析环境与条件的不确定性，对运动队进行动态的、开放性的管理。

（3）运动队管理的层次观念

通过对运动队进行分类、分级、分层，进行差异化管理。对不同的层次和类别的人员赋予不同的权利和责任。在人员的使用上要能级相称，使人尽其才，物尽其用。系统的管理思想对运动队的科学化管理提供了科学理论依据。

2. 以人为本的管理思想

人本观念是指在管理实践中一切从人出发，以调动和激发人的积极性和创造性为根本手段，以达到提高效率和人的不断发展为目的的一种思想观念。坚持以人为本的思想做好教练员、运动员的工作，对提高教练员、运动员的积极性和主动性具有非常重要的影响。

第一，树立人才第一的观念。这是人本观念应树立的基本观念，因为教练员、运动员的因素是关系到竞技运动保持高水平和持续发展的首要因素、关键因素和决定因

素。因此，要对教练员、运动员管理予以充分重视。

第二，要树立尊重知识，尊重人才的观念。让教练员、运动员、保障人员在工作中有成就感、归属感，就要给予他们充分的尊重，才能激发他们工作的激情与热情。

第三，以人的不断解放和全面发展为管理中最高追求目标的观念。这也是高层次的人本观念。通过对教练员进行定期与不定期、短期与长期培训不断提高教练员自身的素质，促进教练员的全面发展，对竞技体育水平的全面提升具有重要的现实意义。

3. 和谐的管理思想

和谐是不同事物之间相辅相成、互助合作、互利互惠、互促互补、共同发展的关系。和谐的管理思想就是在运动队管理中建立和谐的人文环境，促进运动队和谐发展的一种管理思想。

和谐的管理思想倡导在人与人的关系上，提倡宽和处世，协调人际关系，创造"人和"的人际环境，追求以形成和谐的人际关系为主题的人文环境。教练员、运动员是社会人，除了与管理人员相处以外，还要与更多的其他社会人进行交往，从而耗费大量的精力。和谐的人际关系有助于教练员、运动员保持良好的心理状态，有助于教练员、运动员把更多的精力和时间用于竞技体育训练。

和谐的管理思想还倡导在心与身的关系上，主张人的身心和谐，保持平和、恬淡的心态，正确处理伦理与欲望的关系。在肯定教练员、运动员对物质利益正当追求的同时，应当肯定教练员、运动员其他方面的正当需求并予以正确引导。因此，要积极引导和鼓励教练员、运动员加强知识理论的学习，培养科学的世界观与价值观，养成良好的社会和职业道德。

4. 权变的管理思想

权变是指权宜应变，权变思想是指一个组织在变化的条件下和特殊的环境中，采用适用的管理方式和管理方法的一种管理思想。这种指导思想告诉我们，管理没有一成不变的模式和方法，把握内外部环境和条件变化，要用合理的管理方法，做到随机应变。

运动队所处的环境与条件是可变的、动态的，要求管理者根据环境与条件的变化，结合客观实际对运动队的管理做出相应的调整。如国家队在管理模式的采用上，有些国家队某个周期拥有专业或科研权威性极高的教练员或领队，该周期可能就要实行队委会领导下的教练员或领队负责制。如果缺乏权威核心人员可能就会选择队委会领导下的分工负责制。2005年1月，国家体育总局竞技体育司对40个国家队的调查结果表明，目前国家队共有8种管理模式，其中采取队委会（集体）领导下的分工负责制模式的比例最大，占47.5%，领队领导下的队委会负责制和领队、主教练分工负责制比例最小，仅占2.5%。

（二）管理体制决定着运动队管理的性质

竞技体育管理体制是竞技体育管理的机构设置、权限划分、运行机制等方面的体系和管理制度的总称。竞技体育管理体制具体体现在负责竞技体育事业的领导机构和组织，它们之间的隶属关系和职责范围，以及由它们所制定和实施的各种有关规章制度和措施，还表现为这些组织和机构的运行方式、管理方式和控制手段。竞技体育管理体制决定了对运动队管理所采用的管理方式，有什么样的竞技体育管理体制就会有与之相应的运动队管理模式。

1. 运动队管理组织结构

我国竞技体育管理组织结构主要是指国家行政部门及其所属的单位组成的体系。从国家的角度看，形成了以国家体育总局为决策领导核心，各运动项目管理中心为执行机构，各国家队为基本实施单元的纵向结构。各地方按照组织建设的原则和要求，也基本参照了这种模式。从体系结构上看，我国国家队基本采用了集体式的管理模式——队委会制度，但是各运动项目的队委会制度有所区别，有些是采用队委会领导下的总（主）教练负责制，有些采用队委会领导下的领队负责制，还有些是队委会领导下的二元制（领队和主教练员共同分工管理）。可以看出运动队的管理基本上采用了团队式管理模式。

2. 运动队管理制度

自 1995 年国家颁布《体育法》以来，体育行政部门日趋重视体育方面的法规建设，针对运动队管理方面的法规也日益增多。如国家队组建方面，教练员技术等级方面，教练员评聘方面，教练员考评方面，教练员、运动员奖励方面等，这些都从不同角度保障了我国竞技体育运动队管理日趋走向法治化、规范化，既保障了教练员、运动员的权益，又促进了教练员、运动员的全面发展。可以说，制度建设是运动队管理的前提和基础。

3. 运动队管理运行机制

在现行的竞技体育管理体制下，运动队管理采用了多种运行机制。通过人事体制改革与完善，建立了以贡献和成绩为核心的竞争机制，有力地提高了教练员、运动员的自主性；通过制定和规范各种奖励制度，建立并运行了良好的激励机制，激发了教练员、运动员、保障人员的工作热情；通过考评制度、培训制度、评聘制度，建立并运行了良好的风险机制，促进了运动队不断进取的精神。

（三）组织文化影响着运动队管理的人文环境

体育组织文化包括人们对体育、体育机构、体育政策和体育的执行者，诸如体育教师、裁判员、教练员、运动员、经纪人等的各种认识、价值观念、态度和信仰。建立竞技体育组织文化的目的在于统一组织内部成员的世界观、价值观、道德观等，进而在实践中采取统一的方式，为实现组织目标提供良好的人文环境。

1. 良好的组织文化有助于促进认知的统一

在竞技体育组织中形成良好的组织文化，有助于教练员在组织文化的熏陶下形成对体育客观的统一的认知，对教练员、运动员所从事的运动训练工作产生认同感，从而使教练员、运动员能够更好地理解竞技体育发展的目标与宗旨，也通过组织目标的达成进而实现自身对职业价值的追求，获取成就感。

良好的组织文化还可以加强教练员、运动员对竞技体育组织的认同，有助于教练员、运动员在实践过程中对竞技体育组织形成相应的依赖感和归属感，很多国家队教练员在执教期间都是以队为家，充分融入运动队中。通过相应地政策法规的解读，使教练员、运动员充分了解国家发展竞技体育的战略、对他们的要求及国家在各个方面对他们的肯定，从而形成"以身报国、以队为家"的观念。

2. 良好的组织文化有助于形成和谐的人际关系

在组织中积极推广与倡导和谐社会发展的科学理念，并把它贯彻与融合到组织文化中。教练员、运动员作为社会人，需要人际交往，人际交往是协调人与人、人与集体之间的关系，是形成集体合力的纽带。一个良好的集体，能促进教练员、运动员优良个性品质的形成。如正义感、同情心、乐观向上的品质等，都是在民主、和睦、友爱的人际关系中成长起来的。良好的人际关系还能增进教练员、运动员的集体凝聚力，成为集体中最重要的教育力量。和谐的人际关系，是光明正大的同志关系、健康有益的朋友关系、平等友爱的上下级关系。因此，在组织中形成和谐的人际关系，既是对我国传统"和文化"的弘扬，也是构建和谐社会的需要。

3. 良好的组织文化有助于形成良好的体育道德风尚

体育道德包括体育道德的基本原则、范畴、理想、信念、行为和品质，以及体育道德的评价等。体育道德可以帮助教练员形成良好的风气，而风气是教练员、运动员精神风貌的一种具体体现。一种社会风气形成之后，就会具有一定的能动性和稳定性，它能渗透到竞技体育组织的每个领域，影响着教练员、运动员的行动和言论。

体育职业道德是同人们的体育职业活动紧密联系的，符合职业特点所要求的道德准则、道德情操与道德品质。体育职业道德是教练员、运动员在职业生活中应遵循的基本道德，它包括教练员、运动员从业的职业品德、职业纪律、专业胜任能力及职业责任等方面。教练员、运动员的职业道德属于自律的范围，它通过公约、守则等手段对职业行为的某些方面加以规范。它既是教练员、运动员在职业活动中的行为规范，又是行业对社会所负的道德责任和义务。

通过竞技体育组织文化的建设，形成良好的体育道德和教练员、运动员职业道德，可促进教练员、运动员的自律行为，培养良好的社会风气，可以较好地规范教练员、运动员的行为，从而使教练员、运动员在组织文化的熏陶下形成积极上进、勇于奉献、开拓进取的世界观和道德观。

二、我国运动队管理的外部影响因素

运动队管理的外部影响因素是存在于竞技体育管理系统之外的，对其产生影响的一切环境因素。其内容主要涉及以下七个方面：一是政治环境，即影响竞技体育管理的国家政治意识形态、方针、政策和政府机构及其行为；二是经济环境，即政府的经济政策、财政、税收、金融、劳动力、价格水平、人民的生活水平、经济发展的规模水平与程度等；三是社会环境，即社会制度、政治经济体制、社会道德、伦理、价值观念、行为方式和习惯等；四是技术环境，即为竞技体育管理所提供的技术设备、技术方法和手段等；五是法律环境，即国家制定的各种法律、法规和制度等；六是自然环境，即地理位置、气候、自然资源、人口、交通等；七是文化环境，即传统文化、历史背景、国民素质、教育发展的程度与规模、思想意识形态等。其中，对竞技体育管理的性质和具体功能的发挥具有直接和重要影响的外部因素，主要包括国家的政治、经济体制，经济的发展程度与规模，竞技体育发展的程度与规模，民族文化与传统四个方面。

竞技体育管理的外部环境因素对运动队管理的影响主要表现在两个方面。第一，竞技体育管理环境直接决定运动队管理的性质，即决定着运动队管理主体、客体和体育管理目标的性质。第二，竞技体育管理环境深刻影响着运动队管理的方法、方式和手段的采用与实施。

（一）国家政治、经济体制

首先，体育管理体制是国家政治、经济体制在体育领域中的具体体现和延伸，它具有同国家政治、经济体制同样的社会性质。有什么样的政治、经济体制，就有什么样的体育管理体制，而有什么样的体育管理体制就必然有其相应的运动队管理范式，也就是说，国家的政治、经济体制间接决定了竞技体育管理的性质。其次，国家政治、经济体制决定了体育管理体制中权力的分配方式、利益的分配形式和管理制度的性质，从而决定了体育管理体制改革的方向。体育管理体制改革是否与国家的政治、经济体制改革相吻合、相适应，是衡量体育管理体制改革合理性、科学性的重要标准。当国家的政治、经济体制发生变化时，体育管理体制也应该与之相协调、相适应。那么，作为体育管理体制一部分的竞技体育管理改革也必然要服从于体育管理体制改革的大局，更要服从于国家政治、经济体制改革的大局。因此，国家有关政治、经济方面的政策、措施必然影响到运动队管理的各个方面。如教练员的人事管理属于国家事业编制，国家政治体制中的人事改革必然会影响教练员的人事管理。市场经济体制下，分配制度的改革也必然影响教练员的利益分配。

（二）国家经济发展的程度

经济是体育发展的基础，国家经济发展的程度与规模对竞技体育管理有着深刻的影响。经济基础决定上层建筑，运动队管理体制属于上层建筑的范畴。因此，其确立和发展与本国的经济基础密不可分。不同的历史时期，经济发展程度与规模影响着体育的发展程度与规模，也影响着竞技体育管理的表现形式和管理方式。此外，竞技体育管理的发展过程中也有其独特的经济功能，但这种经济功能的实现必须以国家经济发展为前提和基础。由于社会主义国家的特殊国情，当国家经济发展水平较低、规模较小时，竞技体育管理往往以行政管理为主，竞技体育人员享受国家事业编制的社会福利。当国家经济发展程度较高时，运动队的管理也将随着体育体制改革转变为依托行政管理方式，以法律、法规为保障，以经济方式为主的管理模式，教练员、运动员的个人价值得以凸显，其商业化、职业化程度得以提高。因此，国家经济发展的程度与规模影响了运动队管理的模式与方法，也影响了竞技体育教练员、运动员的利益分配格局。

（三）竞技体育的发展程度

作为国家竞技体育管理一部分的竞技体育管理，随着竞技体育的发展而发展，经历了一个由不重视到重视，由重视个体到重视团体协作的过程。在这个过程中，由于竞技体育的快速发展，国际化、现代化程度的不断提高，迫使运动队管理从最初的重视竞技水平走向重视运动员、教练员素质的全面发展，从单一的运动员、教练员使用走向开发与使用并重。对竞技体育运动员、教练员培训的重视和不断发展就说明了这一点。由此可见，竞技体育的发展促使运动队管理的改革不断深化。

（四）民族文化与传统

民族文化与传统是一个国家和地区精神文明的历史沉淀。它深刻影响着国民的世界观、价值观、认知观及思维模式和行为方式。一个国家的国民素质、行为修养不仅受该国政治、经济的影响，从根本上是深受其民族文化与传统的长期积淀和浸润所养成的。竞技体育管理主要是对人的管理，不同的管理者受民族文化与区域社会传统的影响会形成不同的思维观念和处事方式，从而在根本上影响着对竞技体育管理的理念和价值观念，进而影响管理的方式和内容。

第三节　击剑队管理现状与案例分析

前国家击剑队的管理主要为（队委会领导下的）分工负责制模式。国家队的重大事件都由队委会集体来决策，并由击剑部和击剑队共同管理、协同落实。

一、国家击剑队管理特点

国家队运动员管理是相对于科学管理而提出的，它是以教练员、运动员为中心，以人性化为标志，在强调尊重教练员、运动员的独立人格和个人尊严的前提下，努力塑造团队的共同价值和文化精神，以提高教练员、运动员对运动队的向心力和凝聚力，从而调动教练员、运动员的积极性和创造性。尤其是在知识信息时代，在教练员、运动员个体的价值取向多元的影响下，运动队的管理更需要尊重教练员、运动员的人性，激发教练员、运动员的训练动机，提高教练员、运动员主体的创造性。

（一）管理理念的先进性

国家队管理有着较坚实的理论支撑，它的人性假设是相对完整的，不是片面或各种因素同样重要的假设，而是将教练员、运动员看作完整的人，并通过心理学、行为学、社会学、经济学的最新研究成果，找出教练员、运动员的各种特点与需求层次，抓住主要，波及次要，尊重人的多种本性。

国家队管理在强调运动成绩的同时更加强调了教练员、运动员的基本权利、对教练员、运动员的尊重及教练员、运动员的全面发展，这也是运动队管理的根本目的和管理理念。国家队的管理强调了"发展为了人，由人来发展"，强调了"以人为本"。

在新的时代条件下，国家队把坚持"以人为本"贯穿于管理工作，它可以引导运动员在改造客观世界的实践中树立正确的世界观、人生观、价值观，而且引导运动员以改造主观世界的成效推进客观世界的改造；运动员的精神世界不断丰富并增强精神力量，充分调动运动员的积极性、主动性、创造性，为运动训练和竞赛提供强有力的精神保障。

同时，在人本管理的管理理念指导下，明确了管理工作重点即关注教练员、运动员的发展，为教练员、运动员的成长提供服务和保障。运动队的发展最终还是为了运动员的发展，该理念更具有前瞻性和长远性。在该理念的指导下，国家队管理者在教练员、运动员发展的问题上，很好地处理长期目标与短期目标的矛盾。同时，国家队管理者可以避免为了短期利益，而损害教练员、运动员的长期发展。

国家击剑队在日常管理上更注重培养运动员的自我管理意识，经过多年的实践和探索，我们也在逐渐改变过去那种简单的管理模式，在明确了国家队管理制度的同时，更注重自觉意识。如在平时，我们通过各种时机反复强调制度的重要性和遵守制度的必要性，努力培养运动员向职业运动员那样，要有自我爱护和自我保护的意识。因为运动员的天性决定了他们平时的行动，年轻人天生好说、好动、好玩儿，扼杀了这些就等于给他们上了一个枷锁。强制管理往往适得其反，放松或放任更不可能。所以我们的做法就是利用各种时机（平时开会或学习时、平时聊天时、训练前后的点评时、利用板报和剪报的形式等）进行说教，使运动员建立意识，逐步形成自我管理的意识。

（二）彰显运动员的本体性

在国家队管理中，管理的对象本身就是运动员。训练的投入就是对运动员的身体改造，其产出是运动员通过身体的表现展示技能。运动队从开始的投入到产出始终离不开运动员这个主体。正是由于运动员是人，不是物，他具有自己的思想和情感。国家队管理虽然追求效益，但绝不能忽略运动员的主体需求和意愿。

国家队运动员人本管理强调以人为本，并切实做到教育人、引导人、鼓舞人、鞭策人。教育、引导是利用各种言论渠道，摆事实、讲道理、排除思想障碍、解除思想疙瘩。教育是引导、鼓舞、鞭策的前提，引导、鼓舞、鞭策是教育的目的。通过教育、引导、鼓舞、鞭策，使更多的人能树立正确的世界观、人生观、价值观，诚信守法，健康向上。在教育方法上，要由单一呆板的方式转变为寓教于文、寓教于乐、寓教于各种服务之中的活动方式。紧密联系运动队的实际，注重"贴近实际、贴近生活、贴近运动员"，不断提高思想政治工作的实效性和针对性。

另外，国家队管理要求管理者必须尊重人、理解人、关心人、帮助人。要想尊重、理解、关心、帮助运动员，管理者必须解决一个前提环节——了解运动员，把握运动员心理，提高管理的针对性。尊重人必须平等待人，尊重人的人格，尊重人的劳动和创造成果，尊重人的合法权利；理解人，必须以诚相见，以心换心，承认人们不同的爱好和需求；关心人、帮助人，必须对人满腔热情，诚恳宽厚，把训练、生活和疾苦时刻放在心上，帮助运动员解决困难。

国家击剑队在管理上，也是重视运动员个性培养的，比如一些运动员平时是比较活泼的，甚至有些"难以控制"，当时这些人的特点是能够调动和活跃训练场上的气氛，这对训练是能够起到促进作用的。我们的做法就是充分鼓励他们，同时让他们担当组长，给他们一定的责任和更多的信任。

（三）重视内在驱动性

国家队管理对于物质的增长有着较大的依赖性，只有生产力的巨大增长和高度发展，才能使教练员、运动员有条件接受较高水准的教育，使其能力和潜能得到有效的培育；才能使训练时间大大缩短，使教练员、运动员也有条件参与各项社会活动，从而突破社会地位的单一化、固定化，以及人自身发展的片面化。

管理者更侧重于教练员、运动员能够得到更多的尊重，获得归属感及自我价值的实现。由于内在动机的驱使，会激发教练员、运动员内心深处的主动性、内在潜力和创造精神。所以，运动队管理要从教练员、运动员的内在驱动行为，使组织的规范内化为队员自觉意识，将组织的目标转变为队员自觉行为，产生自我约束力。

相对于规章制度具有他律性。外在规定可以改变人的行为，但是它的影响是短暂的、局限的。当环境条件发生变化时人们会从这种约束中摆脱出来。例如，运动队里规定运动员不允许在训练时带手机，这一规定的确可以制约运动员注意力的转移，但是，运动员会在训练以外花更多的时间玩手机。

另外，约束力不完全来自规章制度，运动员的自我管理也是自身约束力的体现。自我管理是指主动调整自己的心理活动和行为，控制不当冲动，克服不利情境，积极寻求发展，取得良好适应能力的心理品质。在高水平竞技运动中，成功属于那些善于自我管理的人。自主管理是指一个组织的管理方式，主要通过运动员的自我约束、自我控制、自我发现问题、自我分析问题、自我解决问题，以变被动管理为主动管理，进而自我提高、自我创新、自我超越、推动组织不断发展与前进。高水平运动队管理主要通过运动员的内在约束性提高对自身的管理。内在约束可以对纷繁的场景进行抽象，从而长期、广泛地影响运动员的行为。把外在规定转变为内在的承诺，最终转变为自觉行为，并不是一件容易的事情，是需要时间的。运动员的个体差异性、文化水平的差异、组织内环境和外环境都可以影响这一转化过程。

国家队管理的主要任务就是将多种因素协调一致，使外在的规定转化为运动员内在的规定，自主管理是其精华，具有内驱动性，并在管理效果上体现出强大而持久的影响力。

（四）激励方法手段的多样性

激励是国家队管理的核心问题之一，直接影响教练员职业精神和运动员的竞技能力的提高。人力资源管理研究表明，如果能充分调动员工的积极性，他们的潜力将发挥到80%～90%，其中50%～60%是激励的作用。科学的激励有利于提升国家队教练员、运动员的敬业精神，有利于激发创造力，有利于营造良性竞争的文化氛围。国家队队员经过长期的训练，人体潜能在很大程度上得到开发，为了进一步发掘机体的潜能，激励是行之有效的重要手段。实施有的放矢的激励，"对症下药"，满足不同人、不同时期的不同层次的需要，使激励效果最大化。国家队管理首先克服了传统管理中激励手段的单一化，根据运动员的真实需求给予相应激励，这就是个性化激励。

【案例15】激励是运动队不可缺少的手段，国家击剑队的做法是利用一切时机和场合，以不同的形式进行激励（或刺激）。如在参加一次很关键的国际比赛时，在团体赛对阵一个比较弱的对手时，一名绝对主力运动员没有充分发挥其自身作用，并带着情绪比赛，最终导致比赛的失利而没有进入前8名。赛后我们即刻在场上对全组运动员进行了严厉的、不客气的批评，并点名批评了该主力运动员，同时在接下来的比赛中没有再使用这名运动员，而完全用年轻运动员打完所有比赛，结果取得了全胜（连胜3场）。通过这个事例，既教育了这名主力运动员，又激励了其他人。

竞技体育的最终目的就是取得最佳成绩，管理者要学会在参赛过程中、在关键时刻激发运动员的激情、调动出运动员的潜力，这是一个很重要的环节和艺术。我们的做法是"讲话要恰到好处，半开玩笑、半严肃""用事例、用现实、用情感，联系历史地告诫和教育运动员""用适当的物质刺激运动员"这些往往都能起到一定作用。当然，这些都离不开管理者在长期与运动员和教练员接触中深化对他们的熟悉与了解。

二、国家击剑队管理的原则

原则是人们说话行事所依据的准则，是在对事物发展规律认识的基础上形成的准则。国家队管理的原则是在对国家队队员和运动队管理规律认识的基础上形成的，是国家队管理必须遵循的基本准则。

（一）尊重本性原则

人具有遗传而来的本性，如惰性、嫉妒、趋利避害等。人的本性虽然难移，但可以加以引导、利用。

人的本性是自私，这是物种延续的必然，否定人的自私本性，只不过是掩耳盗铃而已。人的本性是可以通过道德及法律加以约束的。道德和法律虽然会随着时代不断发生变化，但有两条是不会变的。第一，对生命的尊重，这由法律来保证；第二，对自我的尊重，这由道德教育来促进。

1. 树立"运动员为上"理念

运动队和运动员的关系应该比喻为"土壤与种子"的关系，即"土壤学说"。运动队犹如土壤，什么种子都能在土地里自由生长，他的吸收与创造是对等的。这一学说就是把运动员与运动队确立为共有关系，运动员的个人目标与运动队利益是一致的。运动员是运动队生存发展的基础，运动队为运动员实现个人目标创造了机会，提供了场所；运动员在实现自身价值的同时为运动队创造更大的价值。在此基础上，人是平等的，关系是融洽的，尊重和发展、个性和价值都得到体现，是一种尊重个人的集体主义理念。

国家队管理应重视人的本性，是把尊重与发展作为人的第一需要，充分体现人的价值。在国家队运动员管理中，树立"运动员为上"理念，把满足运动员的需要作为运动队的宗旨，充分尊重每个运动员的价值、满足每个人的需要、调动人的积极性、开发人的潜能。国家队拥有运动员，运动员依靠运动队，二者的结合程度决定了运动队管理目标的实现。

2. 引导本性，强调团结、合作

在国家队内部要强化运动员互相尊重、平等互助的合作精神，以实现知识、技能交换和共享，促进运动队整体实力的增强。竞技运动的认知交换不同于物体交换，物体交换只是两个物体位置的移动，而运动员的认知交换，使每个人运动员拥有了多人的知识，其能力呈倍速增加。美国花旗公司总裁杰克·韦尔指出，"我们必须让所有员工加强合作，交流知识，参与管理，这样我们的企业便有了活力"。当前，随着竞技体育的快速发展，运动员与运动员之间在竞争中走向合作，运动员之间知识、技能的交流是运动队发展的必然。在尊重运动员本性的基础上，引导运动员从个人走向集体，从单赢走向双赢（图11-1）。

图11-1 女子佩剑组训练之余的团队活动

3. 限制本性的消极面，强调积极、进取

人性具有趋利避害的特征。人的本性中具有如懒惰、嫉妒等消极的一面。通过规章制度可以很好地限制人的消极本性，如懒惰本性，人在可以懒的情况下不可能不懒，这就说明，运动员在一个允许懒惰的环境下，不可能不懒。因此，通过对时间及训练中的规定，建立一个积极向上的环境，可以很好地限制懒惰本性。正视人性，采用一定的方法手段，使运动员形成积极进取的精神，促进运动员的健康发展。

【案例16】训练场地是运动员接触最多的地方，环境是第一位的，它可以改变和影响使用者。在国家击剑队管理制度中，将训练场地的环境作为衡量剑种管理者优劣的标准，击剑队定期对场地环境（包括器械、服装的摆放等）进行检查，对优者提出表扬，对劣者进行通报批评。这种做法促进了各组的竞争，保证了一个良好的训练环境，同时也在无形中使运动员、教练员建立了良好的环境意识。

(二) 文化建设原则

团队文化是在对团队的发展战略认同的前提下，形成一种积极的、易于沟通和学习的精神状态。团队文化是团队体制的一个非常重要的组成部分，如果把治理结构、管理制度看作团队体制中的"硬件"，那么团队文化就是"软件"，它会增强团队内聚力、向心力和持久力，并最大限度地激发团队成员的积极性和创造性，从而确保团队工作取得巨大成效，最终促进团队的成长和发展。因此，要想成为高效的高水平运动团队，就必须要有自身的团队文化。

从文化角度看，高水平运动队的管理制度属于运动队文化三个层次中的中间层次。运动队文化的三个层次指：精神文化——核心层；管理制度——中间层；管理模式——基础层。运动队管理者对"人本"的看法不同，所采取的管理理念不同，实施的管理措施不同，对运动员产生的思维定式、行为定式也不同。同时，运动队文化又会反过来作用于管理制度，两者相互影响，相辅相成。

文化塑造强调了文化的作用，凸显了运动员行为的可塑性。文化塑造要求运动队把运动员的发展放在首位，并能够为运动员提供一个自由、宽松、和谐的管理环境和人文环境，给出一个运动员能够发展的空间，让运动员在充分认识自我，努力完善自我的过程中，形成优良的运动队价值观。

(三) 满足需要原则

需要是个体由于缺乏某种东西而产生的生理上或心理上的不平衡状态，是客观要求在人脑中的反映，是人类思维和活动的基本动力。在管理中，管理者应该知道运动员需要什么，他们有哪些基本需求，有哪些更高层次的需求，我们如何能发现他们的需求。这都需要管理者去认真仔细研究，而不能摆过场，走形式。

美国心理学家马斯洛的需要层次理论认为，每个人内心存在着五种需要层次，分别是生理需要、安全需要、社会需要、尊重需要和自我实现需要。需要的功能特点是寻求满足。需要缺失的个体处于心理或心理缺乏的失衡状态，内心充溢着紧张、焦虑、烦躁、不安，这些体验调动个体去寻求某个能够改变、排解不良情绪，即满足需要的东西使自己回归平衡。依据这一点，管理者应该有意识地利用个体的即时需要或诱发其潜在需要，予以满足，特别是具有自我激励作用高层次需要的满足，这样才能有效地调动个体行为的积极性。

三、运动队管理的激励机制

激励机制是激发和调动人的积极性的机制。所谓激励，即激发鼓励，是管理的最关键、最困难的职能，也是第一位的职能。激励是人才资源开发成绩的最终体现，在人才资源开发中占据极其重要的地位。由于竞技体育竞争的激烈性和追求最高、最快、最强的目标，注定了在竞技体育人才资源开发中要想方设法激发人的创造力和潜能，追求尽其所能的"有效激励"。因此，激励在竞技体育人才资源开发中具有重要作用。

（一）建立运动队合理激励机制的意义

建立合理的运动队激励机制，不仅有利于充分、高效利用国家及社会资源，提高运动队的管理绩效，而且有利于后备运动员的选拔和培养。合理的激励不仅可以在竞技体育领域内形成一种良性的竞争环境，充分开发人的潜力，而且可以吸引更多的优秀人才加入竞技体育领域。具体说来，实行合理的运动队激励机制，有以下三个方面的意义。

1. 建立合理的运动队激励机制，有利于约束现役运动员的行为

激发运动员的训练积极性，促进其运动成绩的不断提高，不是一朝一夕就能达到的，它往往是几年甚至十几年系统化训练的结果。在漫长的、艰苦的训练过程中，使现役运动员能够坚持下来的动力和诱因，除了个人兴趣和爱好外，更与训练过程中的相应待遇、保障及获得运动成绩后的激励措施紧密相关。因此，制订合理的运动队激励机制，有利于激励现役运动员积极参与训练，尽可能提高自己的运动成绩，不断开发自己运动潜能，探索身体极限，从而为国家争光。

2. 建立运动队的合理激励机制，有利于充分利用国家及社会资源

提高其利用效率，充分、高效地利用国家和社会资源，是运动队管理过程中所追求的目标之一。建立合理的运动队激励机制，不仅有利于提高运动成绩，而且也有利于统筹规划、合理安排国家和社会资源，使其得到更有效地使用。众所周知，一个运动员的培养，不仅仅只是在国家队的几年，一般从中小学，甚至更早的时期就开始了，如何合理分配国家对运动员培养的经费，激励他们在不同的阶段达成不同的目标，为以后真正参与国家性、国际性比赛做好准备，是国家体育管理部门要考虑的重要问题。同时，在一个运动队内部，只有根据运动员的成绩表现及其努力状况做出详细、合理的激励措施，才能激发运动员更加努力、刻苦地参与运动训练，否则，毫无差别的"大锅饭"分配措施，不仅不利于激发运动员的训练积极性，也大大浪费了国家的人力、物力和财力。

3. 建立运动队的合理激励机制，有利于国家及地方后备运动员的选拔及培养

竞技体育从业人员的数量、质量与运动队所使用的激励机制紧密相关。只有建立合理的运动队激励机制，才能切实吸引一些有运动天赋的苗子参与到运动训练中来，并使之成为不断刻苦训练的驱动力。众所周知，运动员经过几年甚至十几年的刻苦训练后，真正参与较高级别的比赛，达到其运动巅峰并使之保持的时间少之又少，如果没有一套好的激励机制，大部分的家长不会愿意自己的孩子参与到竞技体育训练中来，从而造成一些有运动天赋的后备人才流失或浪费。因此，建立一套好的运动队激励机制，有利于运动队后备力量的选拔和培养。

（二）需要的满足是建立合理激励机制的基础

激励机制中，满足人的需要是重要的措施和方法。因为，人的需要才是他（她）参与某些活动的诱因，才使其具有了参与动机，并成为其坚持努力的驱动力。美国心理学家马斯洛在1943年所著的《人类动机的理论》一书中，对人的需要进行了论证和研究，认为人的需要是有层次的，并将其划分为五个层次，依次为生理需要、安全需要、社交需要、尊重需要、自我实现需要。对于运动队的管理来说，这些需要的满足是建立合理激励机制的基础。

1. 生理需要的满足

生理需要是人类生存的最基本、最原始的本能需要，包括摄食、喝水、睡眠等最基本的需要。随着社会条件的日益提高和物质生活的丰富，运动员的生理需要得到了较好的满足和保障。这一点，从国家队运动员的伙食和住宿条件改善状况可以得到充分的体现。

2. 安全需要的满足

安全需要是生理需要满足的延伸，人在生理需要获得适当满足后，就产生了安全的需要，包括生命和财产的安全不受侵害、身体健康有保障、生活条件安全稳定等方面的需要。对于运动员来说，安全的需要显得尤为重要，特别是对于击剑这种持武器的格斗项目来说，运动员身体安全方面的保障就显得特别重要。

3. 社交需要的满足

社交需要是指感情与归属上的需要，包括人际交往、友谊、被社会和群体所接受和承认等。此种需要体现了人有明确的社会需要和人际关系的需要。任何人都有社交需要，需要有朋友、有一定的交际圈、得到社会的认可。然而，运动员因为其所处的环境相对比较单一，其交际圈也相对狭窄。从运动员交男、女朋友或最终的结婚对象方面我们也可以发现这一点，一些运动员的男、女朋友或结婚对象同为一个队的队员，尽管这其中有志趣相投的原因，但从更大程度上则反映了运动员交际圈的相对狭窄。因此，在管理体制上，除了多创造机会让队内人员相互多接触外，还应为运动员多创造一些接触社会的机会，以扩大其社会交往面，得到更多的社会信息，锻炼其处事交往能力，这也是建立合理的运动队激励机制的一个重要方面。

4. 尊重需要的满足

尊重需要包括自我尊重和受人尊重两种需要。前者包括自尊、自信、自豪等心理上的满足感；后者包括名誉、地位、不受歧视等满足感。因为受到传统的"重文轻武"思想的影响，我国的竞技体育从业人员一直受到社会歧视。人们对运动员"头脑简单、四肢发达"的印象一直根深蒂固。要想切实建立合理的运动队激励机制，提高运动员及其他管理人员的社会地位是非常重要的。当然，这是一个长期而又漫长的过程，应在国家大力提倡、重视的同时，鼓励竞技体育从业人员自己努力提高自身素质。

5. 自我实现需要的追求

自我实现需要是最高层次的需要，是指人有发挥自己能力与实现自身理想和价值的需要。运动员及其管理人员也有自我实现的目标追求，因此，尽可能为其发挥自身能力、为实现理想而创造条件，便是运动队激励机制合理化的一个有效环节。

运动员在取得成绩、获得奖牌的过程中，不仅得到了相应的物质奖励，体现了自身能力，也是实现自身理想和价值的重要途径，训练中这样，退役后亦是如此。我们看到了一些曾经取得辉煌成绩的运动员在退役后，几乎都从事了与自己原先从事项目相关的工作。例如，王海滨、叶冲、肖爱华等在退役后，就成为我国击剑项目的管理者、教练员，带领其运动队取得了骄人战绩，其运动经历和经验为其管理、执教提供了实践基础，体现了其能力和价值，也为其他运动员积极训练、提高运动成绩提供了激励动力。

（三）建立合理的运动队激励机制

我国的运动队激励机制，随着社会的发展而发展，随着时代的变化而变化。计划经济时期，我国生产力落后，经济基础薄弱，社会资源总量相对匮乏。因此，当时的竞技体育主要通过"公益人"文化塑造、强化人们的使命感和责任感。激励手段则主要是采用符号型的内在激励手段，突出精神激励的作用，忽视物质激励。随着社会转型期的到来，我国的物质条件也日益丰富，激励手段从注重精神激励的同时开始向注重物质激励转移。

1. 注重对运动员的长效激励

一次性发放现金，不利于运动员后续生活的保障，也容易造成一些负面影响。中国竞技体育取得巨大的发展，传统的激励方式起了重要作用。但是，这种激励机制下的高额的物质奖励却带来一些问题。有专家就提出"高额的物质奖励会使运动员产生满足感，不思进取；高额的物质奖励会使运动员比赛时厚此薄彼、唯利是图；高额的物质奖励会使运动员不择手段，非法服用兴奋剂；高额的物质奖励会使运动员拿性命做赌注。"另外，高额的物质奖励容易歪曲一些年少冠军队员的价值观、世界观，导致拜金主义思想的抬头，有些可能会满足于一时的物质奖励而在竞技状态良好时就提出退役，致使优秀人才的提早流失，直接影响竞技体育的人才使用效率，增加其培养成本。为了减少或杜绝此类情况的发生，应该参照某些国家和地区的做法，对运动成绩优秀的运动员采取"终身津贴"、提供"贷款"、购买"养老保险"等形式来保障运动员的终身生活，从而产生对运动员的长效激励作用。

2. 为运动员退役后就业奠定基础

随着竞技体育职业化程度的日益提高，运动员要想取得好的运动成绩，在运动训练上花费的时间越来越长。这严重影响、制约了他们其他方面的发展。因此，我们看到，很多运动员因为过多地参与运动训练，耽误了文化课学习，错过了最好的学习时机。然而，一个人的运动生涯又是相对较短的，如何在运动员退役后找到一份称心的工作，就成为我们建立合理的运动队激励机制需要考虑的一个重要问题。

要想让运动员退役后能找到一份满意的、能胜任的工作，应该尽可能为其提供相关专业范围内的培训、学习机会。例如，北京大学、清华大学等名牌高校，每年都会对那些取得过辉煌成绩的运动员敞开大门，对其进行培训、再教育，这本身也是运动员的充电过程，将为其退役后的就业提供一定的理论和实践准备。

3. 实施长短期激励相结合的激励措施

运动员的真正成才需要几年甚至十几年的训练和奋斗。在其早期的训练过程中，除了提出长期的努力方向和奋斗目标外，还应该结合其实际情况，提出一些现实的、切合实际的短期努力目标，并根据其达成情况，适时、适当地给予一些激励措施，只有这样，才能不断激发他们的训练积极性，从而在以后的国家级，甚至国际级比赛中取得好成绩。如奥运冠军是国家优秀竞技体育人才追求的最高目标，奥运冠军就是这些竞技体育人才的长期激励因子中一个因子。现实中不是所有的运动员都能成为奥运冠军，且奥运冠军也不是一蹴而就的。因此，应在运动员不同成长阶段进行不同阶段的短期激励，其形式可以是针对一场比赛的，也可以是针对输送人才这样一个周期的等。通过短期激励目标的不断实现，使长期激励目标不断接近，长期激励的效果才能真正体现。

4. 完善运动员的保障体系

不断完善运动员人才培养的社会保障体系，特别是搞好运动员的退役安置，解决参与运动训练的运动员的后顾之忧，以利于他们放心、大胆地参与训练与比赛。社会保障体系主要分为运动员在役时期的文化学习保障、社会保险、伤残保险、就业安置、社会福利与优抚等几个部分。只有将运动员的社会保障体系落实并实施，才能够使运动员安心乐意地参加运动训练，才能够得到运动员家庭的支持，得到社会的支持。

竞技体育本身就是一个成材率极低的行业，而且现在体育竞争日益激烈，大部分人还没有触及自己的冠军梦想便在半路被淘汰了。要成为一个成功的运动员真的很难，所以，做好运动员的保障体系，特别是退役安置工作，就成为运动队管理者制定激励措施时要考虑的一个重要问题。

四、国家队管理的基本模式

现代竞技体育快速发展，竞争日趋激烈的今天，面对人类的物质世界和精神世界发生重大变化的现实，运动队管理的思想和方法也将随之发生巨大变革。"人本"理念的提出和在其他行业的实施，大大地促进了组织的管理效益。对此，高水平运动队管理者应该有足够的认识和思想准备，积极研究"人本"管理理念及其在管理中的操作形式，这对于提高运动队管理效益，促进竞技体育的发展，具有深远的意义。

（一）明确运动员全面发展的管理目标

管理目标是制订管理计划的重要坐标系。运动队管理目标的确定直接影响着管理的具体操作。因此，管理目标的确定在运动队管理过程中起着重要的作用。国家队是优秀运动员的加工厂，通过对运动员的身心改造，最大限度地发掘运动员的潜能。

管理目标中重视组织目标无可厚非，但是如果不关注组织中个体的目标，管理将出现问题和偏差。在传统管理中，人始终处于被动地位，如同机器一般。管理者重视、看中的是人的技能，一切管理方法均围绕如何最大限度地利用人的机能为组织目标服务，而人自身的需求、发展往往受到忽视。从某种意义上说，传统的管理以组织目标为本，一切与组织目标实现无关的管理都被视为多余的，以降低成本为由而处于无人关心的境地。人的发展因此受到很大程度的限制，甚至受到负面影响。

运动队的管理应当把运动员的全面发展放在第一位。组织发展的目标不应建立在损害运动员个体行为之上，不应凌驾于个体利益之上，除非运动员自愿付出。虽然以上两种行为的结果一致，但是却有着本质的区别。高水平运动队人本管理中，运动员应被看作完整意义的人。运动员有个性，有激情，有理智，有需求，有追求，他们的行为受到本能的驱动，也受到环境的影响。运动员的非理性使他们很难将训练与生活、个人与团队彻底分开，而他们的理性又能用自身利益的牺牲为团队获取更大利益。高水平运动员在受到尊重、爱护、关心的条件下，可以被塑造，他们的潜能和积极性也可以被挖掘、调动和发挥。只有把运动员放在重要位置，运动员才能够认可、接受团队的目标，才有可能有更多的付出。大量的事例已经证明，不关心运动员的发展和需求，管理目标的实现是非常困难的。国家队管理只有真正把运动员放到重要位置，关注运动员的发展，尊重运动员的需求，才能够激发运动员的积极性，创造优异的运动成绩。

(二) 加强管理者的领导力

国家队运动员管理工作主要由领队、教练员负责。领队不仅负责运动员的思想政治工作，还承担着大量运动队的管理和后勤保障等工作。同样，教练员的作用也不可忽视，他们既要解决运动员的技战术问题，又要为运动员的思想问题做大量的工作。教练员不仅在训练、比赛中肩负对运动员的管理，运动员的生活也是教练员管理的内容。

管理者的领导力在组织管理中起到重要的作用。管理者的领导力不再被解释为领导者个人特质的当然结果，而是被解释为领导者与组织个体的相互作用、相互吸引，是领导者和组织个体共同构成的系统所具有的系统功能。也就是说，组织的凝聚力和推动力来自管理者和组织个体共同构成的系统动力。

管理者与组织个体的系统动力源自他们之间的相互作用，分别表现为关爱、发展和赏罚。管理者与组织个体之间的关爱、发展、赏罚关系处理得好坏对组织发展起着关键性的作用。组织的发展虽然表现为管理者和组织个体之间的作用，但是，管理者的地位和作用是不容忽视的。

教练员和领队是国家队管理者的两大主体。教练员对运动队的组织目标及运动员的发展起着重要作用。领队担负着运动队日常管理及运动员思想政治工作。因此，两个管理者群体的领导能力影响着运动队的健康发展。通过选拔、培训等工作，提高教练员和领队队伍的综合素质，提高领导力是实现运动队管理的重要途径。

(三) 加强文化教育

竞技体育发展中，学习和训练的现实矛盾充斥，运动员文化教育问题一直以来都是运动队训练和管理中最为棘手的问题。据国家体育总局的相关统计，基层体校少年运动员人数已达数十万人，这个庞大的群体在专业体校训练体制下，文化课学习并没有被提到相应的重视程度，这对进入高水平运动队的运动员文化教育产生极大的负面作用。较低的文化水平对运动员训练、管理及退役后对高度竞争的社会显得无能为力。

教育权是我国宪法赋予公民的一项基本权利，同时也是公民应尽的义务。它主要包括平等接受教育权、接受教育过程的完整权、接受全面教育权、继续教育权等。受教育权已被《世界人权宣言》《国际文化合作原则宣言》等国际性法律文件所确认。我国竞技体育管理部门也充分认识到运动员文化学习这一问题。教练员、管理人员及运动员都在一定程度上认识到文化程度的重要性，并认为文化学习对运动训练、运动管理及退役后的重新择业都会产生重要影响。

国家击剑队针对运动员学习与训练矛盾的冲突，结合运动队的实际情况采取相应措施保障运动员的学习，使其在训练成绩提高的同时，进一步提高文化知识和认知水平，培养运动员学习的习惯，虽然不能从根本上解决学习问题，但在一定程度上弥补了运动员在文化学习方面的不足。例如，击剑队采取一定的文化教育措施，这充分体现了国家队对运动员文化学习的重视，管理中把追求运动员出成绩和运动员的文化教育结合起来，促进了运动员的全面发展，体现出对运动员的人本关怀。

【案例17】国家击剑队历来重视运动员的文化教育，自20世纪90年代开始即与北京体育大学合作进行函授教育，并在队内开设了外语、心理、营养、生理生化、运动理论和专项理论等课程，由有关院校和科研单位的专家、学者来队进行授课。国家击剑队被国家体育总局设为"国家队运动员文化教育示范队"，并确定为开展运动员文化教育示范队建设试点。

（四）保障运动员的合法权利

优秀运动员是竞技体育运动的主体，是我国体育事业发展不可缺少的特殊人才群体，是国家和人民的宝贵财富，直接承担着完成"奥运争光"计划的艰巨任务。尊重运动员，保护运动员，切实维护运动员的合法权益是运动员管理工作的出发点和立足点。

运动员权利就是指运动员依据其在社会生活和竞技体育中的法律地位，在宪法和法律规定的范围内，依照法定形式，可作或不作某种行为，也可要求国家和其他组织、公民作或者不作某种行为，从而实现其物质利益和精神利益的法律手段。运动员的权利自然包含了退役之后所应当享有的一些具体权利。

【案例18】2004年奥运会出征前夕，董兆致的母亲身患癌症，并在医院抢救（生命已处旦夕）。作为孩子本应守候在母亲身边，但是奥运在即，此时他无法也不能尽义务。但这种事情赶上了，谁又能不为此而担心和分心呢！为了激励队伍和他本人，队里悄悄制作了一面"为母亲而战"的锦旗，并在出征壮行会上交给了董兆致。"为母亲而战"也是具有双重意义——为祖国母亲，为孩子的母亲。当董兆志接到锦旗时，他的泪水告诉大家，好男儿定会拼死沙场！当时的情景感动了在场所有人（这面锦旗现在还保存在董兆致家）。从奥运会比赛的整个过程看，几名老运动员（最后一次组合）充分发挥了自己的水平，也拼尽了全力，最终夺得了一枚团体银牌。这种既讲大道理又讲人情、既讲管理又体贴关心的思想政治工作赢得了运动员的信赖。

（五）加强运动员的保障

优秀运动员保障主要是指国家依照有关法律规定，制定相关政策，对进入优秀运动队训练的运动员，在训期间及退役后的保险、生活待遇、文化教育、职业发展等提供帮扶的特殊保障。

优秀运动员作为竞技体育发展的主力军，直接担负着攀登世界高峰的重任，为国家争得了许多荣誉，为社会主义精神文明建设做出了突出贡献。高水平运动员是特殊行业的从业人员，长期从事高强度、挑战生理极限的专业训练，运动员必然面临伤病残、职业转换、退役再就业的压力与风险。运动员职业的特殊性，决定了做好优秀运动员保障工作的重要性、紧迫性和长期性。

（六）健全运动队规章制度

在任何组织里，都需要规章制度。体育法规是体育管理的基本制度，运动队规章制度是运动队实现组织目标的基本制度保障。在高水平运动队管理中，规章制度是管理的硬件，是任何一个组织所必须配备的。健全的规章制度是高水平运动队人本管理顺利实施的制度保障。

运动队管理中没有一劳永逸的方法，需根据运动队现实中内外环境、条件的变化而随机应变。运动员的需求也随着发展而变化，管理中应该有所变有所不变，即在强调权变的灵活性时，不否定管理的原则性，否则管理者将加大工作难度，时时应付，运动员也对自己的行为准则产生认识上的偏差，管理将会出现混乱。

运动队管理制度包括：运动员守则；运动队训练制度；运动队文化学习制度；运动队生活管理制度；运动队作息制度；运动队竞赛、训练津贴及奖励制度等。一套好的规章制度，甚至比多用几个管理人员更有效。无论制定什么样的规章制度，事前要详细了解实际状态、整理分析各类问题，再制定规则，这样才有意义。例如，不同高水平运动队队员的来源与素质不同，规章制度要有差异。例如，徒具行式的条文，与现实情形背道而驰，则无异于一纸空文。因此，在规则之外，还要另外制定一项处罚违规者的条文，以约束他人行为。

【案例19】国家击剑队自组队以来就有了管理制度（当时叫"国家击剑队管理守则"），随着年代的变化和队伍的发展，管理制度也在不断修改和完善。由于运动队的特殊性，在管理过程中也存在着一定难度。在多年的实践中国家队始终坚持以教育为主、处罚为辅的原则，在管理上坚持做到一视同仁。对严重违反国家队管理制度的人坚决按章办事，我们曾经对一位著名的运动员进行了开除国家队并通报省市的处理，此次处理教育了所有人。

第十二章
计算机技术在击剑训练与比赛中的应用

计算机以其卓越的性能和强大的生命力，在科学技术、国民经济、社会生活等各个方面得到了广泛的应用，并且取得了明显的社会效益和经济效益。计算机的应用几乎包括人类生活的一切领域，可以说是包罗万象，不胜枚举。计算机在体育专业的普及与运用促进了体育运动的发展，促使了竞技体育运动水平的提高。在竞技体育当中，计算机技术的主要任务是对各方面的竞技体育信息进行全面的分析、储存、传输等，作为竞技体育运动信息的重要加工与处理载体，计算机技术具有明显的软件化及网络化两项基本特点，有助于确保竞技体育运动的公平性及精确性。击剑作为体育运动项目之一，计算机的各种功能同样得到了适宜的发挥。特别是现代科学计算方法被越来越多地应用于技战术分析领域，如数学模拟诊断、人工神经网络技术的技战术诊断模型、数据挖掘、系统动力学等，并取得初步的研究成果。

第一节　计算机技术对击剑技战术分析的意义与任务

随着计算机技术对竞技体育运动的渗透，有意识地利用计算机技术分析对手技战术特征、诊断运动员存在的问题来提高训练效果已经成为当代竞技运动的热点。在计算机技术支持下进行技战术的诊断与分析，是了解运动员技战术特征的一种重要方法和手段。所谓的计算机技术是指把在现场采集的视频影像资料放到计算机中，通过软件对各个环节要素进行归类整理，分析运动员的技战术特征，诊断出运动员在比赛中的优势和不足，以帮助教练员、运动员进行训练和比赛。

一、击剑训练与比赛技战术分析的意义

（一）击剑运动训练科学化的迫切需要

运动训练科学化是指运用科学理论及先进的科学技术组织实施并有效地控制运动训练全过程，进而实现理想的运动训练目标的动态过程。充分利用现代科学训练理论、科学方法与先进技术并贯穿于运动训练的全过程，将会极大地提高现代运动训练的科

学化水平。要实现运动训练的科学化，就必须进行科学研究。中国乒乓球队、羽毛球队、体操队、跳水队等优势项目运动队崛起于世界体坛并保持长盛不衰，最重要的原因就是注重科学研究，实行科学化训练。同时，上述优势项目的发展与保持也给击剑运动的科学化训练提供了宝贵的经验。

击剑运动训练全过程是一个多层次系统，包括科学选材、科学训练计划、有效地组织与控制训练活动、科学组织竞赛、高效率的训练管理、恢复营养等多方面。其中技战术训练是训练过程中一个重要的环节。对技战术进行科学研究，有助于提高击剑运动的科学化训练水平，进而加快我国击剑项目的突破步伐。

在击剑比赛中，运动员的成绩与运动素质不如体能类项目（如田径、自行车、游泳等）关系密切，其原因是击剑运动的技战术体系相对复杂以及在比赛中的应用灵活多变。因此击剑运动员的比赛成绩与运动素质呈现出一种非线性的关系，如图12-1所示，在击剑运动中，人们很难根据运动素质对运动员（队）的比赛成绩进行预测，运动员（队）的技战术对比赛的胜负起着极其重要的作用。

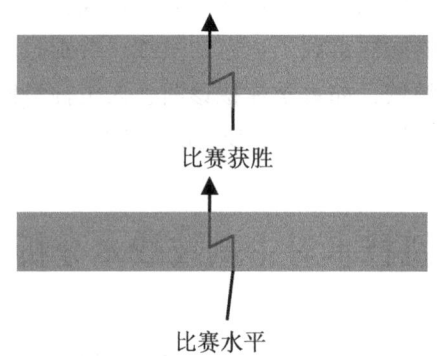

图 12-1　击剑比赛的成绩与运动素质的非线性关系

（依 Hohmann，Lames & Letzelter，2002）

田麦久在对不同运动项目战术重要性的五级判别中，将对抗性项目的比赛归为战术重要性要求最高一类的项目，其成功运用与否，往往会成为比赛胜负的决定因素，如表12-1所示。

表 12-1　不同运动项目战术重要性的 5 级判别

竞赛人数	竞赛形式	战术重要性等级
集体	同场对抗 隔网对抗	5

续表

竞赛人数	竞赛形式	战术重要性等级
个人	格斗对抗 隔网对抗	4
	同道争先	3
	分组竞速 依次竞赛、竞远、竞重	2
	依次表现难美性 依次表现准确性	1

(依田麦久,1988)

击剑比赛的技战术分析既是运动员赛前准备工作中一个极其重要的环节,又是新一轮训练工作的起点(运动员的技、战术状态诊断)。在击剑项目中,技战术的分析贯穿于整个训练过程。在不同的训练阶段,比赛技战术的侧重点有所不同。一般情况下,在比赛结束、新的训练周期开始时,技战术的分析重点往往是己方运动员自身,其目的是要分析运动员在比赛中技战术方面表现出的优点和缺点,为下一阶段训练计划的制订提供科学依据。而比赛前的技战术分析,其重点是分析对手的技战术特点,使教练员、运动员做到心中有数,有针对性地加强练习,做好比赛准备和临场指挥工作。从某种意义上说,赛前的技战术分析对比赛的获胜可能有着更重要的意义(图12-2)。

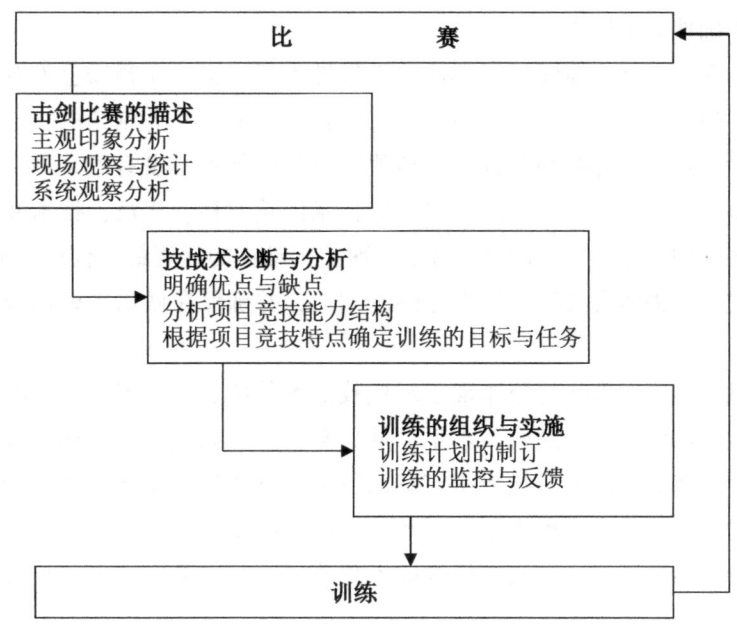

图12-2 击剑比赛技战术与训练的关系

(依 Lames,1994)

（二）击剑运动技战术发展规律的客观要求

现代击剑运动发源于欧洲，于20世纪50年代传入中国。近半个世纪以来，击剑运动技战术有了巨大的发展。

技术方面：当今剑坛攻防的转换瞬息万变，稍纵即逝，形式变幻莫测。在比赛实践中，运动员的行动不断受到对手的激烈对抗，且始终贯穿着制约与反制约、发挥与反发挥。运动员很难按平时练就的技术程式进行，必须根据场上变化的情况，不断调整自己的动作，随机应变地采取相应的动作方法，这就要求运动员必须掌握多样的、全面的技术和特长技术，"储存"更多、更丰富的技术元件，做到随时组合成新的动作，做到随机应变。同时击剑运动员在击剑技术方面还要体现技术的实效性、快速性、准确性、应变性、预见性等特点，特别强调专项感知觉和观察、判断能力及应变性和预见性。

战术方面：当今击剑比赛的双方为了力争主动，夺得比赛的胜利，总是通过合理有效的战术行动来实现这一目的。一方面扬长避短，即充分发挥自己的优点，弥补自己的不足；另一方面抑彼之长、攻彼之短，即限制对方的长处，扩大其弱点并加以利用。可以说，当今比赛中掌握良好的战术是取得胜利的关键，因为击剑的战术是击剑运动的灵魂。同时，击剑运动员还要清醒地认识到战术具有独立性、敏捷性、灵活性、应变性、预见性、隐蔽性和欺诈性的特点，使战术和技术、身体、心理等能力相结合，进而合理、正确地运用战术。

技战术方面：击剑比赛同任何其他的对抗性项目一样，在赛场上没有绝对的优势技术和战术。换言之，就是击剑运动中所有的技战术都是互为制约的，胜负取决于临场处理得正确与否。首先必须明确，脱离战术思想的技术是没有意义的，即单纯依靠技术无法赢得比赛，这样讲并不是否定良好技术的重要性，相反，技术非常重要，它是战术得以实施的保证，换句话说，就是一次技术动作的运用最终构成了战术。其次，运动员要通过练习去体会各项技战术之间的制约，并确保在做出正确选择后能够有效地实施。

上述技战术的发展现状充分体现了现代技战术的特点，回想半个世纪以来技战术从简单到复杂，从较低水平到较高水平，从自然训练到系统训练的递进发展过程，我们深刻地体会到技战术理论对技战术实践的巨大推动作用，离开了理论的研究，技战术实践也不可能达到现在这种水平。因此，击剑运动技战术的不断发展和运动训练的客观规律都要求体育工作者必须进行技战术理论研究，进而促进击剑技战术水平的不断提高。

（三）缓解击剑技战术理论与实践矛盾的客观要求

从哲学角度来看，技战术理论与实践是互为矛盾的两个系统，两者相互促进，相互制约。纵观两者的发展历程，我们不难发现，大部分情况是技战术理论落后于比赛实践，即一种打法在比赛中出现，然后许多人去描述或研究这种技战术，只有少部分论文会前瞻性地预测未来击剑技战术的发展趋势，并提出为这种趋势的到来要做的准备。因此，在击剑技战术科研的当务之急，不仅要对比赛实践中涌现出的新思想、新观点和新方法加以分析、总结、归纳和提炼，而且还要在分析的基础上探索击剑技战术的发展趋势，真正做到技战术理论引导比赛实践的发展。

二、击剑训练与比赛技战术分析的任务

（一）分析对手特点制订战术方案

《孙子·谋攻》中说："知彼知己者，百战不殆；不知彼知己，一胜一负；不知彼，不知己，每战必殆。"在击剑比赛中，透彻地了解对手与本方的各种情况，是比赛获胜的先决条件。对运动员（队）来说，赛前反复观看比赛录像，分析对手技战术的优缺点是至关重要的。例如，在2004年雅典奥运会男子篮球比赛中，中国男篮在小组赛最后一轮以67∶66击败世界冠军塞尔维亚和黑山共和国队，以小组第四的成绩奇迹般地晋级奥运会男篮八强。赛后中国男篮主教练哈里斯告诉记者，他深夜11点跑到奥运村图书馆，找到了新西兰击败塞尔维亚和黑山共和国的录像资料。他说，"今天早上我在准备会上所做的事情，就是把新西兰队战胜塞尔维亚和黑山共和国队的录像剪辑后放给队员们看。我想让队员们知道塞尔维亚和黑山共和国队是怎么被击败的，有哪些方法可以击败塞尔维亚和黑山共和国队。"再如，中国乒乓球队每次在大赛前集训和大赛中都要携带几百盘比赛录像带，以便在封闭式集训和比赛期间详细研究每一个对手的技战术特点。

（二）分析自身现状制订训练方案

对击剑运动员现实竞技状态的诊断是实施训练和比赛的首要工作。通常教练员、科技人员等在科学评价理论指导下，运用现代科技手段或依靠自身经验发现、描述（定性或定价）与评价运动员在技战术上存在的问题，并为运动员实现理想的或满意的技战术状态提出指导意见和建议。

对运动员运用技战术能力及发展状况，以及造成这一状态的原因等一系列问题进行中肯的分析和准确的判断，是有效地组织教学训练过程的基本依据之一。它能使教练员及时掌握运动员的竞技状态变化，便于对阶段任务的确定、训练方法和手段的选择、实现目标的基本对策和运动负荷的安排是否适宜等问题做出及时准确的判断。教练员对运动员技战术状态做出科学准确的分析判断，是科学训练与取得运动成绩的前提。

（三）分析比赛信息调整临场战术

随着计算机软硬件技术和网络的飞速发展，利用电脑、摄像机和网络采集比赛中的技战术统计数据已经成了一种趋势。它具有采集数据准确、运算快、输出结果方便等特点，是教练员临场指挥的好帮手。欧美不少排球强队就是依靠场外的电脑进行现场统计，及时把双方的技战术信息传输给场内的主教练，协助其调兵遣将，施计用谋。

（四）准确把握技战术发展方向

通过比赛分析可以了解世界先进强队的技术、战术发展动态和方向。例如，花剑比赛中，由于规则的改变，使花剑的技术结构与表现形式发生了一定的改变，技术动作变得更加简单直接，在花剑比赛中出现了延续进攻、延续反攻、对抗刺等重剑的新技术动作。

三、击剑训练与比赛技战术分析的研究现状

（一）传统比赛技战术分析

在击剑比赛分析中，传统的方法是事先做好统计的表格，在现场或观看比赛录像时根据技术动作和得失分部位进行统计。尽管各个剑种的技战术统计指标不同，但其特点是共同使用描述性的统计指标，如某项技术（战术）的得分率、失误率、使用率、平均数、标准差和显著性检验等。目前国内外绝大部分的比赛分析与研究均是采用这种方法，仅仅在数据的采集方面有所改进（如现在采用笔记本电脑，可以在比赛现场进行人机交互的数据录入工作）。这种传统的比赛分析方法其优点是操作简便、速度快，能及时地将技战术统计数据反馈给教练员，但缺点是统计指标所反映的信息量较少，其原因是各项统计指标相互间是独立的、静止的和抽象化的。例如，击剑比赛中，进攻的得分率和失误率只能反映运动员在该场比赛中进攻技战术发挥的总体情况，但人们无法从百分率统计中获知，运动员是在何时（开局、中局或局末）、何位置（中场、前场、后场）、在对手采用什么战术（反攻、抢攻、防守）的情况下得失分的。

（二）计算机辅助式比赛技战术分析

近年来，国外的体育软件公司和体育科研机构相继开发了一些比赛分析软件，如著名的SIMI Reality Motion Systems公司的SIMIO Scout、CCC Campus-Computer-Center公司的Topscourt、Digital Scout公司的系列掌上计算机球类比赛统计分析软件及Dartfish软件等。这些计算机比赛统计软件的共同特点是减少了人工数据采集的工作量，并能自动地进行数据统计分析和运用各种图表将分析结果显示出来，反馈给教练员与运

动员。

计算机辅助比赛统计分析软件所存在的问题是，它的比赛分析原理、思路与传统的统计描述是一样的，所得到的结果还是各项技战术的成功率、失败率和使用率等，其区别仅在操作手段上，运用计算机更简便、快速、省时省力。

（三）多媒体式比赛技战术分析

随着计算机技术，特别是多媒体、数据库、网络等技术的发展及在其他各领域中的应用，上述传统的比赛分析方法表现出许多不足。赵传杰（2007年）在国家击剑队（佩剑组）备战2008年北京奥运会集训期间，首次在我国重点运动员和国外主要对手的技战术分析中运用了多媒体技术，并获得了良好的效果，深受国家佩剑队的教练员与运动员的欢迎，目前该研究已经推广到国家击剑队其他剑种中。与传统的比赛录像观察和统计分析相比，多媒体技战术分析主要有以下两个特点：一是技战术视频数据所包含的信息量要远大于文字统计数据，以视频、动画和图表等表现出来的对手技战术特点清楚有序、生动形象，它能帮助教练员和运动员更加细致地观察、分析对手的技战术优缺点，从而提高备战训练的针对性与科学性；二是多媒体技术分析资料便于教练员和运动员在大赛前和大赛中随时随地、快速方便地对将要遇到的对手进行分析与研究。

（四）击剑比赛技战术分析存在的问题与发展方向

从我国的击剑比赛技战术分析来看，首先，在分析和综合的统一性上还有待加强。击剑技战术研究的认识过程是分析和综合的统一，分析是在整体的基础上认识部分，而综合则是在认识部分的基础上去重新认识整体，二者是辩证统一的。当前对击剑技战术的研究有"重分析轻综合"的现象，往往分析得比较细致，但是综合上还是重复没有分析之前的认识，即没有在分析的基础上重新认识整体。有些研究在综合上虽有新的观点和认识，但叙述较为宽泛、简略，缺乏层次性。其次，研究的广度有待加强。击剑技战术研究的面较窄，主要体现在三个方面：第一，从体育科学研究的类型上来看，击剑技战术研究主要集中在应用研究层面，技战术基础理论研究和开发研究相对滞后。第二，对击剑技战术的研究往往只局限于击剑项目，比较性研究几乎没有，没有很好地借鉴和吸收我国优势项目较为成熟的技战术信息。第三，击剑技战术学科交叉、渗透的研究有待加强，这从侧面也说明从事击剑技战术研究的学者们，涉猎的知识面还不够广泛，还缺乏理论基础的强有力支持。

国内外研究文献表明，传统的比赛分析或计算机辅助比赛分析其研究基本上还停留在技战术表层指标的水平上，而多媒体技术分析虽然能够清晰形象地演示运动员比赛的技战术过程和特点，但都没有涉及统计指标数据之间的动态关系或是进一步的数据挖掘等问题。人们目前更多的是依靠教练员和专家的经验，通过相关的数据统计，反复观察比赛视频来发现对手的主要技战术特点。这种方法不但费时费力，而且还会遗漏许多重要的比赛细节和技战术特征信息。因此，运用现代计算理论与方法，开发符合运动训练实际的对抗性运动项目比赛分析专家（智能）系统是提高击剑比赛技战术分析与研究水平的重要步骤，也是击剑比赛技战术分析与研究发展的方向。

第二节　计算机技术在击剑技战术分析中的方法

媒体是指信息传递和存储的最基本的技术和手段，是使用计算机交互式综合技术和数字通信网络技术处理文本、图形、图像和声音，使多种信息建立逻辑连接，集成为一个交互式系统。比赛视频是多媒体技战术分析最主要的媒体信息，它不但能真实地再现完整的比赛过程，而且可以按照技战术分析的要求进行编辑加工。

一、常用击剑技术分析方法

在众多的多媒体课件制作工具中，PowerPoint 具有简单、直观、易学、效率高等特点，与其他的多媒体制作工具相比（如 Authorware、Director、Toolbook），虽然 PowerPoint 的动画功能和交互性不强，但如果能真正掌握它的用法，挖潜它的一些特殊功能，就能够较好地满足技战术分析的要求，其特点是：

① 信息形式多媒体化，表现力强，可以使技战术分析的信息形式丰富多彩，有利于教练员和运动员更好地了解对手的技战术特点；

② 信息容易复制和保存，便于教练员和运动员在多种场合使用，如训练场、教室、宿舍，甚至是在赛场；

③ 便于加工信息资料，教练员和运动员通过自己拍摄的比赛录像资料，就可以将其加工编辑成适合自己需要的多媒体技战术分析资料；

④ 便于与他人协同工作，当教练员或运动员在外地集训或比赛时，能很好的与研究人员进行合作工作。

下面以佩剑项目为例，说明利用 PowerPoint 进行多媒体技战术分析的常用方法与手段。

（一）连续技术动作图片方法

连续的技术动作图片是最常见的多媒体分析方法之一，技术动作图片很容易通过比赛视频运用 MovieMaker 等其他非线性编辑软件来截取。如果选择的图片恰当，便能够很好地反映运动员技术动作的主要特征。例如，在图 12-3 中可以看出我国选手仲满（右方）在准备行动上进攻的技术特点：①上步较小，身体重心保持平稳，上体放松，距离控制在单个弓步进攻的距离；②利用上步时的瞬间停顿，引诱对手加速向前进攻，在对手加速上体前倾时出击劈中。

图 12-3　连续技术动作图片方法

另外，运用连续图片法进行技术动作分析时，还可以插入该项技术的视频画面。如图 12-3 中的左起第 1 张画面便是仲满在准备行动上进攻的技术视频。

（二）手动控制技术分析方法

对于那些非常细腻的、不容易观察清楚的技术动作，可以利用 PowerPoint 中的相册功能，来实现用鼠标进行手动控制的方法对运动员的技术动作做细致的观察与分析。图 12-4 是图娅进攻前置技术动作分析的手动控制法中的一张例图。

图 12-4　手动控制技术分析方法

(三) 运用软件的简单测量方法

运动生物力学中的摄像是测量人体运动学特征最好的方法，但由于其专业知识要求很高，又不易在正式的国际大赛中运用。因此，在通常情况下，很难为一般教练员所使用。Dartfish 是一款简单易用、非常先进的运动技术分析的软件，目前世界上许多优秀运动队都使用 Dartfish，以帮助运动员获得优异的比赛成绩。图 12-5 是利用 Dartfish 软件对图娅进攻劈中距离的测量分析，从中可以看到：

①图娅的决定性进攻劈中距离最近为 0.95 米、最远为 2.35 米；
②图娅的进攻劈中距离一般在 1.2~1.4 米。

图娅进攻劈中的距离分析

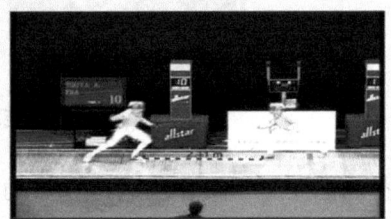
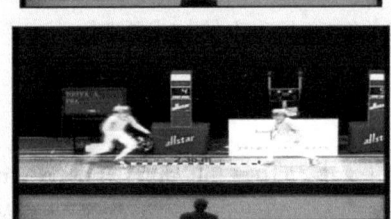

图 12-5　软件的简单测量方法

二、常用击剑战术分析方法

(一) "文字 + 视频资料" 分析方法

"文字+视频资料" 是最常见的多媒体技战术分析方法，其中的文字是对视频内容的分析、总结与概括。教练员和运动员通常先阅读文字内容，然后再有针对性地观察比赛视频的内容，此种方法往往能有效地提高技战术效果（图 12-6）。

图 12-6 "文字+视频资料"的战术分析方法

（二）"动画+视频资料"分析方法

比赛过程中的某些特点不易用文字进行表述，如击中线路、击中部位等，而动画常常能使教练员、运动员更好地理解和记忆对手的技战术特点。因此，"动画+视频资料"也是多媒体技战术分析中常采用的分析方法（图 12-7）。

图 12-7 "动画+视频资料"的战术分析方法

（三）"数据表+视频资料"分析方法

"数据表+视频资料"的分析方法能使教练员和运动员在整体把握技战术情况的基础上，对每个具体的技术或战术逐一进行分析与研究（图 12-8）。

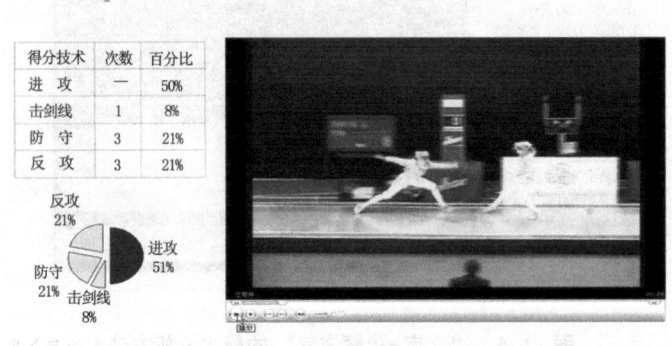

图 12-8 "数据表+视频资料"的战术分析方法

(四)"数据表+图"分析方法

统计数据表与图是技战术分析所必备的资料,在多媒体演示稿中可运用不同的颜色和各种动画手段,对重要的数据和图用多种方式进行演示。这样就能突出重点,抓住对手的主要特征,从而提高技战术分析的效果(图12-9)。

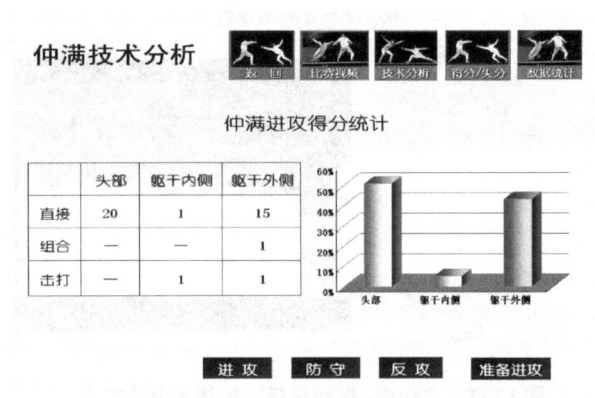

图 12-9 "数据表+图"的战术分析方法

第三节 计算机技术在击剑技战术分析中的应用

一、比赛视频文件准备

比赛视频文件的准备,是做好高质量击剑比赛多媒体分析工作的基础,主要包括比赛摄像、分析对手选择、视频采集、视频剪辑、数据统计和技战术片段的合成等工作。

（一）击剑比赛的摄像

用于技战术分析的击剑比赛摄像与电视转播有很大的区别，因此其摄像机的偏角可以再大一些，以便能清楚地看到双方运动员的动作、双方比分的显示屏，以及裁判员手势等。这些都是进一步分析技术动作的基础，否则就不能准确地判断得失分。

（二）比赛录像的选择

通常由教练员提出需要分析的对手，因为只有教练员才知道谁是最主要的对手，哪一场比赛最有分析价值。一般情况下是要选择比分较为接近的比赛，如14:13或者14:12的比赛。否则，比赛双方比分差距过大，就不能反映对手的真实技战术特点与水平。

（三）比赛视频的采集

1. 比赛视频采集的方法

①首先将 DV 与电源接通，将 Power 开关设定于 VCR 位置（播放已录制的视频），并通过 IEEE1394 连线与计算机相连。如果是模拟录像带，其连接的方式略复杂些，必须将录像机通过一根音频视频线与摄像机相连，再用 IEEE1394 线将 DV 摄像机与计算机相连。

②进入 Windows Movie Maker 2 后，在【文件】菜单上，单击【捕获视频】或在【电影任务】窗格中的【捕获视频】下，单击【从视频设备捕获】。

③在【视频捕获设备】页的【可用设备】中，单击该 DV 摄像机。

④在【为捕获的视频输入文件名】框中，为捕获的视频文件输入文件名。然后，在【选择保存所捕获视频的位置】框中，为视频选择保存位置，或单击【浏览】以选择位置。

⑤在【视频设置】页上，可以选择视频文件的格式，Windows Movie Maker 2 提供了18种视频格式。不同的视频格式其文件大小和清晰度差异很大。

⑥在【捕获方法】页上，如果单击【自动捕获整个磁带】，DV 摄像机中的磁带开始倒带，捕获将自动开始并在磁带到头时终止。如果要捕获磁带中部分视频，单击【手动捕获部分磁带】，可使用 DV 摄像机或 VCR 上的控制，或使用向导中的【DV 摄像机控制】找到要从磁带上捕获的视频，单击【开始捕获】以开始捕获视频。

⑦如果是自动捕获，可选以下命令：要将视频拆分为较小的剪辑，请选中【完成向导后创建剪辑】复选框；要在视频磁带终止前停止捕获，可单击【停止捕获】，然

后在出现的对话框中单击【是】以保存已捕获的视频。如果是手动捕获，选择执行以下操作之一：当磁带播放到要停止捕获的位置时，单击【停止捕获】；如果已经选中【捕获时间限制】复选框，则等待指定的时间长度以便捕获视频。

⑧完成捕获后，单击【完成】以关闭【视频捕获向导】，捕获的内容将导入一个与指定的视频文件同名的新收藏中。

2. 不同视频格式的比较

运用 Windows Movie Maker 2.0 和 Ulead Video Studio 7.0 对 4 种常用视频文件格式进行测试表明，WMV（LAN Video 768 Kbps）的视频文件格式比较适合用于击剑比赛技战术分析，因为它在保证击剑比赛技战术分析所需要的视频清晰度条件下，文件要远小于其他的视频格式。

（四）视频的分割与标记

将击剑比赛视频采集到计算机后，还要进行剪辑。根据击剑比赛多媒体技战术分析的要求，剪辑时要注意：

①将整个比赛视频以击中得一分为基本单位拆分，如一场比赛为 15：10，应拆分为 25 个短小的视频片段。

②除了在每击中得分的开始保留约 5~6 秒时间的视频外，应去掉比赛中大量与技战术分析关系不大的信息，如裁判员观看录像、运动员换剑、整理比赛服、擦汗等，以便教练员、运动员能将注意力更好集中到对手的技战术分析上，同时也可以节省比赛分析的时间。

③对拆分好的每一得失分比赛片段重新进行标记，如序列号、得分、失分等，以便使后续的典型技战术片段编辑比较容易进行。

（五）数据统计

数据统计是击剑比赛技战术分析的基础，同样，多媒体技战术分析也是建立在此基础上的。除了记录常规技战术分析相应的统计指标以外，它必须记录每一次技战术行为发生的视频位置，即该技术或战术行为发生在哪一得失分的视频片段之中。图 12-10 是用 Excel 设计的佩剑比赛多媒体技战术分析统计表。人们可以根据不同剑种比赛技战术分析的需要，设计不同的统计分析表。

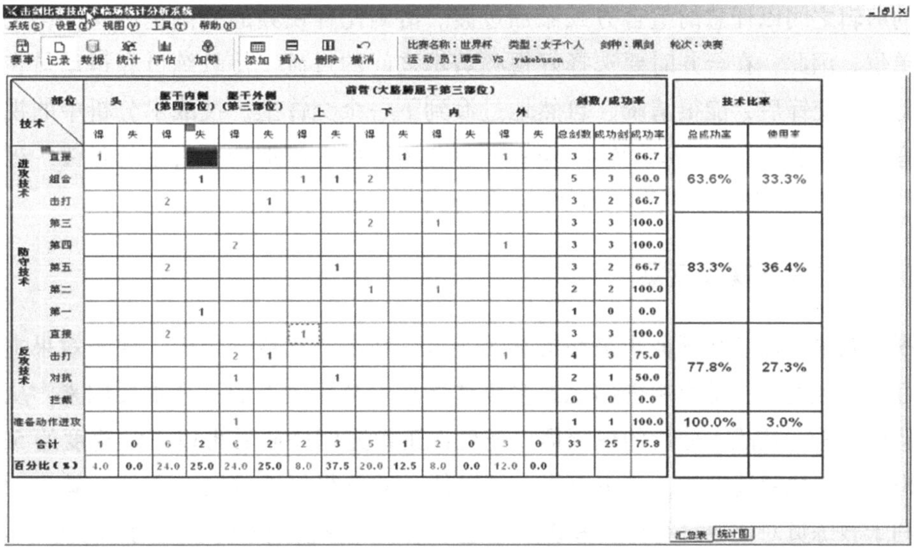

第十二章 计算机技术在击剑训练与比赛中的应用

图 12-10 佩剑比赛多媒体技战术分析统计

（六）技战术视频片段的合并剪辑

将分割好的技战术视频片段根据统计分析的结果重新合成，是比赛视频文件准备最重要的一个环节。如图 12-11 所示，将运动员进攻得分视频片段，拖到情节提要/时间线上将它们重新合并。在做击剑比赛技战术分析视频合成时必须考虑以下几个问题：

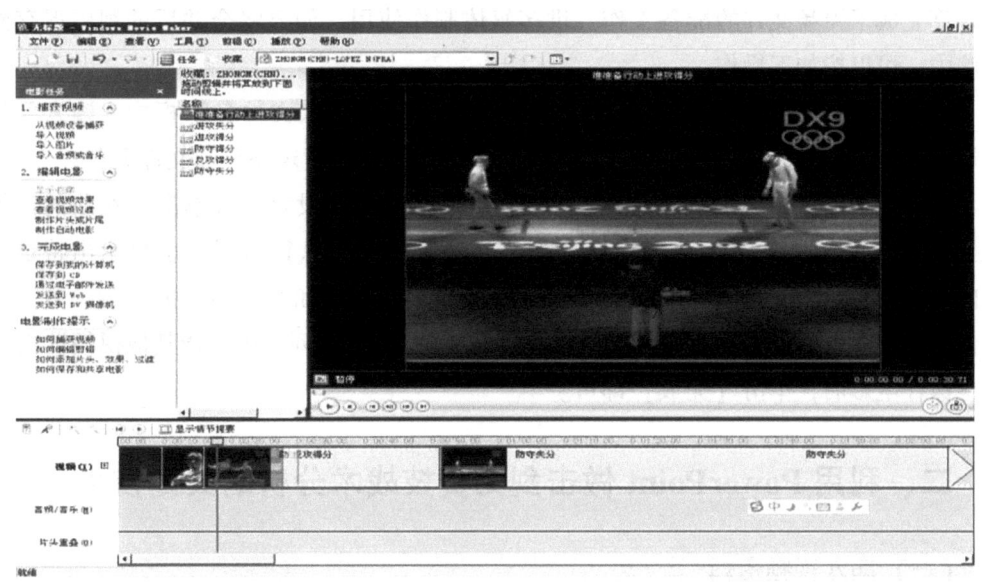

图 12-11 Windows Movie Maker 2 的视频编辑窗口

视频过渡会控制视频从播放一段剪辑过渡到播放下一段剪辑。可以在情节提要/时间线的剪辑之间以任意的组合方式添加过渡。击剑比赛视频的分割是以每一得失分交锋为单位。因此，在合并时要选择好视频剪辑之间的过渡，使教练员和运动员在看完一个得失分交锋后，能很清晰、自然地过渡到下一个交锋上。技战术分析中的视频过渡不宜太"夸张"。Windows Movie Maker 包含多种可以添加到项目中的过渡，过渡存储在"收藏"窗格中的"视频过渡"文件夹内。

（七）处理好视频效果

视频效果决定了视频剪辑最终的显示方式。在击剑比赛分析中，视频效果主要是运用好播放速度，它是影响击剑比赛多媒体技战术分析效果的一个重要因素。从击剑比赛特点来看，技战术分析的视频播放速度以正常速度播放后再以正常速度的50%播放。由于击剑比赛速度快，击中点小，难以使运动员很好地观察对手的优缺点，同时也不利于教练员对比赛进行分析和讲解，达不到多媒体技战术分析应有的效果。因此，在每一个交锋正常速度播放后再以正常速度的50%播放，这样有利于运动员和教练员观察和分析。

遗憾的是，Window Movie Maker 2 只提供了视频放慢50%的操作，不能像会声会影、Premiere 等视频编辑软件那样，可以任意调整视频播放速度。

（八）保存视频

将击剑比赛的视频剪辑在情节提要/时间线上合并，并经过渲染保存到电脑或CD上才算完成了视频文件的准备工作，供多媒体制作使用。如要将合并后的视频保存到电脑中，可以按如下操作：

单击【保存到我的计算机】，在【为所保存的电影输入文件名】框中，输入要保存视频的名称。然后，在【选择保存电影的位置】框中，指定路径和文件夹名。

在【电影设置】页有几种选择，如要使用默认的电影设置，可单击【在我的计算机上播放的最佳质量（推荐）】。在下面的【设置详细信息】区域中会显示出特定设置的详细资料，如文件类型、比特率、显示大小、纵横比和每秒显示的视频帧数。如要使用不同的电影设置，可单击【显示更多选项】，然后从列表中选择其他视频设置。

保存电影后，单击【完成】即可。

二、利用 PowerPoint 做击剑比赛技战术分析的关键技术

（一）插入视频资料

在 PowerPoint 制作课件基本方法中介绍了插入视频最简单的方法，但这种方法不能使教练员和运动员随意调整视频播放内容，互动性较差，影响了技战术分析的效果。

这里介绍另外两种视频插入的方法。

1. 插入对象播放视频

此方法是将视频文件作为对象插入幻灯片中，它可以随心所欲地选择实际需要播放的视频片段，然后再播放，如图 12-12 所示。实现步骤为：

①打开需要插入视频文件的幻灯片，单击【插入/对象】命令，打开【插入对象】对话框；

②选中【新建】选项后，选中 windows media player，单击【确定】按钮，当前页面就会插入一个 windows media player 对象；

③下述方法与 2 插入控件播放视频相同。

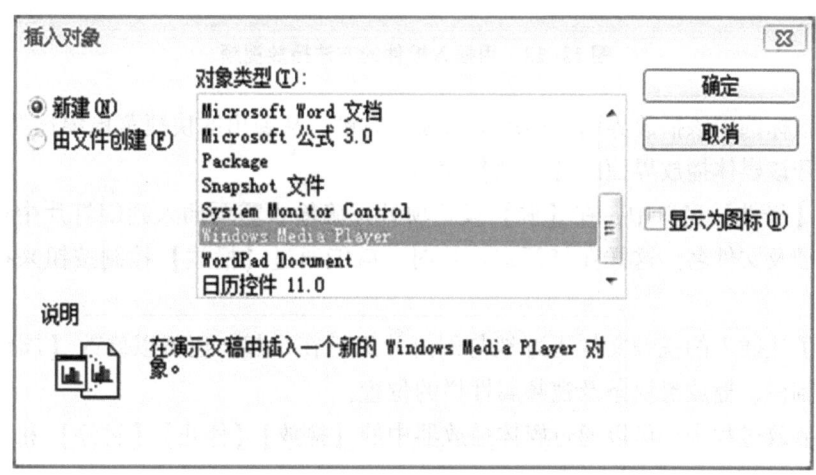

图 12-12　用插入对象的方法播放视频

2. 插入控件播放视频

此方法就是将视频文件作为控件插入幻灯片中，然后通过修改控件属性，达到播放视频的目的。使用这种方法，有多种可供选择的操作按钮，播放进程可以完全自己控制，更加方便、灵活，如 12-13 所示。实现步骤为：

①运行 PowerPoint 程序，打开需要插入视频文件的幻灯片；

②将鼠标移动到菜单栏，单击其中的【视图】选项，从打开的下拉菜单中选中【控件工具箱】，再从下级菜单中选中【其他控件】按钮；

③在随后打开的控件选项界面中，选择【Windows Media Player】选项，再将鼠标移动到 PowerPoint 的编辑区域中，画出一个合适大小的矩形区域，随后该区域就会自动变为 Windows Media Player 的播放界面。

图 12-13　用插入控件的方法播放视频

④用鼠标选中该播放界面，然后单击鼠标右键，从弹出的快捷菜单中选择【属性】命令，打开该媒体播放界面的【属性】窗口；

⑤在【属性】窗口中，在【源】设置项处正确输入需要插入到幻灯片中视频文件的详细路径及文件名。这样在打开幻灯片时，就能通过【播放】控制按钮来播放指定的视频了；

⑥为了让插入的视频文件更好地与幻灯片组织在一起，还可以修改【属性】设置界面中控制栏、播放滑块条及视频属性栏的位置；

⑦在播放过程中，可以通过媒体播放器中的【播放】【停止】【暂停】和【调节音量】等按钮对视频进行控制。

（二）超级链接运用

为了更好地提高多媒体技战术分析的交互性，使教练员和运动员能根据不同的需要，快速地找到要查看的内容，做好 PowerPoint 中的超级链接非常重要。PowerPoint 中的链接可分为动作按钮链接、热字链接和图形对象链接。

1. 动作按钮链接

PowerPoint 包括多个内置的三维按钮，分别表示前进、后退、开始、结束、帮助、信息、声音和影片等动作。除自定义按钮外，其余按钮的功能均为预置的。若要实现演示文稿内的其他跳转方式，则可通过【自定义】按钮进行设置，但从理论上讲，任何一种按钮都可通过设置进行任何方式的链接。

2. 热字的链接

PowerPoint 不仅可以通过动作按钮实现演示文稿内的超级链接，还可以通过文字实现演示文稿内的超级链接。选中要建立链接的文字，我们称其为热字，单击【插入】菜单中的【超级链接】命令，在【请选择文档中的位置】对话框中，选择需要链接的幻灯片编号，点击【确定】按钮即可。

3. 图形链接

选中要建立链接的图形对象，单击【插入】菜单中的【超级链接】命令，在【请选择文档中的位置】对话框中，选择要链接的幻灯片，点击【确定】按钮即可。

三、利用计算机进行技战术分析时应注意的问题

第一，技战术分析应选择淘汰赛双方比分较为接近的比赛。运动员有时会在某些场次的比赛中超水平发挥（或发挥失常），如果双方的比分过于悬殊，往往不能反映对手真实的技战术特点。所以，技战术分析资料应选择研究对象双方比分较为接近的比赛场次内容。

第二，定量分析与定性分析相结合。在击剑比赛技战术分析中，过多的数据分析不但使教练员和运动员难以记忆，也会使他们抓不住对手的主要问题。因此，如何在定量分析的基础上，配合典型的技战术视频片段，概括对手的技战术主要特点，做出高质量的定性分析，是提高技战术多媒体分析效果的关键。

第三，对左、右手运动员应区别对待。优秀运动员在与左、右手运动员比赛时，其技战术特点往往表现出较大的差异。因此，在条件许可的情况下，击剑比赛技战术分析应做到左、右手运动员区别对待，既要研究该名运动员与左手运动员比赛时的特点，还要研究其与右手运动员比赛的情况。

四、击剑比赛多媒体技战术分析应用实例

击剑比赛技战术多媒体课件制作是建立在统计分析基础上的，但与常规的数理统计又有较大的区别。它首先要确定整个比赛技战术分析的结构，图12-14是国家佩剑队备战2008年北京奥运会多媒体技战术分析方法的框架结构图。它大致可以分为4个部分：①标题与被分析的运动员和不同对手的比赛典型录像片段，主要是给教练员和运动员对比赛对手有一个整体上的概念和认识；②多媒体技战术分析的核心内容，根据佩剑比赛技战术分析的特点，在进攻、防守、反攻、准备行动上进攻的得失分技术和部位的分析；③被分析的运动员总的得分和失分的比赛录像；④被分析的运动员的得失分技术运用统计表格。

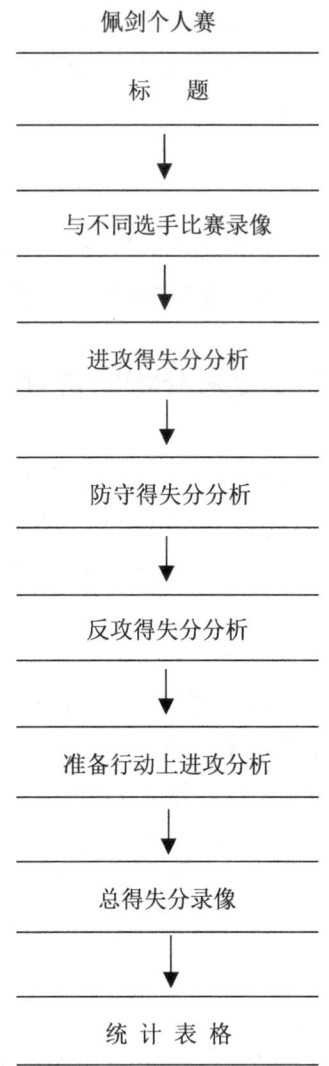

图 12-14　国家佩剑队备战北京奥运会多媒体技战术分析方法框架结构

【案例20】男子佩剑比赛技战术多媒体分析——以仲满为例

(1) 封页

仲满2007年世界锦标赛和世界杯比赛技战术分析由4部分组成，分别为与不同选手的比赛录像、技术分析、总得失分和统计表格，在封页的圆圈上有4个按钮（图1）。以便教练员和运动员能快速找到所要查看的内容。

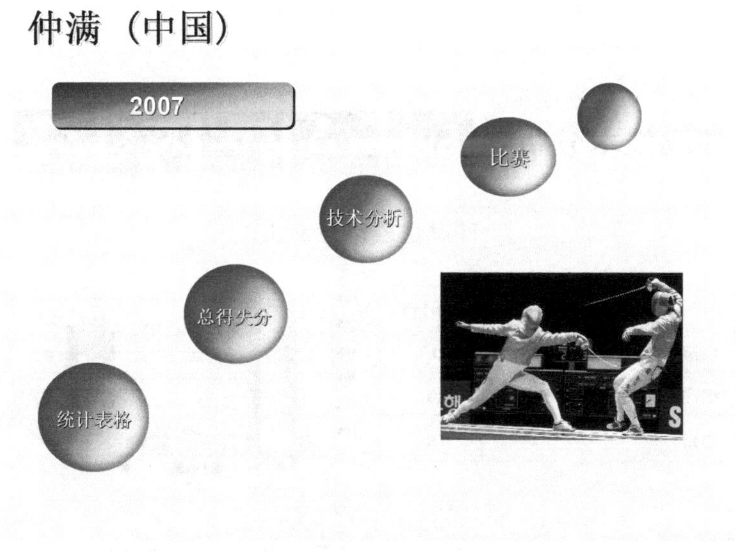

第十二章 计算机技术在击剑训练与比赛中的应用

图1　仲满比赛技战术多媒体分析封页

（2）录像演示

为了增强运动员和教练员对比赛的感性认识，在进行技战术分析前，播放仲满与不同对手的原始比赛录像，让教练员和运动员观看，以便对比赛有一个总的印象和了解（图2）。

图2　仲满比赛技战术多媒体分析比赛视频界面

（3）技战术分析

图3为仲满进攻得分统计数据图表，在整个进攻技术运用中，直接进攻是仲满主要的得分手段，在总共68剑的直接进攻中，得分36剑，其成功率为52.9%，该项技

术的净得分数为最高（+4）。因此，直接进攻技术对仲满比赛的获胜有着十分重要的意义。

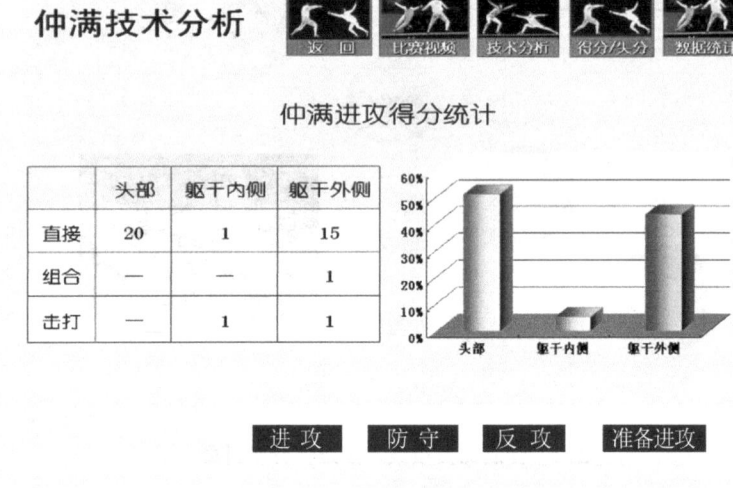

图3　进攻得分数据界面

从仲满进攻得分视频来看（图4），仲满进攻中能充分利用身高臂长的优势，用剑连续威胁对手的不同部位，有较强控制剑的能力，手上动作变化明显，进攻中主要采用大深度的弓步。

图4　进攻得分视频界面

图5为仲满在准备行动上的进攻得分数据统计图表，准备行动上进攻是仲满在比赛中另一主要得分手段，在总共66剑中，得分36剑，得分率为54.5%。主要得分部位集中在头部。

第十二章 计算机技术在击剑训练与比赛中的应用

仲满技术分析

准备行动上进攻得分统计

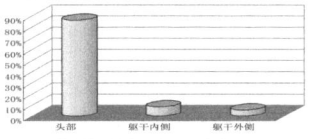

	头部	躯干内侧	躯干外侧
准备行动上进攻得分	31	3	2
%	86.1	8.3	5.6

图5　准备行动上进攻得分数据界面

通过多媒体视频的观察（图6），仲满在准备行动上进攻的得分，主要是采用类似弹跳小步步法的节奏变化，在跳跃中进行观察，寻找时机。其手上动作比较稳定，无多余的动作，动作之间衔接流畅。

图6　准备行动上进攻得分视频界面

图7是仲满反攻失分数据统计图表，统计数据显示，仲满的反攻技术没有优势，无论是成功率还是使用率都偏低。

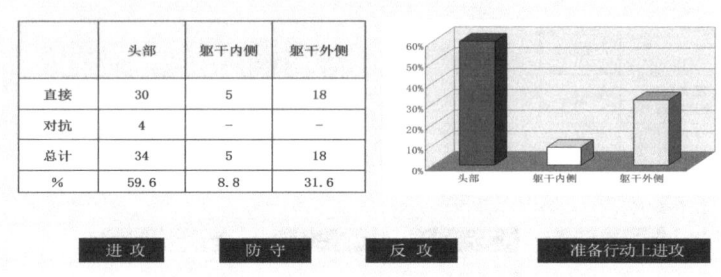

图 7　反攻失分统计数据界面

从视频演示来看（图 8），仲满的反攻失分主要是由于距离没有拉开，在后退中速度较平稳，手上动作单一，没有主动破坏对手的距离和节奏。因此，总是被动地勉强反攻。

图 8　反攻失分视频界面

图 9、图 10 为仲满防守得分数据统计图表和视频演示，其中显示第三防守是仲满的主要防守技术。从比赛观察看，仲满的第三防守成功主要是通过距离的配合，利用臂长顶住对手然后拉开防守，造成距离的变化，而得分部位也是最直接的头部。

仲满技术分析

防守得分数据统计

	头部	躯干内侧
第三防守	19	2
第四防守	2	—
总计	21	2
%	91.3	8.7

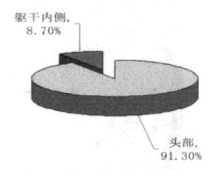

图9　防守得分统计数据界面

图10　防守得分视频界面

图11为仲满与不同对手比赛总的得分视频演示。通过对总得分的观察，分析仲满在整体技战术的运用情况与特长技术的发挥程度，为下面训练计划的制订和比赛方案的实施提供科学的依据，更重要的是让运动员通过观看得分的比赛视频增强其自信心，投入到接下来的训练和比赛中去。

图 11　总得分视频界面

图 12 为仲满与不同对手比赛总的失分视频演示。通过对总失分的观察，分析仲满在整个比赛中失分的技战术运用和对手的技战术运用，为技战术的改进和提高提供翔实的依据。这部分的视频主要是用于教练员观看，并结合视频给运动员进行讲解分析。

图 12　总失分视频界面

图 13 为仲满技术统计数据表格。通过整个数据的演示，找出一些主要的数据，并对相应的比赛视频进行分析。

统计数据表格

		头部		躯干内侧		躯干外侧		手臂	
		得分	失分	得分	失分	得分	失分	得分	失分
进 攻	直 接	20	20	1	2	15	2	—	8
	组 合	—	1	—	—	1	—	—	—
	击 打	—	—	—	1	1	—	—	—
防 守	第 三	19	9	2	1	—	10	—	—
	第 四	2	2	—	—	—	—	—	—
	第 五	—	—	—	—	—	—	—	—
	第 二	—	1	—	—	—	1	—	—
反 攻	直 接	4	30	—	5	—	18	2	—
	击 打	—	—	—	—	—	—	—	—
	对 抗	4	4	—	—	—	—	—	—
准 备 行 动 上 进 攻		31	13	3	10	2	7	—	—
总 计		80	80	7	19	19	38	2	8
%		74.1	55.2	6.5	13.1	17.6	26.2	1.8	5.5

图 13　技术统计数据表格界面

第十三章

运动生理学在击剑训练与比赛中的应用

第一节 击剑生理生化监控指标

我国击剑竞技发展战略是以奥运战略为最高层次，为了实现击剑项目的跨越式发展，探索、发掘击剑运动训练的客观规律，提高击剑训练效益，通过生理生化评定科学监控击剑运动训练与比赛，制订有针对性的训练计划、保证训练的科学性和有效性是十分重要的手段。

击剑运动剑种之间比赛规则及技术特点的差异，决定了其功能特点的差异。佩剑比赛每局所需时间最短，一般3~4分钟即可结束，往往在很短时间内进行交锋，攻防转换快。花剑比赛时间比佩剑长，但节奏、技战术特点类似于佩剑。重剑的有效部位遍及全身，因而防守难度大，比赛时持续在剑道上前后移动较多，比赛节奏较前两剑种慢。所以，花剑、佩剑运动员发展ATP-CP系统供能能力及糖酵解能力更为重要；而重剑运动员除要发展ATP-CP系统供能能力及糖酵解能力系统供能能力之外，还要重视有氧供能能力的提高。

以下为击剑运动员训练和比赛常用生理生化监控指标，这些指标的监测有利于教练员全方位掌握运动员的机能状态与训练水平。

一、心率

击剑运动员的基础心率相对比较稳定，并可能出现窦性心动徐缓，优秀击剑运动员基础心率常为50~60次/分。需要注意的是，当基础心率突然增加或减少时，则可能有疲劳积累或疾病存在。

击剑项目在运动中灵活多变，因而在训练时依据训练目的、内容的不同，心率负荷也有所不同。以击剑训练中最具特色的教练员和运动员一对一进行持剑练习的个别课为例，学习新技战术的个别课心率较低，而发展实战能力的个别课强度较高，心率也相对较高。优秀击剑运动员心率参照表13-1。

表 13-1　国家击剑队运动员比赛心率和心率分布百分比测定结果

剑种	安静心率（次/分）	比赛 HR$_{max}$（次/分）	50%~60%HR$_{max}$（%）	60%~70%HR$_{max}$（%）	70%~80%HR$_{max}$（%）	80%~90%HR$_{max}$（%）	90%~100%HR$_{max}$（%）
男重	56.2±1.14	194.8±10.11	15.34±0.01	15.48±0.03	12.04±0.02	19.60±0.10	37.54±0.03#
男花	57.6±2.33	190.8±2.75	13.55±0.18	11.09±0.5	15.28±0.05	28.47±0.21	31.11±0.20
男佩	55.8±1.04	188.8±7.14	4.17±0.06	17.62±0.15	24.67±0.05	27.02±0.06	24.32±0.13
女重	59.8±3.12	187.8±9.74	8.26±0.05	26.27±0.07	20.50±0.08	21.46±0.09	23.41±0.04#
女花	55.1±2.03	197.6±2.61#	4.54±0.03	13.71±0.06	16.81±0.06	23.21±0.06	41.72±0.15#
女佩	57.4±2.21	189.8±7.89	5.78±0.05	18.88±0.12	19.78±0.07	18.68±0.03	35.29±0.15

在日常训练中，应用心率指标来评定运动负荷是击剑训练中最简单、最常用的方法。击剑训练的运动负荷等级及其相应心率如表 13-2 所示。

表 13-2　击剑训练运动负荷等级及其相应心率

负荷水平	心率（次/分）
小	120 以下
中	120~150
大	150~180
最大	180~240

由于运动员的性别、年龄、训练年限的不同，以及训练时心率反应的个体差异等原因，在使用心率评价训练负荷时，应注意区别对待。尤其是高水平运动员的训练监控，更应该遵循个性化原则，通过一定时期的跟踪，确定该运动员的最高心率，或者是不同训练状况下的心率，这样能更好地判断运动员对训练负荷的反映。

击剑比赛时心率存在剑种上的差异。花剑快速前后移动多，对抗激烈；佩剑交锋少，但采取决定性进攻多，出手非常快；重剑在剑道上前后移动少，主要以挑引寻找战机为主，虽然比赛时间比花剑、佩剑长，但主要是注意力需要高度集中，这也造成了心率的大幅上升。所以，三个剑种中花剑和佩剑心率负荷较高，重剑虽然对抗和移动不是太多，但不断的试探和挑引，对于注意力上的负荷非常大，在比赛中心率也是处于极限状态。

二、肌肉力量

击剑的技术性强，步伐移动多而频繁，攻防转换快，所以击剑运动员要在快速、复杂、多变的激烈对抗格斗中完成一系列攻防动作。而这些动作是以力量、速度、柔韧、协调和耐力等各种运动素质为基础。由于赛制原因，击剑运动员参加比赛，一天内运动员打到决赛，需要打完七场比赛，这对运动员的身体素质提出了很高的要求。

肌肉力量是运动能力的基础，是提高运动成绩的关键，对运动员的肌力进行测评具有非常重要的意义。击剑是一项需要力量、速度和爆发力的技巧性项目，在运动过程中，运动员要不断快速收缩肌肉，尤其是腿部肌肉。优秀击剑运动员通过长期训练可形成特有的肌力特点。对击剑运动员主要关节力量进行测试与评价，可为了解击剑运动员的力量特征及力量水平提供依据，为针对性力量训练提供参考。

决定肌肉力量的生物学因素有许多，主要有肌纤维收缩时的初长度、肌纤维的横断面积、肌纤维类型和运动单位、肌肉的收缩速度、神经系统的机能状态、年龄与性别及体重等方面。

（一）肌纤维收缩时的初长度

肌纤维的收缩初长度极大地影响着肌肉最大肌力。肌纤维处于一定的长度时，肌纤维收缩力最大。肌小节过短和过长都将因肌球蛋白横桥与肌动蛋白结合的数目减少而导致肌力下降。另外，肌肉被拉长后立即收缩所产生的肌力远大于肌肉先被拉长，间隔一定时间之后再收缩所产生的肌力。这是因为除肌肉处于最适初长度外，快速收缩使肌肉出现牵张反射，反射性地提高了肌肉力量。为什么原地下蹲后立即起跳要比先下蹲，间隔一段时间后再跳要跳得更高就不难解释了。

（二）肌纤维的横断面积

肌肉力量的大小与肌肉的体积有关，力量训练引起的肌肉力量增加，主要是由于肌纤维横断面积增加造成的。由运动训练引起的肌肉体积增加，主要是由于肌纤维中收缩成分增加导致的。运动后激素和神经调节对肌肉代谢产生作用，使蛋白质合成增多，引起肌纤维中收缩成分的增加。力量训练引起的肌肉横断面增大，除蛋白质增多外，同时伴随着肌肉胶原物质的增多。

（三）肌纤维类型和运动单位

肌肉力量受肌纤维类型和运动单位大小、类型的直接影响。同样肌纤维数量的快肌纤维的收缩力明显大于慢肌纤维，因为快肌纤维内含有更多的胶原纤维，无氧代谢酶活性高，供能速率快，单位时间内可完成更多的机械功。运动单位是指一个α-运动神经元及其所支配的骨骼肌纤维，慢肌运动单位神经元的兴奋性较高，快肌运动单位神经元的兴奋性较低。通常情况下，运动神经元支配的肌纤维数量多，产生的肌肉力量就相应增大。运动中募集的运动单位越多，产生的肌肉力量会越大。

（四）肌肉的收缩速度

肌肉力量与肌肉缩短速度之间存在着一定的关系。对于需要爆发力的运动项目而言，在训练中发展高速度下增加肌肉力量，显然要比在低速度下增加肌肉力量更为重要。因此，在训练中要注意运动负荷和运动速度适当结合。

（五）神经系统的机能状态

神经系统的机能状态主要是通过协调各肌群活动、提高中枢兴奋程度、增加肌肉同步兴奋收缩的运动单位数量来提高肌肉最大肌力。中枢神经系统的兴奋程度对提高最大肌力具有重要的作用。克服最大负荷甚至超过最大负荷的训练有助于提高中枢神经系统的兴奋性，将有效地提高肌肉最大肌力。同时，骨骼肌中的本体感受器肌梭受到牵张后反射性引起肌肉产生收缩，使肌肉力量增大。

（六）年龄与性别

人在成年之前，力量的增长很快，通常在 20~30 岁时达最大，以后逐渐下降。身体发育成熟以后，只有经过超负荷训练才能使肌肉力量增加。如果不进行力量训练，随着年龄的增长，肌肉力量会同其他器官系统功能一样开始减弱。

女孩大约在 10 岁以前与男孩的力量增长一致。进入青春期后，力量的性别差异加大，由于雄性激素分泌的增多，有效地促进了男孩肌肉和骨骼体积的增大。成年女子由于性激素等原因，其肌肉发达程度远较男性差，故肌肉平均力量大约仅为男性肌力的 2/3，但不同肌群力量差异较大。男子经常参加一些能发展力量和爆发力的体育活动，使他们比女子更接近自己潜在的最大力量水平。

（七）体重

体重大的人一般绝对力量较大，体重较轻的人相对力量可能比体重大的人大。根据不同的运动项目，运动员要求的绝对力量和相对力量也不同，如投掷项目运动员绝对力量较大，因为他们必须克服外部阻力完成技术动作，而短跑等项目需要克服体重且对速度、灵敏和协调要求较高，该类项目运动员相对肌肉力量较大。

力量，特别是下肢力量是优秀击剑运动员的重要素质之一，准确评估运动员的肌肉力量非常重要，评价运动员的肌肉力量通常有三种手段——等张、等长和等速（等动）肌力测试。这三种手段都是以肌肉克服外部阻力做功为基础进行测试的，其中等速肌力测试经常被用来评价不同肌肉力量、做功和功率。关于等速肌力测试的可靠性和有效性的研究有很多。等速测力系统测试过程中，运动阻力是随关节活动而不断变化并自动调节的，因此只要肌肉进行最大收缩，就可准确测出肌肉或肌群在整个运动范围的最大肌力。通过选择不同的速度，可以测量出运动员的慢速肌力、快速肌力和耐力等。

等速测力指标主要有峰力矩（PT）、峰力矩比值、平均功率等。峰力矩是指肌肉或肌群环关节运动过程中，相应肌肉或肌群收缩时产生的最大力矩输出量，反应肌肉在运动过程中的最大负荷情况，代表肌肉或某肌群的最大肌力。击剑运动较为突出的是下肢的运动能力，因此对于髋关节、膝关节和踝关节的动力分析显得尤为重要。击剑运动员髋关节等动测力参考值如表13-3、表13-4所示。

表13-3 运动员髋关节前屈/后伸 60°/s、240°/s 等动测试结果

		前屈 PT（N·m）	后屈 PT（N·m）	前伸 PT（N·m）	后伸 PT（N·m）
60°/s	男	182.8±41.57*	174.6±38.96##	325.2±52.75##*§	297.2±49.13*§
	女	116.3±19.54	115.0±13.89	205.0±42.04§	209.5±36.91§
240°/s	男	188.1±66.30*	182.7±34.24*	298.0±44.62**	256.8±53.96*
	女	113.5±35.79	112.4±34.56	182.9±31.05	184.4±15.05

表13-4 双侧髋关节峰力矩比值

		前屈/伸	后屈/伸	前屈/后屈	前伸/后伸
60°/s	男	0.56±0.08	0.59±0.09	1.06±0.18	1.10±0.15*#
	女	0.57±0.07	0.56±0.11	1.01±0.13	0.99±0.18
240°/s	男	0.63±0.21*	0.73±0.15*#	1.01±0.26	1.18±0.13*#
	女	0.61±0.13	0.06±0.16	1.02±0.22	0.99±0.12

击剑运动员膝关节等动测力参考值如表13-5、表13-6所示。

表13-5 运动员膝关节前屈/后伸 60°/s、240°/s 等动测试结果

		前屈 PT（N·m）	后屈 PT（N·m）	前伸 PT（N·m）	后伸 PT（N·m）
60°/s	男	143.8±27.58*#§	131.5±34.75*§	246.5±73.91*#§	218.7±84.04*§
	女	95.6±16.25§	94.7±15.01§	179.9±42.89§	179.9±33.36§
240°/s	男	119.4±18.67*	109.0±27.29*	178.8±43.34*#	165.3±55.46*
	女	76.7±11.43	77.9±9.84	122.4±27.44	126.8±19.53

表13-6 双侧膝关节峰力矩比值

		前屈/伸	后屈/伸	前屈/后屈	前伸/后伸
60°/s	男	0.63±0.23*	0.67±0.24*	1.13±0.20*	1.25±0.55*
	女	0.56±0.13	0.54±0.12	1.02±0.18	1.04±0.41
240°/s	男	0.69±0.10	0.70±0.20	1.14±0.24*	1.15±0.29*
	女	0.66±0.16	0.62±0.06	0.99±0.12	0.97±0.21

击剑运动员踝关节等动测力参考值如表 13-7、表 13-8 所示。

表 13-7 运动员踝关节前屈/后伸 60°/s、240°/s 等动测试结果

		前屈 PT (N·m)	后屈 PT (N·m)	前伸 PT (N·m)	后伸 PT (N·m)
60°/s	男	146.3±35.28 *#§	131.1±31.17 *§	39.9±8.77 *#§	34.2±4.02 *§
	女	101.3±12.11 §§	99.2±12.04 §§	26.8±2.78 §	24.9±3.28 §
240°/s	男	70.6±12.27 *	62.9±19.21 *	24.1±5.62 *	21.6±3.81 *
	女	46.9±12.86	45.5±9.46	16.8±2.31	15.8±1.67

表 13-8 双侧踝关节峰力矩比值

		前屈/伸	后屈/伸	前屈/后屈	前伸/后伸
60°/s	男	0.28±0.04	0.27±0.06	1.13±0.18 *	1.16±0.17
	女	0.27±0.03	0.26±0.05	1.03±0.13	1.09±0.17
240°/s	男	0.35±0.07	0.38±0.15	1.19±0.30 *	1.17±0.27 *
	女	0.38±0.08	0.36±0.09	1.03±0.18	1.07±0.17

三、有氧、无氧能力

由于击剑比赛规则不同，对运动员身体素质的要求，尤其是有氧和无氧能力的要求可能存在剑种差异。比赛时的供能系统与运动员实际的有氧、无氧能力之间是否存在差别；不同剑种在比赛时对有氧、无氧能力的要求及各剑种在有氧、无氧能力方面是否存在差别。下述问题的解决对于发展不同剑种运动员的运动能力，保证训练的有效性有重要意义。

从击剑运动单一技术来看，属于 ATP-CP 系统供能，但由于击剑比赛时间较长，运动员的有氧供能能力就成为其长时间保持高强度运动能力的基础。

(一) 最大摄氧量

最大摄氧量（VO_2max）又称为最大耗氧量、最大吸氧量和氧极限。最大摄氧量的表示方法有绝对值表示法（升/分）和相对值表示法毫升·千克体重$^{-1}$·分$^{-1}$ [毫升/(公斤体重·分)]。一般常人的正常值为 2~3 升/分，男子高于女子，成人高于儿童，运动员高于一般常人。从事不同专项的运动员，最大摄氧量不尽相同。从事有氧项目的运动员最大摄氧量最高，其次为既需要有氧耐力又需要无氧耐力的运动专项，而从事力量和灵巧等专项的运动员最大摄氧量一般较低。

最大摄氧量直接测定法主要采用三种标准的运动负荷，即固定跑台运动、功率自

行车运动和台阶运动,无论采取哪种运动方式,为了准确地测定最大摄氧量,都应遵循下列原则:

①运动应保证一定的运动强度,以便充分调动各器官系统的机能潜力。

②单一性运动负荷的运动时间应在 6 分钟以上,在递增性运动过程中每种运动负荷的时间应为 3 分钟左右。

③应使尽量多的肌群参与工作,参与工作的肌群越多,测得的最大摄氧量也就越准确。

在进行各种运动负荷时,至少应具备下列指标才能准确地表示机体达到最大摄氧量水平:

①运动时心率达到或超过 180 次/分。

②摄氧量达峰值,并保持一定时间。

③呼吸商(即二氧化碳与氧气的容积百分比)超过 1。

由于最大摄氧量的测定结果与运动时参与工作的肌群数量有关,因此,在三种运动负荷中所测得的最大摄氧量值也有一定差别,一般来讲,跑台运动方式测定的值最大,台阶、坐位功率自行车方式次之,手柄转动曲柄运动方式最小。

击剑项目技术性较强,成才周期也较长,从国内外现状来看,击剑运动员的运动寿命都很长,许多年过 30 的老运动员仍然活跃在运动队一线。因此,定期测定最大摄氧量对于评定击剑运动员的有氧能力、评价训练安排的合理性具有重要指导意义。一般可采用大周期训练前后进行最大摄氧量的测定,如冬训、夏训前后等。击剑运动员最大摄氧量的测定值如表 13-9 所示。

表 13-9 击剑运动员最大摄氧量的测定结果

剑种	例数	VO_2 max (L/min)	VO_2 max (ml/kg·min)	氧脉搏 (mlO_2/bs)
男花	4	4.19±0.149	54.9±3.79*	22.02±1.281
男佩	5	4.19±0.313	51.8±5.88	22.52±1.641
男重	4	4.41±0.294	51.7±4.99	23.61±2.348
女花	4	3.16±0.191	50.9±1.29*	17.05±1.485
女佩	5	3.07±0.383	47.2±3.65	16.65±2.255
女重	4	3.30±0.261	50.5±1.36	18.06±1.385

(二)无氧能力

击剑的供能系统以 ATP-CP 为主。因此,击剑项目对无氧工作能力要求较高。随着击剑运动的发展,运动员要在连续不断的运动中把握战机,一定要拥有较强的无氧能力。击剑比赛时的身体移动依靠步伐,在正确的实战姿势下,当时机出现,出弓步的距离、速度和出剑时间、速度和加速度、距离和路线,是刺中对手的关键。显然,击剑运动对运动员下肢的爆发力和速度耐力有非常高的要求。研究表明，击剑运动员无氧代谢能力越强者，其比赛成绩也相对较好。

所以，无氧耐力不仅对 2~3 分钟的运动项目十分重要，而且对击剑项目运动员也很重要，因为它是变速、冲刺的能量来源。无氧耐力的评定是以评定糖酵解代谢能力为基础的，因为无氧耐力是人体处于氧供应不足的情况下较长时间进行肌肉活动的能力，主要靠糖酵解提供能量。一般通过 30~90 秒的最大能力持续运动实验来完成。基本评价标准是：做功越多，运动前后血乳酸值增加越多，这是糖酵解代谢供能能力强的标志。具体评价方法如下。

让受试者先做准备活动，在功率自行车上骑 2~4 分钟，使其心率达到 150~160 次/分，其中 2~3 次（每次持续 4~8 秒）为全力蹬骑。准备活动后休息 3~5 分钟，然后进行正式实验。让受试者尽力快骑，同时阻力递增，在 2~4 秒内达到规定负荷，之后开始计算骑行圈数，并持续做 30 秒最快速度蹬骑，每隔 5 秒记录骑速和心率。试验结束后进行 2~3 分钟放松蹬骑。功率车阻力设置为：系数 ×体重（千克）（下肢蹬车时，成年男子系数为 0.83，女子为 0.75；用上肢摇柄时，成年男子为 0.58，女子为 0.50，单位为公斤体重）。

通过上述实验可得到最大功值、平均功值及疲劳指数（最大功值与最低功值差/最大功值的百分比），若最大功值和平均功值大，疲劳指数小，是糖酵解能力强的表现，即表明无氧耐力较强。

这一实验名为 Wingate 无氧试验，它可根据不同的测试要求规定测试时间，如 15 秒、30 秒、40 秒、1 分钟；运动负荷设定主要在于每次功率阻力系数的选取，该系数也可根据不同项目采用不同的系数。

Wingate 无氧试验不但可以测定下肢肌肉的非乳酸性无氧能力，而且还可反映肌肉的无氧耐力。该测试中峰功率反映肌肉的爆发力，峰功率值越大，则爆发力越好，而平均功率反映肌肉的无氧耐力水平，数值越大，表示无氧耐力越好。

击剑运动员无氧功率的测定结果如表 13-10 所示。

表 13-10 击剑运动员 Wingate 无氧功率的测定结果

剑种	列数	峰功率（瓦）	峰功率（瓦/千克体重）	平均功率（瓦）	平均功率（瓦/千克体重）	功率衰减率（%）
男花	4	875.0±28.58	11.44±0.93	711.75±33.64	9.31±0.83*	0.340±0.038
男佩	5	1000.4±54.33	12.31±0.96*	757.20±37.61	9.30±0.47*	0.434±0.030*
男重	4	1012.0±161.55	11.73±0.74	757.25±114.62	8.79±0.72	0.395±0.025
女花	4	654.3±33.34	10.52±0.19	537.50±17.37	8.65±0.33*	0.337±0.039
女佩	5	684.0±44.92	10.53±0.66	526.00±48.02	8.08±0.22	0.395+0.025*
女重	4	668.0±22.73	10.27±0.61	526.20±18.59	8.08±0.19	0.356±0.036

四、生化指标

(一) 血红蛋白 (Hb)

血红蛋白是诊断贫血的主要指标之一。中国普通人群安静时血红蛋白正常值范围：男性为120~160克/升，女性为110~150克/升。联合国卫生组织 (WHO) 判断贫血的标准是：6个月~6岁低于110克/升、6~14岁低于120克/升、成年男女分别低于130克/升和120克/升。常人血红蛋白正常范围和贫血诊断数值也适用于运动员，血红蛋白值是评定运动员机能的最常用指标。

当运动员进行大运动量训练或机能状态较差时，可观察到血红蛋白值降低，这种由运动引起的血红蛋白下降被称为运动性贫血。在运动实践中，我们发现当运动员上强度和上量训练时，血红蛋白下降，由此引起运动员运动能力下降。一般来说，如果运动员血红蛋白值持续下降超过10%，就应采用提高血红蛋白的恢复措施，如果营养干预后仍不见效，提示应调整训练负荷。大量运动实践研究证明，当运动员机能状态较好，身体对训练负荷适应时，血红蛋白值较高，训练和比赛可出现较好的运动成绩。因此，在监测中常采用清晨安静时血红蛋白值来评定运动员身体机能状态。

血红蛋白与运动员的运动能力密切相关，它是标志运动能力高低的重要生化指标。与许多运动项目一样，击剑运动员的训练每天要持续3~4个小时，甚至更长时间。血红蛋白的含量对击剑运动员的运动能力影响较大，保持较高的血红蛋白水平，是最基本的机能要求，同时血红蛋白也能很好地反映击剑运动员的有氧耐力。特别是对女运动员，血红蛋白的浓度是参考运动员机能状态的重要指标。

在训练监控中，一方面要根据训练和比赛前测定的血红蛋白浓度了解运动员的身体机能状态，制订相应的训练方案，防止过度训练和运动性血红蛋白低下的发生，另一方面，一旦观察到血红蛋白低下，应及时分析原因，并针对不同原因给予相应的解决方案。击剑运动员的血红蛋白参考值如表13-11所示。

表13-11 击剑运动员训练前、后血红蛋白参考值 (g/dl)

剑种	训练前	1周后	2周后	3周后	4周后	大赛前2周
男子重剑	15.5±0.74	14.9±0.82	13.6±0.79*	13.4±0.69	15.2±1.12	15.1+0.93
男子花剑	14.9±0.95	14.2±1.12	13.9±0.67*	13.5±0.99	15.4±0.46	13.8+0.35*
女子重剑	13.3±0.85	12.7±0.80*	12.9±0.98	12.8±0.67*	13.1±0.76	13.7+1.17
女子花剑	13.3±0.51	12.5±0.87*	13.0±0.69	13.2±0.98	13.8±0.86	13.1+0.54

（二）血清肌酸激酶（CK）

人体骨骼肌、心肌和脑中都含有肌酸激酶（CK），其中骨骼肌中最为丰富，约占全身总量的96%。骨骼肌CK是关系到短时间剧烈运动时快速合成ATP、运动后ATP恢复的重要代谢酶，肌酸激酶与运动时和运动后能量平衡及转移有密切关系。血清肌酸激酶主要来自骨骼肌和心肌，其正常安静值范围：男子为10~100U/L；女子为10~60U/L。

运动训练可引起血清肌酸激酶升高，其原因可能与肌细胞膜的通透性增大或肌肉损伤有关。运动强度和负荷量对血清肌酸激酶活性都有影响，一般认为，负荷强度的影响大于负荷量，当负荷强度和量都大时，其酶活性升高最明显。不同的运动项目血清肌酸激酶变化范围不完全一致，在重竞技项目训练中，如举重、摔跤等项目在训练后第二天清晨测量血清肌酸激酶，部分运动员血清肌酸激酶数值在200~300U/L，仍属于正常范围。因此，在使用血清肌酸激酶进行机能评定时，应考虑项目的特点，并进行纵向观察。

在击剑训练中，运动强度对肌酸激酶的影响比运动量更大。正常训练后血清肌酸激酶仅为200U/L，第二天即可恢复到安静水平，但若训练量过大或连续进行几场教学赛后，血清肌酸激酶在运动后即刻可超过700U/L。运动引起的肌肉局部损伤会使肌酸激酶明显增加，运动员大腿肌肉拉伤后肌酸激酶最高可达3400U/L，在评价时应注意区别。在击剑训练负荷的监控中，同一训练手段训练后肌酸激酶活性在训练周期的初期上升幅度较大，恢复也慢，当训练适应后血清肌酸激酶活性上升幅度减小，恢复加快。当肌酸激酶活性在训练后增幅稳定，第二天清晨恢复到安静水平时，建议可考虑适当提高训练强度。这也是评价训练手段对机体刺激程度的重要方法。用血清肌酸激酶进行击剑运动员机能评定时应注意以下两点：

①性别差异：安静状态血清肌酸激酶男性略高于女性；定量负荷运动后，肌酸激酶总活性的升高男性也高于女性。

②环境：热环境下运动比冷环境下运动后肌酸激酶活性要高。

击剑运动员安静、赛后、次日晨的血清肌酸激酶和血尿素氮参考值如表13-12所示。

表13-12 击剑运动员安静、赛后、次日晨的CK和BUN参考值

剑种	安静		赛后		次日晨	
	CK	BUN	CK	BUN	CK	BUN
男重	233.0±29.74	6.62±1.90	531.0±29.76 §§**	7.88±1.09 §*	469.7±114.22 §§**	7.06±0.77*
男花	127.7±25.27	4.67±0.69	587.6±224.76 §§**	7.67±2.16 §*	468.5±196.09 §§**	7.63±0.59 §§
男佩	253.4±67.83	5.09±1.03	530.4±267.84 §§**	6.32±2.41 §*	447.9±109.70 §§**	5.09±1.03 §§*
女重	174.6±71.58	5.25±0.69	465.9±115.67 §§	7.42±1.36 §	349.8±76.98 §§	6.68±1.33 §

续表

剑种	安静		赛后		次日晨	
	CK	BUN	CK	BUN	CK	BUN
女花	196.3±69.11	4.64±0.62	417.3±215.44 §§	7.17±1.18 §	389.3±152.99 §§	6.45±0.73 §
女佩	122.6±49.89	5.24±1.64	441.6±127.78 §§	6.16±1.77 §	356.4±78.00 §§	5.91±1.12

（三）血尿素氮（BUN）

尿素是人体内蛋白质代谢的重要评定指标。在正常生理水平下，尿素的生成和排泄处于动态平衡，血尿素氮浓度相对稳定，其安静值约在1.8~8.9毫摩/升。运动员安静时血尿素氮浓度偏高，为5.5~7毫摩/升，原因是受训练的影响体内蛋白质代谢旺盛。

血尿素氮指标在运动时可用以评定运动员负荷量。运动中血尿素氮浓度升高一般出现在运动时间30分钟以上，绝大多数血尿素氮升高出现在运动持续时间40~60分钟。若一次大运动量训练后，血尿素氮超过8毫摩/升，可认为是训练负荷过大的表现。若在训练或比赛次日晨测定血尿素氮浓度，可以评定恢复状况，血尿素氮值低表示代谢平衡恢复，即运动负荷适宜，身体机能良好。运动次日晨或第三日晨血尿素氮值仍超过正常值水平，则表示机体对训练负荷不适应，身体机能较差。在安排训练周期负荷量时，依据血尿素氮浓度变化可分析训练负荷情况：

①若血尿素氮在训练前后未发生显著性变化，说明运动负荷量小，未能引起机体足够的应激，应增加运动负荷；

②若血尿素氮在训练后显著上升，调整休息日后显著下降，恢复到训练前水平，说明负荷量足够大，但机体能适应，训练效果好；

③若血尿素氮在训练过程中始终升高，说明运动量过大，机体不能适应，训练后机体还未恢复，这时应注意运动负荷量的控制，否则易造成过度疲劳。

击剑运动员调整期的晨起安静血尿素氮与其他项目运动员无太大差异，训练量较低的训练课后，次日晨血尿变化不明显，实战练习或教学比赛后由于运动量较大，次日晨血尿素氮升高，有些运动员由于遭遇到的对手较强，次日晨起血尿素氮可达10毫摩/升。在实际的应用中，需要密切关注运动员的饮食，有运动员摄入大量蛋白质（肉、虾等）后也会出现血尿素氮升高的现象，这需要和运动员的状态表征相结合进行判定。

击剑训练后身体恢复状况的评价：在训练期间，晨血尿素氮安静值较低者，为对运动负荷适应、恢复能力良好。大运动量训练后次日晨血尿素氮大幅度上升，甚至第三天晨起仍较高者，表明对负荷不适应，或产生了较深的疲劳，在训练时应注意合理安排。在实际训练中，训练后血尿素氮增幅较小、恢复也快的运动员，能承受大负荷量的训练，而增幅大且恢复慢的运动员难以承受大负荷量的训练。

（四）血乳酸

击剑运动员运动时的供能系统主要是糖酵解支持下的 ATP-CP 系统，但随着击剑运动的发展，运动员的竞技水平不断提高，使击剑比赛越来越激烈。击剑运动员有时要在剑道上前后移动多次，因而运动员不可避免地要动员糖酵解供能系统来供能，使血乳酸升高。因此在较为激烈的比赛和训练课上，检测运动员的血乳酸能够客观反映其运动强度。

击剑比赛后运动员血乳酸的高低，主要取决于对手水平的高低及比赛的激烈程度。击剑运动员要动用糖酵解供能，因此，在平时要注重加强这方面的体能训练。击剑运动员血乳酸参考值如表 13-13 所示。

表 13-13　击剑运动员安静、赛后血乳酸参考值　　　　　　　单位：毫摩/升

剑种	安静	1/16 比赛	1/8 比赛	1/4 比赛	半决赛	决赛
男重	1.35±0.32	6.91±2.81	5.13±3.69	5.39±1.19	6.48±1.66*	8.19±2.18*
男花	1.78±1.08	6.85±+1.82	6.21±2.11	4.70±1.36	7.54±1.60*	7.17±2.76
男佩	2.16±0.39	6.61±1.71	5.58±2.56	5.21±1.77	6.67±1.64*	7.43±2.11*
女重	1.65±0.55	5.26±2.09	4.68±1.50	4.30±1.69	5.90±1.04*	6.96±1.84*
女花	1.50±0.53	5.19±2.44	5.62±2.42	5.05±1.76	5.14±1.09	6.02±1.44*
女佩	0.93±0.20	5.07±1.42	5.33±1.55	4.34±1.82	4.88±1.87	4.98±1.34
总体	1.58±0.64	6.23±2.25	5.43±2.21	4.78±1.39	6.08±1.86*	7.18±2.72*

第二节　击剑运动员的营养补充

击剑运动有别于其他运动项目，整个运动在高速、激烈对抗与相峙中完成。击剑选手在训练与比赛中，往往需要在有限的时间里，付出数倍于平时训练的体力与脑力。随着运动营养科学的不断发展，通过科学的营养补充，从能量和功能的角度进一步提高击剑选手的竞技水平是非常重要的。

击剑运动属混合性练习运动，其动作结构既有周期性的，又有非周期性的，要求动作快速，在攻防中讲究速度和爆发力，如上步弓步刺、冲刺、防守反击等瞬间动作的完成是属于无氧供能中 ATP-CP 系统供能，但一场比赛持续的时间较长，往往可能达 20 分钟左右，如果没有强有力的有氧供能系统来不断补充 ATP，将难以保证运动员有充沛的体力来有效地完成技术动作，所以，在训练中既要注重运动员无氧供能能力的发展，也要重视其有氧供能能力的发展。

一、击剑运动员营养补充的种类

目前运动营养学的研究发现,击剑运动员的营养补充基本可分为三大类,即能源物质的营养补充、维持内环境的营养补充及增强免疫能力的营养补充。

(一) 能源物质的营养补充

运动必然会有能量消耗,人体能量来自体内能源物质。根据击剑运动的特点,运动员在击剑运动中,要消耗很多可快速动员的糖原以维持肌肉、神经、内脏器官及大脑的工作,因此,补糖是非常有必要的。击剑运动需要运动员在准确观察、判断、等待或创造时机的过程中,瞬间发起进攻,或由守转攻得分制胜,因此对运动员爆发力素质要求极高。运动过程中,运动员体内ATP、CP的分解与再合成能力对其竞技表现影响极大。合理补糖可延缓中枢神经的疲劳,运动后及时补糖则可维持一定的血糖浓度,促进体内肌糖原的恢复。有研究表明,运动后补糖可加速肌糖原恢复,运动后的6小时,肌肉中糖原合成酶含量高、补糖时间越早越好,目前我们推荐在训练后即刻30分钟内,是补充能量物质的"窗口期",因为此时合成酶的活性最高,最利于吸收。推荐的补糖量为0.75~1.0克/千克体重,而且建议训练后糖原和蛋白一起补充,糖和蛋白的比例在4:1左右,这有可能是最佳的配比。糖原的选择可采用葡萄糖和果糖,同时辅以低聚糖,其中葡萄糖可快速被机体吸收,而低聚糖经降解,吸收的时间会较长,这样可以保证机体有长效的糖原供应,还能更好地控制血糖水平,给机体持续性的供能。关于糖原配比的浓度,建议在训练后摄入低渗透压的运动饮料,这样能提高补水的效率,在口感方面可以选择略酸口味的运动饮料,这样更利于运动员的饮用。

训练的过程会导致蛋白的降解,而蛋白特别是肌蛋白的多少决定了身体的力量等素质,所以训练后蛋白的补充也非常的关键。人体内氨基酸多存在于骨骼肌中,其对运动能力影响极大。最新研究表明,口服支链氨基酸可给肌组织提供氧,对中枢神经系统也有一定的影响,有防止中枢疲劳之功效。国外运动员在大运动量期间,一般每天可口服2克谷氨酰胺,以维持体内氨基酸的动态平衡。击剑运动员在训练后,也建议适当使用乳清蛋白等优质蛋白进行补充,尤其是体形偏瘦的运动员,为了在比赛中对抗能力更强,蛋白的补充非常有必要。

比赛或训练前的数日内,可采用糖原填充法来增加糖原储备,即利用高碳水化合物膳食以提高肌糖原含量,从而提高肌肉耐力工作能力。当然,赛前几个小时的补糖也很重要,研究表明,运动前1.5~2小时服糖的效果好。一般在比赛前15分钟和两小时前补糖效果最好,因为在赛前15分钟补糖,糖刚好进入血液,使糖处在较高水平。赛前两小时补糖,糖经过消化、吸收、运输,最终储存在身体的肝脏、肌肉等组织和器官中,这时若运动,机体能源充足,延缓了运动时血糖下降的幅度。另外,教练员和运动员应注意的是，补充糖分过多会使大量葡萄糖进入血液，致使血液黏滞性和循环血量增加，导致心脏负担增加。专家认为，食糖量应为不超过每公斤体重 2 克，即体重 70 公斤的情况下，食糖量不应超过 140 克。

（二）维持内环境的营养补充

内环境是细胞生活的体液环境，是体内细胞与外环境进行物质交换的介质。人体只有维持内环境的稳定，才能进行正常机能活动。伴随击剑运动员的大运动量训练，运动员常会大量出汗，体内丢失了水分与矿物质后，会造成内环境的改变，如水盐代谢失调、血浆渗透压改变，以及维生素、微量元素的缺失等。因此，在击剑运动训练中，必须适时对此做必要的补充，以维持内环境的稳定。运动中和运动后，可视运动员的体液丢失情况，合理的补充水分、矿物质、维生素与微量元素。同时，通过营养的补充，促进体内代谢终产物——乳酸的分解代谢。击剑运动员可适量饮水，除了饮开水、矿泉水，还应加一些含糖和电解质的饮料，但浓度不能太大。运动前可适量补水，防止训练或比赛中脱水；运动中应间隔补水，不宜太多，补水不能以口渴为标准，待感到口渴的时候，机体缺水的程度已经很深了。此外，可口服一些碳酸氢钠，以提高机体乳酸的代谢速度。一些专业运动营养品的服用对清除体内乳酸和自由基的效果也很显著。

击剑运动员在训练和比赛中由于体温升高，排汗增加，引起机体脱水和电解质丢失，从而造成血容量减少，心脏负担加重，影响神经兴奋传导，使运动能力下降，因此击剑运动员及时补充水和电解质十分必要，必须采取合理方法及时补液。补液主要选用含糖和电解质的等渗饮料，以少量多次为好，碳水化合物和钠含量分别为 6%~8% 和 0.4~1.0 克/升，且含有一定量的氯化钾及门冬氨酸镁的饮料目前使用效果最好。

在运动员补液方面还要注意一些问题，比如有些运动员喜欢在比赛期间喝咖啡，但对于咖啡因的摄入应该要注意适量，因为过多的摄入咖啡因会加速排尿，甚至会造成严重脱水。另外咖啡因有兴奋作用，但是这种兴奋作用不是在注意力集中情况下的兴奋，而只是大脑皮层以及在神经递质冲动释放增多的兴奋，对于击剑项目这种需要冷静、需要精确控制的项目，咖啡因的过多摄入不一定会有好的效果，一般说来，就算是运动员自己喜欢喝也要注意摄入的量。

（三）增强免疫能力的营养补充

运动员在大强度训练下，免疫系统功能会出现开窗期，体现为免疫功能低下，易发生感冒、发烧等病症，一旦生病则会影响训练的系统性，使训练目标和效果难以实现。所以提高大强度训练时的免疫能力非常关键，特别是在赛前的训练期，运动员心理压力大，再加上训练的刺激，一旦生病则直接导致丧失参赛的最佳状态，难以发挥出应有的水平。可见大强度训练下的免疫功能调节非常重要，尤其是在赛前的免疫功能调节更是如此。

在常见的运动营养品中，谷氨酰胺能有效提高机体的免疫能力。它是人体中含量最多的氨基酸，而且能为免疫细胞供能，提高免疫细胞的活性，从而保证机体的免疫系统的正常运行。同时，用中药调理及食补，也可以提高机体的免疫力。

二、优秀击剑运动员营养补充方法

优秀击剑运动员的营养补充应该采取个性化的方案，因为运动员的体质和状况不一样，在训练强度大的时候，采用合适的营养补剂是必要的。例如，在力量训练期间，可以使用肌酸类营养品，它能够帮助运动员提高力量训练的效果。

一般来说，运动员在上量、上强度的时候，可以增加抗氧化物质的摄入，如番茄红素和活性糖等营养物质的使用。此外，在大强度训练过程中，女运动员的低血色素现象明显，容易引起运动员的运动能力下降，此时需要及时补充补血类营养品，同时辅以生化监测，以便更好地了解营养补充的效果和评估后续的使用方案。

在大强度训练阶段，运动员的血睾酮水平会有下降的趋势，这显示出运动员在高强度训练下恢复能力不足的问题，长期下去会影响运动员的运动能力，运用营养补剂能帮助运动员提高睾酮水平，有助于他们运动能力的恢复。

对于优秀击剑运动员来说，一套长期监控的指标体系是十分必要的，在此基础上做评估，并提出相应的个性化补充方案，其基本的思路为：在大赛前的准备期，有目的地增加基础力量，提高专项力量，储备有氧能力，同时减控体重。进入专项训练期以后，训练量会逐渐加大，这时候容易出现运动性贫血和运动性低血睾，此时跟进补血和补睾酮的营养补剂，包括训练中一些抗氧化物质的补充，同时注意保护好运动员的肌肉和关节，可采取增加氨基葡糖的方式进行补充。在比赛期间，可选择维持睾酮水平的营养补剂帮助运动员调节内分泌，使雄性激素水平和血色素水平维持在一定高位，如有条件还可采用抗中枢神经疲劳的营养物质，帮助运动员在比赛中集中注意力，力争取得好成绩。

对于运动营养补剂的使用，建议遵循调理原则，在使用的量上需要不断地摸索和调整。例如，对于运动性贫血的运动员来说，是按营养品说明书上推荐的量去补，还是在训练过程中不断地增加使用量，同时监控指标的变化，将各指标维持在一定的范围，在补充的同时也充分地依靠身体自身的修复功能，这都是值得探讨的问题。再如，有些运动员在关键时候，使用营养品的量会超过说明书上推荐的量，这些都是根据比赛的时间安排及运动员的特定身体状况来定的。所以，及时对运动员进行生理生化的监控会帮助我们了解运动员的机体状态，并作出正确的诊断。

第三节　生理生化及营养干预手段对训练课的监控与评价

从某种程度上来说,运动员比赛的实质就是机体承受负荷能力的较量。对于体能类项目来说,在同一场比赛中谁承受的负荷强度大谁就能获得胜利;对于技巧性项目来说,技术的领先将会主导比赛的结果,但是技巧的娴熟与领先也是从大量和大强度的训练中实现的,所以在训练中我们要重视训练课的强度和质量。

训练是一个日积月累的过程,有些基础训练的效果不经积淀很难显现。但如果是大赛前,时间有限,那就要求我们一定要进行富有成效的针对性训练。所以,我们可以用生理生化机能监控的方法来协助教练员对大赛前的训练效果进行评估和反馈,让教练员心中有数,就算是训练效果有起伏,那也肯定有起伏的原因,也值得我们去总结和反思,只有注重过程才能有好的结果。

对于运动员关键训练课的监控,我们力求形成一个完整的系统,来对运动员的训练负荷进行诊断和评价,尤其是在将运动营养干预引入重点训练课后,评价的体系应该更丰富和客观。重点课的训练监控流程如图13-1所示。

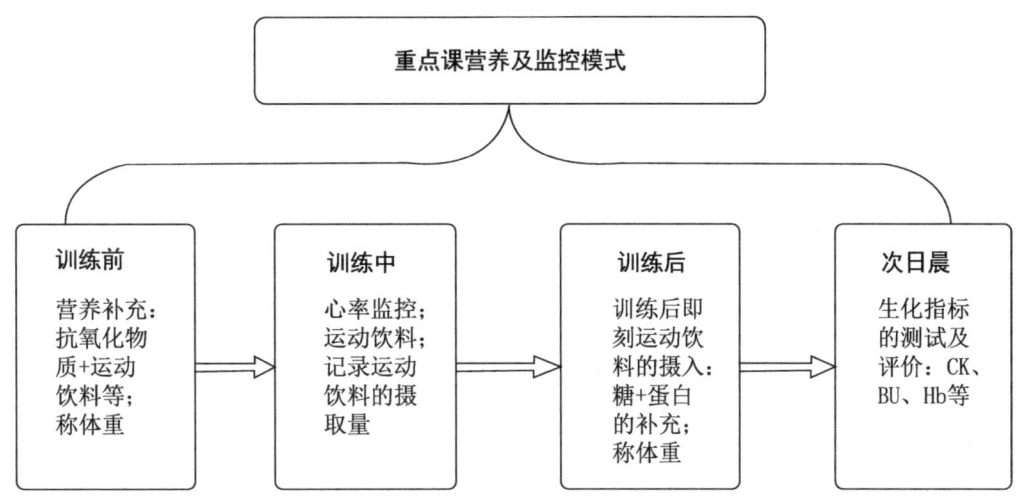

图13-1　重点课营养及监控模式

对重点训练课的监控评价方法有:

①用遥测心率表对运动员的训练强度进行监控。对重点队员在日常实战中进行心率监控,掌握运动员的个体心率变化数据,通过与这些数据进行比较,能够大致了解运动员重点训练课中所受到的负荷量。

②掌握训练前后运动员体重的变化,记录补液的量,评价运动员在训练中的脱水状况,有利于合理安排后续的水合恢复。

③训练后第二天早上肌酸激酶（CK）、血尿素氮（BUN）、血红蛋白（Hb）等生化指标的监控与评价。

④重点训练课前适当增加营养品的使用，提高运动员的兴奋性和抗疲劳能力，使训练质量得到提高。

第十四章
运动心理学在击剑训练与竞赛中的应用

2012年伦敦奥运会男子花剑1/4决赛场上，中国运动员雷声对阵意大利籍运动员阿斯普罗蒙特。这一轮比赛可谓是击剑选手们的鬼门关。由于赛制安排的原因，选手等待的时间漫长，心理消耗巨大。在这至关重要的比赛中，雷声上半场3∶8落后对手，之后，雷声稳住阵脚，慢慢将比分追至8∶8平。此时，根据雷声的竞赛心理技能特点，主教练王海滨判断下半场将进入"雷声时刻"。所谓"雷声时刻"，是教练员根据他的比赛得分特点总结而出，指的是快速连续得分的比赛表现。果然，正如王海滨教练所料，下半场的"雷声时刻"来了！雷声没有让对手再有得分机会，最终以15∶8锁定胜局，赢得了通往冠军领奖台至关重要的一场比赛。

在重要比赛的关键时刻，运动员顶着巨大的压力参加比赛，重压之下为何有的运动员可以超水平发挥，上演"雷声时刻"，而有的运动员却有出人意料的糟糕表现？两者的差距并非仅仅源自技战术、体能等方面。越来越多的教练员和运动员认为，旗鼓相当的高水平运动员同台竞技，竞赛心理技能是决定谁能脱颖而出的决胜因素。

本章内容共包括三个部分，首先，介绍心理技能训练在击剑运动训练和比赛中的作用与意义。其次，对日常训练所需要的目标设置、注意力、表象等心理技能进行介绍，并提出了针对性的训练方案。最后，介绍了有助于达到击剑比赛最佳竞技表现所需要的自我对话、能量调控等心理技能以及相应的训练方法。

第一节 心理技能训练概述

在瞬息万变的击剑比赛中，一刹那间的念头或是决策会对结果产生直接影响。在比赛关键分时刻，一秒钟的注意力分散，都会导致全盘皆输的蝴蝶效应。击剑运动员的竞技心理技能影响和制约着运动员体能、技术和战术水平的改善和体现。心理过程的不断完善，专项运动所需心理特征的具备，能够使运动员获得高水平的心理能量储备，使其心理状态适应训练和比赛的要求，最终可以为赛场上创造优异成绩、发挥最佳竞技状态提供心理保障。

一、心理技能训练的概念

心理技能训练是现代击剑训练的重要组成部分,是指采用一套有系统的、持续的方法和手段进行专门化训练,对运动员的心理过程和个性心理施加影响,以达到强化心理技能、提升运动表现、培养竞技心理能力的目的。竞赛心理技能是运动员综合性心理能力的体现,包括情绪调控、压力管理、表象技能、目标设置、动机激发、注意力维持等内容,涉及击剑运动员心理过程的方方面面。

击剑运动员的心理技能具有个体间的先天差异性。心理技能的差异性不仅体现在整体能力的不同,还体现在心理技能构成成分的差异。不同的运动员具备不同的心理优势和心理劣势。有的运动员具有强烈的内部运动动机,能够不受外部奖惩的影响,保证训练计划顺利完成;有的运动员具有高度自信,在失败与挫折后依然能够保持较高的自我效能感;有的运动员能够有效地调控压力水平,在重大比赛时不会因为过度紧张而影响竞技表现。决定击剑运动员心理技能水平的并非是最优异的方面,而是最薄弱的环节。竞技场上所有的失误、非正常发挥,都可以溯源到心理技能某个方面的弱点。

竞赛心理技能并非是一成不变的,它可以通过有意识、系统化的训练得到提升。心理技能的获得遵循训练的一般规律,在掌握了基本训练原理之后,需要长时间、重复地训练,才能够使某方面的能力得以提升和巩固。心理技能训练应当与日常训练相结合,通过平日的练习积累达到提高竞赛心理能力的目的,而不应在重要比赛前临场抱佛脚,期待取得立竿见影的效应。心理技能是提升赛场竞技表现的重要保障,应该以预防因心理因素导致的赛场发挥失常为主,防患于未然。

二、心理技能训练的意义

对于击剑运动员来说,学习和掌握运动心理技能训练的理论和方法不仅有助于提升日常训练效果,提高比赛成绩,还可以促进运动员综合素质的发展和人格的完善。关于心理技能训练的必要性,通常存在三种认知误区,第一种观点认为,只有参加高水平比赛的"精英"运动员才需要进行心理技能训练,绝大多数普通击剑运动员以及业余选手没有必要进行专门的心理技能训练。第二种观点认为心理技能训练的效果是立竿见影的,在比赛前进行一到两次的心理调适,就可以应对备战及比赛中出现的竞技心理问题。第三种观点强调技战术和体能等方面的训练,认为心理技能训练不能发挥太大的作用。

在日常训练中,心理技能训练的意义主要体现在通过表象、目标设置等方式来提升运动员的自信心,帮助运动员快速消除疲劳,调节负面情绪,提高训练效率。在比赛过程中，心理技能训练能够使运动员处于最佳的比赛状态，充分发挥最大潜力，快速调整比赛过程中的情绪起伏，获得优异的比赛成绩。

三、心理技能训练的作用

心理技能训练的作用具体体现在以下几个方面。

（一）提高运动成绩

根据运动员比赛表现和训练表现的差异，可以将运动员分为"比赛型选手"和"训练型选手"。"比赛型选手"可以在比赛中，尤其是在重要比赛中发挥出训练水平，甚至超水平发挥；"训练型选手"在比赛中的表现往往远差于日常训练的最佳表现，不能发挥出其正常水平。

心理技能训练最主要的目的就是帮助运动员在比赛中发挥出最大的潜力，成为"比赛型选手"。运动员在比赛场上不同程度的表现就好像是一个箭靶，靶心是运动员的流畅状态，或称为高峰体验（图14-1），处于这种状态的击剑运动员可以克服重重困难连续得分。王海滨教练所说的"雷声时刻"即是流畅状态的典型例证。运动竞技场上运动员的高峰体验有以下六个特征：①注意力高度集中；②动作完成过程无须意志控制，动作流畅、自动化；③能够完全掌控身体和心理；④积极的情绪和高度自信；⑤不惧怕失败；⑥完全的放松状态。

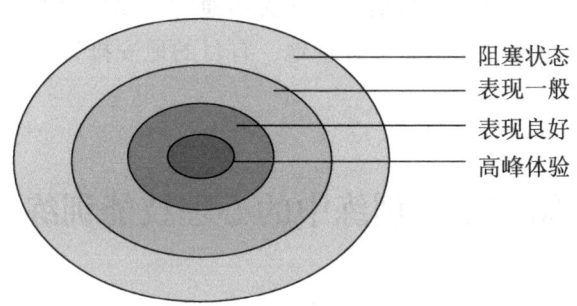

图14-1 运动员比赛中的表现

运动员比赛的理想状态是每次都可以正中靶心，表现出流畅状态，然而，击剑运动员的竞技状态受到多种内外因素的综合影响，每次都正中靶心的预期是不现实的。心理技能训练的目的是帮助击剑运动员不断接近靶心，增加流畅体验出现的频率，远离靶边缘，防止脱靶这种极端情况发生。

（二）加速疲劳恢复

击剑运动的日常训练强度高、压力大，长期训练容易导致运动员出现倦怠、焦虑等负面情绪，影响运动员的成就感和生活满意度，进而降低运动动机，给训练效率带来负面阻碍影响。日常心理技能训练可以帮助运动员掌握缓解压力、增强自信的方法，从而提高训练质量，达到提高运动成绩的目的。

加速疲劳恢复的过程对于所有的运动项目都至关重要，对于击剑运动来说，高对抗性会带来高度紧张，这就要求疲劳恢复过程不仅要关注生理方面的疲劳，心理和精神疲劳的恢复也至关重要。心理技能训练中的渐进式放松训练、生物反馈放松等手段，能够使运动员的精神疲劳得到较快的消除。

（三）巩固和完善动作技能

击剑运动中涉及大量的动作技能学习与控制过程，心理技能训练中的表象训练能够有效提升动作技能学习的效率，可以帮助运动员加快技术学习过程，改正技术动作，巩固已掌握的技术动作。

（四）促进综合能力发展

心理技能训练不仅可以帮助运动员提高竞技比赛场上的表现，还可以促进运动员个人综合能力的发展。心理技能训练可以让运动员具备设置目标、缓解压力的心理调控能力，可以让运动员学会如何专注于当前的工作任务，如何应对挫折。这些综合素质的提升不仅能够让击剑运动员的职业生涯受益，而且对退役后的学习、工作也大有裨益，心理技能的提升可以让运动员终身受益。

运动可以提升人的领导力、自信心、交流沟通能力和自律性，然而，这些正向改变并不完全是自发进行的，而是需要合理地、有目的地安排训练计划，将心理技能训练纳入日常训练中。

第二节　训练中的心理技能训练

娴熟的动作技能只有在日常训练中进行大量的重复性训练方可获得，运动员的心理技能也不会凭空而来，需要在日常训练中有意识地进行针对性训练，才能够得到不断提高。击剑日常专项训练中融入心理技能训练的元素，能够起到提高训练效果、保障比赛成绩稳定的作用。

一、目标设置

目标是个体努力实现的结果，是运动员力量的支柱和精神的灯塔。有效的目标设置是保证训练质量的基础。优秀的目标设置不仅可以帮助运动员实现目标，还能够提高自信，增强训练动机，有助于形成积极团结的团队氛围。对于优秀运动员来说，目标设置和实现的过程，比目标实现的结果更加重要。美国传奇击剑运动员比尔·拉塞尔曾说："目标激励我们追求卓越，告诉我们生活的目的，最重要的是竭尽全力，而不是目标是否能够实现。"

在击剑训练和日常生活中，所有人都会为自己制定目标，然而，并不是所有人都能够达成目标。为什么有的运动员制定了目标后，可以有条不紊地在目标的激励下不断进步，最终实现目标，而有的运动员只能一次次接受目标无法变成现实的打击？让我们先来看看两个目标设置的例子。

【案例21】李顺很喜欢击剑运动，但是他的腿部力量能力较差。李顺的教练员以提升腿部力量能力为目标，为他制订了一套体能训练方案。根据以往的经验，教练为李顺制定的目标是3个月内立定跳远成绩提高5~10厘米，争取每两周提高1~2厘米。他将量尺钉在地上，定期测量距离的误差。每次测量后，李顺的跳远距离能力都有所提升，有时仅仅是零点几厘米的提升，但是，这种正面反馈让李顺看到了自己的进步，他的自信心不断得到提升，对实现进入专业队的长期目标也充满了自信。

【案例22】何萱是少年体校击剑队的小明星，她曾经获得所在年龄组的冠军，教练员和父母都对她寄予厚望，并为她设置了极具挑战性的目标。父母要求她争取在所有比赛中都取得第1名，教练员不断把她的技术与国家队队员的技术做比较，哪怕在取得进步时，何萱也觉得自己的技术不够好。尽管她在队内的成绩很好，但由于缺乏自信，怀疑自己是否能够成为专业运动员，导致她对击剑训练的兴趣也逐渐减弱，从最开始的渴望比赛，渴望成功，变成了害怕比赛，害怕失败。

有效的目标设置能够提高运动员的运动动机，提升目标实现的可能。在进行目标设置时，需要遵循以下几个原则。

（一）目标设置的原则

1. 设置过程目标与绩效目标

目标设置过程最重要的原则是关注过程目标和绩效目标，弱化结果目标。过程目标关注于体能的提高、技战术和策略的改善。绩效目标关注个人表现的提高，比如跑得更快、命中率更高、投得更远等。结果目标强调与他人比较后的优劣，如超过竞争对手、取得第1名、打破纪录、获得金牌等。

过程目标、绩效目标和结果目标三者之间看似泾渭分明，实则联系密切。绩效目标的积累，自然而然可以促成结果目标的实现。例如，击中准确率提升、跑动能力更强、速度更快，这些绩效目标综合在一起就实现了比赛成绩优秀的结果目标。为了达到绩效目标，运动员必须先实现一系列的过程目标，关注于提高技能的方法、技术、知识和策略。可以说，过程目标、绩效目标、结果目标三者并不是矛盾对立的关系，而是处于一个连续体的不同位置。结果目标指向长远结果，绩效目标和过程目标是实现结果目标的必经之路。因此，只重视结果，而忽视过程、绩效，不可能达到夺取金牌、打破纪录的最终目的。相反，关注于过程目标，注重过程目标的实现与积累，必将导致绩效目标和结果目标的实现。

运动场上成王败寇，胜负是衡量训练成效的唯一标准，为何我们在进行目标设置的时候不应设置夺取冠军、取得胜利这类结果目标呢？如果运动员以比赛结果作为评价自己竞技水平和训练成效的指标，将自信心建立在得失胜负之上，那么，这种自信心是极不稳定的。在任何比赛中冠军都只有一个，最强大的运动员也不会是常胜将军，这就导致了有些运动员在取得一两次胜利之后自信心就急剧上升，但在一次失利之后就一蹶不振。自信心不稳定容易导致焦虑和挫败。设立过程目标，是把过去的自己当作是需要"战胜"的对手，将不断发展自己的能力，提升技战术水平设定为成败的准绳，减少了结果的不可控性和不可预测性，能够使自信心得到稳定提升。

在重要比赛的关键分时刻，金牌运动员不会考虑"我必须拿下这 1 分，才能赢得比赛"，而是会专注于"保持冷静，勇敢面对，控制节奏，寻求突破"。日常训练和竞技比赛中常常需要设置或长期或短期的目标，熟练的目标设置技能就如同高超的技术需要千锤百炼一样，也同样需要不断地练习。

2. 设置具有挑战性且可实现的目标

击剑运动员在目标设置时最常犯的错误是目标过于困难，制定远远超越自身能力的目标。过于困难的目标不仅不能激发运动动机，提升竞技水平，反而会带来负面的影响。比如，一个市队的队员给自己制定了夺取奥运奖牌的目标，当运动员日复一日地训练后依然不能达到目标时，他会感觉到挫败和沮丧。当目标难度不切实际时，这个目标对于训练计划的制订和实施也就不再具有指导作用。反之，现实的目标能够帮助教练员和运动员制订行之有效的训练计划，为竞技水平的提升和目标的达成铺平了道路。

如何制定具有挑战性，同时又具有可实现性的目标呢？运动心理学家欧布劳克和伊凡斯（O'Block & Evans）提出了阶段性目标制定模式，简称 IGS（interval goal setting）。IGS 通过一系列的公式计算出运动员的目标范围。

第一步：记录并计算最近 5 次成绩的平均值，该值为 A。

第二步：计算最近 5 次的最好成绩，该值为 PR（personal record）。

第三步：计算平均值与最好成绩之间的差值，记为 D，D = PR-A。

第四步：计算阶段性目标的上限和下限。上限 UB = PR-D，下限 LB = PR+D（需要根据计分方式的不同，调整正负号）。

举例来说，击剑运动员最近 5 次的 400 米跑步成绩分别是 59 秒、53 秒、55 秒、57 秒、56 秒，该运动员最近 5 次的最好成绩是 53 秒。则该运动员 400 米跑的阶段性目标上限是 PR-D = 50 秒，下限是 PR + D = 56 秒。

3. 设置可测量的目标

在目标设定的初期，设立的目标都是较为模糊的，比如"赛场上的表现更好"，有效的目标设置要将模糊的目标转换成具体的、可测量的目标，比如关键分时的得分率提高到70%以上。具体的、可测量的目标是可以用语言描述和文字记录的目标，即可以用次数、比率、米、秒等可测定的量来确定的数字目标。

"表现更好"更多的是一种自我激励，而不是一个目标。相对于模糊的目标，具体的可测量的目标能够更有效地提升运动表现。原因在于具体的可测量的目标能够给运动员清晰的期望值，使他们能够将注意力集中于具体行动中，并有助于对目标进行评价。

4. 设置积极正向的目标

目标的表述方式可以分为两类，一类是积极正向的，希望可以改进、提升的行为（如提高击中率）；第二类是负向的，希望可以减少、消除的行为（如减少失误、不要走神）。在进行目标设置时，积极正向的目标更有利于竞技表现的提升，尤其是对于新手来说。例如，"不要走神"是负向的表达，而"专注于当下的每1分"是正面的表达，两种句式不同，但表达的核心意义相同。相对于正向的表达来说，负向表达更容易带来因目标未达成而导致的焦虑、懊恼等负面情绪。根据瓦格纳提出的心理过程逆控制理论，个体进行思维抑制时，很难做到无思维关注点，即什么都不想，尤其是在高压力情境下，个体的关注点往往会落在不期望发生的事情上。举例来说，击剑运动员在比赛前制定的目标是"不要走神"，在比赛的高压力作用下，该运动员有可能只关注于"走神"二字，而忽视了前面的"不要"。

5. 合作制定目标

击剑训练过程中，教练员和运动员的关系十分密切，运动员在训练和比赛过程中对教练员的技战术指导有依赖性。另外，教练员能够更清晰地认识到运动员的长期目标、训练潜力及训练中的难点。因此，击剑运动员在进行目标设置的时候，需要由教练员和运动员合作完成。目标设置完成后，运动员需要对这个目标有主人翁意识，能够认识到这个目标是属于自己的，而不是"实现教练员的目标"。

6. 设置不同阶段的目标

短期目标对于取得比赛的胜利具有更好的推动作用，但是，运动员如果想保持专注并具备持续的训练动力，还需要整合长期目标和中期目标。不同时长的目标整合能够让运动员看到当前努力和最终目标之间的联系，在从短期目标中获得正向激励的同时，保持动机的持续性。

7. 合理调整目标

建立目标设置和完成情况的记录日志，可以监控运动员的进步过程，对目标完成情况进行及时评估。及时评估反馈可以使运动员从进步中获得信心，根据评估情况及时调整目标，并确保运动员的训练计划向着有利于长期目标实现的方向进行。在对目标完成情况进行评估时，要综合教练员评估和运动员自我评估的结果。成功的目标设置方案需要在承诺性和灵活性之间寻求平衡，目标设置之后应该坚持完成，但也不应该是一成不变的。教练员与运动员之间就目标设置的商讨、反馈有利于达到灵活和承诺之间的最佳平衡。

（二）目标设置的作用

在击剑训练过程中，目标设置能够在以下七个方面影响运动员的训练效果和竞技比赛表现：①可以提高运动员的专注力；②可以增加运动员的自信心；③有助于预防和应对压力；④有助于形成积极的心态；⑤可以增强训练动机；⑥通过不断地设置挑战，提升训练的质量；⑦能够提高运动表现。

二、注意力

注意力是击剑运动员在赛场上发挥出技战术水平的重要保障。击剑场上攻防快速转换，一瞬间的注意力滑脱，就可能导致丢分甚至是输掉比赛。杰出的运动员在赢得比赛后，常常报告说没有觉察到外界的干扰，有些运动员专注于比赛以至于没有听到观众震耳欲聋的欢呼声。集中注意力看似简单，但在击剑赛场上做到长时间的专注尤为困难，运动员会在不自觉间受到来自外部环境（裁判、观众、对手）或是内部因素（想法、感觉）的影响而走神。

注意力技能是运动员达到卓越表现不可或缺的能力，其训练目的是帮助运动员提高专注度和屏蔽干扰的能力，延长专注力的持续时间，预防因注意力不集中而导致的发挥失常现象。

（一）击剑运动中的注意力

注意的本质是关注与比赛任务相关的线索或刺激，并忽略其他的所有刺激。击剑运动员的注意能力是指在恰当的时间，通过正确的方式方法，使自己聚焦于目的刺激的能力。例如，当击剑运动员组织进攻时，需要观察对手的战术漏洞，不断调整自己的步伐，找准时机展开攻势。在这个过程中，击剑运动员需要注意快速变化中的线索，迅速准确地切换关注点。

击剑运动中的注意力管理不仅体现在剑道上，局与局中间休息时的注意力分配对达到最佳竞技表现也至关重要。比赛前制订好比赛计划，每一局要严格遵循计划，将注意力集中于战术计划的落实上。如果分心刺激发生，必须将之抛于脑后，重新把注意力转向比赛以进入最佳竞技状态。举例来说，如果运动员认为裁判误判，势必会产生愤怒、怨恨等情绪，若将注意力放在这些负面情绪中，无疑浪费了宝贵的休息调整时间，在这种情况下，运动员要及时将注意力转移到当下，聚焦于即将开始的比赛上。运动员要将心思从外界压力中解放出来，把注意力聚焦于自己的动作表现，而不要太过于关注每一局的结果。

罗伯特·奈德福（Robert Nidefer）提出了注意方式理论，对竞技场上所需的不同注意进行了分类分析（图14-2）。注意指向的二维模型从两个维度对注意力进行分析归纳：广度（广阔或狭窄）和方向（内部或外部）。注意广度是指在给定时间内，运动员能够注意到的外部刺激或线索的量。不同运动情境对注意广度的需求不同，比如击剑选手组织进攻时，需要对大量的线索进行加工，同时，适度狭窄的注意是正常发挥的关键。注意方向是指运动员注意自己内部的想法或感受，还是注意发生在他周围的外部事件。比如，分析对手技战术时，需要对外部刺激进行加工；分析自己拟采用的技战术时，需要对内部心理活动和生理状况进行审视分析。

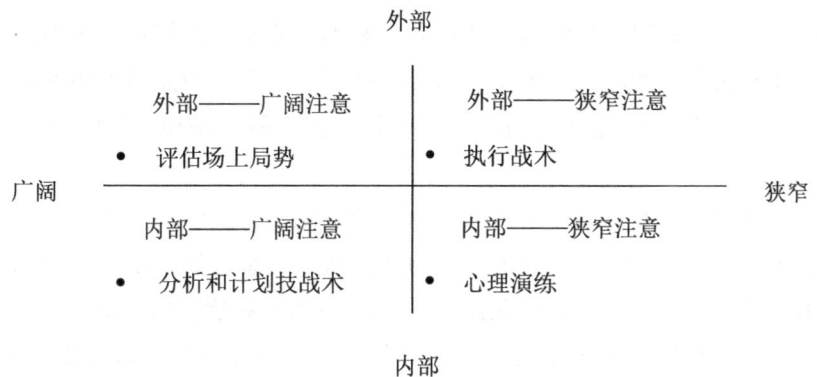

图14-2 运动中注意指向的二维模型

（二）击剑运动的注意力训练方法

注意力具有自发性，运动员常常在走神失误之后才意识到注意瞬脱的发生。因此，注意力不能仅仅依靠被动集中，而是要通过日常有意识地对其进行训练，从经验中不断得到提升。下面介绍泽兰德（Zealand）制订的外部——广阔注意力提升训练方案。在进行注意力训练之前，请运动员找到一个自己感觉舒服的姿势。

在接下来的每一个步骤中，请慢慢放松自己的身体，当你进入完全的放松状态时，再开始下一个步骤。

①现在，请仔细听周围的声音，试图分辨每一种声音来源，如人声、脚步声、咳

嗽声、呼吸声，逐一倾听每一种声音，每次只将注意力集中在一种声音上。然后，同时注意所有的声音，不要试图将各个声音区分开来。集中注意于你所听到的声音混合体，不要进行言语思考。

②现在，请集中注意于你的身体感觉，如坐在椅子的感觉、脚踩在地板上的感觉。分辨并标记出每一种感觉。

③接下来，集中注意于你的情绪和想法，试着识别每一种情绪的源头。然后，将注意力集中于某一个想法上，维持一会儿。

④睁开眼睛，看看眼前的物体。在保持头部稳定的情况下，试着观察视野范围内的所有物体。现在，将注意力聚焦于一个物体上。逐渐扩大你的聚焦范围，直到看见房间内的所有物体。把你的外部注意想象成一个可调焦距的镜头，试着调近、调远，根据你的主观意愿将镜头内的景物聚焦或扩大。

这套注意力训练方案对竞技比赛所需的注意能力进行了综合训练，尤其是对广阔外周注意有很好的提升效果。在高压力情境中，运动员常常会经历注意力狭窄的现象，注意范围局限于眼前的少量刺激目标，失去了对外周视野的注意。比如，击剑运动员在关键分时刻的注意力狭窄使他只注意到了对方的剑，而忽视了对手的动作变化线索，从而影响了对对手动作预判的质量，导致无法发挥出最佳竞技状态。通过外周注意的拓宽练习，运动员可以提高视觉信息的输入量和加工质量，即使在高压力情景中也可以保持对运动相关信息的注意与加工。另外，练习中对个别物体的聚焦使周围环境信息变成了"自噪音"，自噪音效应可以让运动员在保持适度放松的同时，对目标刺激保持敏锐的注意力。

注意力训练可以提升运动员对想法、念头和感觉的自我觉知。很多运动员在比赛之前常常会有自我怀疑和害怕失败的负面想法，这一类想法如果不及时察觉并进行有意识地干预，有可能导致"自我实现预言"，即运动员的担忧会增加该事件变成现实的概率。注意力训练程序第3步中所描述的自我觉知技巧可以使运动员能够识别情绪、想法，并且能够更好地对情绪、想法进行控制。试着接受害怕比赛、自我怀疑的想法，而不要因为产生了这些想法而责备自己，与这些想法展开艰难的斗争，觉察到负面想法后，通过转移注意焦点的方式让它们自然消退，这种方法能够更好的储存心理能量以应对比赛，并且可以有更积极的注意焦点。

注意力训练程序的步骤4旨在训练运动员的专注力，即在恰当的时间用恰当的方式注意恰当的事物。对于对抗性项目来说，聚焦于内部注意是最重要的心理技能，这意味着抛开与比赛无关的日常琐事，抛开上一剑的成功或失败，将全部注意力放在此时此刻即将击出的下一剑。日本武士的专注力训练方法是盯着墙上的一个点，持续若干小时，以提高控制眼球转动和持续注意的能力。

在使用上述注意力训练方案时，可以按照顺序完成一整套练习，也可以选取其中的一个步骤进行单独练习。在进行整体训练时，可以训练击剑运动员的注意灵活性，比如从外部广阔注意转移到内部狭窄注意、从内部广阔注意到外部狭窄注意等。注意力灵活性对于击剑运动员来说很重要，因为不同的任务需要不同类型的注意力。比如，分析对手的技战术需要内部广阔注意，比赛时听取教练员的建议需要从外部狭窄注意转移到内部广阔注意。

在高压力情境下（关键分时刻），注意力的转换能力会受到损害。有些击剑运动员会困于一种注意类型，不能及时地根据任务需求进行转换。比如在教练员暂停之后重新开始比赛，需要将注意力从教练员指导的内部狭窄注意，转换为关注于场上局势的外部广阔注意和外部狭窄注意。但是，有的运动员在高压力情境中，会一直思考教练员的指示，不能把注意力转移成外部注意，这就使运动员在比赛中处于很大的劣势。通过对不同类型注意力的针对性训练及注意力灵活性的整体训练，可以提升不同类型的注意力，并且可以提升注意力的抗压力能力。

三、表象

表象在击剑训练和比赛中的应用广泛，是最常用的心理技能之一。出色的表象能力可以帮助运动员放松、处理技术错误、学习新技能、演练战术等，表象对竞技表现的提升效果有赖于运动员表象能力的高低。表象能力因人而异，通过系统训练和频繁使用可以使表象能力得到提升。

（一）表象概述

表象是在没有外部刺激直接参与的情况下，对感觉经验的重现或创建。重现是对记忆中的情景的再现，如运动员回忆曾经赢得比赛的画面；创建是对未发生事件的想象，如观察优秀运动员的比赛后想象自己也在完成同样的动作。

根据表象的感觉通道不同，可以分为视觉表象、听觉表象、味觉表象和动觉表象等。其中，视觉表象是最常用的表象形式，而动觉表象是竞技运动表象训练中的关键。动觉表象是动觉感受器感知过的肌肉动作重现在脑中的动作形象，比如，体操运动员通过表象的形式感受在平衡木上的平衡感。

根据表象的视角不同，可分成内部表象和外部表象。内部表象是指运动员用第一人称视角表象自己在完成某个动作，在表象中看不到自己的身体；外部表象是指运动员以第三人称视角看到自己在做某个动作。内部表象适用于练习对不断变化的环境做出反应；外部表象适用于适应场地、表象最佳表现的场景以增强自信等情况。

（二）表象训练的作用

表象训练适用于不同竞技水平的运动员，高水平运动员比普通运动员更常运用表象。表象技能在日常训练、比赛准备、比赛中均有广泛的应用，具体表现在：①在动作技能的学习阶段，表象能够加快动作技能的学习，巩固和改善已经学会的动作技术动作；②在动作技能的练习阶段，表象能够加深对技战术的理解，演练实战中的技战术运用；③在比赛开始之前，表象能够用来演练战术、提升信心、调节唤醒状态；④在比赛中，可以使用表象调节情绪和生理唤醒水平。

（三）表象技能的训练

对于很多运动员来说，表象是单感官通道的（只有视觉），并且表象内容模糊不清。表象能力越强，表象内容越清晰可控，表象训练对动作表现的辅助效果越好，因此，有必要通过针对性的训练提高运动员的表象能力。

（1）表象清晰度训练

运动员可以通过清晰、逼真地回忆过去的各种感觉体验的方式提高表象清晰度。训练时可以从静态景象开始，然后逐渐过渡到对动态画面进行表象。例如，击剑运动员可以对训练场馆进行表象，表象中不能只有场馆的大概轮廓，要有天花板、灯、地板、墙壁、储物箱等细节。

（2）表象可控性训练

有效的表象不仅需要画面清晰，还要求运动员可以对表象内容进行操控。运动员在掌握了快速形成清晰的静态表象能力之后，可以尝试在训练场馆表象中加入热身训练的简单动作，再逐渐过渡到复杂的训练动作、激烈的比赛对战。

（3）表象的多重感官觉察训练

初学者的表象通常是视觉表象，而生动的表象需要来自听觉、嗅觉、动觉等多种感官通道的信息及充沛的情绪体验。在进行训练时，可以先尝试在视觉表象的基础上加入听觉表象，在形成清晰的视听表象，并可以在对表象内容进行有效控制之后，再依次加入触觉表象、动觉表象等。击剑运动员在应用表象时，应综合使用视觉、听觉、触觉、动觉等多感官通道，使表象尽可能还原现实情境。

第三节　竞赛中的心理技能训练

竞技运动不仅是运动员体能和技术的较量，更是心理素质的比拼。对于击剑比赛来说，比赛时既需要运动员具有爆发性，又需要运动员在局间休息时管理、存储好心理能量，还需要运动员有很好的能量管理技能。另外，比赛时运动员的自我对话内容会对竞技表现产生直接影响，需要运动员对自己的思维方式有意识地进行管理和训练。

第十四章 运动心理学在击剑训练与竞赛中的应用

一、能量管理

对于击剑运动员来说，必须具备在高压力情境下正常发挥竞技水平的能力。在重要比赛前，绝大多数运动员都会体验到压力和紧张感，区分金牌运动员和优秀但不成功运动员的关键因素不仅在于他们的技战术水平，还包括压力管理能力。所谓压力管理并不是"消除压力"，而是将压力调控在可控范围内，并且利用压力带来的生理唤醒水平提升，让运动员处于最佳竞技状态。顶尖运动员也常常会体验到压力和焦虑，但是他们会把压力当作朋友，把比赛视为挑战和机遇。当焦虑状态干扰到运动员的竞技表现时，即刻进行能量管理，恢复对身体和心智的控制对竞赛表现至关重要。

击剑运动的赛制安排特点决定了能量管理是击剑运动员心理技能训练体系中的重中之重。在一些击剑赛事中，运动员第一场比赛结束之后，要经过漫长的等待才能开始第二场比赛。等待的过程不会给运动员的体力带来负担，但是，一直处于紧张状态会消耗大量的心理资源，容易导致运动员的唤醒度失控，在等待后处于过分放松、兴奋度不足的状态也会给竞技表现带来负面影响。

（一）能量管理概述

运动员的唤醒水平与赛场上的竞技表现息息相关，定位并维持放松和兴奋中间的平衡点是击剑心理技能训练的核心概念。

1. 能量管理的概念

能量管理是调节个体唤醒水平，调控供给运动表现能量的机制。唤醒是身体在生理和心理上激活的总称，是从极低唤醒（深度睡眠）到极度兴奋（获得金牌后的状态）之间的连续变化。在重要比赛前，运动员会出现手脚冰凉、肌肉紧张、食欲不振、频繁上厕所等现象，这些变化就是唤醒度提升的生理表现。除了生理变化之外，运动员还会出现担心失败或是摩拳擦掌期待比赛开始等不同的心理状态，这是唤醒度提升的心理层面表现。

运动员在重要赛事之前为什么会出现上述生理和心理变化呢？从进化的角度来看，我们的祖先在遇到敌人、猛兽等威胁时，面临着两种选择，一是战斗，二是逃跑。无论是战斗还是逃跑，都需要生理唤醒为成功战斗或为逃跑做好准备，自主神经系统激活，心率加快、血压升高，呼吸加快，肌肉开始紧张，肝脏释放葡萄糖为即将到来的挑战提供养分，血液充盈到手臂和腿部大肌肉群，手指和脚等肢体末端血量减少（感觉到手脚冰凉），大脑警觉性提高。显而易见，人类在压力到来时所发生的生理变化是有利于应对挑战的。运动员要正确理解重大比赛前身体所发生的生理和心理变化。通过上述分析可以看出，诸如出汗、呼吸急促、肌肉紧张等反应是面对挑战准备就绪的信号，这些生理变化能够让运动员更大限度地发挥出自身的生理潜力，因此，不必因为这些变化而感到不安，或是刻意地控制、摆脱这些生理变化。

如果把运动员在赛场上的可用资源想象成一个储水罐，那么，唤醒水平一方面决定了水罐的容量，与此同时，还决定了出水口的大小。长时间处于高唤醒水平，会使水罐中的资源耗尽，没有足够的能量用于比赛；而低唤醒水平则会导致水罐的容量太小，不能容纳足够的能量以维持高水平的竞技表现。运动员在比赛过程中，要注意调控唤醒水平，以达到管理能量的目的。举例来说，如果运动员在比赛唤醒水平较高，以至于影响正常的休息，或是在比赛等待期仍处于较高的兴奋水平，无法冷静下来进行技战术思考，此时，运动员应该有意识地调低自己的唤醒水平，为接下来的正式比赛存储能量。如果临上场前，运动员的兴奋水平较低，唤醒程度适中，此时，则运动员需要通过多种方式调高唤醒水平，以增加自己的能量储备。

处于压力状态的运动员在进行能量调控时选择的策略各有不同，有的人会选择蹬步、跑步等增强兴奋性的方式，有的人则会选择沉默、听音乐、冥想等方式进行放松。这是运动员基于自身需要，作出的不同唤醒水平调整。新手运动员切忌邯郸学步，而是应该在了解自身唤醒度和运动表现之间关系的基础上，选择最适合当前情景需要的放松或兴奋方式。

综上所述，唤醒度提升是一种中性的变化，对运动表现的影响既非积极也非消极，两者的关系取决于唤醒程度的高低和个体对唤醒度提升的心理解释。

2. 唤醒与运动表现之间的关系

随着唤醒水平从昏昏欲睡的低唤醒状态增加到中等唤醒水平，运动表现呈上升趋势，直至到达运动员的最佳表现区。到达最佳表现区之后，唤醒水平的增加会导致运动表现质量的下降，该理论被称为倒U形假说。该理论认为，唤醒水平低会使运动员缺乏让自己发挥出最佳状态的心理能量，而唤醒水平过高时，会使运动员由于过度兴奋、紧张而出现动作控制质量下降，影响运动表现。

如图14-3所示，中间的阴影部分代表最佳的唤醒范围，处于最佳唤醒范围内的运动员出现高峰体验的概率更高，更有可能表现出最佳运动表现。最佳能量区的左侧称为兴奋准备区，处于这个区域的运动员需要进行能量动员，提高兴奋性；最佳能量区的右侧是过度兴奋区，处于这个区域的运动员需要进行放松训练，将兴奋水平适当地降低。

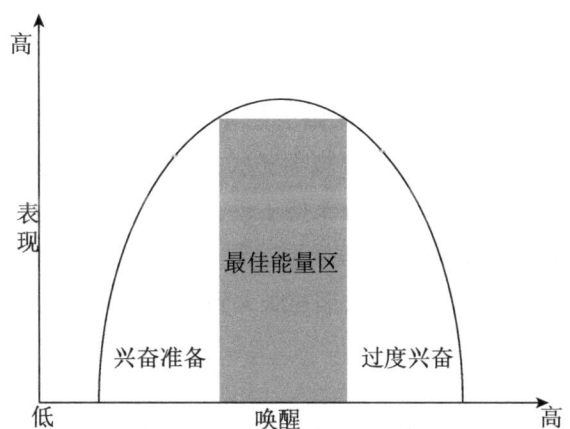

图 14-3 唤醒水平与竞技表现之间的倒 U 形曲线关系

处于最佳能量区时，运动员的心血管系统会泵出更多的氧气到参与运动的肌肉中，与运动关系不大的系统，如消化系统、排泄系统则处于低消耗的状态，与此同时，心智功能也会得到提升，注意力集中，动作过程自动化。当处于兴奋准备状态时，上述生理变化不会发生，或是不能满足最佳表现的必需水平。

唤醒水平过高会阻碍运动表现的原因可以从肌肉紧张度和注意力两个方面进行分析。第一，过度唤醒时，运动员的肌肉过度紧张，这会引起拮抗肌群的对抗，导致不适宜的运动模式。肌肉紧张还会导致协调异常，技术动作变形。另外，紧张的肌肉会消耗更多的能量，使运动员更快地感到疲劳。第二，随着唤醒水平的升高，运动员的注意范围会变得狭窄，将注意力聚焦到最重要的线索上。对于击剑运动员来说，在高压力情境中注意力可能会集中在对手的剑上，而忽视了对手身体其他部位的线索信息。注意力狭窄可以帮助运动员过滤干扰因素，有利于注意力的集中。但是，弊端在于运动员会忽视与任务相关，对重要性较为次要的线索，不能灵活的根据比赛的不同要求快速地做出最佳反应。

需要注意的是，最佳能量区并非处于最低唤醒度和最高唤醒度的中间位置，每个运动员的最佳能量区不尽相同。有的运动员需要较高的唤醒度才能发挥出最佳竞技状态，而有的运动员需要保持较低的唤醒度才能发挥出色。教练员需要协助运动员在训练和比赛过程中确定自己的最佳能量区，并学会如何提升或降低唤醒度。

（二）放松的训练方法

放松包括降低交感神经的兴奋性、降低肌肉的紧张和心情平静三个方面。身体与心理是一个完整的系统，对身体的放松可以使心情得以平静，此类放松技术包括腹式呼吸、渐进式放松等；反之，平静的心情也可以让肌肉得到放松，从而达到全身心放松的目的，这一类放松技术包括冥想、表象等。

1. 腹式呼吸

腹式呼吸最早源于瑜伽运动，具体做法是使横膈膜上下移动，将肺和腹腔分离。吸气时缓慢而从容，横膈膜略微下移，腹部膨胀，而非胸腔膨胀；呼气时慢慢用嘴吐气，横膈膜上移，收缩腹腔，胸腔尽量保持不动，在呼气结束时可以微微叹气以使呼气量最大化。无论是吸气还是呼气都要尽量达到"极限"量，即吸到不能再吸，呼到不能再呼为度，同理，腹部也要相应收缩与胀大到极点。

2. 渐进式放松

渐进式放松的原理是使全身各部位的肌肉依次紧张和放松，并配合表象和深呼吸来调控紧张状态，以降低唤醒度的训练方法。这种方法的基本原理是先使某个部位的肌肉紧张5~7秒，然后再一次性放松以达到深度放松的效果，而不仅仅是被动地释放紧张。完全放松一部分的肌肉大概需要20~60秒。在练习时，可以将全身肌肉分为7组或是4组肌肉群依次放松（表14-1）。

表14-1 渐进放松的肌肉群分组

7组肌肉群	4组肌肉群
①主要的肩膀、臂和手部肌肉	①肩、臂和手部肌肉
②非主要的肩膀、臂和手部肌肉	
③头部肌肉	②头部和颈部肌肉
④颈部肌肉	
⑤胸、背和腹部肌肉	③胸、背和腹部肌肉
⑥主要的臀、大腿、小腿和脚部肌肉	④臀、大腿、小腿和脚部肌肉
⑦非主要的臀、大腿、小腿和脚部肌肉	

在开始练习渐进式放松时，可以遵循以下步骤。

请闭上眼睛，找一个让自己感觉到最舒服放松的姿势坐着或躺着，放松，双腿自然伸直。渐进肌肉放松程序首先使各个肌群逐渐绷紧至极度疲劳状态，然后再深度放松。当你绷紧一个肌群时，你的肌肉紧张度是逐渐增加的，就好像汽车慢慢加速的感觉，从静止到10公里/小时，再逐渐增加到20、30、40……直到最大马力。汽车发出了轰鸣声，肌肉达到了最紧张的状态。请竭力保持这种紧张状态维持5~7秒。然后，彻底地、完全地放松你的肌肉20~30秒。再一次紧张，慢慢加速，到达最紧绷的状态，维持一会儿。然后，彻底放松。一组肌群紧张—放松两次后，换一组肌群。

下面，以第一肌群为例，介绍放松程序。

绷紧你的肩膀、胳膊和手臂肌肉，双手紧紧地握住拳头，双臂弯曲，肘部下移，绷紧肱二头肌,准备——开始!10、20、40、60、80、100。保持这种紧张状态,感觉肌肉在拉长、变紧。现在,放松,让所有的紧张都释放出去,让紧张从你的肩部、胳膊、手臂的肌肉流走,感觉肌肉纤维放松、平展。让紧张从胳膊下流出,从你的指尖流出。调整呼吸,慢慢地吸,深深地呼,让肌肉进入越来越深的放松状态。伴随着每一次呼吸,集中注意识别放松的感觉,将放松的感觉与紧张的感觉进行比较。试着进行腹式呼吸,随着腹式呼吸让这些肌肉尽可能深地、彻底地放松。

3. 表象放松

表象是对不存在眼前的事物的重现或再造。比如,想象一只红苹果的样子、味道、温度、口感,这些视觉、触觉、味觉在脑海中的重现就是表象。表象放松的原理是表象和知觉的机能等价性。举例来说,请回想一下你最得意的一次成功比赛,尽可能生动地在头脑中再现当时的场景,欢呼的人群、失意的对手……当回忆这些场景时,你是否能够体验到当时的兴奋与愉悦感?同理,当赛场上欢呼的人群、自信的对手、闪耀的剑尖、踱步的教练员让运动员感觉到巨大的压力时,运动员可以通过表象放松、安全的环境,以达到心理放松的目的。

表象越生动,放松效果越好。在表象中最好能够综合视觉、听觉、触觉、味觉、嗅觉等多个感官通道的信息,尽可能生动地想象某个感觉到放松的环境,比如森林、沙滩、河边、自己的卧室等。

(三) 能量动员的训练方法

能量动员是指当运动员的兴奋度较低的情况下,使运动员的身心得到激活,唤醒度得以提升的技巧与方法。在考虑进行能量动员时,最为关键的一点是选择合适的时机。并不是每个运动员、每一场比赛之前都需要进行能量动员。当运动员已经处于兴奋和高压力状态时,错误的进行能量动员,会导致兴奋度过高,进而带来注意力狭窄、技术动作变形等后果,给赛场上的表现带来负面影响。常用的能量激活方法包括听节奏感较强的音乐、表象激活、肌肉动员等。没有一种方法适用于所有的运动员,运动员应该在日常训练中尝试、练习多种激活方法,确定最适合自己的一种用于比赛的能量动员方式。

1. 表象激活

表象不仅能够用于放松,还可以用来激活能量,提高唤醒度。表象即将与对手开战的场景、表象自己战胜重重困难连连得分时的情绪状态、回顾自己的目标等让运动员感觉到振奋的场景,都能够有效地提升兴奋度。

2. 教练动员讲话

最常用的能量动员方法是教练员的动员谈话。动员谈话是旨在提升运动员唤醒和激活水平的心理调适策略，内容可以是励志故事、挑战目标、推理论证甚至是沉默。由于动员讲话主要依赖教练员和运动员言语沟通的质量，因此，在很多情况下这种方法具有不确定性，有时不能起到很好的激励效果，有时可能会给运动员带来不必要的思想负担。在进行动员讲话时，教练员与运动员之间的了解、默契和信任至关重要，教练员应该根据运动员的状态灵活调整动员策略。

3. 生理动员

与渐进式放松的原理相似，提高呼吸频率可以增加运动员的心率，进而提升唤醒水平。随着唤醒水平的提升，有可能会诱发肾上腺素激增。如果呼吸方法收效不大，可以考虑通过折返跑、高抬腿等方式提升心率。

二、自我谈话

自我谈话是指自己与自己的对话。人处于清醒状态时，无时无刻不在进行思考，源源不断的意识流能够影响个体的情绪和心境。在击剑运动场上，教练员和运动员经常会进行自我谈话，越是在重大比赛中，自我谈话技术使用得越频繁。积极的、理性的自我谈话具有支持作用，可以提升运动员的情绪状态，能够帮助运动员保持乐观，表现良好；消极的、批评性的、自我怀疑的自我谈话（刚刚那一剑太笨了、我赢不了了等）会让运动员产生担心和焦虑，降低自信心，影响技战术水平的正常发挥。

（一）自我谈话影响竞技表现的作用机制

运动员比赛时出现在脑海中的自我谈话内容具有自动化的特点，很难进行主动控制。因此，运动员需要在平时训练中对自我谈话的内容进行管理，开展有意识的自我谈话训练，确保比赛时自动出现的想法是积极的、有益于比赛表现的。思维方式重复的次数越多，自动出现的概率越高。无论是积极思维还是消极思维，都有可能在重复若干次之后成为一种信念。

美国心理学家埃利斯（Ellis）提出的 ABC 理论认为，人的情绪和行为（consequence）并不是由刺激事件（activatingevent）本身所诱发的，而是由当事人对诱发事件的解释、评价和信念（believes）决定的。

在击剑训练比赛中，运动员通常认为情绪失控和糟糕的竞技表现是由竞争情境引起的，根据 ABC 理论的观点，对情境的认识才是支配信心、压力和流畅体验的主要原因。举例来说，在击剑团体比赛中，你即将上场打一场决定胜负的比赛，刺激事件是"你肩负着教练员和队友对你的期望，必须拿下这一局"。在这种情境下，积极的信念是"我和教练员已经针对这个对手的技战术特点做了充分的研究，并想好了对策，我已做好准备，我有信心拿下这一局，这是我证明自己实力的一个机会"，这种自我谈话带来的结果是积极的情绪和有益的行为,比如注意力集中,自信心水平较高,快速决策能力增强。消极的信念是"如果没有拿下这场比赛,我将成为全队的罪人,今后也没有机会再翻身了",这种消极的自我对话带来的结果是消极的情绪和破坏性行为,比如产生紧张感和挫败感、注意力不集中、不能根据现场情况做出最优化的攻防策略、反应能力降低等。

(二)积极的自我谈话和消极的自我谈话

1. 积极自我谈话的思维模式特征

积极思维模式能够增强自信,保持积极的心态,提高赢得比赛的动机水平,提升关键时刻的注意力,当遇到挫折时能够保持冷静,增加高峰体验的概率。在日常练习积极自我对话思维模式时,应遵循以下规则。

(1) 乐观的思维模式

无论是事件还是人,都有积极的一面和消极的一面,自我谈话总是要在积极和消极之间做出选择。关注教练员、队友的优点,强调队友的能力,在队友有需要的时候,为他们提供建设性的意见帮助他们改正缺点。在遇到困境时,尽量从乐观的角度进行思考。在日常生活中逐渐养成乐观的思维模式。有效的自我谈话需要运动员做出乐观的选择。

(2) 保持理性和客观

在追求乐观、积极的思维方式时,不能混淆了现实与空想的界限。在自我谈话时要讲究实事求是和客观公正,不能盲目乐观。要将梦想迅速地转化为具体的目标和行动方案。有效的自我谈话不能脱离现实。

(3) 关注当前,不要过分关注过去和未来

运动员在比赛场上失误或输分之后,常常会沉溺于落后而导致的消极情绪和消极想法中。运动员过度关注过去的失败表现会使他们分心,从而犯下更多的错误。过去的失败已经不能改变,未来的胜利也不能得到保证,只有"现在"才是可以把握的。有效的自我谈话不能瞻前顾后,要聚焦于此时此刻。

(4) 将压力环境视作为挑战

压力环境可以被视为威胁,也可以被视为激励运动员充分发挥潜能的挑战。当运动员认为困难是威胁时,会使压力陡增,容易导致失败;认为困难是一种挑战时,则会增强动机,激发潜力,有助于运动员保持积极向上的竞争状态,进而导致正常或超常发挥竞技水平。

(5) 关注成功和失败的可控因素

当运动员将成功归因于能力和努力时,他们相信成功是可以再次发生的。当遭遇

失败时，运动员要将失败归因于自己可以控制的因素，比如努力程度不足、技能水平有待提升、心理技能需要加强等。当运动员的思考内容聚焦于可以控制的事情上时，行为和情绪会变得积极。对手的表现、裁判、运气和赛场环境都是运动员无法控制的，运动员应该更多地关注自己的竞技状态和身心备战情况。

（6）关注过程，而不仅仅是结果

自我谈话要关注过程目标，谈话内容围绕着能够提高竞技表现的具体线索，而不是比赛的成功或者失败。

（7）将竞技表现和自我价值分开

运动员通常都背负着来自多方的期望，包括队友、教练员、父母等。运动员不要仅根据个别人的期望来定义自身价值。适度摒弃令人感到沮丧灰心的期望，关注于那些使人精力充沛的期望源。通过自我谈话提醒自己，无论当前的运动表现如何，都要相信自己是独特的、有价值的运动员。

2. 消极自我谈话的思维模式特征

（1）自我批评

自我批评是在失误或是输给对手时对自己的懊悔责备，是最常见的一种消极思维方式。赛场上的自我批评使运动员只关注自己的失败而忽略了比赛中的成功，使运动员自我效能感下降，沮丧、愤怒情绪增加，损害竞技表现，还会使运动员对自己未来的成功不抱有希望。赛场上的自我谈话必须立即停止自我批评，及时阻断自我批评，用积极思维进行替代。赛场下可以通过自我责备找到失败原因，将思考的关注点以转向问题解决方案上的方式进行转移。

（2）扭曲的思维

扭曲的思维是指根据不完整、不正确的信息做出的错误解释，或是脱离现实的臆断，包括灾难化、过度概括、绝对化和极端思维等若干形式。

①灾难化

灾难化是指夸大坏的结果或是想象极端消极事件。比如，团体比赛中，击剑运动员在比赛前想"如果这一局输了，我就拖累了所有的队友，我在队里永远都抬不起头了"。灾难化思维可以通过换位思考的方式对自己进行质询，进而改变思维方式。运动员可以想象如果队友输了一局，自己及其他队员会怎样对待他。

②过度概括

过度概括是指仅根据孤立事件，就以偏概全得出错误结论的思维方式。例如，因为一场比赛中的状态不佳，就认为自己不适合做专业运动员。减少过度概括思维方式的方法有：通过客观的数据、图表来准确评估真实的整体状态。

③极端思维

持极端思维的运动员认为事物或人非黑即白，或好或坏，不存在中间地带。例如，他们可能会因为几次成功，就认为自己将会成为前途光明的明星运动员，也有可能因为几次失败就认为自己一无是处，不适合再进行体育专业训练了。减少极端思维的方式是让运动员认识到很多事情存在灰色地带，应该在两个极端之间选择一个更符合实际情况的位置。

(3) 非理性信念

非理性信念是运动员焦虑、抑郁和过度压力的核心，包括完美主义、绝对公平、社会比较、害怕失败、过分在意社会期许等。

优秀运动员在竞技比赛中应该追求卓越，但不是追求完美。竞技比赛中的完美主义是非理性的，所有的教练员、运动员都曾经经历过失误、松懈、错误判断。冠军是不害怕错误和失败的，只有犯错，才有从失败中学习进步的机会。犯错还能够激发运动员的进取心和求胜动机。持有完美主义信念的运动员可以通过以下方式重新构建信念：

——只有不渴望进步的运动员才能不犯错误。

——失败是成功之母。

——世界上最伟大的运动员也会犯错，他们和普通运动员的不同之处是能够从错误中学习进步，而不是因为犯错而一蹶不振。

"今天的比赛我必须赢"，这是典型的害怕失败信念。运动员在比赛之前害怕失败是正常的，但是，如果害怕和担心击垮了获胜信心，就是会损害运动表现的非理性信念。重构信念的辩驳方式有：

——当你说"必须赢"时，意味着你无法承受失败的后果。其实，失败虽然令人沮丧，但却不是无法承受的。

——每个人都会有发挥失常的时候，但是发挥失常不会给你的生活带来威胁，不会让你失去朋友，也不会影响你继续追求进步的计划。

"如果我失误了，我就没脸见我的队友了""我必须要给每个人都留下好的印象"这是典型的社会期许信念。每个人都渴望得到他人的肯定，但是，如果运动员过于在意他人的想法，就会影响自己的竞技表现。重构信念的辩驳方式有：

——你不能控制别人的想法和行为。

——即使是体育明星也有缺点，也不可能得到所有人的喜欢。

——他人怎么看待你并不会影响到你的比赛，也不会伤害到你。

"对手表现的特别好，这给我带来很大的压力"这是社会比较的典型例证，是体育运动中最危险的不合理信念之一。如果总是进行社会比较，把注意力放在他人（不可控因素）身上，而不是关注如何发挥出自己的最好水平，对比赛表现有损害作用。重构信念的辩驳方式有：

——你不能控制他人的表现，他人也无法控制你的表现。

——竭尽全力，坚持你的比赛计划。

——体育的真正目的是追求卓越，要不断超越自己。

（三）自我谈话的优化方法

日常训练过程中有意识的训练自我谈话的思维方式，可以使比赛时的自我对话模式更加积极，进而可以提高运动表现。优化自我谈话方式的方式包括两个步骤。

1. 认识现有的思维模式

运动员如果希望改变自我谈话模式，首先要对现有的思维模式有清晰、正确的认识，然后再用干预策略提高积极思维的数量和质量。认识现有思维模式的方式有以下三种：①回忆过去出色或糟糕的运动表现，写下具体的自我谈话内容，确定哪些是积极的自我谈话，哪些是消极的自我谈话；②记录日常训练中出现的消极自我谈话模式；③记录训练和比赛日志，描述训练和比赛中遇到的积极和消极情境，以及当时的自我谈话内容。

2. 形成积极的自我谈话思维模式

通过对现有思维模式中已有的积极自我谈话思维模式进行关注和重复，可以增加比赛时出现自动化积极自我谈话的比例，以达到促进最佳运动表现出现的目的。除此之外，还有一些日常训练方法可以帮助运动员形成积极的思维模式。

①使用积极的口号、队训和标语等，有助于运动员形成自动化的思维反应和自动化的任务执行策略。

②建立自我谈话脚本，每天阅读4~5次，这是发展积极的自我谈话最有效的方式。运动员完成"自我谈话脚本"（表14-2），脚本可以是简短的一两句话，也可以是一个段落（3分钟以上），它包括积极的思维和与积极思维相关的提示语。脚本可以是适用于多种情况、多种比赛的一般化方案，也可以是特殊化的，专用于某一场特殊比赛或某一种特殊的情境。

表14-2 自我谈话日志脚本模板

积极情境	主要情绪	积极思维	对应策略

续表

消极情境	主要情绪	消极思维	应对策略

3. 阻断消极的自我谈话思维模式

思维阻断是一种自我谈话技巧，指的是将消极思维强行停止，然后再用积极思维进行代替。消极思维的阻断需要利用一个突然的刺激引起注意，比如，对自己说"停"，也可以用行为提示来阻断，比如咬手指、咳嗽等。只要能将消极思维迅速清除，无论使用怎样的策略都可以。消极思维的阻断可以暂时性地瓦解消极的自我对话，运动员如果想彻底消除消极自我对话，一方面可以多进行积极自我对话脚本的练习，另一方面可以通过与消极思维进行辩论，通过逻辑分析，摆出合理的证据，认清消极思维的不合理性。通过不断地觉察、阻断、分析消极思维，运动员可以变得更加积极，更有利于表现出最佳竞技状态。

三、行为程序

固定的赛前行为程序可以让运动员体验到自己对外部赛场环境的控制感，减少陌生场地带来的不确定性，进而提高对内部身心状态控制的和比赛表现的信心。赛前行为程序是在高压力情境下确保正常发挥的行为基石。举例来说，击剑运动员可以在比赛前固定的时间段开始热身，吃固定的赛前食物，完成固定的心理准备活动，即使身处不同比赛场地，运动员仍然可以体验到相对稳定不变的外部比赛环境。运动员的赛前行为程序是一种信号线索，一旦启动该程序，可以让运动员的身心逐渐调整到最佳比赛状态。

（一）击剑比赛行为程序指导方针

几乎所有运动员都有一套固定的赛前行为程序，例如，有的运动员会在赛前进行冲刺跑来提高兴奋性，有的运动员会在比赛前祈祷来增强自信心。过度的压力、上一局的糟糕表现有可能会导致行为程序被打乱，使运动员的竞技表现下降。精心设计的赛前行为程序可以提高运动员的心理韧性，使运动员在困境中保持优异的表现。击剑运动员应该建立一整套行为程序，包括赛前准备活动、局间行为程序、剑与剑之间的行为程序等。局间行为程序和剑与剑之间的行为程序包括共同的核心元素：①对刚刚的行为进行分析，并对下一局、下一剑进行计划；②将注意力再次聚焦到当前比赛中，做好比赛准备。运动员要根据自身情况探索适合自己的比赛行为程序，经过反复的练习,比赛行为程序可以自动激活相应的心理技能,如专注、放松等,帮助运动员快速进入比赛状态,有利于激发竞赛高峰表现。

(二)击剑比赛前的行为程序

比赛前行为程序的目标是让运动员聚焦于比赛,摒除与比赛无关的干扰刺激,将兴奋性水平调整到适宜比赛的状态。比赛前行为程序可以分成三个阶段执行。

1. 比赛前一晚

回顾自己的比赛目标、表象,以及自己感到非常满意的过往比赛情境以增强信心,相信自己能够在第二天的赛场上有好的表现。

2. 比赛当日

享受比赛带来的兴奋感和压力感,排除与比赛无关的分心事件,聚焦于比赛的准备活动中,包括换衣服、器械检查、热身活动等。

3. 正式开始比赛前

(1)心理训练(5~10分钟)

①状态自检。如果太过焦虑,可以使用放松技术进行放松;如果兴奋度不足,则需要进行能量动员。

②回顾比赛策略和目标。

③用表象的方式演练战术,即在头脑中想象稍后在赛场上的表现。

(2)身心准备

①解决所有的身体需求,如喝水、去洗手间等。

②观察其他的比赛选手。

③根据需要调整能量水平。

④聚焦于比赛目标,如果出现分心刺激,及时打断停止。

⑤最后的准备工作,提高兴奋性,聚焦于对手。

⑥开始比赛。

(三)击剑比赛局间的行为程序

局间的行为程序取决于间隔时间的长短及运动员在局间的唤醒状态。行为程序的目的是调节运动员的生理和心理能量,确保运动员在比赛时保持最佳的竞技状态。

1. 回顾

简单分析已经结束的比赛,避免过度分析。根据自身喜好考虑是否需要外部资源,比如咨询教练员的建议等。

2. 调整

根据需要调整技战术和身心状态，在日常训练、比赛中不断总结适合自己的调整策略。如果局间时间较长，可以通过给队友加油、做与击剑比赛无关的事情、进行放松训练等方式进行调整。

3. 重新聚焦

休息充分后，逐渐调整状态进入比赛模式。

4. 开始比赛

比赛时集中精力，比好每一剑。

第十五章

运动医学在击剑训练与比赛中的应用

运动医学是医学与体育相结合的一门综合性应用学科。它是研究与体育运动有关的医学问题，运用医学的技术和知识对运动训练和比赛进行监督与指导，从而达到预防伤病、保障运动员健康和提高运动成绩的目的。击剑教练员应学习运动医学，了解和掌握一些运动医学的基本知识与技能，并与医务人员密切配合，在实践中探索适合击剑项目特点的方法与手段，对改进训练方法，保障参赛质量，提高科学训练水平和预防运动伤病都有积极现实意义。

第一节 击剑训练与比赛的医务监督

医务监督是运动医学的重要组成部分，医务监督就是通过运动医学知识和技术，对参加体育运动的人进行有效监护，促使其科学地进行体育锻炼和运动训练及比赛，预防各种有害因素和运动不当可能对身体造成的危害，达到提高人体机能和运动能力，增强健康的目的。

一、运动员自我监督

自我监督是指运动员在训练或比赛过程中，主动观察自己身体机能状况，并将观察结果定期记录在训练日记中的方法。它是医学观察的补充。

（一）自我监督的意义

由于自我监督是运动员在训练和比赛过程中自身反应最直接的资料。因此，它对调整训练计划、安排运动量、预防过度训练和运动创伤具有重要意义。它还能使运动员养成注意自己身体健康，遵守训练卫生规则和个人卫生的习惯。

（二）自我监督的内容

自我监督的内容包括主观感觉和客观材料。主观感觉包括自我感觉、睡眠、食欲、运动情绪等；客观材料包括脉搏、体重、出汗情况等，同时和训练内容等结合起来进行分析。

1. 自我感觉

运动员正常的自我感觉应该是精神饱满、愉快、积极性高，训练后稍有疲劳，肌肉有酸痛感，但休息后很快恢复。如感到精神不振、无力、困倦、头晕，容易激动；局部关节肌肉酸软、麻木、疼痛、胸闷、气短、腹泻、腹痛等都是应注意的现象。可用简单的字句，如良好、一般、疲劳等对某处肌肉或关节异常感觉或头晕无力、胸闷等加以记录。

2. 睡眠

就寝后能迅速入睡，不做梦或很少做梦，早晨醒来感觉精神良好、全身有力，这是正常的睡眠。经常睡不熟、多梦、入睡困难、早醒或睡不醒，白天感到头晕无力，这可能是疲劳未消除，也可能是患病或过度训练的表现。失眠可能影响身体机能的恢复，加重过度训练或疾病的程度。睡眠情况可用睡眠时间、熟睡程度、是否多梦、入睡迟及易醒等加以记录。

3. 食欲

在正常训练中，由于机体的物质代谢过程进行得比较完善和快速，因而能使食欲增加。也有可能在一次大运动负荷训练或紧张比赛后，食欲会暂时下降，但很快就恢复。如果食欲减退且在一定时间内仍不见恢复，需要考虑健康状况不良或运动负荷安排不当。可把食欲情况分为良好、正常、减退等加以记录。

4. 运动情绪

身体的机能状态不仅影响运动员的行为，还能影响其情绪。训练良好时精神愉快，兴奋性较高，体力充沛，训练质量高。此时队员不管是上个别课或者是技战术练习，都能有效地贯彻教练员的意图。如果运动员对参加训练态度很冷淡，甚至对击剑馆、拿剑和上剑道感到厌倦，应详查原因。运动情绪可用想训练、不想训练、想上个别课、怕拿剑等加以记录。

5. 脉搏

训练期间应每天测晨脉（即早晨醒后，起床之前，无明显神经紧张条件下测脉搏）。一般测桡动脉，也可按颈动脉，测量时要注意频率和节律。测晨脉对了解身体机能变化有重要意义。一般情况下，在训练时期，晨脉基本是稳定的，或者随训练水平的提高稍有减少的趋势。如果发现晨脉频率增多，每分钟增加12次以上，常表现为机能反应不良。如果显著增多，且长期不能恢复，可能是过度疲劳的表现。如果发现脉搏节律不齐，需采用心电图方法进一步检查。

6. 体重

体重在成年运动员中一般保持恒定，初参加训练时会稍减轻，但不久会回升，如体重持续下降，应注意是否有某种消耗性疾病或严重过度疲劳。一次大运动负荷训练之后体重下降可达1~4千克，但经1~2天之后应能恢复正常。

7. 出汗

一般在运动后都会出汗，出汗多少与运动负荷大小、训练程度、饮水量、气温、衣着厚薄及神经系统状况有密切关系。在外界条件相同的情况下，随着训练水平的提高，出汗量会减少。如果外界条件相同而出汗量明显增多，比如刚做完准备活动就大汗淋漓，这有可能是运动员身体极度疲劳，也可能是内脏器官患病的征兆，应加以注意。出汗情况可用出汗一般、较多、明显增多或夜间出冷汗等加以记录。

二、运动员的个人卫生

运动员的个人卫生对保持健康和运动能力有重要作用。个人卫生包括睡眠卫生、皮肤和口腔卫生、衣着用具卫生及饮食卫生等。

（一）睡眠卫生

睡眠是大脑皮层的细胞进行广泛性抑制的过程，既是机体的生理要求，又是一种休息措施。睡眠对大脑皮质细胞来说是一种保护作用。皮质细胞非常敏感和脆弱，容易因周期兴奋而损耗。所以睡眠能防止皮质细胞机能过度消耗，同时还能促进人体器官机能恢复。运动员每天应保证8~9小时的睡眠时间。讲究睡眠卫生对运动员来说是十分重要的，它直接或间接地影响训练和比赛。以下三点值得运动员们注意。

1. 睡眠之前应保持安静

睡前避免刺激，不应做剧烈运动，以免使神经细胞产生兴奋。因为剧烈运动使各系统机能会发生很大变化，需要很长时间才能恢复平静，这就影响了睡眠。所以一般在睡前0.5~1小时应停止运动。为此，玩电子游戏机等刺激性强的活动也应停止。当然，轻微的活动（如散步）则没有不良影响。

2. 睡前不宜吃零食

睡前吃东西是一种不好的习惯，其不仅会影响睡眠，还会加重消化系统的负担，尤其是喝带有刺激性或兴奋作用的饮料，如咖啡、浓茶等，或贪食甜腻的食品。因为人在入睡后，身体的各个器官的活动均减弱，如每分钟心跳次数比平时要减少许多次，因此胃肠活动也较清醒时缓慢，睡前进餐或吃零食必然会加重胃肠的负担，长此以往会造成胃肠疾患。

3. 不要蒙头睡觉

有些运动员睡觉时喜欢蒙着头，这是一种不良的习惯。因为在睡眠时，人们仍然进行着呼吸活动，吸进氧气，排出二氧化碳，以满足人体气体交换的需要。蒙头睡觉会使呼吸受到阻碍，人体所需要的氧气不能及时纳入，而身体里产生的二氧化碳不能及时排出，这样身体就会出现缺氧现象，不利于身体健康。

（二）皮肤和口腔卫生

皮肤能保护人体免受各种侵害，同时，它又是一个感觉器官，皮肤里的汗腺和皮脂腺可排出代谢产物、调节体温，皮脂可保持皮肤的滑润。当排汗过多或皮脂腺分泌过多时，如不注意皮肤清洁，就会堵塞汗孔和皮脂腺孔，影响代谢，并为细菌繁殖提供场所，所以要经常洗澡。运动员在训练或比赛后都要洗澡，洗澡时水温不易过热，时间也不要太长，否则不仅会使皮肤干燥，而且还会消耗体力，使人嗜睡和乏力。在炎热的天气训练后，切不可在大汗淋漓时就冲冷水浴，因为剧烈运动时，大量的血液从内脏器官流向肌肉、骨骼和皮肤使体内的物质代谢加强，产热过程体温高于平时，为了维持人体正常体温，身体内部不断通过皮肤排汗，向体外散发热量，此时的皮肤血管扩张、毛孔开放，如果突然受到冷水刺激，不仅会使回心血量突然增加而加重已经疲劳的心脏负担。同时，突然的刺激使全身或呼吸道局部防御机能下降，原已存在上呼吸道的或从外入侵的病毒或细菌迅速繁殖，会引起感冒及咽喉等病症。所以在剧烈运动后，不宜立即洗冷水澡。

指甲下方容易埋藏细菌，应经常清洗：击剑运动员不宜蓄长指甲，特别是持剑手，指甲过长，一方面不卫生，另一方面容易在训练和比赛中受伤。

要早晚刷牙，保持口腔卫生，牙齿有病应及时治疗，否则可能影响训练和比赛。

（三）衣着、用具的卫生

击剑服、运动衣、面罩要保持清洁干燥。运动员训练时排汗较多，被汗浸湿的衣裤也要勤换洗。鞋要合脚，不宜过紧或过松，而且要经常洗涤，保持清洁和干燥，这样可减少胼胝的产生，同时可预防膝踝关节的损伤。

个人的脸盆、毛巾、梳子、餐具、饮水杯、刮胡刀等要专用。因患有眼病的人，眼分泌物里有大量病原体和细菌，洗脸时会黏附在面巾、洗脸水或脸盆上，别人再用时会传染而得眼病，如沙眼、红眼病等。合用碗、筷、杯容易传染肠道和呼吸道传病。刮胡刀片上，常粘有使用者的血迹，互相使用，有导致肝炎病毒感染的可能性。同样，在击剑训练和比赛中，运动员常常易被剑尖刺伤，击剑服、手套上常沾有血迹，也不宜互相穿用。梳子、面罩可传染头癣等皮肤病，也应专用。

被褥应经常翻晒，可利用阳光中的紫外线杀灭致病微生物，这是一种简单有效的消毒方法。

（四）饮食卫生

科学合理的饮食习惯对运动员十分重要。运动员往往因训练或比赛未能遵守严格的饮食制度，因此引起肠胃系统不适，影响消化吸收和身体健康。有些运动员因缺乏必要的饮食卫生知识而养成一些不良的饮食习惯，久而久之造成肠胃系统疾病，影响了训练和比赛。为此，运动员应了解和掌握一定的饮食卫生知识。

1. 不应忽视早餐

早餐对于人体营养摄入有着重要的意义。但在日常生活中，有些运动员对早餐很不重视，他们不是吃得很少，就是干脆不吃，这对身体是十分有害的。

早餐是一天中最重要的一餐，它可以影响一个人一整天的精神和体力，因为从昨日晚餐到次日早餐差不多要经过12小时，如果不给身体及时补充营养，身体血糖浓度就会降低。对于运动员会造成精神不集中，全身倦怠无力，从而直接影响训练的效果。正处于生长发育的儿童少年，如长期不吃早餐，可使体内热量及蛋白质缺乏，导致生长发育减慢，机体的抵抗力下降，还可引起各种疾病。我国民间流传的"早吃好、中吃饱、晚吃少"的谚语是很科学的，早餐的营养，除进食米饭、馒头和较好的副食外，还应增加一些高蛋白的食物，如牛奶、鸡蛋等。

2. 运动训练与就餐间隔要合理

（1）定时进餐

定时进餐可使大脑皮层的兴奋有规律的升高，进食过早或过迟，会使大脑和消化器官活动的规律发生紊乱。暴食暴饮不但使食欲下降，且往往是引起肠胃疾病的重要原因。运动员进餐除日常基本的三餐以外，最好增加1~2次点心，这对于热能消耗大者和青少年运动员尤为重要。研究表明，增加进餐次数，不仅有利于健康，而且可提高工作效率。

（2）进餐时间

进餐时间应与运动训练和比赛的时间相适应。运动结束后应充分休息后再进餐，而进食后应充分消化后再运动。

剧烈运动时，食物在胃内不但妨碍工作能力的发挥，影响训练的效果。甚至会引起腹痛、呕吐。因为运动时，体内血液的分布比较集中于肌肉及皮肤血管，肠胃系统处于暂时性缺血和抑止状态。因此，一般认为运动结束后，应休息30分钟以上才能再进食，大量运动后应当休息45分钟以上，才能使心肺活动基本上恢复稳定状态，并使肠胃系统有了适当准备后再进食。

大强度的训练和比赛应安排在饭后1.5~2.5小时以后。因为进餐后，胃肠道充盈，横膈上顶，使呼吸受一定程度的影响，而且食物的消化过程需要使血液集中于胃肠道，因此，进食后立即运动不利于消化。

（3）膳食分配

一日各餐食物的热量和质量分配，应根据运动员一天活动的情况来安排，原则上是运动前的一餐食物量不要过多，易于消化，少含脂肪和纤维素。运动后的一餐食物量可以多一些，但晚餐不应过多，也不宜有难消化和刺激性大的食物。早餐应摄取较充分的糖、蛋白质和维生素，这样有利于整个上午的血糖和生理机能保持健康水平。

3. 细嚼慢咽助于消化吸收

吃饭时狼吞虎咽，是一种坏习惯。因为食物的消化是从口腔开始的，通过口腔的咀嚼，食物被磨碎，并与唾液混合成滑润的食物，以便于吞咽。口腔内及其附近的唾液腺分泌的唾液中含有淀粉酶，能将食物中大分子的淀粉分解成小分子的麦芽糖，这样进到胃里就可以减少胃的负担，且便于吸收利用。如果狼吞虎咽，食物在口腔中得不到很好的嚼碎和搅拌，使淀粉酶不能发挥自己的作用，大块食物进入胃里势必会加重胃的工作量。同时，未被充分咀嚼的蛋白质和脂肪颗粒进入胃肠，也不利于消化吸收。长此以往，不仅会影响身体健康，而且还可影响训练。另外，唾液中还有一种能灭菌的溶菌酶，如果食物中口腔中停留时间过短，细菌便可随食物进入胃里，从而会引起胃肠疾病。鉴于上述理由，吃饭时应细嚼慢咽，而不应狼吞虎咽。

4. 运动中不要大量喝水

运动员在剧烈运动时，由于排汗量迅速增加，常常会造成因体内缺水而引起口渴，有时不一定是体内缺水，而是口腔咽喉部黏膜干燥引起口渴。此时如果不加控制地大量喝水，不仅会影响运动效果，而且也会加重胃、心脏、肾脏等脏器的负担。喝水过多，可使胃部膨胀、充盈，妨碍膈肌活动而影响呼吸，不利于运动。同时，大量饮水，可使胃酸浓度降低而影响消化机能。大量喝水还会使血液中的水分增加，因而加重心脏和肾脏的负担。此外，血液中水分骤增，使电解质浓度相对下降，可导致肌肉痉挛的发生。因此，运动中补充水分要少量多次，天热时可在水中适当加些盐分，以补充丢失的电解质。

三、训练的医务监督

运动员为了取得训练的理想效果,训练中安排适宜的运动负荷是很重要的。运动负荷太大或太小均不能达到提高身体机能水平的目的。因此,如何协助运动员科学地掌握适宜大小的运动量,就成为训练期医务监督的重要内容。一般采用以下指标。

(一) 脉搏

在大负荷运动训练时,观察脉搏变化,可间接了解机体对运动负荷的反应。测定脉搏包括以下三个方面。

1. 基础脉搏的测定

人体在基础情况下的脉搏叫作基础脉搏。所谓基础情况,是指基本排除了能引起脉搏较大幅度变动的一些因素,如神经紧张、肌肉活动、食物及环境温度等情况。在基础情况下,各种生理活动都维持在比较低的水平,此时脉搏较低且较稳定。因此,基础脉搏的测定要在人未进早餐前,静卧及清醒状态(但要尽量排除神经紧张的影响)下进行,室温要保持在18~25℃。测量时可参考运动员自我监督中的晨脉测定法,基础脉搏也作为医务监督的长期观察指标。

2. 运动前后的脉搏测量

运动前后的脉搏测量用以了解运动员对训练负荷的反映。运动前的脉搏在训练课的准备活动前测量,作为相对安静时的脉搏。运动后的脉搏在运动后即刻进行测量(10秒钟的脉搏数×6)。一般以运动后每分钟脉搏达180次以上定为大强度,训练课后15~30分钟,可恢复到训练课前的安静水平。

3. 对照分析

将运动后的脉搏情况与训练中的质量进行对照分析,可以了解机体的机能情况及训练水平。若队员训练中的强度、质量与以前相同,而脉搏较慢,说明机能状况和训练水平有所提高。反之,如果运动员完成的是较低强度和较低质量的训练,而脉搏却是出现大强度的表现,说明机能和训练水平有所下降。

(二) 血压

血压也可用于对运动负荷和训练水平的医务监督。它也是一项反应心血管机能的简易生理指标。

1. 早晨血压

早晨测血压应在运动员起床前的安静状态下进行。运动量负荷适宜或训练水平稳定时，血压保持在正常的稳定水平。我国运动员的血压水平一般是在健康青年的范围之内，即收缩压为 100~120 毫米汞柱，舒张压为 60~80 毫米汞柱。若在安静时血压比平时增高 20% 左右，且持续两天，往往是机能下降或过度疲劳的表现。

2. 运动后即刻的血压

运动后即刻的血压可反映机体对训练的承受能力，小强度的训练后，收缩压升高不超过 30 毫米汞柱，舒张压下降不低于 10 毫米汞柱，在 3~5 分钟内可恢复；中等强度的训练后，收缩压升高不超过 40 毫米汞柱，舒张压下降不超过 20 毫米汞柱，20~30 分钟可恢复；大强度的训练后，收缩压升高不超过 60 毫米汞柱，舒张压下降不超过 40 毫米汞柱，一般在次日晨恢复。

若训练后，收缩压明显上升，舒张压也上升，恢复时间延长，说明机能下降；若训练后，收缩压上升明显，而舒张压上升或出现其他异常反应，说明机能状况极其不好，应立即停止训练。

3. 血压体位反射

疲劳时植物性神经调节机能上降，血管运动的调节出现障碍。因而，可用血压体位反射作为疲劳的一个评定指标。其方法是：

①受试者取坐姿，先静坐 5 分钟。测一次血压。
②受试者再仰卧并保持卧姿 3 分钟。
③推受试者背部，使其返回坐姿，注意并不让其自己坐起来。
④立即测定压，每 30 秒（包括测的时间）测一次血压，共测 2 分钟，若在 2 分钟内完全恢复为正常；在 2 分钟恢复一半以上为调节机能欠佳；完全不能恢复为调节机能不良。

（三）尿蛋白

运动性尿蛋白的量及其消失时间与运动强度、训练程度有密切关系。因而测定运动后尿蛋白量可作为评定运动员训练水平的一个指标。

①当其他条件相同时，运动量（尤其运动强度）越大，尿蛋白的排泄量越多。
②训练水平高的运动员，运动后出现尿蛋白量较少；运动员训练水平下降时，运动后尿蛋白的排泄量就会增多。
③情绪紧张程度也与运动后尿蛋白的排泄量有关。国际大赛后尿蛋白排泄量明显高于国内比赛，国内比赛时又高于平时的练习比赛。

(四) 血红蛋白

检查血红蛋白含量对于了解运动员的机能水平，运动负荷和训练状况有一定意义。大运动训练的初期，运动员往往发生贫血。调整运动负荷后，机能状态好转，血红蛋白可恢复正常，如持续下降，要从机能、营养及病理上找原因。

(五) 心电图

运动员经过长期训练后，心电图往往表现出某些特征。如窦性心动过缓、窦性心律不齐、房室传导阻滞等。这是迷走神经作用加强，心脏产生适应的结果。但是，在运动负荷过大，训练过度，心脏功能不良时也会出现上述相似的心电图改变。所以，应结合其他征象进行仔细的分析判断。尤其当心电图出现显著窦性心律不齐、早搏，长期存在的不完全右束支传导阻滞及 ST 降低、T 波倒置等异常改变时，要密切注意。因为上述情况很可能是过度训练心功能不良的表现。

除了以上生理指标外，有条件还可做最大摄氧量、反应时、PWC170 等实验，定期内科常规体检，以及肝脏酶学检查和病毒性肝炎特异性指标的检查。

四、比赛期的医务监督

运动员比赛期间，神经系统处于高度紧张状态，心血管和呼吸系统，以及内分泌系统等机能也都处于较高水平，以适应比赛中体力的负担和消耗。因此，为了保证运动员的健康，使比赛顺利进行，赛期的医务监督工作显然是十分重要的。

(一) 赛前医务监督

赛前医务监督的意义在于使运动员消除赛前的紧张状态，能更好地适应比赛，所以要配合队医做好以下的工作。

1. 做好赛前的体格和身体机能检查

比赛之前应再次体检。体检的重点是心血管系统和运动系统。必要时可做肝功、心电图等特殊检查。如有发烧、过度疲劳、心电图异常、心脏有病理性杂音、心动过速或有严重外伤未愈等，一般不要参加比赛。对运动系统的一些慢性的小创伤，可在使用有效的治疗手段后（如局部封闭等）参加比赛。

2. 运动员器材检查

对运动员在比赛时所用的剑、击剑服、面罩、运动鞋、运动袜、手套，女运动员的护胸要进行认真的安全检查和准备。不要穿不合适的鞋、不合格的服装，戴不合格的手套参加比赛。否则，不仅会影响技术发挥，而且容易发生意外，导致损伤。此外，对剑道也应进行安全检查，如发现过软或不平，应及时向大会提出。

3. 兴奋剂防范

协助医生做好有可能误服兴奋剂的防范工作。赛前队员喝的饮料、营养补剂和因病服药、打针等，均需经医生确认不含违禁成分才能使用。

4. 做好生理卫生

对需要进行人工月经周期的女运动员，要在做好充分准备的条件下，按计划实施。

5. 准备活动重要性

督促和带领运动员做好赛前准备活动，包括一般准备活动和专项准备活动，使运动员进入良好的赛前状态。

（二）赛中医务监督

击剑比赛（特别是个人赛）具有一个明显的特点，就是在一天之内要进行若干单元比赛，从循环赛到淘汰赛，越在后面的场次，水平越高，竞争越大，比赛越激烈。高水平的运动员在整个比赛过程中神经系统处于高度紧张状态，心血管和呼吸系统及分泌系统都处于较高的水平。同时要付出很大的体力，消耗巨大的能量。因此，赛中医务监督是保证比赛顺利进行，维护队员健康的重要工作。可以从下两个方面着手。

1. 预防意外损伤的发生

对于比赛中出现的损伤要协助医生进行及时处理。击剑中常出现的意外损伤有：剑刺伤、冲撞挫伤、踝关节扭伤等。此外，队员平时的一些小伤病，也可因比赛中动作强度加大而复发。按击剑比赛规则规定，对于在比赛过程中意外发生的损伤，中断比赛用于治疗的机会仅有一次（比赛的这一天内）且时间不超过5分钟，否则会被要求放弃比赛。因此，要督促指导队员在比赛时，在充分发挥自己技术水平的前提下，注意保护自己。在发生了意外损伤以后要协助医生及时处理，以保证比赛顺利进行。

2. 心理和医务保障

利用比赛间隙，在对队员进行技战术指导的同时，采用适当的手段（如按摩、吸氧）消除队员肌肉和心理上的紧张和疲劳，使队员以尽可能好的竞技状态参加下轮比赛。由于比赛是连续进行，比赛日午餐常常在比赛场地上吃，因此，还要根据击剑项目特征和运动员的具体情况，为队员提供适宜的饮食和饮料。

(三) 赛后医务监督

在个人赛结束后，一般还有团体赛，教练员要督促队员在 1~3 天的休息时间内，认真休息，治疗伤病，进行必要的心理调适。以良好的状态，迎接团体赛。在团体赛结束后，运动员的比赛任务已完成，但是医务工作并未结束。通过赛后的医务监督工作，以了解运动员的机体对比赛负荷的反应如何，有无异常变化，这对安排下一阶段的训练和比赛有一定的指导意义。可以从以下方面注意。

1. 体检工作

协助队医做好赛后的体检工作。测定某些机能指标，如脉搏、血压、体重、血红蛋白、心电图、反应时、机能试验等。这对观察身体机能的恢复情况有重要意义。

2. 赛后休息

督促队员适当增加睡眠和休息时间，彻底治疗伤病，注意赛后膳食。良好的膳食和充分的休息是消除比赛疲劳的有效保证。此外，还可采用其他恢复手段。

3. 总结经验

教练员与队员、医生共同总结经验，安排下一阶段的训练计划。

五、时差的适应

对于优秀击剑运动员来说，出国比赛时，往往会遇到时差问题。由于地理上的原因，昼夜时间的差别，可引起运动员生理上的各种变化，就会影响运动技术的正常发挥。能否适应时差变化是关系运动员在重大比赛中能否发挥本人正常水平的关键，必须引起足够的重视。

(一) 时差反应的表现

长时间飞行时，运动员除了旅途中的疲劳外，还有时差所造成的正常睡眠习惯的破坏，因此可发生生理上的不适应，主要表现有精神倦怠、疲乏感、食欲不振、兴奋异常（白天困倦、晚间兴奋）、运动能力显著下降等。

由于个体差异，有人对时差适应能力较强，有人则较差，身体的反应程度也不一样。此外，根据学者的研究，时差在 3 小时以内对人体影响不明显，时差超过 3 小时就会对人体产生明显影响。时差变化越大，机体的反应也越强烈。

（二）时差的适应过程

时差的适应一般可采用以下方法。

1. 预先适应

出发前一周适当地改变作息制度，如重新安排饮食、睡眠和训练时间等。

2. 旅途适应

在旅途中让运动员自行安排休息，最好不用催眠药物。

3. 当地适应

到达目的地后应尽量按照当地时间作息，如果是在午前到达当地，当天不要睡午觉，以便夜间能够睡熟。

六、兴奋剂的有关问题

（一）兴奋剂的概念

国际奥委会规定："比赛运动员使用的任何体外异物或任何异常剂量，或者通过异常途径摄入体内的生理物质，其唯一的目的在于以人为的不公正的方式增加其在比赛中的能力"为应用兴奋剂。同时还指出："某些基于药理作用能使身体机能超常提高的药物，尽管这些药物是治疗所必需的，也应看作是兴奋剂，在比赛中严格禁用。"

（二）应该重视禁用兴奋剂和避免误用兴奋剂

击剑运动是接触性、对抗性运动。有人称为不规则运动，它常常超乎寻常地使运动员的身体组织反复处于高度紧张状态。要求运动员具备良好的速度、耐力、柔韧、力量、灵活素质，以及中枢神经系统快速反应能力。这些能力很难靠服用某种药来获得。因此，要成为一名优秀的击剑运动员应依靠科学的训练、顽强的意志和拼搏精神，在竞赛中战胜对手，而决不能寄托于服用兴奋剂。

我们一方面要禁用兴奋剂，另一方面还要避免误用兴奋剂。一些治疗药和饮食中都含有兴奋剂成分，必须引起注意。要教育运动员不要在外面饮食，要在医生的指导下服药，避免因误用兴奋剂而触犯有关规定，导致无辜受罚。

如今体育比赛的药物检查越来越严格，运动队的教练员、队医在对优秀运动员的用药、饮食方面应持有极为谨慎的态度，否则将会带来灾难性的后果。

七、击剑运动员恢复运动能力的手段

当今击剑运动的飞速发展,对击剑运动员训练的要求日益提高。运动员在训练中所承受的负荷也越来越大。这就要求必须加快运动员机体机能的恢复,加快运动员运动能力的恢复。如果在下一次训练开始时,机体的恢复过程还未完结,新的负荷则会对恢复过程产生更大程度的破坏。随着时间的推移,这会导致过度紧张和过度训练。为避免产生这种情况,必须借助于各种专门的手段(医学生物学手段、教育学手段和心理学手段),来促进更快地恢复机体的机能系统,促进机体工作能力更快地恢复到原有水平或更高水平。因此,应当把训练和恢复看作是一个统一体。只有在这种情况下,才有可能在现代击剑运动员的训练中获得成效。

下面介绍六种简便易行的医学生物学恢复手段。

(一)整理活动

整理活动是消除疲劳、促进体力恢复的一种良好方法,应该引起教练员的足够重视。运动停止后,血液流动减慢,消除代谢产物的过程也随之减慢,而这些代谢产物可导致肌肉痉挛、肌肉酸痛和肌肉僵硬。轻微的整理活动可加速静脉回流,有助于消除乳酸。击剑运动员的放松练习应包括慢跑和一些伸展练习。在伸展练习中,重点是那些在运动中负荷较大的肌群及易发生痉挛、酸胀严重的肌肉。

(二)按摩

按摩是最容易被接受和最有效的方法之一。对疲劳肌肉的按摩,可改善其氧气和营养物质的供应,并尽快排除代谢产物。这样有助于迅速恢复肌肉的工作能力,增加韧带弹性,改善关节及周围组织中的血液循环。按摩还可以增大关节的动作幅度。运动按摩不应产生明显疼痛,而应当有舒服的感觉。

(三)温水浴和冷水浴

训练后进行温水淋浴是最简单易行的消除疲劳的方法。温水浴可促进全身的血液循环,加强新陈代谢,有利于机体内营养物质的运输和疲劳物质的排除。水温以 $42\pm2°C$ 为宜,时间为 10~15 分钟,不超过 20 分钟。训练结束半小时后还可进行冷热水浴。冷水温为 15~25°C,热水温为 39~42°C。冷水淋浴 30 秒~1 分钟,热水淋浴 2 分钟,交替 3 次。

(四)桑拿浴

桑拿浴又名热空气浴或芬兰浴,是在特别的小木屋内用电炉和矿石产生热空气,造成一个高温干燥的环境。桑拿浴的温度可高达 110~120°C,伴有一定湿度(5%~

15%相对湿度），有镇静、使肌肉关节组织充血作用和大量排汗的作用。其具体方法可采用在70~90℃的环境里，停留10分钟，反复3次。每次间隔时间用冷水淋浴10~15秒钟，或用温水淋浴2~3分钟。结束后在更衣室内休息5~7分钟。

（五）蒸汽浴

这是将蒸汽通入特制小屋或密闭的房间内，造成一个高温、高湿的环境。空气温度通常在45~65℃，相对温度在60%~80%，其作用与桑拿浴相似。优点是入浴者心脏负担小、耗氧少、感觉舒适，并同样达到全身放松、恢复体力、清洁皮肤的作用。但由于空气中湿度很高，体表汗水蒸发较桑拿浴大大减少。所以，体内过热的发生较桑拿浴快。因此，洗浴时间应短于桑拿浴，平均5~15分钟，运动员可依赖主观感觉在蒸汽浴中洗浴2~3次（共12~18分钟）。

（六）氯化钠盆浴

氯化钠（盐）浴可提高大脑皮质功能、减低神经兴奋性、改善神经-肌肉系统、增加代谢功能及改善心血管系统的功能。为了达到这一效果，水中氯化钠浓度应在15~30克/升，一般200升的浴盆水中溶入3~6公斤的海盐即可得到此浓度。浴温应在36~37℃，浸泡10~15分钟为宜。浸完后以热水淋浴冲洗即可。

除以上所介绍的方法外，还有理疗、吸氧、空负离子、药物等方法，可根据条件选用。

第二节　击剑训练与比赛的损伤防治

击剑运动是一项手中动作变化复杂、步伐移动频繁、攻防转换迅速、竞争激烈、对抗性极强的持械直接对抗类项目。由于专项性及对抗性的特点，运动损伤发生的原因较复杂，如在运动训练中，技术结构不合理、运动量安排不当、恢复措施不到位、准备活动不充分等都有可能导致各种各样的损伤。积极防治击剑运动损伤对提高运动成绩、延长运动寿命有着十分重要的意义。

一、击剑运动损伤发生的规律与特点

（一）损伤发生的规律

了解击剑运动损伤的发病规律，从而采取适当的预防措施，对防治击剑运动损伤具有非常重大的意义。击剑运动员膝关节损伤最多，其次为下腰部、踝关节、四肢肌

肉、腕关节、颈部等。运动中频繁使用弓步、跨步，下肢尤其是膝、踝关节损伤患病率较高。由于双方对阵反复使用劈、刺、格挡等动作进行攻击与防御，常需要手腕灵活并具有爆发力的动作，故易导致持剑手腕部和肘部损伤，也可由双方武器直接导致手及腕部损伤、骨折、脱位等。运动时肩关节没有过度伸展和旋转动作，肩袖在击刺动作的末段起稳定肩关节作用，主要靠调整步法移动和前臂的灵活动作完成攻击和防守，因此，肩关节损伤患病率相对较低。步法多变对脊柱力量要求增加，同时频繁前倾、后仰和扭转易导致腰椎间盘突出、腰肌劳损增加。忽视腰背肌与颈部肌肉训练均可造成颈肩部肌筋膜炎发生。

（二）损伤发生的特点

花剑、佩剑和重剑三个剑种的技术手段各有不同，但均有相同进攻技术即弓步刺技术，多数进攻得分动作都依靠弓步配合手上技术动作完成。因此，弓步动作在击剑运动中占有极其重要的地位。三个剑种的弓步刺动作各有特点，佩剑项目出手动作在弓步最高点前已经完成。因此，落地阶段动作最稳定。由于进攻与防守转换需要，重剑运动员出手之后重心压得较低，其弓步刺动作从起始阶段到最高点过程中重心移动速度明显加快，从最高点到落地阶段重心移动速度明显减小。花剑运动员转移技术较多，在起始阶段其弓步刺动作比较灵活。故花剑和重剑运动员膝、踝关节损伤多于佩剑运动员。

二、击剑运动损伤的基本原因

（一）击剑专项技术的特殊要求

击剑运动的基本实战姿势是半蹲位，上体直立侧身，头颈转向持剑手侧。这就加重了腰、颈、膝部的负担。膝关节处于半蹲位时，内、外侧副韧带松弛，其稳定性主要靠股四头肌—髌骨—髌腱的结构来维持。在向前移步时，均是在半蹲位基础上先伸足（背屈）、伸膝、再跨步，需要股四头肌快速收缩，无疑会增加髌腱的负担。特别是在频繁的弓步刺（劈）中，前跨腿的膝关节不断屈伸，使髌腱于髌腱部末端结构和股四头肌腱的髌骨上止点部反复受到牵拉、折曲。这种长期的局部负荷，超过了组织的生理限度，导致末端结构病变。故而，前跨腿（持剑手同侧脚）的髌腱病占首位。击剑的整套技术对持剑手的腕部要求非常高。从防守到各种进攻等动作，都要求腕关节能快速屈伸、收展和环转，使腕关节处于紧张状态，久而久之可引起腕三角软骨盘撕裂等腕部软组织损伤。颈部频繁旋转和戴面罩的持续负载，也可使颈部的肌肉疲劳而出现肌肉筋膜炎。

（二）准备活动不充分和放松练习不够

训练或比赛前缺乏认真的准备活动，也是损伤的原因之一。准备活动的目的有二：

一是通过全身的各个关节肌肉的活动加快血液循环，使肌肉得到充分的血供，有利于肌肉力量的发挥。同时，通过升高体温，降低肌肉黏滞性，增加肌肉的弹性；二是通过各种练习，特别是专项练习，提高中枢神经系统的兴奋性，使其达到适宜的水平，恢复因休息而减退了的运动中所需要的条件反射性联系。相当多的运动员不重视准备活动，特别是一般性的准备活动（即热身练习和伸展练习）。一些队里，常常用踢足球或打击剑代替一般性准备活动。由于缺乏认真的热身和伸展练习，肌肉未达到要求，加之对足球和击剑技术不熟悉，必然会增加训练中受伤的可能。

许多队员在训练后，不注意放松练习，或者单纯依赖沐浴来代替整理活动，这是导致损伤的另一个诱因。事实上，放松练习同准备活动一样重要。运动停止后，血液流动减慢，清除代谢产物的过程也随之减慢，而这些代谢产物可导致抽筋、肌肉酸痛和肌肉僵硬，不利于肌肉疲劳的消除。轻微的整理活动，可加速静脉回流，有利于消除代谢产物。击剑运动员的放松练习应包含走、慢跑和一些伸展活动。

（三）场地器材、服装等不符合卫生要求

训练或比赛中，场地器材服装等不符合卫生要求也会造成损伤。剑道太软或不平，或不慎踏在剑道边缘上跌倒，可能造成膝、踝关节韧带损伤；穿不符合要求的鞋（鞋底过硬、过高）可造成踝关节扭伤；剑条质量不高、护面的护颈部分不完整、护胸（保护服）质量差，或未穿击剑服进行对练，易被刺伤；面罩内无固定带，被对方刺撞致头面部挫伤等。

（四）运动员的生理状态不良

运动员处于疲劳或过度疲劳状态，患病或病后恢复较差，也会增加受伤的机会。事实证明，处于疲劳状态下的运动员，其力量、注意力、警觉性和共济机能下降，机体反应迟钝，甚至运动技术娴熟的运动员在疲劳时进行运动也可能发生运动技术上的错误，导致损伤。据观察，有的队员平时训练量和强度不够，在激烈比赛时，体力下降产生疲劳，距离感的判断能力减退，反应迟钝，这种情况下不是和对方相撞，就是踏在剑道的边缘而受伤。

三、击剑运动损伤的预防

无论何种运动损伤，一旦出现，即使治疗及时也会给运动员的训练及比赛带来影响。所以运动损伤的重点不是治疗，而是预防。在运动队中做好预防伤病的工作，需要重视以下四点内容。

(一) 注重教练员、运动员防伤意识的培养

加强保护设施和器械的应用与研制,以有效地减少训练中因难新动作的学习而造成的损伤。在教法上对教练员进行培训,在训练方法上应有意识地加入符合运动员特点和项目特点的自我保护方法练习。教会运动员处理和排解压力的技巧,减少因主观原因造成的运动员的损伤。

(二) 加强医务监督

通过建立运动员受伤情况的数据库,记录每个队员的医疗档案,从运动员大量伤情的获得上发现运动员损伤的规律特点。应培养一批有经验的运动医师和康复医师,研究有效治疗方法和伤后康复方法,对运动员进行有针对性的康复训练。通过建立各部位的望诊直观指标并制订预防性计划,以减少运动员损伤的发生。

(三) 提高自我保护意识

击剑运动员运动损伤除了运动量和训练强度大、体能消耗大之外,训练时自我防范和保护意识弱也是不可忽略的重要原因。训练前热身运动和关节的准备活动十分必要,在准备活动不足的情况下仓促上阵,肌肉韧带未充分舒展即进入激烈的高强度训练,肌肉紧张度增加,协调能力发挥不充分,容易造成关节、韧带损伤。所以应注意加强体能训练,对关节、韧带薄弱部位进行专门练习,增加关节力量训练,促进关节稳定和协调性,以减少关节损伤。同时对运动员应加强健康教育和自我保护意识宣传,注意科学训练,合理安排体能训练和专项训练的时间分配,不要带伤训练。对于损伤及时发现,正确处理和早期治疗,防止损伤加重或延误治疗,更好提高运动员竞技水平,延长运动寿命。

(四) 做好准备与放松活动

认真做好准备活动可减少或避免损伤发生。因此,无论场地、气候如何,均不可忽视。准备活动应包括一般准备活动(热身练习、伸展练习)和击剑的专项练习。在准备活动过程中,教练员负有选择练习形式、掌握活动量、领做和纠正错误动作、监督安全等责任。为使准备活动不枯燥,可采用音乐来控制节奏。教练员也应注意自身的准备活动,以免上课时受伤。

训练和比赛结束后的放松或整理活动,对于消除肌肉酸痛和僵硬,消除疲劳是十分重要的,应当把放松活动作为训练课的组成部分加以重视。放松活动包括适当的慢跑和静力牵张。持续的静力牵张练习能改变训练后肌肉和神经系统的机能状态,解除肌肉痉挛,恢复肌肉原有长度和放松状态,消除酸痛。此外,放松或整理活动可以避免由于肌肉痉挛的积累而引起的运动损伤。通过放松活动,为机体下一次承受新的运

动刺激创造良好条件，避免损伤积累。

四、击剑运动常见损伤与防治

击剑是一项快慢结合、肢体协调、动作灵敏、脑力和体力相结合、对抗性极强的持械直接对抗类项目，在与运动员的交谈及观察他们训练、比赛中，了解到除了在训练中为急性损伤外，大部分损伤都是慢性损伤，其原因主要是青少年时训练动作不正确、缺乏系统身体训练、准备活动不够，导致颈椎病、腰椎、膝关节和踝关节慢性劳损（表15-1、表15-2）。

表15-1　2010年国家击剑队运动损伤患病率（$N=52$）

序号	病名	例数	患病率（%）
1	腰背肌筋膜炎	12	23.0
2	髌股关节软骨损伤	10	19.2
3	髌腱周围炎、踝腓侧副韧带损伤	各6	11.5
4	半月板损伤、踝关节创伤性滑膜炎	各5	9.6
5	腰椎间盘突出、手腕部肌腱周围炎、跟腱周围炎、股四头肌腱末端病、股四头肌损伤	各4	7.7
6	肱二头肌长头肌腱炎、腕软骨盘损伤、股内收肌损伤	各3	5.8
7	踝关节软骨损伤、指间关节脱位、肱骨外上髁炎、肘关节创伤性滑膜炎	各2	3.8
8	第五掌骨基底部骨折、髌骨脱位、下尺桡关节脱位、前交叉韧带断裂、大多角骨骨折、小腿三头肌损伤	各1	1.9

引自王明新，等. 中国高水平击剑运动员运动损伤流行病学调查分析［J］. 中国运动医学杂志，2011，2（30）：140-142.

表15-2　2010年国家击剑队运动损伤部位（$N=52$）

部位	发病人次	百分比（%）
膝关节	25	28.7
下腰部	16	18.4
踝关节	13	14.9
四肢肌肉	9	10.3
腕关节	7	8.1
颈部	6	6.9
手	4	4.6
肘关节	4	4.6

续表

部位	发病人次	百分比（%）
肩关节	3	3.4

引自王明新，等. 中国高水平击剑运动员运动损伤流行病学调查分析［J］. 中国运动医学杂志，2011，2（30）：140-142.

（一）击剑运动员膝关节损伤防治与康复

1. 发病原因

击剑运动员下肢膝关节损伤最多。由于运动中频繁使用弓步、跨步，这种下肢膝关节损伤具有患病率较高的特点。

以下方面必须引起运动员的重视：加强腘绳肌、股四头肌的力量练习；保持良好的柔韧性；维持良好的心血管能力，防止疲劳发生。同时还应加强跳跃、腾空落地等专项练习，以提高运动员的灵活性与平衡能力。运动员在膝关节屈曲状态下落地时，应集中注意力，有助于预防损伤发生。

2. 防治与康复

在理疗方法中，脉冲短波、脉冲微波、超声波是常用的治疗方法。牵拉训练也是治疗和预防膝关节损伤的理想方法。

除辅助手段和牵拉外，股四头肌自身力量的改善是治疗和预防该病的核心环节。股四头肌力量训练的方法多种多样，如图15-1至图15-5所示，但无论何种训练都要注意以下三点：

①进行股四头肌抗阻训练时（如坐位抗阻伸膝、下肢蹬踏训练等），可在动作还原阶段放慢速度，并保持匀速，此时正是股四头肌离心收缩状态，可充分激发该肌肉的力量；

②进行股四头肌抗阻训练时，可先由对侧腿完成向心收缩阶段（即膝关节由屈到伸的过程），后由患侧腿完成离心收缩阶段（即膝关节由伸到屈的过程）；

③在进行蹬踏、半蹲等股四头肌闭链训练时，可将脚下踏板适当倾斜，即踝关节处于跖屈位时完成动作。

图 15-1　负重屈膝蹲

图 15-2　靠壁屈膝蹲

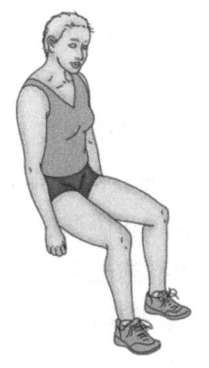
图 15-3　静蹲

图 15-4　抗阻伸膝

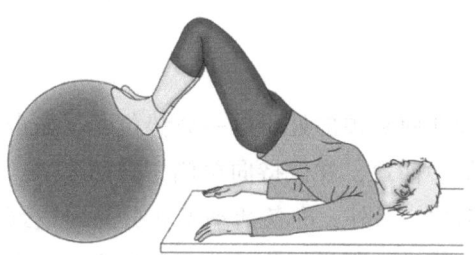
图 15-5　下肢蹬踏

在专项训练时，也应配合下肢力量训练，训练中要按照循序渐进的原则，逐渐增加负重量，加强静蹲及蹲起力量练习。专项训练时需掌握正确的技术要领。

手法治疗，尤其对膝痛者有时可收到良好效果。手法的要点是对髌骨缘的痛点施行刮、掐，配合点按附近的穴位及揉搓。在按摩的同时还应注意髌骨的推移，防止髌骨周围软组织粘连，进而影响髌腱的弹性（图 15-6）。

图 15-6　膝关节手法治疗

膝关节护具、膝关节支持带和贴布对于膝关节损伤也具有一定的治疗和预防作用，虽然不能在治疗中起到决定性作用，但已经有越来越多的队医、治疗师、防护师和科研工作者使用和认可。

膝关节损伤的预防：击剑运动员的膝关节损伤多是由于反复牵拉造成的，所以在预防时应避免反复过度牵拉。这就涉及运动方式、强度的安排和运动后的恢复问题，因此合理地安排运动方式和运动强度，加强身体素质和协调性的训练，以及在运动后或末端区发生损伤后给予适当的休息并采取必要的措施改善局部血液循环、促进损伤修复，都能对防止膝关节损伤的发生、发展起到积极的作用。

（二）击剑运动员颈部肌肉损伤防治与康复

1. 发病原因

颈部静力负荷大或长期使头颈部处于单一姿势位置，如击剑运动员在训练比赛时始终要佩戴一定负荷的保护面罩，并保持向单侧扭转的姿势，这就使颈部容易造成肌肉疲劳，继而出现肌肉劳损。另外，准备活动不充分易导致颈椎肌肉的急性损伤，颈肩部软组织慢性劳损，也是发生颈椎损伤的病理基础之一。生活中的不良姿势是形成慢性劳损的主要原因之一，所以纠正日常生活中的不良姿势，对预防颈椎肌肉损伤是有十分重要的意义。例如，有些运动员喜欢睡觉时俯卧，为了呼吸只能将头扭向一边，这样会发生颈椎扭伤。长时间使用电脑，或看书、看电视坐姿卧姿不佳等，都会使颈部肌肉处于紧张状态，久而久之造成肌肉的劳损等疾病。

2. 防治与康复

加强颈部牵拉及颈项部肌肉的力量训练，可有效避免此类损伤的发生。以下是一些简单易行、针对性较强而且效果良好的颈部肌肉康复体能训练方法。

上斜方肌收缩—放松（伸展）。屈膝仰卧将训练环套于被伸展体侧的脚踝和肩顶。

在头下垫上毛巾或枕头使颈部弯曲，朝向被伸展的体侧转头。

动态等长颈椎伸展。将训练带缠绕于头部，使脊骨处于自然的中轴位置，向后迈步拉伸训练带，保持然后缓慢返回原位（图15-7）。

图15-7　动态等长颈椎伸展

动态等长颈椎弯曲。将训练带缠绕于头部，使脊骨处于自然的中轴位置，向前迈步拉伸训练带，保持然后缓慢返回原位（图15-8）。

图15-8　动态等长颈椎弯曲

动态等长颈椎侧弯。将训练带缠绕于头部，使脊骨处于中轴位置，向体侧迈步拉伸训练带，保持然后缓慢返回初始位（图15-9）。

图15-9　动态等长颈椎侧弯

胸锁乳突肌收缩放松（收缩）。仰卧，把毛巾或枕头垫于颈下，向伸展侧对侧旋转头，面部朝向旋转方向。将训练带固定在台下并缠绕于头部（图15-10）。

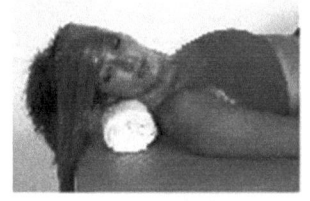

图15-10　胸锁乳突肌收缩放松（收缩）

胸锁乳突肌收缩放松（伸展）。仰卧，把毛巾或枕头垫于颈下，向伸展侧对侧转头。允许全角度转头（图15-11）。

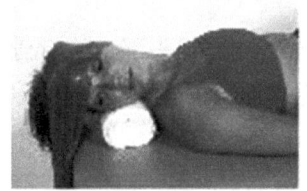

图15-11　胸锁乳突肌收缩放松（伸展）

（三）击剑运动员腰肌劳损防治与康复

1. 发病原因

①击剑姿势是腰侧身直，长时间积累而又不能得到很好放松则会发生两侧肌力不平衡。

②未正确治疗或治疗不彻底，或反复多次损伤，致使受伤的腰肌筋膜不能完全修复。

③训练后不注意保暖导致受寒，长时间腰肌筋膜紧张。

2. 防治与康复

①充分做好准备活动。泡沫轴前后来回滚动腰肌；有充分的腰前屈、后仰、侧向和不同方向的绕环；腰部多个方位的牵拉。

②腰部疼痛明显时使用护腰及肌贴保护。

③注意训练完的牵拉、放松及保暖。

④加强腰部核心力量及稳定性训练。

·俯桥练习（图15-12）。

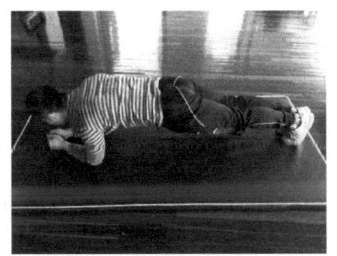

图 15-12　俯桥练习

· 俯桥后举腿（图 15-13）。

图 15-13　俯桥后举腿

· 侧桥（图 15-14）。

图 15-14　侧桥

· 俯桥前举腿（图 15-15）。

图 15-15　俯桥前举腿

（四）击剑运动员髌骨劳损防治与康复

1. 发病原因

①击剑运动中膝关节屈曲长时间快速移动、急停导致髌骨软骨面与股骨髌面反复摩擦。

②长时间弓步移动，髌腱反复牵拉，超出身体机能承受能力导致慢性损伤发生。

2. 防治与康复

①训练前充分准备活动，主要是大腿肌肉的牵拉，用泡沫轴前后来回滚动，激活参与的软组织。

②臀部肌肉练习。

③训练前肌贴和护膝保护。

④训练后大腿肌肉及时放松和牵拉。

⑤膝部核心力量及稳定性练习。

（五）击剑运动员半月板损伤防治与康复

1. 发病原因

①在击剑比赛和训练中，膝关节半屈位突然受到外力撞击，做过度旋转，造成半月板挤压而损伤，以及更严重的撕裂。

②击剑时长时间大弓步，在移动和缓冲时都依赖股四头肌等膝大肌肉用力，臀部肌肉很少参与其中，半月板长时间的过度摩擦，导致半月板损伤。

2. 防治与康复

①训练前热身充分，泡沫轴对大腿肌肉激活。

②避免过多的负重深蹲，训练中避免损伤动作。

③加强臀中肌的练习，正确运用臀中肌参与缓冲、移动等训练动作。

④加强膝部核心及稳定性训练（同髌骨劳损）。

⑤注意训练后大腿肌肉的放松及牵拉。

（六）击剑运动员踝关节损伤防治与康复

1. 发病原因

在剧烈对抗中，踩到队友的脚或剑道边，导致踝关节扭伤。

2. 防治与康复

①提高思想意识，准备活动充分。
②掌握自我保护方法，落地不稳时顺势倒地减少损伤程度。
③增强踝关节核心及稳定性练习。
・平衡垫练习：单腿平衡时注意膝要伸直、平衡垫传球。
・弹力带练习：在踝关节做背伸、跖屈、内收、外展抗组练习。

（七）击剑运动员腕三角软骨盘损伤防治与康复

1. 发病原因

①长时间手拿500克左右的剑，在训练中做腕关节的旋转动作，使三角软骨盘长期磨损和牵拉造成软骨盘慢性损伤。
②在比赛击剑交锋中腕关节不停地屈伸、旋转，当突然受到外力作用时，则引起腕三角软骨撕裂等腕部损伤。

2. 防治与康复

①加强腕关节力量训练，提高腕关节稳定性。
②训练前做好准备活动。
③训练前肌贴保护。
④训练中增强意识，改正不良的动作及习惯。

（八）击剑运动员骶髂关节损伤的防治与康复

1. 发病原因

①由于击剑动作腰侧身直，长时间大量专项运动，脊柱一侧肌肉力量薄弱，两侧肌肉力量不平衡，弱势一侧肌肉牵拉，导致下腰椎关节不稳。
②在剧烈对抗中，下腰做过多的前屈、后伸、旋转动作，导致关节面移位或软组织损伤。

2. 防治与康复

①训练前热身充分。
②避免腰部过度负重。
③腰部核心及稳定性练习（同腰肌劳损），发展臀部力量，通过提高腰、背肌的整体力量，以提高躯体支柱力量传导。

④训练完的放松和牵拉。

【案例23】 国家队男花队员马剑飞的髌骨劳损和半月板损伤原因与治疗

（一）受伤原因

1. 髌骨劳损：马剑飞是肌肉爆发力强的运动员，训练比赛中大弓步、极速急停，长时间这些动作导致髌骨软骨面与股骨髌面反复摩擦，出现劳损，运动强度大就会出现髌骨上缘疼痛。

2. 半月板损伤：右膝在2013年亚锦赛突然下蹲反攻时，半月板突然旋转挤压导致2度损伤。左膝在2014年韩国亚运会上大弓步时突然扭伤导致半月板2度损伤。

（二）治疗及康复

1. 急性期

冰敷、固定、超短波消炎。

2. 慢性期

（1）训练前准备

①牵拉10到20秒3组（图1~图3）。

图1　自身牵拉

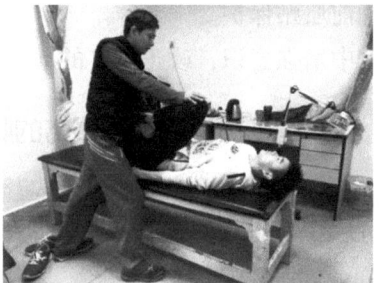

图2　辅助牵拉

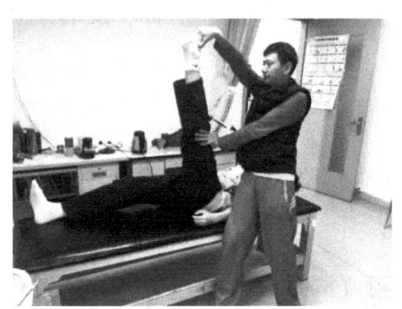

图3　辅助牵拉

②泡沫轴滚动激活肌肉（图4~图6）。

图4　侧面滚动

图5　后侧滚动

图6　正面滚动

(2) 训练前肌贴保护（图7）

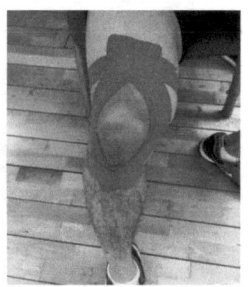
图7　肌贴保护

(3) 半蹲保持、迷你带左右拉伸（图8、图9）

图8　迷你带半蹲

图 9　迷你带左右拉伸

（4）静蹲 3 到 5 分钟（图 10）

图 10　静蹲

（5）平衡球（图 11）

图 11　平衡球

（6）训练后治疗

超声、电针、关节松动术、放松大小腿肌肉。

参考文献

[1] 体育院校通用教材.击剑[M].北京：人民体育出版社，1996：108-348.

[2] 俞继英.奥林匹克击剑[M].北京：人民体育出版社，2001：14-17.

[3] 赵传杰，张辉，王健，等.佩剑交锋过程及技战术研究[R].国家体育总局科研攻关与科技服务课题，2007.

[4] 王海滨.中国击剑队备战第29届奥运会训练研究[J].中国体育科技，2006，42（4）：3-6.

[5] 赵海洋.高水平击剑运动员程序化比赛及影响因素的研究[D].上海：上海体育学院，2011：24-25.

[6] 赵传杰，张辉.击剑运动项目技战术特征的理论研究[J].南京体育学院学报，2009，23（3）：116-119.

[7] 赵传杰，张辉，赵春生，等.击剑项目制胜因素的研究与技术知识库的构建[R].国家体育总局科研攻关与科技服务课题，2010.

[8] 汤翠翠.击剑的专项心理特征及心理调控方法综述[J].四川体育科学，2009（4）：42-46.

[9] 高兴，殷劲.击剑运动的供能特点[J].成都体育学院学报，1992，18（4）：76-80.

[10] 张毅.鲍埃尔执教期间中国佩剑组的训练理念与实践探索[J].南京体育学院学报，2010，9（2）：46-49.

[11] 郭蓓.射箭项目制胜规律探讨[J].体育科研，2006，27（4）：64-70.

[12] 谢亚龙，王汝英，等.中国优势竞技项目制胜规律[M].北京：人民体育出版社，1992：97-99.

[13] 赵传杰，张辉，王健，等.2008年奥运会我国男女佩剑重点运动员与国外主要对手技战术特征研究[R].国家体育总局科研攻关与科技服务课题，2008.

[14] 田麦久.运动训练学[M].北京：人民体育出版社，2000：268-294.

[15] 田麦久.论运动训练计划[M].北京：北京体育大学出版社，1997.

[16] 田麦久，麻雪田，黄新河，等.项群训练理论及其应用[J].体育科学，1990，10（6）：29-35.

[17] 田麦久，武福全，等.运动训练科学化探索[M].北京：人民体育出版社，1988：8-14.

[18] 郭黎.优秀击剑运动员肌力特点、有氧、无氧能力及赛前机能状态研究[D].上海：上海体育学院，2009：10-29.

[19] 罗彦平，梁建平，周雅臻，等.运动智能结构的测量及相关分析[J].天津体育学院学报，2011，26（5）：444-448.

[20] 陈安槐，陈萌生.体育大辞典[M].上海：上海辞书出版社，2000：62-68.

[21] 谢红光，戴霞．对击剑运动员几项专项心理训练方法的研究［J］．湖北体育科技，2000，4：37-38．

[22] 张毅．对佩剑项目技战术规律的再认识［J］．中国体育教员，2010，18（2）：45-46．

[23] 熊焰．运动员竞技能力的比赛变异及其成因与对策［D］．北京：北京体育大学，2005：76-82．

[24] 赵传杰．击剑运动项目特征［M］．上海：复旦大学出版社，2014：16-81．

[25] 国家体育总局青少年体育司，国家体育总局自行车击剑运动管理中心．中国青少年击剑训练教学大纲［M］．北京：北京体育大学出版社，2015：25-92．

[26] 赵传杰．击剑比赛技战术分析理论与实践［M］．北京：人民体育出版社，2010：89-159．

[27] 周爱国．我国国家队运动员人本管理理论研究［D］．北京：北京体育大学，2010：35-73．

[28] 种莉莉．竞技体育教练员管理体系研究［D］．曲阜：曲阜师范大学，2013：35-87．

[29] 中国击剑协会．击剑理论与方法［Z］．全国击剑高级教练员岗位培训讲义，1994：16-81．

[30] 王明新，刘玉杰，高明，等．中国高水平击剑运动员运动损伤流行病学调查分析［J］．中国运动医学杂志，2011，2（30）：140-142．

[31] 周龙峰，王守恒，尹军．中国击剑优秀运动员功能动作的筛查方法与数据分析［J］．首都体育学院学报，2015，27（3）：276-281．

[32] 宸铮，尹军．对"功能动作训练"之"功能动作筛查"的审视与思考［J］．山东体育学院学报，2013，29（3）：62-70．

[33] 孙莉莉．美国功能动作测试（FMS）概述［J］．体育科研，2011，32（5）：29-32．

[34] 李丹阳，胡法信，胡鑫．功能性训练：释义与应用［J］．山东体育学院学报，2006，27（10）：71-76．

[35] Gray Cook．动作—功能动作训练体系［M］．张英波，梁林，赵洪波，译．北京：北京体育大学出版社，2010：3-248．

[36] 张英波．功能动作训练在竞技体育中的前沿实践［J］．山东体育科技，2012，31（2）：1-4．

[37] 闫琪．功能性体能训练在我国的发展［J］．中国体育教练员，2011（4）：34-36．

[38] 桂平．我国击剑运动员年龄阶段特征与运动成绩关系的研究［J］．中国体育科技，1997，2.58-61．

[39] 邱芬．我国专业教练员胜任特征的模型建构及测评研究［D］．北京：北京体育大学，2008：53-60．

[40] 余红盈，王浩．由我国板块训练理论与分期训练理论之争引发的思考［J］．首都体育学院学报，2014，26（4）：343-348．

[41] 尹龙，李芳，陈君，等．传统训练分期理论和板块周期训练理论的比较研究［J］．南京体育学院学报，2014，28（2）：105-109．

[42] 陈晓英．对训练周期理论与板块训练理论的再审视［J］．体育学刊，2008，15（11）：88-91．

[43] 朱杰，姜惟，张克仁．关于小周期板块训练模式的理论建构［J］．南京体育学院学报，2007，21（4）：92-95．

[44] 杨涛．我国击剑优秀运动员世界杯系列积分赛竞赛期训练安排研究［J］．北京体育大学学报，2010，33（9）：115-118．

[45] 王海滨，王雁，陶龙．重要击剑赛事比赛研究——以国家男子花剑2009—2012年三大赛比赛方案为例［J］．中国体育科技，2013，49（3）：89-93．

[46] 仲满. 佩剑主要得分手段与效果分析 [D]. 北京：北京体育大学，2018：17-23.

[47] 陈兰波. 我国优秀篮球运动员的成长与培养 [D]. 苏州：苏州大学，2006：72-78.

[48] 田麦久，熊焰. 竞技比赛学 [M]. 北京：人民体育出版社，2011.

[49] 石岩，田麦久. 运动员比赛风险研究导论 [J]. 中国体育科技，2004，40（5）：23-25.

[50] 李喆. 浅析优秀击剑运动员比赛意识的训练 [J]. 福建体育科技，2006，25（5）：42-52.

[51] 王雁，王海滨. 击剑制胜因素研究 [J]. 北京体育大学学报，2013，36（9）：126-128.

[52] 苗向军. 程序化参赛理论刍议 [J]. 北京体育大学学报，2008，31（2）：256-257.

[53] 张勇. 现代篮球战术体系的系统研究 [D]. 北京：北京体育大学，2005：15-19.

[54] 熊焰. 教练员临场指导能力及其培养 [J]. 中国体育教练员，2015，3：8-11.

[55] 熊焰. 教练员临场指导的策略与方法 [J]. 中国体育教练员，2015，4：10-13.

[56] 熊焰. 教练员临场指导特征解析 [J]. 中国体育教练员，2016，1：6-9.

[57] 中国击剑协会. 2001年全国击剑工作会议报告 [R]. 2001：23-34.

[58] 中国击剑协会. 2004年全国击剑工作会议报告 [R]. 2004：3-7.

[59] 中国击剑协会. 2009年全国击剑工作会议报告 [R]. 2009：1-6.